Mein Name ist Ree. Man nennt mich auch The Pioneer Woman. Vor vielen Jahren, nachdem ich einige Zeit dort gelebt und gearbeitet hatte, verließ ich das wirklich großartige Los Angeles. Ich war auf der Flucht aus einer Beziehung zu einem Surfer, die sich totgelaufen hatte. Bevor ich weiter nach Chicago ziehen wollte, um dort ein neues Leben zu beginnen, plante ich einen Zwischenstopp bei meinen Eltern in Oklahoma ein. Dort, zu Hause, traf ich auf einen Cowboy in Wrangler-Jeans, und es war um mich geschehen. Seine eisblauen Augen ließen mich mich selbst vergessen. Bevor ich wieder klar denken konnte, hatte ich meine Chicago-Pläne über den Haufen geworfen. Ich heiratete den Cowboy, brachte seine Kinder zur Welt und verscheuche seitdem die Kühe von meiner Veranda auf seiner Ranch irgendwo im Hinterland des Wilden Westens.

Vier Kinder und dreizehn Jahre später weiß ich immer noch nicht, was ich hier eigentlich will.

Ich weiß nur eines: Hier gehöre ich hin.

Ree Drummond wuchs in Bartlesville, Oklahoma, auf und studierte an der University of Southern California in Los Angeles Journalismus und Altersforschung. Auf dem Weg nach Chigaco, wo sie eine Ausbildung als Juristin beginnen wollte, traf sie zu Hause in Oklahoma Ladd Drummond, einen Viehzüchter in vierter Generation. Sie heiratete ihn, zog auf seine Farm nördlich von Pawhuska und bekam vier Kinder. Im Oktober 2009 erschien ihr Kochbuch The Pioneer Woman Cooks, das sofort auf Platz eins der New-York-Times-Bestsellerliste stieg. (http://thepioneerwoman.com)

Weitere Informationen, auch zu E-Book-Ausgaben, finden Sie bei www.fischerverlage.de

REE DRUMMOND

DAS GLÜCK TRÄGT COWBOYSTIEFEL

EINE WAHRE LIEBESGESCHICHTE

Aus dem Amerikanischen von
Andrea Fischer

FISCHER
TASCHENBUCH
VERLAG

Deutsche Erstausgabe
Veröffentlicht im Fischer Taschenbuch Verlag,
einem Unternehmen der S. Fischer Verlag GmbH,
Frankfurt am Main, Juli 2012

Die amerikanische Originalausgabe erschien 2011 unter dem Titel
»The pioneer woman: black heels to tractor wheels – a love story«
im Verlag HarperCollins, New York
Copyright © by Ree Drummond
Für die deutschsprachige Ausgabe:
© S. Fischer Verlag GmbH, Frankfurt am Main 2012
Satz: Pinkuin Satz und Datentechnik, Berlin
Redaktion: Claudia Jürgens, Berlin
Druck und Bindung: CPI – Clausen & Bosse, Leck
Printed in Germany
ISBN 978-3-596-18759-1

Für meine Kinder – Mama liebt euch.
Für meinen Mann – Mama liebt dich auch.

Inhalt

Dritter Teil

Einleitung

Vor ein paar Jahren kam mir die Idee, aufzuschreiben, wie ich meinen Mann kennengelernt und geheiratet hatte. Ich schaffte es bis zur Hälfte des ersten Kapitels, dann ließ ich es bleiben, steckte alles in eine Schublade und wandte mich anderen Dingen zu. Als ich eines Morgens mit einer untypischen Schreibblockade aufwachte, holte ich die Rohfassung der Geschichte wieder aus der Schublade. Damals verfasste ich regelmäßig Beiträge für mein Blog, aber an dem Tag wollte mir irgendwie nichts Passendes einfallen. Zwar konnte ich mir nicht vorstellen, dass viele Leute meine Liebesgeschichte interessant finden würden, doch ich wollte den Besuchern meiner Website gerne etwas Neues bieten. Also betete ich ein paar Ave-Maria, hoffte, dass es niemanden nerven würde, und stellte den Text ein.

Zu meiner Überraschung meldeten sich daraufhin einige Leserinnen und Leser – und wünschten sich eine Fortsetzung. Ich schrieb sie noch am selben Abend. Auf das zweite Kapitel folgten ein drittes und ein viertes. Ermutigt von den Lesern meines Blogs ThePioneerWoman.com, postete ich wöchentlich eine neue Folge des Fortsetzungs-Liebesromans aus meinem wahren Leben, angefüllt mit knisternder Spannung und einem Cliffhanger am Ende jedes Kapitels, wie es sich gehört. Über achtzehn Monate war das ein unverzichtbarer Bestandteil meines Tagesablaufs. Und bei jedem einzelnen Schritt begleiteten mich meine Freunde und Leser. Es war eine tolle Zeit und eine großartige Erfahrung für mich. Und es machte Spaß, sich alles noch einmal ins Gedächtnis zu rufen …

Am Ende hatte ich mehr als vierzig Folgen geschrieben, war aber nur bis zum Tag unserer Hochzeit gekommen. Ich entschied mich, die Online-Version abzubrechen, und machte mich stattdessen an die Fortsetzung, die vom ersten Jahr unserer Ehe handelt.

Dieses Buch enthält die komplette Geschichte – einmal die mitreißende Story, die ich im Stil eines Liebesromans für mein Blog verfasste (mit ein paar Ergänzungen), die an dem Abend beginnt, als ich meinen Mann kennenlerne, und die damit endet, dass wir in die Flitterwochen fahren, dazu ein neuer Teil, der die Anfänge unseres Zusammenlebens schildert.

Ich hoffe, dass dieses Buch den Leserinnen und Lesern gefällt.

Ich würde mich freuen, wenn es die Menschen zum Lachen bringt.

Vielleicht erinnert es den einen oder anderen daran, warum er sich eines Tages verliebte.

Und wer die Liebe noch nicht gefunden hat, dem soll meine Geschichte zeigen, dass oft auch die Liebe selbst auf die Suche geht … und zwar meistens gerade dann, wenn man am wenigsten mit ihr rechnet.

Erster Teil

1. Es war einmal im Mittleren Westen

Lass es gut sein, dachte ich. Ich lag auf meinem Bett in dem Haus, in dem ich groß geworden war. Damals hielt ich mich in meiner Heimatstadt in Oklahoma auf, weil ich mir selbst einen Boxenstopp auferlegt hatte. Ich versank in einem Sumpf aus Papier: Studienführer, überarbeitete Versionen meines Lebenslaufs, Listen mit freien Wohnungen in Chicago und ein Modekatalog von J. Crew, aus dem ich mir gerade einen Wintermantel aus Wollgabardine für fünfhundert Dollar bestellt hatte. Und zwar einen in Olivgrün, nicht Schokoladenbraun, denn ich habe rote Haare, und in Chicago, das war mir gerade wieder eingefallen, war es doch ein bisschen kühler als in Los Angeles, wo ich noch bis vor wenigen Wochen gelebt hatte. Die ganze Woche war ich schwer beschäftigt gewesen – lesen, suchen, formulieren, shoppen, bestellen – und nun völlig ausgelaugt. Meine Augen tränten vom vielen Lesen, mein Mittelfinger war ganz verschrumpelt vom Befeuchten, um schneller die Seiten durchblättern zu können, meine Lieblings-Flauschsocken waren schmuddelig und verschwitzt, weil meine Füße schon seit zwei vollen Tagen darin steckten. Ich brauchte eine Pause.

Ich beschloss, zur J-Bar zu fahren, einer einfachen Kneipe im Ort, wo sich einige Freunde von früher zu einem weihnachtlichen Umtrunk verabredet hatten. Eigentlich hatte ich kurz vorher abgesagt, denn ich hatte ja noch so viele enorm wichtige Dinge zu erledigen, doch jetzt erschien mir das Glas Chardonnay nicht nur verlockend, sondern notwendig. *Un-*

verzichtbar. Leider sah ich völlig verwahrlost aus – das ist der Nachteil, wenn man sein Zimmer über achtundvierzig Stunden lang nicht verlässt. Nicht dass ich jemanden hätte beeindrucken müssen. Schließlich war ich hier aufgewachsen, in diesem durchaus hübschen und auch relativ wohlhabenden Städtchen, das aber nicht unbedingt ein Ort war, wo man sich aufbrezeln musste, nur um ein Glas Wein trinken zu gehen.

Also wusch ich mir einfach das Gesicht, tuschte mir schnell die Wimpern schwarz – ein absolutes Muss für eine Frau mit roten Haaren, blasser Haut und hellen Augen – und befreite mein Haar aus dem schlaffen Pferdeschwanz. Dann schlüpfte ich in einen ausgeblichenen hellblauen Rollkragenpullover und meine zerrissene Lieblingsjeans, trug noch ein bisschen Lippenbalsam auf und rauschte aus der Tür. Schon eine Viertelstunde später befand ich mich in der Gesellschaft meiner alten Freunde und eines Glases Chardonnay und genoss das angesäuselte Gefühl, das nicht nur der erste Alkohol am Abend hervorruft, sondern auch die angenehme Vertrautheit, mit Menschen zusammen zu sein, die man schon seit Ewigkeiten kennt.

Da sah ich ihn – einen Cowboy – am anderen Ende des Raums. Er war groß, kräftig und geheimnisvoll, trank Bier aus der Flasche, trug Jeans und, das fiel mir sofort ins Auge, Cowboystiefel. Und dann dieses *Haar*: Dieses Prachtstück von einem Kerl hatte sehr kurzes silbergraues Haar – viel zu grau für sein jung wirkendes Gesicht, aber gerade grau genug, dass ich sofort an Cary Grant in *Der unsichtbare Dritte* denken musste, und schon ging meine Phantasie mit mir durch. Lieber Himmel, was war das für eine Erscheinung, dieser verwegene *Marlboro Man* da hinten. Ich starrte ihn noch ein paar Minuten an, dann atmete ich tief durch und stand auf. Ich wollte unbedingt seine Hände sehen.

Unauffällig schlenderte ich zur Bar, wo er an der Theke lehnte. Zur Tarnung stibitzte ich vier Kirschen von einem Tablett und legte sie auf eine Papierserviette. Heimlich schielte ich auf seine Hände. Sie waren groß und kräftig. Bingo.

Ehe ich mich versah, waren wir mitten im Gespräch.

Er war Rinderzüchter in vierter Generation und lebte auf einer Ranch, über eine Stunde von meiner kultivierten Heimatgemeinde entfernt. Sein Ururgroßvater war Ende des 19. Jahrhunderts aus Schottland eingewandert und im Lauf der Jahre bis in die Mitte des Landes vorgestoßen. Dort lernte er ein einheimisches Mädchen kennen, heiratete sie und wurde ein erfolgreicher Kaufmann. Seine Söhne waren die ersten in der Familie, die um die Jahrhundertwende Land erwarben und Rinder hielten, und ihre Nachkommen konnten sich schließlich in der gesamten Region als erfolgreiche Viehzüchter durchsetzen.

Von alldem wusste ich natürlich nichts, als ich an jenem Abend in der Kneipe vor ihm stand, mit meinen spitzen, teuren Stiefeln von Donald Pliner scharrte und mich nervös umschaute. Zu Boden blickte. Zu meinen Freunden hinübersah. Mich zusammenriss, um nicht allzu offensichtlich in seine eisblau-grünen Augen zu starren oder, noch schlimmer, vor Begierde zu sabbern. Außerdem hatte ich an dem Abend noch viel zu erledigen: Prospekte studieren, meinen Lebenslauf erneut überarbeiten, meine geliebten schwarzen Pumps putzen, eine Pflegemaske auftragen, vielleicht zum tausendsten Mal mein *West-Side-Story*-Video gucken. Doch ehe ich mich versah, war eine Stunde vergangen, dann zwei. Wir redeten bis spät in die Nacht, und der Raum um uns herum verschwamm, so wie in der *West Side Story*, als Tony und Maria sich in der vollen Disco zum ersten Mal begegnen. *Tonight, tonight, it all began tonight. I saw you and the world went away.*

Meine Freunde kicherten und tranken Wein an dem Tisch, an dem ich sie zurückgelassen hatte; sie merkten nicht, dass ihre rothaarige Freundin soeben vom Blitz getroffen worden war.

Bevor ich innerlich zum zweiten Mal den Refrain des Liedes anstimmen konnte, verkündete plötzlich mein Tony – der geheimnisvolle Cowboy –, er müsse jetzt gehen. *Gehen?*, dachte ich. *Wohin? Es gibt doch keinen anderen Ort auf dieser Erde als diese verrauchte Kneipe … oder?* Für ihn offenbar schon: Sein Bruder und er wollten in ihrem kleinen Heimatort einen Weihnachtstruthahn für Bedürftige braten. *Hmm. Nett ist er also auch noch*, dachte ich und verspürte einen Stich.

»Tschüs«, sagte er mit einem freundlichen Lächeln. Und damit stapfte er in seinen wunderbaren Stiefeln aus der J-Bar. Ich sah seiner dunkelblauen Wrangler hinterher, in der ein Körper steckte, der offenbar aus Granit gemeißelt war. Ich musste schlucken, hatte irgendwas im Hals und konnte trotz des Qualms in der Bar noch seinen Geruch wahrnehmen. Ich wusste nicht mal, wie er hieß. *Hoffentlich nicht Billy Bob, wie alle Cowboys*, dachte ich.

Ich war mir sicher, dass er mich am nächsten Morgen anrufen würde, vielleicht um 9.34 Uhr. Die Stadt war nicht besonders groß, er konnte mich also ausfindig machen, wenn er wollte. Aber er rief nicht an. Nicht um 11.13 Uhr, nicht um 14.49 Uhr, auch nicht zu irgendeiner anderen Uhrzeit an jenem Tag, in jener Woche oder in jenem Monat. Wann immer ich mir während dieser Zeit erlaubte, an seine Augen zu denken, an seine muskulösen Oberarme, an die zurückhaltende, ruhige Art, die ihn so stark von all den dummen Stadtjungs unterschied, mit denen ich mich in den vergangenen Jahren abgegeben hatte, stieg Enttäuschung in mir auf. Eigentlich war es sowieso egal, sagte ich mir. Ich wollte nach Chicago. In eine neue Stadt. In ein neues Leben. Es war total sinnlos, jetzt mit jemandem von hier etwas anzufangen, und dann auch noch mit einem frühzeitig ergrauten Cowboy in Wrangler-Jeans. Cowboys reiten schließlich auf Pferden, tragen Halstücher, pinkeln im Freien und schnitzen Holz. Sie nennen ihre Kinder Dolly und Travis und hören Countrymusic.

Sprich: das absolute Gegenteil von mir.

Sechs Monate vorher saß ich mit J in einer Sushi-Bar und teilte ihm mit, dass ich Los Angeles verlassen würde: »Ich fahr jetzt erst mal zu meinen Eltern, ich brauche einen Boxenstopp.« Nervös probierte er seinen Seeigel.

Ich hatte sechs Jahre in L. A. gelebt und vier davon mit ihm verbracht. Als Erstsemester war ich in diese riesengroße Metropole gekommen und hatte in den folgenden Jahren alles in mich aufgesogen, was sie in kulinarischer Hinsicht, an Shopping-Möglichkeiten und sonstigen städtischen Annehmlichkeiten zu bieten hatte. Da ich aus dem eher ruhigen Mittleren Westen stammte, kam ich mir vor wie im Schlaraffenland. Die vier Jahre, die ich an der University of Southern California studierte, standen nicht nur im Zeichen von Seminaren, Prüfungen und Hausarbeiten, sondern auch von zufälligen Begegnungen mit Stars, leckerem Essen und Jungs. Ich hatte schon alles erlebt – ich hatte auf dem Sunset Strip gefeiert, Sean Penn mit Madonna im Kino gesehen, James Garner im Fahrstuhl geküsst und die Unruhen nach dem Urteil im Rodney-King-Prozess überlebt. Und seltsamerweise wusste ich plötzlich an jenem Abend, als ich mit J in der Sushi-Bar saß, dass ich genug hatte.

Nicht von Los Angeles. Sondern von J.

Der süße südkalifornische Surfer-Typ, der mir gegenübersaß, hatte keine Ahnung, dass es ein Amerika östlich der Mojave-Wüste gab. Seit dem College waren wir unzertrennlich gewesen, doch jetzt, vier Jahre später, verkündete ich zwischen Gurken-Maki und Tamago, dass ich Los Angeles verlassen und nach Hause fahren würde, anstatt ihm nach San Francisco zu folgen, wo er eine Woche zuvor einen neuen Job als Ingenieur angenommen hatte. Er hatte zugesagt, weil es für ihn eine tolle Chance war, außerdem war er davon ausgegangen, dass ich mitkommen würde; das schien der nächste logische Schritt für ein Paar zu sein, das seit vier Jahren zusammen war. Zuerst hatte ich das auch gewollt. Doch in der Woche nach seiner Zusage hatte ich das Gefühl, mein gesunder Menschenverstand würde mich heftig an den Schultern rütteln.

Ich wollte nicht länger in Kalifornien leben. Ich wollte nicht länger mit J zusammen sein. Ich wollte weg. Es hatte damit angefangen, dass ich eine schwache Sehnsucht nach meinem alten Leben verspürt hatte, die immer stärker geworden war, und als J seinen neuen Job annahm, war ich mir ganz sicher, dass ich zurück in den Mittleren Westen wollte. Vielleicht nach Chicago. Das wäre näher dran an zu Hause – ich bräuchte nicht einen ganzen Tag mit ein- oder zweimal Umsteigen, sondern es wäre nur ein kurzer Flug. Ich wollte wieder näher bei meiner Familie, bei meinen Freunden sein.

Außerdem passte das Klima besser zu meiner Gesichtsfarbe.

Vor allem aber wollte ich raus aus dem Würgegriff einer Beziehung, die in eine Sackgasse münden würde, wie es im Buche steht. Wenn ich jetzt nicht ging, würde es bloß noch schwieriger werden.

»Ich komme nicht mit«, verkündete ich. »Es fühlt sich einfach nicht richtig an«, sagte ich, und dann ging es weiter mit abgeschmackten Sprüchen:

»Ich kann nicht einfach so mit dir kommen.«

»Ich muss lernen, auf eigenen Füßen zu stehen.«

»Ich weiß gar nicht, warum ich eigentlich noch hier bin.«

Aus meinem Mund kam ein jämmerliches Klischee nach dem anderen, zäh wie die Wasabi-Paste, die ich in meine Sojasoße rührte. Es war grässlich, wie ich mich anhörte.

»Ich fahre für eine Weile zu meinen Eltern … Ich hab das Gefühl, ich muss erst mal einen klaren Kopf bekommen«, fuhr ich fort.

»Aber du kommst doch bald wieder, oder?« J trank ein großes Glas Sake.

J.

Irgendwie war er schwer von Begriff.

Einige Wochen später betrat ich das Haus meiner Eltern. Obwohl ich eigentlich ein eher blasser, sommersprossiger Typ bin, hatte meine Haut nach mehreren Jahren in L. A. zwangsläufig einen goldbraunen Ton angenommen, schließlich war ich dort immer zu Fuß zum Auto gegangen. Ich ließ mein kalifornisches Gepäck im Flur fallen, stürzte die Treppe hinauf und warf mich bäuchlings auf das Bett in meinem Zimmer. Fast augenblicklich schlief ich ein und verließ in der folgenden Woche kaum einmal die Geborgenheit meiner ausgeblichenen, kuscheligen pfirsichfarbenen Laken. Puggy Sue, der von mir heiß geliebte Familienhund, kuschelte sich an mich und rührte sich tagelang nicht vom Fleck, und die weichen Samtohren des Mopses waren der perfekte Trost für mein verwirrtes, unentschlossenes Herz.

Ab und zu setzte sich mein Bruder Mike zu mir. Er war anderthalb Jahre älter als ich und hatte nichts Besseres zu tun. Aufgrund einer Entwicklungsstörung begnügte er sich gern damit, mir über den Kopf zu streicheln, mir zu sagen, wie hübsch ich sei, oder mir mitzuteilen, dass er morgens zum

Frühstück Brötchen mit Fleischsoße oder ein »K-K-Käse-omelett« gegessen hatte. Ich lauschte ihm, als handelte es sich um die jährliche Ansprache des Präsidenten zur Lage der Nation. Es tat so gut, zu Hause zu sein! Irgendwann bat Mike mich dann, ihn zur Feuerwache Nr. 3 zu bringen, wo er regelmäßig herumhing, und jedes Mal lehnte ich mit der Begründung ab, ich sei zu beschäftigt. Dann zog er beleidigt von dannen, und ich schlief noch ein bisschen. Es war herrlich.

Manchmal war ich lange genug wach, um ein bisschen durch die wunderbaren alten Zeitschriften auf meinem Nachttisch zu blättern – eine Ausgabe von *Seventeen* hatte Phoebe Cates auf dem Cover, die in den Achtzigern mit Teeniefilmen berühmt geworden war –, meine Nägel zu feilen oder einfach nur dazuliegen und die zarten weißen Blümchen auf meiner grauen Tapete in Gedanken neu zu ordnen, so wie ich es immer als kleines Mädchen getan hatte.

Manchmal weinte ich auch: Ich hatte einfach unheimlich viel in J investiert. Obwohl ich mich für stark und selbstbewusst gehalten hatte, war ich in Kalifornien kläglich abhängig von ihm geworden. Ich schämte mich, dass ich mich an diesen Trott gewöhnt hatte – dass ich in jenen tiefen Graben von Unsicherheit und Angst gefallen war, ein Schicksal, das so viele junge Frauen zwangsläufig einmal im Leben ereilt. Einmal … wenn sie Glück haben. Ich weinte aber auch vor Erleichterung. Es fühlte sich an, als hätte ich jahrelang die Luft angehalten und könnte nun endlich ausatmen. Tagelang atmete ich einfach nur durch. Ich weinte, weil ich J verlassen hatte, zum Glück nicht andersherum, was wirklich mies gewesen wäre.

Ich weinte, weil er süß war und ich mich an ihn gewöhnt hatte.

Ich weinte, weil er mir fehlte.

Um Zeit totzuschlagen, begleitete ich meine Großmutter Ga-Ga zum Abendessen mit ihren besten Freundinnen, die sich einmal in der Woche in ihrer dreißig Kilometer entfernten Heimatstadt trafen. Dieses Essen fand regelmäßig dienstags abends im Ideal Café statt, und sie hatten mich dazu eingeladen. Ich hatte allerdings nicht damit gerechnet, dass mein erstes Treffen mit Ga-Ga, Ruthie, Delphia und Dorothy so mörderisch aufreibend werden würde; ich bestellte vegetarische Beilagen wie Kartoffelbrei und grüne Bohnen und sah den Damen dabei zu, wie sie so abscheuliche Gerichte wie Leber mit Zwiebeln, paniertes Beefsteak und Hackbraten verdrückten, während sie über das bevorstehende Kirchenfest plauderten, darüber, wie viel die pensionierten Lehrer bei ihrem Kuchenbasar eingenommen hatten und wie groß die Kinder aus der Nachbarschaft geworden waren. Am Ende teilten sie sich alle gemeinsam zwei Stück Pie – immer Rhabarber und Zitronenbaiser –, derweil bestellte ich mir noch eine Cola light und blickte ständig auf die Uhr. Ich konnte nicht fassen, wie wichtig sie das alles fanden. War ihnen denn überhaupt nicht klar, wie klein ihre Stadt war? Und wie groß Los Angeles? Wussten sie gar nichts von der weiten Welt da draußen? Langweilten sie sich nie? Ich liebte Ga-Ga wirklich von Herzen, aber ihr Kleinstadtleben war für mich fast unmöglich zu ertragen. Ich war für Größeres bestimmt.

Sehr viel Größeres.

Als sie ihren Pie vertilgt hatten, verabschiedeten wir uns voneinander, und ich fuhr nach Hause, wo ich zwei weitere Tage im Bett verbrachte.

Doch eines schönen Tages sprang ich einfach aus den Federn und blickte nicht mehr zurück. Worüber hatte ich mich eigentlich zu beklagen? Ich hatte ein bisschen Geld auf der hohen Kante und, solange ich so bequem umsonst bei meinen Eltern in ihrem Haus am Golfplatz wohnen konnte, keine nennenswerten Ausgaben. Ich hatte alle Zeit der Welt, um mich auf Chicago vorzubereiten. Und J, mein ständiger Begleiter in den vergangenen 1460 Tagen (plus/minus ein paar Stunden), war nirgends zu sehen. Es dauerte nicht lange, bis mir wieder klar wurde, wie jung ich war, und allmählich wurde mir bewusst, dass ich mit meinen Mitte zwanzig tun und lassen konnte, was ich wollte.

Auch wenn J das noch nicht so recht begriffen hatte.

Meine erste Verabredung nach dem Ende der Ära J hatte ich mit Tracy, einem schnuckeligen blonden Anwalt aus der Stadt. Wir gingen viermal miteinander aus und lachten die ganze Zeit, aber er war viel zu alt für mich – fast dreißig! – und fand mich wahrscheinlich ein bisschen oberflächlich. Nach Tracy kam Jack, ein Engländer, der als Aushilfs-Tennislehrer im Country Club arbeitete. Ich fand seinen Akzent umwerfend, aber er war zwei Jahre jünger als ich, also viel zu jung. Dann kam ein Typ, mit dem ich mal auf einer Kirchenfreizeit zusammen gewesen war. Er lebte mittlerweile in einer weit entfernten Stadt und hatte gehört, dass ich wieder in Oklahoma war. Süß, aber ganz sicher nichts für länger. Es folgten ein paar Abendessen mit verschiedenen Männern, nicht der Rede wert.

Dann traf ich Mr. B., einen Mann, der sechzehn Jahre älter war als ich, Handicap 3 hatte und ziemlich gut küssen konnte.

Küssen – das war eigentlich alles, was Mr. B. und mich verband. Tracy hatte mich ein paarmal ins Kino und ein-, zweimal zum Essen eingeladen. Jack und ich waren mit seinem Hund spazieren gegangen. Mr. B. und ich saßen einfach nur rum und knutschten. Es ging immer von ihm aus – es war fast so, als wäre es eine vollkommen neue Beschäftigung für ihn, und meine Lippen waren ständig rissig. Trotzdem war es super – keine Verpflichtungen, kein Risiko, keine großen Erwartungen. Nach einem Monat hatte ich, ehrlich gesagt, genug davon, mir ständig neuen Lippenbalsam kaufen zu müssen, und beendete die Sache behutsam. Am nächsten Abend rief er mich weinend an und erzählte mir, dass er mich gerade als einzige Begünstigte in seine Lebensversicherung eingetragen habe. Irgendwann im Lauf jenes Monats hatte Mr. B. beschlossen, dass ich »die Auserwählte« war, die Antwort auf all seine Junggesellengebete. Er sagte, er hätte sich vorgestellt, dass wir irgendwann heiraten würden, und er könne nicht verstehen, dass ich mit ihm Schluss gemacht hätte, obwohl wir so offensichtlich füreinander geschaffen seien. Anscheinend hatte er schon angefangen, unsere Hochzeit zu planen, sich sogar schon Gedanken über das Menü und den zweiten Vornamen unseres rothaarigen, blauäugigen, blassen dritten Kindes gemacht. Er verlor offenbar keine Zeit.

Mr. B. redete ununterbrochen und weinte – heulte – zwei geschlagene Stunden lang. Und während ich ihm zuhörte und versuchte, so freundlich und mitfühlend wie möglich zu sein, merkte ich plötzlich, dass ich J vermisste; der konnte zwar nicht besonders gut küssen und hatte seiner Liebe und Zuneigung auch nur selten Ausdruck verliehen, dafür neigte er aber auch nicht dazu, alberne Pläne zu schmieden und weinend zusammenzubrechen.

Da vermisste ich das Stadtleben und begann, ernsthaft über Chicago nachzudenken. Wie eilig ich es auch gehabt haben mochte, aus L. A. zu flüchten, mein kurzer Aufenthalt zu Hause hatte mir gezeigt, dass ich eigentlich in die Großstadt gehörte. Ich vermisste die Annehmlichkeiten, die Cafés an jeder Ecke, die bis Mitternacht geöffneten Buchläden. Die unzähligen kleinen Take-aways, die Kosmetikläden und koreanischen Nagelstudios, wo die Damen eifrig um mich herumwuselten und mir in Fünf-Minuten-Intervallen die Schultern kneteten, bis ich kein Geld mehr hatte.

Ich vermisste die Anonymität – die Möglichkeit, zum Markt zu gehen, ohne meiner Lehrerin aus der dritten Klasse über den Weg zu laufen.

Ich vermisste das Nachtleben – die Gewissheit, dass man sich jederzeit schick machen und etwas essen oder trinken gehen konnte.

Ich vermisste die Restaurants – die Asiaten, Thailänder, Italiener, Inder. Ich hatte genug von Kartoffelbrei und grünen Bohnen.

Ich vermisste die Kultur – die sichere Gewissheit, dass die wichtigen Broadway-Musicals in die Stadt kamen.

Ich vermisste das Shoppen – die ausgeflippten Boutiquen, die große Auswahl an Geschäften, den Schaufensterbummel.

Kurz: Ich vermisste die Stadt. Ich musste mich langsam mal auf die Socken machen.

Da rief Kev an. *Kev.* Meine erste große Liebe, meine erste Leidenschaft, die nichts mit Billy Idol oder Duran Duran zu tun gehabt hatte. Wir waren in der Highschool ein Paar gewesen, und in den acht Jahren, die seitdem vergangen waren, hatten wir uns immer mal wieder getroffen, weil uns noch eine tiefe Zuneigung verband, schließlich war er meine erste große Liebe gewesen und ich seine. Natürlich hatten wir zwischenzeitlich andere Partner gehabt, aber Kev war einfach immer für mich da gewesen. Schließlich hatte er mir gehört, bevor er irgendjemandem sonst gehört hatte. Und ich ihm. Als die Anruferkennung mir an dem Abend, als ich mit Mr. B. Schluss gemacht hatte, seinen Namen anzeigte, kam mir das wie die Rettung vor.

Kev, natürlich – was für eine super Idee! Er hatte gerade sein Jurastudium abgeschlossen und überlegte jetzt wohl, wo er als Nächstes hingehen sollte. Na klar. *Kev.* Endlich. Wir waren mittlerweile erwachsen, waren uns vertraut, ungebunden und fühlten uns wohl miteinander. Schlagartig wurde mir klar, welche Möglichkeiten wir hatten, und schon Sekunden später wusste ich: Kev und ich, das war vielleicht die perfekte Lösung. Ich wusste bereits alles über ihn, was es zu wissen gab, es würden also keine dunklen Geheimnisse ans Tageslicht kommen, wir konnten uns sogar die nervenaufreibende Flirt- und Kennenlernphase sparen, was mir nach den zahllosen Dates, die ich in den letzten Monaten gehabt hatte, sehr entgegenkam. Anstatt komplett von vorn zu beginnen, konnten Kev und ich einfach da weitermachen, wo wir aufgehört hatten; ich konnte innerhalb von zwei Tagen meine Sachen packen und zu ihm fahren, egal, für welche Großstadt er sich entschieden hatte: Chicago, Philadelphia, Washington, D. C. Mir war alles recht. Ich musste weg von Mr. B.s Lippen. Und von seiner Lebensversicherung.

»Hey ... hier ist Kev«, sagte die Stimme am anderen Ende der Leitung. Sie klang genau wie immer.

»Kev!«, sagte ich in einer Mischung aus Aufregung, Vorfreude, Nostalgie und Hoffnung.

»Hör mal, weißt du was?«, sagte er. Meine Phantasie überschlug sich: *Er hatte einen Job gefunden und wollte, dass ich mit ihm kam. Sag schon, Kev! Ich bin bereit. Und die Antwort ist ein überzeugtes Ja.*

»Ich heirate«, sagte Kev. Ich bekam wacklige Knie.

Am nächsten Tag fing ich an, meine Sachen für Chicago zu packen.

Einen Monat später traf ich den Cowboy in der verrauchten Kneipe und war hin und weg von ihm. In den vier darauffolgenden Monaten bereitete ich meinen Umzug nach Chicago vor. Der verwegene Marlboro Man, den ich Weihnachten in der J-Bar kennengelernt hatte, tauchte zwar gelegentlich in meinen Gedanken auf, aber ich sagte mir jedes Mal, es sei gut, dass er nicht angerufen hatte. Ich konnte nichts gebrauchen, das mich vom meinem Entschluss abhielt, in die Zivilisation zurückzukehren.

Zurück zu normalen Menschen.

Ich beschloss, die Hochzeit meines ältesten Bruders Doug im April abzuwarten, solange bei meinen Eltern zu bleiben und ein paar Wochen später nach Chicago zu ziehen. Mein Aufenthalt zu Hause hatte ja sowieso nur ein Boxenstopp sein sollen, und bald schon würde Chicago meine neue Heimat sein. Es hatte mir dort immer so gut gefallen – der Rhythmus dieser Stadt, das Klima, die süßen katholischen Jungs. Es kam mir ganz natürlich vor, dorthin zu gehen. Außerdem wäre es ein großer Schritt hin zur endgültigen Trennung von J, der theoretisch immer noch nicht ganz von der Bildfläche verschwunden war, obwohl er dreitausend Kilometer entfernt wohnte.

J und ich waren immer noch nicht offiziell getrennt. Es war schon Monate her, dass ich Kalifornien verlassen hatte, aber wir hatten uns trotzdem noch ab und zu besucht. In den Wochen vor der Hochzeit meines Bruders hatte ich mich jedoch von ihm zurückgezogen. Je mehr Zeit ich ohne ihn verbrachte, umso deutlicher erkannte ich, dass die Grundlage unserer Beziehung vor allem meine Abhängigkeit von ihm gewesen war, solange ich in Los Angeles lebte. J war in Orange County geboren, in Newport Beach, und hatte seine gesamte Kindheit dort verbracht, und durch ihn (und seine Eltern) hatte ich fern meiner eigenen Heimat ein gemütliches, sicheres zweites Zuhause gehabt. Ich wusste, wen ich am Wochenende besuchen konnte, wenn der USC-Campus einer Geisterstadt glich; ich hatte eine Familie, die sich immer freute, wenn ich vorbeikam; ich hatte einen Ort, der mir vertraut war. Es war bequem. Einfach.

Dann rief J wieder häufiger an und drängte mich, nach Kalifornien zurückzukehren – ich wusste, dass ich das nicht tun würde, hatte aber nicht den Mut, ihm das klipp und klar zu sagen. Mein Umzug nach Chicago war ein guter Anlass dafür, ich musste J also noch ein bisschen hinhalten, bis ich ihm die Neuigkeit eröffnen würde. J aber wollte wieder mit mir zusammen sein, er meinte, wir müssten bloß ein bisschen an uns arbeiten. Darauf hinarbeiten, irgendwann zu heiraten. An dem Wort »arbeiten« in diesem Zusammenhang stimmte irgendwas nicht, fand ich. Aber J ließ nicht locker: Wenn es nach ihm gegangen wäre, hätte alles wieder so werden sollen wie früher. Als ich noch in Kalifornien war. Als ich noch ganz und gar ihm gehörte.

Doch ich war über J hinweg. Meine Verabredungen mit all den unterschiedlichen Typen in den vergangenen Monaten hatten mir gezeigt, dass ich überhaupt noch nicht bereit war, sesshaft zu werden, und dass jegliche Leidenschaft, die ich vielleicht im ersten Jahr unserer Beziehung für J empfunden haben mochte, schon vor langer Zeit durch den Wunsch nach Stabilität ersetzt worden war, die mir während meiner Jahre in Los Angeles gefehlt hatte – denn die Stadt konnte trotz der vielen Partys, der unzähligen Geschäfte und des allnächtlichen Glamours manchmal ein schrecklich einsamer Ort sein.

Ein paar Tage vor der Hochzeit meines Bruders beschloss ich, dass der richtige Augenblick gekommen war. Teils aus Feigheit und teils weil ich wusste, dass ich es am Telefon niemals herausbringen könnte, schrieb ich J einen langen, rührseligen Brief. Darin lud ich ihn von unserer Familienfeier aus, zu der er eigentlich hatte kommen wollen, und beschönigte all die Gründe, warum ich der Meinung war, dass wir endgültig Schluss machen sollten. Zu meiner Überraschung war er einverstanden, nicht zur Hochzeit zu erscheinen, doch er wich beunruhigenderweise jedem weiteren Gespräch über unsere Beziehung aus. »Dann kommst du einfach in ein paar Wochen zurück?«, sagte er. Ich war mir nicht sicher, ob er begriffen hatte, was in meinem Brief stand. Aber so war es in meiner Beziehung mit J immer gewesen: Wir hatten nie gut miteinander reden können.

Zur Hochzeit meines Bruders ging ich mit Walrus, dem besten Freund meines Bruders aus Connecticut. Walrus mit seiner Brille und seiner lieben, lustigen Art war genau der Richtige, um mich an jenem Wochenende abzulenken und aufzumuntern. Währenddessen jammerte meine Schwester Betsy herum und ärgerte sich, dass sie noch im ersten Semester am College war, also zu jung, um mit einem Siebenundzwanzigjährigen auszugehen. Walrus war wirklich total niedlich, wir hingen die ganze Zeit wie Kletten aneinander. Beim Probeessen saßen wir zusammen, und auf der anschließenden Party alberten wir herum. Dann machten wir die halbe Nacht durch, unterhielten uns, tranken Bier und taten nichts, was einer von uns beiden später hätte bereuen müssen. Während der Trauung selbst lächelte Walrus mir zu und zwinkerte. Ich lächelte zurück, denn ich fühlte mich frei und war ganz aus dem Häuschen wegen Chicago, freute mich auf meine Freiheit und auf meine Zukunft.

Walrus war genau die richtige Medizin, wenn auch nur für zwei Tage. Er war der perfekte Begleiter für ein Wochenende. Nach dem Empfang gab er mir einen Gutenachtkuss und sagte: »Bis zur nächsten Hochzeit.« Als alle Festlichkeiten vorüber waren, mein Bruder mit seiner neuen Frau nach Hawaii abgereist war und am späten Sonntagnachmittag mein Telefon klingelte, war ich mir deshalb sicher, dass es Walrus sein musste. Wahrscheinlich rief er vom Flughafen aus an, um sich zu verabschieden oder um noch mal zu betonen, wie viel Spaß ihm das Wochenende mit mir gemacht hätte.

»Hallo?«, meldete ich mich.

»Hallo … Ree?«, sagte eine dunkle männliche Stimme am anderen Ende.

»Hey, Walrus!«, rief ich erfreut. Danach blieb es eine Zeitlang still.

»Walrus?«, wiederholte ich.

Da war sie wieder, diese tiefe Stimme: »Du erinnerst dich vielleicht nicht mehr an mich – wir haben uns Weihnachten in der J-Bar kennengelernt.«

Es war der Marlboro Man.

2. Junge Herzen in Flammen

Es war fast genau vier Monate her, seit wir uns kennengelernt hatten; vier Monate, seit wir uns Weihnachten in einer Kneipe gesehen und nicht wieder aus den Augen gelassen hatten, seit sein Blick und sein Haar meine Beine in weichgekochte Nudeln verwandelt hatten. Es war vier Monate her, dass er mich am nächsten Tag nicht angerufen hatte, auch nicht in der nächsten Woche oder im nächsten Monat. Seitdem war mein Leben zwar weitergegangen, doch das Bild dieses verwegenen Marlboro Man hatte sich mir unauslöschlich ins Gedächtnis gebrannt.

Bevor ich ihn an jenem Abend kennenlernte, hatte ich gerade begonnen, meinen Umzug nach Chicago zu planen, und am folgenden Tag hatte ich damit weitergemacht. Und jetzt, Ende April, war ich fast so weit, meine Zelte abzubrechen.

»Oh, hi«, sagte ich mit gleichgültiger Stimme. Ich zog bald um. Ich konnte diesen Kerl nicht gebrauchen.

»Wie geht's dir so?«, fragte er. Hilfe, diese Stimme! Sie war rau und tief, heiser und verträumt zugleich. Ich spürte, dass sie mich bereits in ihren Bann gezogen hatte. Etwas in mir reagierte auf dieses Timbre.

»Gut«, antwortete ich und bemühte mich, unbekümmert, selbstbewusst und stark zu klingen. »Na ja, ich bereite gerade meinen Umzug vor – nach Chicago.«

»Ach, im Ernst?«, sagte er. »Und wann soll's losgehen?«

»In ein paar Wochen«, antwortete ich.

»Oh …« Er schwieg einen Moment. »Tja … hast du Lust, diese Woche mit mir essen zu gehen?«

Das war immer der schwierige Teil. Zum Glück bin ich kein Mann.

»Ähm, klar«, sagte ich, obwohl ich nicht so recht wusste, was es bringen sollte, wenn ich mit ihm ausging. Aber mir war klar, dass ich eine Einladung des ersten und einzigen Cowboys, den ich je anziehend gefunden hatte, unmöglich ausschlagen konnte. »Diese Woche habe ich eigentlich noch nichts vor, also …«

»Wie wär's mit morgen Abend?«, unterbrach er mich. »Ich bin um sieben bei dir.«

Er konnte es damals nicht wissen, aber dieser Moment, als er die Zügel in die Hand nahm und sich in null Komma nichts von einem fast schüchternen, stillen Cowboy in diese selbstbewusste, bestimmende Person verwandelte, löste bei mir einiges aus. Mein Interesse war geweckt.

Am nächsten Abend öffnete ich ihm die Tür meines Elternhauses. Nur kurz streifte mein Blick sein gestärktes blaues Jeanshemd, dann blieb er an seinen ebenso blauen Augen hängen.

»Hallo«, sagte er und grinste.

Diese Augen. Er sah mich an, ich sah ihn an, und das Ganze dauerte länger, als es so früh bei einem ersten Date üblich ist. Meine Knie – die sich an jenem Abend vor vier Monaten in einem Anfall irrationalen Verlangens schon einmal in Gummibänder verwandelt hatten – kamen mir erneut so wacklig vor wie gekochte Spaghetti.

»Hallo«, sagte ich. Ich trug eine enge schwarze Hose, einen violetten Pullover mit V-Ausschnitt und spitze schwarze Stiefel – ein krasser Gegensatz zu seiner alltäglichen, ausgeblichenen Jeans. Modisch gesehen passten wir absolut nicht zusammen. Ich spürte, dass er dasselbe dachte, als meine Pfennigabsätze abscheulich laut über die gepflasterte Einfahrt meiner Eltern klackerten.

Beim Essen unterhielten wir uns die ganze Zeit; keine Ahnung, ob ich an dem Abend überhaupt etwas herunterbekam. Wir sprachen über meine Kindheit am Golfplatz und über seine Jugend auf dem Land. Über meinen Vater, den Arzt, über seinen Vater, den Rancher. Über meine lebenslange Begeisterung für Ballett und seine lebenslange Footballleidenschaft. Über meinen Bruder Mike und seinen älteren Bruder Todd, der als Jugendlicher gestorben war. Über Los Angeles mit seinen Stars, über Kühe und Landwirtschaft. Am Ende des Abends wusste ich nicht mehr, was ich ihm alles erzählt hatte. Ich wusste nur, dass ich mit dem Cowboy in seinem Ford-F250-Pick-up-Diesel saß – und dass es keinen Ort auf der Welt gab, an dem ich lieber sein wollte.

Er brachte mich bis zur Tür – dieselbe Tür, zu der mich vor ihm so viele pickelige Highschool-Jungs und im Lauf der Zeit die verschiedensten Verehrer begleitet hatten. Aber diesmal war es anders. *Bedeutender.* Das spürte ich. *Ob er es auch merkt?*, fragte ich mich.

Da blieb mein Pfennigabsatz in einem kleinen Loch hängen, wo der Mörtel aus dem roten Backsteinpflaster des Bürgersteigs gebrochen war. Ich fiel vornüber und sah schon mein Leben an mir vorbeiziehen, zusammen mit jeglicher Selbstachtung. O nein, jetzt würde ich direkt vor den Augen von Marlboro Man der Länge nach hinschlagen. *Du bist so ein Trampeltier*, dachte ich, *ein Trottel, ein Idiot allererster Güte.* Am liebsten hätte ich mit den Fingern geschnipst und mich nach Chicago gebeamt, wo ich hingehörte, doch meine Hände wurden anderweitig gebraucht – sie schnellten nach vorn, um den Aufprall meines Körper auf dem Boden zu verhindern.

Da wurde ich aufgefangen. War es ein Engel? Gewissermaßen. Es war Marlboro Man, dessen Reflexe dank seiner harten Kindheit auf der Rinderranch so gut trainiert waren, dass er seine spastische Bekannte (nämlich mich) vor dem sicheren Sturz retten konnte. Als die Gefahr vorüber war, musste ich vor Nervosität und Verlegenheit lachen. Marlboro Man schmunzelte ebenfalls vor sich hin. Er hielt mich immer noch an den Armen fest, mit demselben starken Cowboy-Griff, der mich soeben gerettet hatte. Was war bloß mit meinen Knien los? Ich war mir nicht sicher, ob sie noch da waren.

Ich blickte Marlboro Man an. Er hatte aufgehört zu schmunzeln. Er stand direkt vor mir und hielt mich immer noch fest.

Ich war immer schon verrückt nach Jungs gewesen. Von den Highschool-Jungs, die im Schwimmbad als Bademeister arbeiteten, als ich klein war, bis zu den Caddies, die im Poloshirt über den Golfplatz schlenderten – süße Jungs waren so was wie mein Hobby gewesen. Mit Mitte zwanzig gab es praktisch keine Kategorie, von der ich noch kein Exemplar kennengelernt hatte: Ich war mit Kev ausgegangen, einem katholischen Iren, mit dem nervösen Skipper, mit Shane, dem Gangster, mit dem Spaßvogel Collin, mit J, dem coolen Surfer, mit dem labilen Mr. B. und vielen anderen in der Zwischenzeit.

Es gab nur eine Spielart, mit der ich noch keine Bekanntschaft gemacht hatte: Cowboys. Bis dahin hatte ich noch nie mit einem Cowboy gesprochen, geschweige denn einen persönlich kennengelernt. Ich war noch nie mit einem ausgegangen, und ich hatte ganz bestimmt, mit hundertprozentiger Sicherheit, niemals einen geküsst – bis zu jener Nacht vor dem Haus meiner Eltern, nur wenige Wochen vor meinem geplanten Umzug in ein neues Leben nach Chicago. Nachdem er mich Sekunden zuvor heldenhaft davor bewahrt hatte, der Länge nach auf die Nase zu fallen, stand diese einem Western entsprungene Gestalt jetzt vor mir und gab mir einen wilden, romantischen, schwindelerregend perfekten Kuss, nach dem ich die Kategorie »Cowboy« für immer in meine Datingliste aufnahm.

Dieser Kuss! *An den werde ich mich bis zu meinem letzten Atemzug erinnern*, dachte ich. *Und zwar an jedes Detail. Kräftige, raue Hände halten meine Oberarme. Bartstoppeln kratzen leicht über mein Kinn. Ein schwacher Duft nach Lederstiefeln liegt in der Luft. Unter den Fingern spüre ich das gestärkte Jeanshemd, während meine Hände sich um seine schlanke Taille tasten …*

Ich weiß nicht, wie lange wir dort standen, versunken in unserer allerersten Umarmung. Aber als der Kuss vorüber war, das weiß ich heute, war mein Leben, wie ich es bis dahin geführt hatte, ebenfalls passé.

Damals war mir das allerdings noch nicht klar.

Am nächsten Morgen rief er mich um sieben Uhr an. Ich schlief noch tief und fest und träumte von dem Kuss, der am Vorabend mein ganzes Leben erschüttert hatte. Marlboro Man hingegen war seit fünf Uhr auf den Beinen und hatte den Anruf extra zwei Stunden hinausgezögert, wie er sagte, weil er sich gedacht hatte, dass ich nicht unbedingt zu den Frühaufstehern gehörte. Und damit lag er richtig. Mir wollte kein vernünftiger Grund einfallen, warum ein normaler Mensch vor acht Uhr aufstehen sollte, und abgesehen davon war dieser

Kuss ein ziemlich aufwühlendes Erlebnis gewesen. Ich musste erst mal meinen Rausch ausschlafen.

»Guten Morgen«, sagte er. Mir stockte der Atem. Da war sie wieder, diese Stimme!

»Oh, hi!«, sagte ich, sprang aus dem Bett und versuchte, so zu klingen, als wäre ich seit Stunden auf den Beinen, hätte bereits eine Runde Step-Aerobic hinter mir und die Azaleenbüsche meiner Mutter beschnitten. Und einen langen Spaziergang gemacht.

»Schläfst du noch?«, fragte er.

»Quatsch, nein, wo denkst du hin!«, antwortete ich. »Ich doch nicht!« Meine Stimme klang belegt und kratzig.

»Doch, du hast geschlafen, oder?« Er wusste offenbar, wann er es mit einem Langschläfer zu tun hatte.

»Nee, wirklich nicht – ich stehe immer ziemlich früh auf«, sagte ich. »Ich bin ein richtiger Morgenmensch.« Ich versuchte, ein tiefes Gähnen zu unterdrücken.

»Hm, komisch – deine Stimme klingt, als ob du noch geschlafen hättest.« Marlboro Man ließ nicht locker. So leicht kam ich ihm nicht davon.

»Ach … na ja … das liegt daran, dass ich heute noch mit niemandem gesprochen habe, außerdem bin ich ein bisschen verschnupft«, sagte ich. Wie anziehend. »Auf jeden Fall bin ich schon eine ganze Weile auf den Beinen.«

»Ja? Und was hast du so getrieben?«, fragte er. Er machte sich einen Spaß daraus.

»Ach, so Sachen halt.« Sachen – ziemlich gut, Ree.

»Echt? Was für Sachen zum Beispiel?«, fragte er. Da war es wieder, dieses leise Schmunzeln, dasselbe wie am Vorabend, als er mich vor dem Sturz bewahrt hatte. Es war ein unterdrücktes Lachen, das stürmische Wogen glätten konnte. Vielleicht konnte es sogar den Weltfrieden herbeiführen.

»Ach, so Sachen halt. Was man morgens eben so macht, wenn man richtig früh aufgestanden ist …« Es sollte überzeugend klingen.

»Tja«, sagte er. »Dann will ich dich mal nicht von diesen Sachen abhalten, die man morgens eben so macht. Ich wollte dir eigentlich nur sagen … Wollte sagen, dass mir der Abend gestern echt gut gefallen hat.«

»Ja, wirklich?«, fragte ich und wischte mir den Schlaf aus dem rechten Auge.

»Ja, wirklich«, sagte er.

Ich lächelte und schloss die Lider. Was passierte da gerade mit mir? Dieser Cowboy – dieser sexy Cowboy, der so unerwartet in mein Leben galoppiert war und es im Handumdrehen in einen altmodischen Liebesroman verwandelt hatte – meldete sich wenige Stunden nach unserem Kuss an der Tür, um mir mitzuteilen, dass ihm der Abend gefallen hatte.

»Mir auch.« Mehr brachte ich nicht heraus. Mann, ich hatte ja einen richtigen Lauf! *Du weißt schon, so Sachen eben* und *mir auch* – alles in einem einzigen Gespräch! Mit meiner unglaublichen Sprachgewalt hatte ich den Mann bestimmt schwer beeindruckt. Ich war so verknallt, dass ich keine zwei Sätze mehr zustande brachte.

Ich hatte ein Problem.

Am selben Abend trafen wir uns zum zweiten Mal, tags darauf zum dritten und dann zum vierten Mal. Und nach jedem Date rief er mich an, mein neuer Held aus dem Liebesroman, um den Abend mit ein paar süßen Worten zu beschließen.

Bei unserer fünften Verabredung lud er mich in sein Haus auf der Ranch ein. Es war offensichtlich, dass wir eine Glückssträhne hatten, jetzt wollte er mir also zeigen, wo er lebte. Ich konnte unmöglich ablehnen.

Da ich wusste, dass seine Ranch etwas abseits lag und es deshalb wohl nicht viele Restaurants in der Nähe gab, schlug ich vor, einzukaufen und für ihn zu kochen. Stundenlang zermarterte ich mir das Hirn, was dem starken neuen Mann in meinem Leben schmecken würde. Es musste etwas Besonderes sein, so viel war klar. Ich ließ alle Gerichte aus dem Repertoire eines Stadtmädchens mit gehobenen Ansprüchen Revue passieren; viele Rezepte hatte ich in meiner Zeit in Los Angeles kennengelernt. Schließlich entschied ich mich für etwas Nichtvegetarisches: Linguine mit Muscheln – ein Essen, das meiner Familie bei unseren Urlauben auf Hilton Head Island immer gut geschmeckt hatte.

Dieses leckere, würzige Meisterwerk aus Butter, Knoblauch, Muscheln, Zitrone, Wein und Sahne bereitete ich in Marlboro Mans Landhausküche mit den alten Pinienholzschränken zu. Als ich fertig war, am restlichen Weißwein nippte und die Früchte meiner kulinarischen Bemühungen betrachtete, war ich überzeugt, dass die Nudeln gut ankommen würden.

Mir war einfach nicht klar, mit wem ich es zu tun hatte. Ich wusste nicht, dass ein Rinderrancher in vierter Generation keine kleingeschnittenen Muscheln isst, geschweige denn kleingeschnittene Muscheln in Weißweinsahnesoße, vermischt mit langen, schwer zu handhabenden Nudeln.

Er aß sie trotzdem. Doch er hatte Glück, denn als er etwas mehr als die Hälfte unseres gemeinsamen Essens überstanden hatte, klingelte das Telefon. Er erwarte einen wichtigen Anruf, sagte er und entschuldigte sich für gut zehn Minuten. Damit er auch ja satt würde – schließlich war er ein Rancher und arbeitete hart –, nahm ich, als ich vermutete, dass das Telefonat bald vorbei sein würde, seinen Teller mit zum Herd und häufte eine weitere Portion fischige Nudeln darauf. Marlboro Man setzte sich wieder an den Tisch, lächelte höflich und verputzte über die Hälfte seines Nachschlags, dann schob er den Stuhl zurück und sagte: »Junge, jetzt bin ich aber voll!«

Damals begriff ich nicht, wie viel Romantik in dieser Geste steckte.

Als ich am selben Abend wieder zu Hause war und mein Telefon klingelte, musste ich lächeln. Ich hatte mich daran gewöhnt, seine Stimme zu hören.

»Hi«, sagte der Mann am anderen Ende. Aber seine Stimme klang anders, alles andere als rau.

»Wir müssen reden«, sagte er.

Es war J.

3. Der Rebell von Kalifornien

In den Wochen vor Dougs Hochzeit hatte ich J gegenüber mehrmals erwähnt, welche Bedenken ich bezüglich unserer Beziehung hatte. Kurz vor der Feier hatte ich ihm dann mitgeteilt, dass ich plante, nach Chicago zu gehen. Aber da ich in L. A. rund um die Uhr für ihn verfügbar gewesen war, konnte J sich absolut nicht vorstellen, dass ich das wirklich durchziehen würde. Ich hatte gehofft, dass mein Abschied von Kalifornien ein paar Monate zuvor und mein Entschluss, nicht mit ihm nach San Francisco zu gehen, ihm die Lage der Dinge etwas klarer vor Augen geführt hatten. Doch er hatte sich eingeredet, dass es sich um eine vorübergehende Laune von mir handelte. J glaubte, es sei nur eine Frage der Zeit, bis ich wieder zu ihm zurückkehrte. Das konnte ich ihm nicht einmal verdenken. Früher wäre ich zurückgekommen. In den Tagen nach der Hochzeit meines Bruders wurde er immer nervöser, denn er merkte, dass ich wirklich angefangen hatte, mich von ihm zu distanzieren.

Er konnte es nicht fassen.

In der Zwischenzeit hatte ich jeden Abend mit Marlboro Man verbracht, mit meiner neuen, aufregenden Cowboy-Liebe, und jeden Tag hob er meine wohlgeordnete Welt ein bisschen weiter aus den Angeln. In der vergangenen Woche hatte ich keinen Gedanken an J verschwendet. Zugegeben, es mochte naiv sein, aber daran war Marlboro Man schuld: Ich konnte nicht mehr klar denken.

»Ich komme morgen zu dir«, sagte J mit unangenehm scharfem Unterton.

Oh, nein. Wie bitte?

»Was, du willst morgen herkommen?«, fragte ich. »Warum?« Ich klang unterkühlt, ohne es zu wollen.

»Was soll das heißen: Warum?«, fragte er. »Ich muss mit dir reden, Ree.«

»Wir reden doch jetzt …«, antwortete ich. »Lass uns jetzt reden.« (Und mach bitte schnell, denn Marlboro Man könnte jeden Moment anrufen.)

»Das kann aber 'ne Weile dauern«, entgegnete er.

Ich sah auf die Uhr. »Ich dachte, wir hätten schon alles besprochen«, sagte ich. »Ich dachte, du hättest verstanden, was los ist.«

»Was los ist?«, fragte J bissig. »Was zum Teufel soll das heißen?« Das Gespräch wurde mit jeder Sekunde unangenehmer.

»Ich weiß nicht, was es noch zu bereden gibt«, erwiderte ich. »Ich habe dir gesagt … Ich finde, wir sollten einsehen, dass die Dinge sich geändert haben.«

»So lass ich mich nicht abspeisen«, stieß J hervor. »Ich komme morgen zu dir, damit wir uns unterhalten können.«

»Hey, Moment mal«, sagte ich. »Hab ich dabei nicht auch noch ein Wörtchen mitzureden?«

»Nein, hast du nicht«, beschied er mir. »Ich glaube nämlich, du weißt gar nicht, was du da tust.«

Ich war erschöpft und gleichzeitig aufgekratzt, high von Marlboro Mans Rasierwasser, und ich wollte nicht, dass J mich von meiner Wolke sieben herunterholte. »J«, sagte ich und versuchte, so entschieden wie möglich zu klingen. »Komm nicht! Es gibt keinen Grund für dich, zu kommen.« Er könne mich am nächsten Tag anrufen, sagte ich, und damit verabschiedeten wir uns voneinander.

Ich atmete tief durch und sehnte mich nach einer Welt, in

der Trennungen, wenn es sie überhaupt geben musste, wenigstens einvernehmlich und freundschaftlich vonstattengingen – ohne dass mindestens eine Partei sich verletzt und zurückgewiesen fühlte. Dann schlief ich ein und träumte den Traum, den ich mir gewünscht hatte: von Marlboro Man, von seinen Stiefeln, seinen Lippen und seinen starken, unglaublich männlichen Armen, die sich um mich legten. Und als am nächsten Morgen um sieben Uhr mein Telefon klingelte, freute ich mich wie noch nie, Marlboro Mans Stimme am anderen Ende zu hören. Wir verabredeten uns für den Abend. Ich hatte schon wieder völlig vergessen, dass California-J just am Vortag angekündigt hatte, nach Oklahoma zu fliegen und mich zu besuchen. Schließlich hatte ich »Komm nicht!« gesagt, das musste doch reichen. Im Nachhinein ist mir klar, wie grausam Menschen sein können, wenn sie in den Klauen einer neuen Liebe gefangen sind, egal ob es sich um Eheleute handelt, die ihren Partner betrügen, um aufmüpfige Teenager oder um flatterhafte Stadtmädchen in den Armen eines Cowboys; damals war ich einfach nur trunken von der Begeisterung, in die Marlboro Man mich versetzt hatte, und deshalb kam nichts von dem, was J sagte – nicht mal das »ich komme morgen« –, so richtig bei mir an.

Die Macht der Verdrängung. Man sollte sie nicht unterschätzen.

Das Einzige, woran ich am nächsten Morgen dachte, war meine abendliche Verabredung mit Marlboro Man. Das war mein neues Hobby, meine neue Leidenschaft, mein neuer Lebensinhalt. Marlboro Man hatte mich zu sich auf die Ranch eingeladen, und diesmal wollte er für mich kochen. Mir war eigentlich ziemlich egal, was wir taten, Hauptsache, ich sah ihn wieder. Verbrachte Zeit mit ihm. Erfuhr mehr über ihn, konnte ihm einen einstündigen Gutenachtkuss geben. Oder einen zweistündigen. Das war alles, woran ich dachte, als ich an jenem Morgen aus der Einfahrt meiner Eltern fuhr, um ein paar Besorgungen zu machen.

Plötzlich wurde das Auto von mehreren aufeinanderfolgenden Stößen erschüttert, und ich wusste sofort, dass etwas Schreckliches passiert war. Als ich in den Rückspiegel blickte, sah ich, dass ich Puggy Sue überfahren hatte. Puggy Sue, dieses fette Hündchen mit dem Überbiss, das sich am Tag meiner Rückkehr aus Kalifornien in meine Arme gekuschelt hatte und das ich seitdem adoptiert hatte, lag vor dem Haus auf der Straße, wimmernd und sich krümmend, und konnte die Hinterbeine nicht mehr bewegen.

Meine Mutter hatte Puggy vom Haus aus jaulen gehört und kam sofort herausgeschossen. Sie hob das Hündchen hoch und fuhr auf der Stelle zum Tierarzt. Eine halbe Stunde später rief sie an und verkündete die Nachricht, für die ich mich schon gewappnet hatte: Puggy Sue, mein geliebter beigebrauner Mops, war tot.

Die nächsten Stunden verbrachte ich zusammengerollt auf dem Bett und versuchte, den Schock über Puggy Sues plötzlichen Tod zu verarbeiten. Als mein Bruder Mike hörte, was passiert war, kam er sofort zu mir und tröstete mich über eine Stunde lang, indem er mir liebevoll übers Haar strich und sagte: »Ist n-n-nicht so schlimm … du k-k-kannst dir ja einen neuen Mops kaufen«, aber das brachte mich nur noch mehr zum Weinen.

Als am Nachmittag mein Telefon klingelte, sprang ich aus dem Bett und befahl Mike, keinen Mucks von sich zu geben. Ich holte tief Luft, wischte mir die Tränen aus dem Gesicht und sagte fröhlich: »Hallo?«

Es war Marlboro Man, er wollte mir noch mal den komplizierten Weg zu seinem Haus beschreiben und fragen, wann ich denn eintreffen würde, er könne es kaum erwarten – so etwas hatte J in all den Jahren, die wir zusammen waren, nie zu mir gesagt. Mein Magen zog sich zusammen, ich hatte einen Kloß im Hals, doch ich unterhielt mich mit meinem neuen Freund, als wäre alles in Ordnung. Als ich auflegte, fragte Mike: »W-w-wer war das?« Ich schniefte, putzte mir die Nase und erwiderte: »Ein Typ.«

»Was für ein Typ?«, fragte Mike.

»Ach, so'n Cowboy«, sagte ich. »Ich fahre heute Abend zu ihm.«

»Hmm, k-k-kann ich mit?«, fragte er mit teuflischem Grinsen.

Ich verneinte und sagte, er solle jetzt abhauen, ich wolle duschen. Mike trollte sich schmollend.

Um mich von Puggy Sue abzulenken, überlegte ich beim Föhnen, was ich am Abend anziehen sollte: Anne-Klein-Jeans, einen anthrazitgrauen, gerippten Rollkragenpullover und natürlich mein Markenzeichen, die spitzen schwarzen Stiefel. Genau das Richtige für einen Abend im Ranchhaus eines Cowboys. Vor dem Schminken huschte ich in die Küche und holte zwei Löffel aus dem Eisfach, die ich dort immer zur Sicherheit verwahrte. Ich drückte sie mir auf die Augen, damit die Schwellung zurückging – ein Trick, von dem ich Mitte der Achtziger in einem Buch von Brooke Shields gelesen hatte. Schließlich wollte ich nicht aussehen wie jemand, der den ganzen Tag ein totes Haustier beweint hatte.

Dann machte ich mich auf den einstündigen Weg zur Ranch. Am Abend zuvor hatte Marlboro Man mich abgeholt und auch wieder nach Hause gebracht, aber ich hatte ihn nicht schon wieder darum bitten wollen; außerdem gefiel mir die Strecke. Während ich durch ein paar Wohnstraßen fuhr, die dann allmählich von unbefestigten Straßen abgelöst wurden, kam ich etwas zur Ruhe, doch gleichzeitig vergrößerte sich meine Aufregung, denn am Ende dieses ländlichen Highways wartete ja der Mann, nach dem ich mit jedem Tag ein bisschen verrückter wurde. Ich war mir nicht sicher, wie lange ich – oder meine abgefahrenen Reifen – das noch aushalten würden.

Ich hatte soeben die Grenze zwischen meinem und seinem County überquert, als das schrille Klingeln meines Autotelefons erklang. *Das muss Marlboro Man sein*, dachte ich, *er will bestimmt wissen, wo ich bin.*

»Hallo?« Voller Vorfreude nahm ich ab.

»Hi«, sagte eine Stimme. Es war J.

»Oh, hi«, sagte ich enttäuscht.

»Ich bin jetzt am Flughafen«, sagte er.

Tief einatmen. Schau dir die Prärie an. Konnte dieser Tag noch schlimmer werden? *Ausatmen.* »Du bist am Flughafen?«, fragte ich.

»Ich habe dir doch gesagt, dass ich komme.«

»J, nein … ich mein's ernst …«, flehte ich ihn an. Das hatte mir gerade noch gefehlt. »Ich habe dir doch schon gesagt, dass ich das für keine gute Idee halte.«

»Und ich habe dir gesagt, dass ich trotzdem komme«, konterte er.

Ich bemühte mich, ihm eine möglichst klare und deutliche Antwort zu geben. »Steig nicht ins Flugzeug, J. Komm nicht her! Verstehst du? Ich bitte dich, nicht zu kommen.«

»Ree, ich bin längst an *deinem* Flughafen«, sagte er. »Ich bin schon hier!«

Ich hielt auf dem Seitenstreifen des zweispurigen Highways, legte Daumen und Zeigefinger an die Nasenwurzel, presste die Augen zu und versuchte mit aller Kraft, zu dem Moment zurückzuspulen, als ich ans Telefon gegangen war. Hätte ich es doch nicht getan! »Du bist hier?«, fragte ich. »Das ist doch nicht dein Ernst, oder?«

»Doch, das ist mein Ernst«, sagte J. »Ich bin hier. Ich muss dich sehen.«

Völlig überrumpelt saß ich auf dem verlassenen Seitenstreifen und wusste nicht, was ich tun sollte. Diesen Abend hatte ich mir anders vorgestellt.

»J …« Ich hielt kurz inne und überlegte. »Ich weiß nicht, was ich sagen soll. Ich habe dich doch gebeten, nicht zu kommen. Ich habe dir doch gesagt, dass ich es für keine gute Idee halte.« Ich musste wieder an Puggy Sue denken. An ihre weichen, samtigen Ohren.

»Wo bist du?«, fragte er.

»Ähm, ich bin … auf dem Weg zu einem Freund«, antwortete ich. *Frag bitte nicht weiter.*

»Tja, dann wirst du deine Pläne wohl ändern müssen, meinst du nicht?«, fragte er.

Berechtigte Frage. Ich saß auf dem Seitenstreifen in meinem Wagen, vor mir ging die Sonne unter, und ich wusste beim besten Willen nicht, was ich tun sollte. Einerseits hatte ich am Tag zuvor J sehr deutlich meine Meinung gesagt. *Komm nicht* – was konnte man daran bitte falsch verstehen? Andererseits war J – wenn er nicht so nervös war wie jetzt – eigentlich ein netter Kerl, der mir ja auch lange Zeit sehr wichtig gewesen war. Und er war immerhin dreitausend Kilometer gereist, um mich persönlich zu sprechen. Trotzdem fragte ich mich, was dabei herauskommen sollte, wenn ich mich jetzt zu einem Treffen bereit erklärte. Unsere letzten Telefonate hatten im Streit geendet; ich bezweifelte, dass das bei einem persönlichen Treffen anders werden würde. Außerdem war ich mir zu hundert Prozent sicher, dass unsere Beziehung zu Ende war. Ich hatte an dem Tag schon Puggy Sue überfahren, ich fühlte mich nicht stark genug für so etwas.

Abgesehen davon … Marlboro Man erwartete mich.

Dieser Gedanke gab den Ausschlag. Ich fuhr wieder vom Seitenstreifen auf den Highway und setzte meinen Weg Richtung Westen fort, zur Ranch. »J, ich komme nicht«, sagte ich. Das Schweigen am anderen Ende der Leitung kam mir endlos vor, und als J auflegte, war das Klicken so leise, dass es mir in den Ohren dröhnte.

4. Wenn Träume sterben

Während der restlichen Fahrt zu Marlboro Mans Ranch saß ich auf glühenden Kohlen, weil ich jeden Moment damit rechnete, dass das Telefon erneut klingeln würde. Zum einen plagte mich die Erinnerung an Puggy Sues Todeskampf in der Einfahrt, an ihr Jaulen und Winseln, zum anderen hatte ich heftige Gewissensbisse, weil ich übers Autotelefon mit J Schluss gemacht hatte. Es setzte mir zu, dass seine normalerweise so entspannte und ausgeglichene Stimme sich so hoffnungslos angehört hatte. Es war mir nicht egal, dass ich einem anderen Menschen Leid zufügte.

Ich hatte bewusst versucht, die Trennung langsam, mitfühlend und sanft zu gestalten, denn ich wollte die Person, die mir in all meinen Jahren in Kalifornien am meisten bedeutet hatte, auf keinen Fall verletzen. Doch als ich über jenen einsamen Highway fuhr, erteilte das Leben mir auf unbarmherzige Weise eine Lektion: Man kann einem anderen nicht allmählich das Herz brechen, das ist unmöglich; egal, wie sehr man den Prozess in die Länge zieht, es hilft nichts. Wenn eine Beziehung in die Brüche geht, dann hat es keinen Sinn, den entscheidenden Moment hinauszuzögern, jenen Moment, in dem der Bruch sich tatsächlich vollzieht, in dem das Messer ins Fleisch dringt, in dem all die Pläne und die Hoffnungen, die jemals in eine Beziehung gesteckt wurden, eines brutalen, blutigen Todes sterben. Jenen Moment, wenn es anfängt, richtig weh zu tun.

War es falsch, fragte ich mich, nicht zu wenden und J wenigstens eine Stunde Zeit zu gönnen? Oder zwei? Aber was sollte so ein Treffen von Angesicht zu Angesicht bringen? Tränen? Wollte er mich anflehen? Mir gar einen Heiratsantrag machen, Gott bewahre? An dem Punkt erschien mir alles möglich, und nichts davon gefiel mir. Egal, ob richtig oder falsch, ich wusste nur eins: Ich musste weiter gen Westen fahren, zu Marlboro Man. Mein Leben mit J war vorbei.

Mein Telefon blieb den ganzen Weg über totenstill, auch als ich endlich in Marlboro Mans Schotterauffahrt einbog. Ich überprüfte mein Make-up im Rückspiegel und schluckte schwer, denn in meinem Hals steckte ein Kloß von der Größe einer Pampelmuse. Erneut musste ich an Puggy denken. *Lieber Gott*, dachte ich, *ich hatte diesen Hund so gern.* Die Kleine gehörte nicht unter die Erde, sie gehörte auf meinen Schoß. Und ihre Ohren gehörten zwischen meine Finger. Wie gern hatte ich diese Samtohren gestreichelt.

Dann sah ich, dass jemand vor meiner Fahrertür stand: Marlboro Man war aus dem Haus gekommen, um mich zu begrüßen. Seine Jeans war sauber, das gestärkte Hemd steckte in der Hose. Ich konnte sein Gesicht noch nicht sehen, aber den Anblick kaum erwarten. Also stieg ich lächelnd aus dem Wagen und blickte mit zusammengekniffenen Augen hoch. Am westlichen Himmel glühte hinter seiner wohlgeformten Silhouette der Sonnenuntergang. Es war ein wunderschöner Moment – welch Kontrast zu all den furchtbaren Dingen, die ich an jenem Tag erlebt hatte. Mein Cowboy schlug die Fahrertür zu und nahm mich in die Arme. Endlich hatte ich genug emotionalen Treibstoff, um aufzuatmen. In dem Augenblick hatte ich das Gefühl, dass alles gut werden würde.

Ich lächelte und gab mir Mühe, fröhlich zu wirken und mir nicht anmerken zu lassen, was für einen fürchterlichen Tag ich hinter mir hatte. Ich hatte nie zu den Menschen gehört, die jedem sofort ihr Herz ausschütten, und das war nicht der Tag, an dem ich damit anfangen wollte. Schließlich war es erst meine sechste Verabredung mit dem wahrscheinlich attraktivsten und männlichsten Kerl, der mir je begegnet war. Doch als Marlboro Man mich ansah und fragte: »Geht's dir gut?«, wusste ich, dass ich nicht lange durchhalten würde.

Man kennt das ja: Es geht einem nicht gut, jemand fragt nach, und man antwortet, alles sei in Ordnung, und benimmt sich auch so, doch in Wahrheit weiß man, dass überhaupt nichts in Ordnung ist. Und dann fängt es in der Nase an zu kribbeln, man hat einen Kloß im Hals, das Kinn beginnt zu zittern, und man denkt: *Um Himmels willen, hör auf damit! Hör auf ...*, aber man kann nichts dagegen ausrichten. Man kneift die Augen zu, damit es weggeht, und glaubt schließlich, man hätte es unter Kontrolle.

Doch dann lächelt der Cowboy, der vor einem steht, und fragt: »Bist du sicher?«

Diese harmlosen Worte öffneten die Schleusentore. Dicke Tränen liefen mir über die Wangen, doch ich lächelte, grinste verlegen. Vor lauter Scham lachte ich auf, und mir flog eine ansehnliche Portion Rotz aus der Nase. Der Tag war wirklich hart gewesen, doch dieser Moment war der schlimmste.

»O Mann, das kann doch nicht wahr sein«, rief ich, derweil die Tränen weiterflossen. Ich hastete in die Küche und suchte ein Papiertuch, mit dem ich das salzige Wasser unter den Augen und den Schleim unter der Nase wegwischen konnte. »Tut mir so leid, wirklich.« Ich holte tief Luft, um nicht loszuschluchzen. Es half nichts. Ich heulte Rotz und Wasser und fand mich unmöglich.

»Hey, was ist denn los?«, fragte Marlboro Man. Der Arme, er musste sich genauso unwohl fühlen wie ich. Schließlich war er mit zwei Brüdern und *ohne* Schwestern auf einer Rinderranch aufgewachsen, und seine Mutter war wahrscheinlich so wenig theatralisch und bodenständig, wie ich es in dem Moment gern gewesen wäre. Er führte hier draußen auf der Ranch ein ruhiges Leben, weit weg von den ganzen Dramen, die sich in der Stadt tagtäglich abspielten. Nach dem, was er mir bisher über sich erzählt hatte, waren noch nicht viele Frauen bei ihm zum Abendessen eingeladen gewesen. Und jetzt stand eine in seiner Küche und flennte, was das Zeug hielt. *Reiß dich zusammen und genieß den Abend*, ermahnte ich mich. *Nach dieser Vorstellung wird er dich bestimmt nicht noch mal zum Essen einladen.* Ich putzte mir mit dem Papiertuch die Nase. Am liebsten hätte ich mich im Badezimmer eingeschlossen.

Da griff er nach meinem Arm, viel sanfter als bei unserem ersten Treffen, als er mich vor dem Sturz bewahrt hatte. »Na, komm«, sagte er, zog mich an sich und legte mir die Arme um die Taille. Ich starb tausend Tode, als er leise flüsterte: »Was ist denn los?«

Was in aller Welt hätte ich antworten sollen? *Ach nichts, es ist nur so, dass ich versucht habe, mich behutsam von meinem Freund in Kalifornien zu trennen, und letzte Woche habe ich ihm gesagt, dass er nicht zur Hochzeit meines Bruders kommen soll, und ich dachte, jetzt ist alles klar, aber dann hat er gestern angerufen, als ich gerade wieder zu Hause war, nachdem ich dir die Linguine mit Muscheln gekocht hatte, die du so lecker fandest, und er meinte, dass er heute hierherfliegen würde, und da habe ich gesagt, er solle nicht kommen, weil es nichts zu bereden gebe, und ich dachte, er hätte das verstanden, aber eben gerade, als ich hergefahren bin, hat er mich angerufen, und anscheinend ist er jetzt am Flughafen, doch ich habe beschlossen, nicht hinzufahren, weil ich nicht so ein großes Gefühlsdrama will* (du meinst wohl so eins wie das, was du gerade in Marlboro Mans

Küche veranstaltest?), *und jetzt bin ich völlig durcheinander:* *Ich bin traurig, dass unsere vierjährige Beziehung vorbei ist,* *und ich habe ein schlechtes Gewissen, weil ich ihn nicht sehen* *will, und außerdem weiß ich nicht, ob ich mich überhaupt noch* *auf meinen Umzug nach Chicago freue. Und was dann aus uns* *wird, du umwerfender Typ.*

»Ich habe heute meinen Hund überfahren!«, plärrte ich und heulte noch heftiger. Marlboro Man hielt mich fest in den Armen, er verstand instinktiv, dass er in dem Moment nichts anderes für mich tun konnte. Ich vergrub mein Gesicht an seinem Hals und musste zwischendurch immer wieder auflachen. Zwischen meinen Schluchzern brachte ich mehrmals ein »Es tut mir so leid« hervor und hoffte vergebens, dass das Lachen die Oberhand gewinnen würde. Ich versuchte weiterzusprechen, wollte ihm alles erzählen, auch von J. Marlboro Man sollte die komplette Geschichte erfahren, die hinter meinem unerwarteten Gefühlsausbruch steckte. Doch mehr als »Ich habe heute meinen Hund überfahren« brachte ich nicht heraus. Das war ja auch bei weitem leichter zu erklären. So was konnte Marlboro Man bestimmt nachvollziehen. Die Geschichte von meinem frisch abservierten Ex-Surferfreund hingegen, den ich am Flughafen zappeln ließ? Das wäre an dem Abend einfach zu viel an Information gewesen.

Wir blieben in der Küche stehen, und er hielt mich im Arm, bis das Schluchzen nachließ und der Rotz aus der Nase nach und nach versiegte. Ich öffnete die Augen und fand mich in einem unbekannten Land wieder, IM LAND SEINER UMARMUNG. Es war ein friedlicher, ruhiger, sicherer Ort.

Marlboro Man drückte mich noch ein letztes Mal liebevoll an sich, dann lösten wir uns wieder voneinander, und er lehnte sich lässig gegen die Anrichte. »Tja, falls es dich beruhigt«, sagte er, »ich habe auf dieser Ranch schon so viele verdammte Köter überfahren, dass ich lieber gar nicht anfange, sie zu zählen.«

Auch wenn es wahrscheinlich gelogen war, so war ich ihm doch in dem Moment unglaublich dankbar.

Dann machte Marlboro Man uns etwas zu essen: Es gab Rib-Eye-Steak, Ofenkartoffeln und Mais. Vor meiner Rückkehr nach Oklahoma war ich sieben Jahre lang Vegetarierin gewesen und hatte seit Jahren kein Fitzelchen Fleisch mehr angerührt, deshalb veränderte der erste Bissen von diesem Steak mein Leben umso nachhaltiger. Eine einzige Umarmung von Marlboro Man hatte die gesamte Last des Tages in sich zusammenfallen lassen, und gleich darauf rettete derselbe Mann mich auch noch für alle Zeit vor einem Leben ohne Fleisch. Was auch immer aus mir und dem Cowboy werden sollte, dachte ich, nie wieder wollte ich ohne Steak leben.

Während wir zusammen abspülten, unterhielten wir uns – über die Viehwirtschaft, über meinen Job in L. A., über seine kleine Stadt, über unsere Familien. Dann gingen wir zum Sofa und schauten einen Action-Film, den wir hin und wieder anhielten, um uns gegenseitig daran zu erinnern, warum Gott Lippen erschaffen hatte. Ich wunderte mich ein wenig, wie entspannt Marlboro Man dabei blieb. Dieser unglaublich anziehende, geheimnisvolle Typ atmete die ganze Zeit über relativ gleichmäßig. Ich staunte. Denn er strahlte nicht nur sehr viel Männlichkeit aus, sondern lebte auch am Ende der Welt – ich hätte mich nicht gewundert, wenn er mehr als andere Kerle dazu geneigt hätte, in einem sexuell aufgeladenen Moment die Kontrolle über sich zu verlieren; schließlich gab es in einem Umkreis von dreißig Kilometern keine Frauen. Doch so war er nicht. Er war durch und durch Gentleman –

dass er ein wahnsinnig attraktives Exemplar von Gentleman war und ich bei ihm ein nie gekanntes Maß animalischer Anziehung erlebte, änderte nichts daran. Ich selbst konnte mich kaum noch beherrschen, er dagegen schien es nicht besonders eilig zu haben.

Als der Abspann begann, brachte er mich zum Auto und bot mir an, mir bis nach Hause zu folgen. »O nein«, sagte ich. »Keine Angst, ich finde schon heim.« Ich hatte schließlich viele Jahre in L. A. verbracht, daher machte es mir nichts aus, nachts allein mit dem Auto zu fahren. Ich startete den Motor, sah zu, wie mein Cowboy zurück zur Haustür ging, und schmachtete ihn noch einmal gründlich an. Bevor er im Haus verschwand, drehte er sich um und winkte, und ich musste mir eingestehen, dass ich ein ziemlich großes Problem hatte. Was machte ich hier eigentlich? Warum war ich hier? Ich wollte doch nach Chicago ziehen, zu den Chicago Cubs, zur Michigan Avenue, zur berühmten Hochbahn. Warum hatte ich unbedingt den Fuß in dieses Wasser setzen müssen?

Und warum musste es sich so unglaublich gut anfühlen?

Ich fuhr Marlboro Mans Schotterauffahrt hinunter und bog rechts in die unbefestigte Straße ein. Um mich auf die mir bevorstehende einsame Heimfahrt einzustellen, holte ich tief Luft. Plötzlich fiel mir J wieder ein. Was er wohl gerade machte? Ich wusste nicht, ob er möglicherweise den ganzen Abend versucht hatte, mich zu erreichen, denn Mitte der Neunziger gab es den Menüpunkt »Anrufe in Abwesenheit« noch nicht auf dem Autotelefon. Selbst wenn J überraschend mit einer Axt oder einer Kettensäge bei meinen Eltern aufgetaucht wäre, hätte ich es nicht erfahren, denn sie waren an jenem Abend unterwegs. Aber eigentlich war J nicht der Kettensägentyp.

Während ich in pechschwarzer Dunkelheit über die staubige Straße fuhr, war ich zufrieden und besorgt zugleich – eine seltsame Mischung, aber nicht verwunderlich nach diesem ereignisreichen Tag. Ich dachte über meinen Umzug nach Chicago und über meinen Entschluss nach, weiterzustudieren. War das die richtige Entscheidung? Passte das wirklich zu mir? Oder gefiel mir die Vorstellung nur, weil es so ein schöner, einfacher Plan war, der mir konkret und vernünftig erschien? War ich bloß im Begriff, den einfachsten Weg einzuschlagen? War es nur eine Flucht vor dem Ungewissen? Vor etwas mehr Risiko?

Das laute Klingeln des Autotelefons riss mich aus meinen Gedanken. Ich zuckte zusammen und nahm sofort ab, überzeugt, dass es J war, der vom Flughafen aus anrief, nachdem er wahrscheinlich schon den ganzen Abend vergeblich versucht hatte, mich zu erreichen. *Noch eine Diskussion am Telefon.* Aber wenigstens fühlte ich mich jetzt wieder stark genug. Ich hatte eine vierstündige Dosis Marlboro Man intus. Ich konnte mit allem fertig werden.

»Hallo?«, sagte ich und machte mich auf etwas gefasst.

»Hey, du«, sagte eine Stimme. Es war *die* Stimme. Jene Stimme, die mich bis in meine Träume verfolgte.

Fünf Minuten nachdem ich sein Haus verlassen hatte, wollte Marlboro Man mir sagen, dass er mich vermisste. Und er benutzte keine vorgefertigten, abgedroschenen Worte, so wie die obligatorischen Rosen, die man nach einem Treffen verschickt. Er handelte impulsiv, ganz und gar spontan – er hatte eine Idee und setzte sie innerhalb von Sekunden in die Tat um. So tickte er. Er hatte auf der Ranch genug zu tun und keine Lust, den Unnahbaren zu spielen oder kostbare Zeit zu verschwenden, bevor er ein Mädchen anrief. Er war ein Mann, der in eine Frau verliebt war. Also rief er sie an, kurz nachdem sie sein Haus verlassen hatte, und sagte ihr, sie hätte noch länger bleiben sollen.

»Ich vermisse dich auch«, sagte ich, obwohl mir so etwas nur schwer über die Lippen kam. In der langen Zeit mit J hatte ich mir angewöhnt, solche Sätze zu vermeiden. Bei J hatte die betont gelassene Surfermentalität auf fast alle anderen Lebensbereiche abgefärbt, er hatte seine Liebe selten geäußert. Ich konnte mich nicht erinnern, dass er mich in den über vier Jahren unseres Zusammenseins jemals nach einem Treffen angerufen hätte, um mir zu sagen, dass er mich vermisse. Selbst mehrere Monate nach meinem Abschied von Kalifornien rief er mich nur alle drei oder vier Tage an, manchmal noch seltener. Ich hielt mich eigentlich nicht für einen übertrieben bedürftigen Menschen, aber dass J überhaupt nie etwas Nettes zu mir gesagt hatte, bekam paradoxerweise eine immer größere Bedeutung.

Ich verabschiedete mich von Marlboro Man und legte auf. Diesem einsamen Cowboy fiel es so leicht, einfach zum Hörer zu greifen und »Du fehlst mir« zu sagen, und ich schauderte bei dem Gedanken daran, wie lange ich auf so etwas hatte verzichten müssen. Die unzähligen elektrischen Ladungen, die bei diesen Worten durch jede Zelle meines Körpers zuckten, sagten mir, dass es sich dabei um ein grundlegendes menschliches Bedürfnis handeln musste.

Ein anderes menschliches Grundbedürfnis, lernte ich gleich darauf, war das nach Orientierung im Dunkeln: Ich hatte mich auf der langen, unbefestigten Straße verfahren, und zwar so hoffnungslos wie noch nie zuvor in meinem Leben. Je öfter ich irgendwo abbog oder wendete, um herauszufinden, wo ich war, desto aussichtsloser wurde meine Lage. Es war kurz vor Mitternacht, es war kalt, und jede Kreuzung sah genauso aus wie die vorige. Mich überfiel eine irrationale, unbeschreibliche Panik – die Art von Panik, die einen glauben macht, dass man nie, nie wieder aus einer Situation herausfindet, obwohl es einem letztendlich eigentlich immer gelingt. Mir spukten all die Horrorfilme durch den Kopf, die ich jemals gesehen hatte und die in einer ländlichen Umgebung spielten. *Kinder des Zorns.* Sie lauerten dort draußen im hohen Gras, die Kinder des Zorns, ohne Zweifel. *Freitag der 13.* Zugegeben, der Film spielte in einem Ferienlager, aber das Gleiche konnte auch auf einer Rinderranch passieren. Und das *Texas Chain Saw Massacre*? O nein. Ich war so gut wie tot. Leatherface kam näher – oder, noch schlimmer, sein gruseliger, menschenhassender magerer Bruder.

Nachdem ich noch etwas weitergefahren war, hielt ich am Straßenrand. Ich ließ das Fernlicht brennen, damit ich nach Leatherface Ausschau halten konnte, und wählte auf dem Autotelefon Marlboro Mans Nummer. Mein Puls raste vor Angst und Scham, meine Wangen glühten. Nicht genug, dass ich am selben Abend bereits einen Nervenzusammenbruch in seiner Küche erlitten hatte, jetzt hatte ich mich auch noch verfahren und stand hilflos an der Landstraße – das war nicht das Bild, das ich dem neuen Mann in meinem Leben von mir vermitteln wollte. Doch mir blieb nichts anderes übrig, es sei denn, ich wollte weiter ziellos über lauter identisch aussehende Landstraßen fahren oder am Straßenrand stehen bleiben und versuchen zu schlafen, was aber überhaupt nicht in Frage kam, denn höchstwahrscheinlich streifte Norman Bates durch diese Gegend. Zusammen mit Ted Bundy. Und Charles Manson. Und Grendel.

»Hallo?«, meldete sich Marlboro Man. Wahrscheinlich hatte er fast schon geschlafen.

»Ähm … äh … hi«, sagte ich und kniff die Augen zusammen, so sehr schämte ich mich.

»Na du?«, sagte er.

»Hier ist Ree«, erklärte ich. Ich wollte einfach sichergehen, dass er das wusste.

»Ähm, ja … Ich weiß«, gab er zurück.

»Hm, ja, stell dir vor, was passiert ist«, fuhr ich fort und umklammerte mit den Händen krampfhaft das Lenkrad. »Sieht so aus, als ob ich mich vielleicht, eventuell, möglicherweise ein klitzekleines bisschen verfahren hätte.«

Er lachte leise. »Wo bist du denn?«

»Hm, tja, das ist es eben«, antwortete ich und sah mich in der absoluten Dunkelheit um. Vielleicht konnte ich ja irgendwo ein letztes Überbleibsel meines Stolzes entdecken. »Ich weiß es nicht genau.«

Er übernahm das Kommando: Ich solle zur nächsten Kreuzung fahren und ihm dann die Nummern vorlesen, die auf den kleinen grünen Kreisstraßenschildchen standen, Nummern, mit denen ich absolut gar nichts anfangen konnte (ehrlich gesagt hörte ich den Begriff Kreisstraße gerade zum ersten Mal). Diese Nummern würden ihm verraten, wo ich mich befand. »Okay, los geht's«, rief ich. »Hier steht, äh … CR 4521.«

»Okay, warte«, sagte er. »Ich bin gleich bei dir.«

Und wirklich, nach nicht einmal fünf Minuten war Marlboro Man da. Ich vergewisserte mich, dass es auch wirklich sein weißer Pick-up war, der neben meinem Wagen hielt, und nicht der von Jason Voorhees, dann kurbelte ich mein Fenster herunter. Marlboro Man tat es mir nach und fragte mit breitem Grinsen: »Kann ich Ihnen weiterhelfen?« Er machte sich einen Spaß aus der Situation, genau wie ein paar Tage zuvor, als er mich um sieben Uhr morgens aus dem Tiefschlaf geklingelt hatte. In kürzester Zeit hatte ich klargestellt, wer in unserer sich so rasch entwickelnden Beziehung die Rolle des Dummerchens und Faulpelzes besetzen würde.

»Folge mir«, sagte er, und ich gehorchte. *Ich folge dir überallhin*, dachte ich, während ich von der Staubwolke seines Pick-ups eingehüllt wurde. Schon nach wenigen Minuten hatten wir den Highway erreicht, und ich stieß einen tiefen Seufzer der Erleichterung aus; ich würde überleben. Mir war das Ganze unendlich peinlich, und um ihn nicht noch länger aufzuhalten, wollte ich ihm nur freundlich zuwinken und beschämt davonfahren. Aber Marlboro Man kam zu meinem Wagen herüber. Ich konnte ihm nicht in die Augen sehen, starrte stattdessen auf seine Jeans und kurbelte die Scheibe noch einmal herunter, damit ich hören konnte, was er sagen wollte.

Er sagte gar nichts. Stattdessen öffnete er die Tür meines Wagens, zog mich aus dem Auto und küsste mich, wie ich nie zuvor geküsst worden war.

Da standen wir, an der Kreuzung einer Kreisstraße und eines ländlichen Highways, und knutschten wild herum. Das Licht meiner Scheinwerfer erzeugte zusammen mit den feinen Staubpartikeln in der Luft die Prärieversion des Londoner Nebels.

Es hätte das perfekte Cover für einen Liebesroman abgegeben, wenn nicht in dem Moment mein Autotelefon laut geklingelt hätte.

»Dein Telefon klingelt«, sagte Marlboro Man, seine Lippen keinen Zentimeter von meinen entfernt. Ich weigerte mich, die Augen zu öffnen, wollte ihn noch fester an mich drücken, obwohl es eigentlich gar nicht möglich war. Ich hoffte, wenn ich unsere Leidenschaft weiter schürte, würden wir das laute Schrillen des Autotelefons nicht mehr wahrnehmen. Es war ein wunderschöner, besonderer Augenblick; in dieser ländlichen Umgebung war es mir leichtgefallen, mir vorzustellen, wir befänden uns in einer anderen Zeit, an einem anderen Ort, in einer anderen Welt. Vom klingelnden Telefon und unseren Autoscheinwerfern einmal abgesehen, hätten wir ein beliebiges Paar irgendwo in der Weltgeschichte sein können.

Aber das Klingeln hörte nicht auf. Wir konnten es unmöglich länger ignorieren. »Wer ist das?«, fragte Marlboro Man. »Ist schon ein bisschen spät, oder?« Er lockerte seine kraftvolle Umarmung nur leicht, aber doch genug, dass ich den Unterschied spürte.

Es war in der Tat ein bisschen spät – kurz nach Mitternacht. Viel zu spät für meine Mutter, meinen Bruder oder irgendeinen Bekannten.

Für J war es ebenfalls zu spät. In der langen Zeit unseres Zusammenseins war es ihm nie in den Sinn gekommen, seiner Liebe und Zuneigung auf diese Weise Ausdruck zu verleihen – erst jetzt, da er feststellen musste, dass ich ihm entglitten war, da er spürte, dass ich mich gegen ihn entschieden hatte, brachte er genug Energie auf, um seine wahren Gefühle zu zeigen. Und das musste ausgerechnet in dem Moment sein, als mich der Mann, in den ich mich Tag um Tag mehr verliebte, in den Armen hielt. Es war viel zu spät für J. Es war zu spät für jeden außer Marlboro Man.

Endlich hörte das Klingeln auf, Gott sei Dank, und das Küssen ging weiter. Marlboro Mans Griff wurde fester, ich entschwebte wieder an jenen fernen Ort. Dann klingelte das Telefon erneut und katapultierte mich unsanft in die Wirklichkeit zurück.

»Meinst du nicht, du solltest rangehen?«, fragte er.

Ich wollte ihm antworten. Ihm erklären, warum es mir irgendwie gelungen war, in keinem der großartigen Gespräche, die wir in der vergangenen Woche geführt hatten, meine soeben beendete vierjährige Beziehung zu erwähnen – beziehungsweise meine noch nicht vollständig beendete Beziehung. Ich wollte erklären, dass ich in den vergangenen Wochen versucht hatte, mich langsam daraus zu lösen, und dass das Ganze in den letzten ein, zwei Tagen eskaliert war. Dass mein Exfreund am zwei Stunden entfernten Flughafen auf mich wartete, um persönlich mit mir zu sprechen. Dass ich ihn abgewiesen hatte, weil ich um jeden Preis zur Ranch hatte kommen wollen.

Wie erzählt man einer neuen Liebe am besten von einer alten, vor allem, wenn die Beziehung noch so frisch ist? Wenn ich das Thema schon früher angesprochen und ihm die ganze Geschichte von J und mir erzählt hätte, wäre ich dann nicht mit der Tür ins Haus gefallen? Erschwerend kam hinzu, dass ich kaum an J dachte, wenn ich mit Marlboro Man zusammen war – ob das richtig oder falsch war, sei dahingestellt. Ich war viel zu beschäftigt damit, Marlboro Mans Augen anzuhimmeln. Den Anblick seiner Muskeln zu genießen. Seine Männlichkeit auf mich wirken zu lassen. Mich an seinem Geruch zu berauschen.

Aber als wir an jenem Abend zusammen im Dunkeln standen und ich mich ihm so nah fühlte, wünschte ich, ich hätte ihm die ganze Geschichte erzählt. Denn so unangenehm die Wahrheit auch war, diese ständigen Anrufe nach Mitternacht waren schlimmer. Er musste ja glauben, dass das meine nächste Verabredung für den Abend war – oder, abartiger noch, mein Sugar Daddy, der wissen wollte, wo ich mich herumtrieb. Diese hartnäckigen Anrufe wären bei weitem nicht so peinlich gewesen, wenn ich ihm vorher schon etwas mehr erzählt hätte. Das hätte ihm jetzt geholfen, besser damit umzugehen. »Hört sich an, als solltest du lieber drangehen«, sagte er noch einmal, nachdem die Wirklichkeit den herrlichen Nebel fortgeweht hatte. Er hatte recht. Auch wenn er nicht wissen konnte, was es mit dem ständigen Klingeln auf sich hatte, wusste er doch, dass etwas dahintersteckte, mit dem ich mich auseinandersetzen musste.

Was in aller Welt sollte ich ihm sagen? *Ach, das ist nur mein Exfreund … nicht so wichtig.* Das klang zu platt und abgedroschen. Und es *war* wichtig – vielleicht nicht für mich, aber ganz bestimmt für J. Dennoch wollte ich die romantische Stimmung nicht kaputtmachen, indem ich von J erzählte, der gegen meinen Willen hergeflogen war, weil er mich unbedingt sehen wollte. Ich fand, das wäre ein bisschen zu viel Gefühlsdrama gewesen, vor allem nach meinem Zusammenbruch in Marlboro Mans Küche früher am Abend. Genauso wenig konnte ich einfach schweigen, das würde ja wirken, als hätte ich etwas zu verbergen. Sollte ich lügen und behaupten, es sei mein Bruder Mike, der zur Feuerwache gebracht werden wollte? Aber Mike schlief um die Zeit schon. Und ich hatte auch keine Lust zu erklären, warum mein erwachsener Bruder seine Zeit so gerne auf der Feuerwache verbrachte. Mir waren die Hände gebunden.

Ich entschied mich für einen Kompromiss. »Ja«, sagte ich. »Ich sollte wohl drangehen. Ein Exfreund von mir. Tut mir leid.« Mehr brachte ich nicht heraus.

Ich hatte erwartet, dass bei dem Wort »Exfreund« die Atmosphäre schlagartig abkühlen würde, und schon vor mir gesehen, wie Marlboro Man sich verabschiedete, in seinen Pickup stieg und davonfuhr. Er hätte allen Grund dazu gehabt. Schließlich kannte er mich noch nicht besonders lange. Abgesehen von ein paar Gesprächen und feurigen Küssen war ich ihm so gut wie fremd. Für ihn wäre es das Einfachste gewesen, auf Abstand zu gehen und abzuwarten, sich ein bisschen Zeit zu nehmen, um die Situation richtig einzuordnen.

Stattdessen schlang er seine starken Arme um meine Taille,

hob mich hoch und wischte mit einer warmen, beruhigenden Umarmung die Peinlichkeit des Moments fort. Dann drückte er die Stirn sanft gegen meine und sagte schlicht: »Gute Nacht.«

Ich stieg wieder ins Auto, und Marlboro Man fuhr davon. Dann bog ich auf den Highway ein, atmete einmal tief durch … und ging ans Telefon, das immer noch klingelte. Es war J, der von einem deprimierenden Flughafenhotel aus anrief, um mir zu sagen, dass er tief verletzt sei und dass er einen Ring im Gepäck habe – inklusive Heiratsantrag.

Ich hatte so etwas schon befürchtet. Als er gelandet war und mich sofort anschließend dringend hatte treffen wollen, war mir klar gewesen, dass er ein konkretes Ziel verfolgte. So gesehen war ich froh, dass ich nicht auf seine Bitte eingegangen war, zum Flughafen zu kommen und ihn dort zu treffen. Die Begegnung wäre furchtbar geworden: eine unbeholfene Umarmung, ausweichende Blicke, das Hervorholen des mit einem Diamanten besetzten Rings – des vermeintlichen Rettungsrings für unsere Beziehung –, betretenes Schweigen, dann das unvermeidliche Nein, Tränen, Demütigung, Kummer.

»Es tut mir leid«, sagte ich schließlich, nachdem ich J eine Dreiviertelstunde lang einfach nur zugehört und er sich alles von der Seele geredet hatte. »Wirklich. Ich wünschte, es wäre nicht so gekommen.«

»Ich wollte dich doch nur sehen«, erwiderte J. »Ich glaube, dann hättest du deine Meinung geändert.«

»Warum glaubst du das?«, fragte ich.

»Wenn du den Ring gesehen hättest, wäre dir bewusst geworden, was aus uns hätte werden können.«

Ich sagte ihm nicht, was ich dachte. Dass ich den Ring als das gesehen hätte, was er war: Wie teuer er auch gewesen sein mochte, er war ein deutliches Symbol für die Panik, die J bei dem Gedanken an Veränderung ergriffen hatte. Wir waren so lange gut miteinander ausgekommen. Ich war immer für ihn da gewesen und hatte von ihm wenig dafür verlangt – mich zu verlieren bedeutete, dass er diesen Hort der Geborgenheit aufgeben musste.

»Es tut mir leid, J«, wiederholte ich. Das war alles, was ich noch zu sagen hatte. Er legte auf, ohne etwas zu erwidern.

Den Rest der Nacht blieb mein Telefon still. Zurück im Haus meiner Eltern, plumpste ich wie ein nasser Sack aufs Bett. Ich starrte an die dunkle Zimmerdecke, zwirbelte Haarsträhnen zwischen meinen Fingern und konnte seltsamerweise keinen Schlaf finden. In meinem Kopf überschlugen sich die Gedanken: An meine geliebte Puggy Sue – sie würde mich am nächsten Morgen nicht mit ihrem verspielten Bellen begrüßen. An J – wie traurig er war. An unsere Beziehung – die jetzt, nach so vielen Jahren, für immer vorbei war. An Chicago und all die Dinge, die ich vor meinem Umzug noch erledigen musste.

An Marlboro Man …
Marlboro Man …
Marlboro Man …

Am nächsten Morgen wurde ich schon früh vom Klingeln meines Telefons geweckt. Es hatte in den letzten vierundzwanzig Stunden so oft geklingelt, dass ich nicht wusste, ob ich mich freuen oder lieber schreiend aus dem Zimmer rennen sollte. Müde und ohne die Augen zu öffnen, tastete ich im Dunkeln danach, bis ich den Hörer zwischen die Finger bekam. Dann rieb ich mir die Augen in der Hoffnung, etwas wacher zu werden, und sagte mit leiser, ängstlicher Stimme: »Hallo?«

»Schläfst du etwa noch?«, sagte Marlboro Man, gefolgt von seinem Erkennungszeichen, jenem leisen Schmunzeln.

Ich schlug die Augen auf und strahlte.

5. Weiche von mir, Schicksal!

Die Woche nach Puggy Sues entsetzlichem Tod in der Einfahrt, nach Js unseligem Überraschungsbesuch und meinem peinlichen Zusammenbruch in Marlboro Mans Küche stand im Zeichen von wiederkehrenden »Bist du sicher, dass es vorbei ist?«-Anrufen von J und abendlichen Treffen mit meinem neuen Freund. Jeder Moment mit ihm war wundervoller als der davor, und schon am zehnten Tag unserer noch so jungen Beziehung war ich Hals über Kopf, wahnsinnig, ja lächerlich in ihn verknallt. Gleichzeitig rückte das Datum meines geplanten Umzugs nach Chicago bedrohlich näher.

Monatelang hatte sich bei mir alles um Chicago gedreht, und auf einmal merkte ich, dass ich das Thema mied wie die Pest. War ich verrückt geworden? Hatte ich den Verstand verloren? Jedes Mal, wenn ich auch nur entfernt an Chicago dachte, verspürte ich ein unangenehmes Ziehen. Ich fühlte mich schuldig, als würde ich schwänzen oder mich selbst betrügen. Mir war dieser Cowboy über den Weg gelaufen, und schon konnte ich an nichts anderes mehr denken. Ich brauchte nur seine Stimme am Telefon zu hören, die mir »Guten Morgen« oder »Gute Nacht« sagte oder mich neckte, weil ich länger als bis sechs Uhr geschlafen hatte, ich brauchte nur sein Schmunzeln zu hören, bei dem nicht nur meine Knie schwach wurden, schon verschwand Chicago – und der gesamte Staat Illinois – aus meinem Gedächtnis, zusammen mit der Fähigkeit, in der Gegenwart dieses Mannes auch nur einen vernünftigen Gedanken zu fassen. Es war um mich geschehen.

Wenn ich in der Stadt unterwegs war, wurde ich hin und wieder gefragt, wie denn die Vorbereitungen für meinen Umzug vorangingen. Ich gab jedes Mal dieselbe Antwort: *Stimmt, in ein paar Wochen geht's los. Ich muss vorher nur noch ein paar Dinge erledigen, »klar Schiff machen«, sozusagen.* In Wirklichkeit, aber das sagte ich natürlich keinem, war mein Schiff längst gekapert worden und mein Herz ebenso. Meine Vernunft sagte mir, ich dürfe nicht zulassen, dass dieser neue Mann mich von den Zielen abbrachte, die ich mir für meine Zukunft gesteckt hatte. Aber es lief einfach so gut mit uns beiden, wir gewannen immer mehr an Fahrt, dass ich mich nicht dazu überwinden konnte, die Bremse zu ziehen. Ich hatte ihn einfach noch nicht lange genug geküsst.

Nachdem wir uns noch ein paarmal in meiner Stadt getroffen hatten, lud Marlboro Man mich wieder in sein Haus auf der Ranch ein. Ich wusste ja, wie gut ihm mein erstes Essen geschmeckt hatte, deshalb schlug ich selbstbewusst vor: »Dann koche ich wieder für dich!« Nachdem ich mich beim letzten Mal für Meeresfrüchte entschieden hatte, wollte ich diesmal, der Rancher-Tradition seiner Familie zu Ehren, etwas mit Rindfleisch zubereiten. Als ehemalige Vegetarierin musste ich mein Hirn mächtig anstrengen, und ich ließ alle Rindfleischgerichte Revue passieren, die ich in den letzten fünfundzwanzig Jahren gegessen hatte, bis ich mich schließlich an das marinierte Flank Steak meiner Mutter erinnerte. Es hatte trotz des ganzen Tofus und Seetangs, den ich in Kalifornien zu mir genommen hatte, in meinem kulinarischen Gedächtnis überdauert.

Man nehme ein Flank Steak, also ein Stück aus dem unteren Rippenbereich des Rinds (auch Rinderlappen genannt), und mariniere es vierundzwanzig Stunden lang in einer Mischung aus Sojasoße, Sesamöl, gehacktem Knoblauch, frischem Ingwer und Rotwein, dann grille man es kurz, damit es schön braun werde. Der Geschmack ist einfach himmlisch – die unverkennbar asiatische Schärfe, kombiniert mit der Zartheit des rosa Fleisches, ist ein wahres Fest für den Gaumen. Als Beilage entschied ich mich für Tagliarini Quattro Formaggi – mein Lieblings-Pastagericht aus dem Restaurant Intermezzo in West Hollywood. Dort wird es mit Capellini, diesen ganz dünnen Nudeln, zubereitet, und dazu kommt eine köstliche Mischung aus Parmesan, Pecorino Romano, Fontina und Ziegenkäse. Während meiner Zeit in L. A. war das meine Leib- und Magenspeise gewesen.

Ich kaufte also die Zutaten und fuhr zu Marlboro Mans Haus, ohne mich darum zu scheren, dass mariniertes Steak, wie der Name schon sagt, mariniert werden muss. Ich wusste auch nicht, wie man einen Indoor-Grill bedient – in Mietwohnungen in Los Angeles war so was nicht erlaubt –, daher beschloss ich, das Fleisch im Ofen zu grillen. Da ich seit Jahren kein Fleisch gegessen hatte, wusste ich nicht mehr, wie wichtig es ist, ein Steak nicht zu lange zu braten; ich ging davon aus, mit einem Steak sei es genau wie mit Huhn – man briet es so lange, bis es innen nicht mehr rosa war. Und so grillte ich das wunderbare, geschmackvolle Flank Steak, bis es sich in ein zähes Stück Leder verwandelte.

Da ich so damit beschäftigt war, das Hauptgericht zu verhunzen, kochte ich die Nudeln gut fünf Minuten zu lang, und als ich dann den Käse untermischte, den ich so liebevoll mit der Hand gerieben hatte, erinnerten meine Tagliarini Quattro Formaggi an eine Pfanne voll wässriger Grütze. *Kann man das überhaupt essen?*, fragte ich mich, als ich die Masse in Schüsseln füllte, die ich vorher mit Knoblauch eingerieben hatte, so wie es im Intermezzo gemacht wurde. Ich dachte, es würde Marlboro Man nicht auffallen, und sah ihm zu, wie er pflichtbewusst das von mir gekochte Essen vertilgte. Später erfuhr ich, dass er die ganze Zeit ernsthaft erwogen hatte, ob er nicht einen der Cowboys bitten sollte, ein Präriefeuer zu entfachen, damit er eine Ausrede hatte, in die Ferne zu entschwinden.

Es war ein schöner Frühlingsabend. Nach dem Essen gingen wir auf die Veranda und setzten uns nebeneinander auf zwei Gartenstühle. Marlboro Man nahm meine Hand, legte die Cowboystiefel aufs Geländer und lehnte den Kopf an den Stuhlrücken. Es war still. Irgendwo in der Ferne muhten Kühe, und ab und zu heulte ein Kojote.

Wir saßen im Dunkeln, es war eine unglaublich sternenklare Nacht, und da uns kein Action-Film oder sonst etwas ablenkte, musste ich auf einmal an Chicago denken. Chicago. *Eigentlich müsste ich jetzt packen*, dachte ich. *Tue ich aber nicht. Stattdessen bin ich hier. Mit diesem Mann. An diesem Ort.*

Ich wohnte nun schon seit mehreren Monaten zu Hause und hatte in dieser Zeit das Stadtleben schmerzlich vermisst: die Kultur, die Anonymität, den Trubel, das schnellere Tempo. In der Stadt hatte ich mich immer glücklich gefühlt, lebendig und erfüllt. Dass ich jetzt auf der Veranda eines Cowboys saß, war schon befremdlich; dass ich mich dabei auch noch wohl, zufrieden und geborgen fühlte, das hatte etwas Surreales.

Ich fröstelte, die Luft kühlte rasch ab. Ich konnte ein leichtes Zittern und Zähneklappern nicht unterdrücken. Marlboro Man, der immer noch meine Hand hielt, zog mich zu sich hinüber, bis ich auf seinem Schoß saß. Er schlang die Arme um mich und drückte mich fest an sich, und mein Kopf ruhte auf seiner starken Schulter. »Hmm …«, machte er genau in dem Moment, als ich das gleiche Geräusch von mir gab. Es fühlte sich so warm an, so perfekt, es passte einfach. Eine Ewigkeit verharrten wir so, zwischendurch küssten wir uns, dann nahmen wir wieder die »Hmm«-Position ein, bei der wir uns gegenseitig in den Armen hielten. Keiner sagte etwas, und die kühle Abendluft war so still, dass man von ihr trunken wurde.

Da ich nichts hörte als das Klopfen meines eigenen Herzens in der Brust, hielt mich nichts davon ab, weiter meinen Gedanken nachzuhängen. *Es wird langsam Zeit für mich. Wenn ich so weitermache, wird es nur immer schwerer. Ich gehöre nicht hierher. Ich gehöre doch in die Stadt. Ist das herrlich in seinen Armen! Was mache ich hier eigentlich? Ich muss mich um diese Wohnung kümmern, bevor sie mir jemand wegschnappt. Morgen früh rufe ich an. Es ist wunderschön mit ihm, aber das hier ist nicht die Wirklichkeit. Das ist nicht vernünftig. Ich liebe den Geruch seines Hemds. Ich werde diesen Geruch vermissen. Ich werde das hier vermissen. Ich werde ihn vermissen …*

Ich war halb eingenickt – beschwipst von seinem maskulinen Duft –, da spürte ich, wie Marlboro Man sein Gesicht sanft an mein Ohr schob. Er atmete tief ein und wieder aus, und während seine Brust sich senkte, glitten die Worte »Ich liebe dich« so leise aus seinem Mund, dass ich mir nicht sicher war, ob ich nur geträumt hatte.

Ich kannte ihn gerade einmal seit zehn Tagen, und die Worte waren nur ein Flüstern gewesen, das ihm völlig unvermittelt über die Lippen gehuscht war. Rein instinktiv, vollkommen ungeplant. Er hatte sich ganz sicher nicht vorgenommen, diesen Satz an diesem Abend zu mir zu sagen; so war er nicht. Er war impulsiv. Wenn er einen Einfall hatte, setzte er ihn sofort in die Tat um, so wie die zärtlichen Anrufe gleich nach unseren Verabredungen. Er hatte Besseres zu tun, als seine Zeit damit zu verschwenden, seine Schritte zu planen. Und als wir uns an diesem kühlen Frühlingsabend aneinanderschmiegten und diese Gefühle in ihm aufstiegen, gab er sich keine Mühe, sie zurückzuhalten. Sie kamen einfach beim Ausatmen mit heraus: *Ich liebe dich.* Als ob er es einfach sagen musste, so unvermeidlich, wie Luft aus der Lunge eines Menschen entweichen muss. Unwillkürlich. Notwendig. Ganz natürlich.

Es war ein wunderschöner, warmer Augenblick, dennoch erstarrte ich. Bis ich begriffen hatte, dass ich nicht geträumt hatte – dass er diese Worte wirklich ausgesprochen hatte –, schien es für eine Antwort schon zu spät; das Fenster war wieder geschlossen, die Läden waren zugeklappt. Ich antwortete auf die einzige Weise, die meine Feigheit mir erlaubte: Ich umarmte ihn noch fester, vergrub mein Gesicht noch tiefer an seinem Hals und fühlte mich dabei dumm und unbehaglich. *Was hast du für ein Problem?*, fragte ich mich. Ich erlebte gerade den wahrscheinlich romantischsten, emotional aufgeladensten Moment meines Lebens im Arm eines Mannes, der nicht nur dem Wort Verlangen eine völlig neue Bedeutung verlieh, sondern auch alles auf sich vereinte, wovon ich bei einem Partner immer geträumt hatte. Er war der ideale Typ – groß, stark, männlich, ruhig. Aber er war noch viel mehr. Er war ehrlich. Authentisch. Und zugleich liebevoll und zugänglich, ganz anders als J und all die Männer, mit denen ich in den Monaten seit meiner Rückkehr aus Los Angeles ausgegangen war. Ich fand mich auf einmal in einem fremden Land wieder. Ich wusste nicht, wie ich mich verhalten sollte.

Ich liebe dich. Er hatte es gesagt. Und ich war mir sicher, dass er es auch ernst meinte. Ich wusste es, weil ich es auch fühlte – ich konnte es nur nicht sagen. Marlboro Man hielt mich weiter auf dem Gartenstuhl fest umschlungen, und ich glaube nicht, dass mein Schweigen ihn verunsicherte, wahrscheinlich war er sogar vollkommen entspannt, denn zumindest er war in der Lage gewesen, zu sagen, was er fühlte.

»Ich glaube, ich muss los«, flüsterte ich, denn ich hatte plötzlich das Gefühl, dass eine unsichtbare Macht mich fortzog. Marlboro Man nickte und half mir aufzustehen. Hand in Hand gingen wir um das Haus herum zu meinem Wagen, dort blieben wir kurz stehen, umarmten uns ein letztes Mal und gaben uns noch ein, zwei Abschiedsküsse. Oder auch acht. Es gelang mir, »Danke für den schönen Abend« zu sagen.

O Mann, ich hatte es echt drauf.

»Jederzeit wieder«, gab er zurück und legte mir bei unserem letzten Kuss den Arm fest um die Taille. Das war der Stoff, aus dem Träume sind. Zum Glück hatte ich die Augen geschlossen, denn ich verdrehte sie so weit, dass es sicher kein schöner Anblick gewesen wäre.

Er hielt mir die Fahrertür auf, und ich stieg ein. Als ich rückwärts aus seiner Auffahrt fuhr, sah ich, wie er sich auf dem Weg zur Haustür noch einmal umdrehte und mir auf seine typische Art zuwinkte, dazu genoss ich den Blick auf seine typische Wrangler-Jeans. Unterwegs fühlte ich mich komisch, meine Wangen glühten, alles kribbelte. Ich war bedrückt. Verwirrt. Gequält. Eine halbe Stunde später rief er an. Mittlerweile hatte ich ein regelrechtes Verlangen nach diesen Anrufen.

»Hey«, sagte er. Diese Stimme … Hilfe!

»Oh, hi«, erwiderte ich und tat überrascht, obwohl ich es gar nicht war.

»Hey, ich …«, fing er an. »Also, ich will wirklich nicht, dass du gehst.«

Ich kicherte. Wie süß. »Tja … ich bin aber schon auf halbem Weg nach Hause!«, erwiderte ich mit spielerischem Unterton.

Nach einer Pause fuhr er mit ernster Stimme fort: »Das habe ich nicht gemeint.«

Seine Stimme sagte mir, dass ihm der Sinn nicht nach Scherzen stand.

Marlboro Man hatte von Chicago und meinem kurz bevorstehenden Umzug gesprochen. Als wir das erste Mal miteinander telefonierten, hatte ich ihm von meinen Plänen erzählt, und in den zwei wundervollen Wochen, die wir zusammen erlebt hatten, erwähnte er es noch ein- oder zweimal. Aber je mehr Zeit wir miteinander verbrachten, desto seltener hatten wir das Thema angeschnitten. Mein Umzug war das Letzte, worüber ich reden wollte, wenn ich mit ihm zusammen war.

Ich konnte ihm nicht antworten, denn ich wusste einfach nicht, was ich sagen sollte.

»Bist du noch da?«, fragte Marlboro Man.

»Ja«, erwiderte ich. »Ich bin hier.« Mehr brachte ich nicht heraus.

»Tja … ich wollte dir nur gute Nacht sagen«, sagte er ruhig.

»Das ist lieb von dir«, antwortete ich. Was für ein dämlicher Satz!

»Gute Nacht«, flüsterte er.

»Gute Nacht.«

Am nächsten Morgen erwachte ich mit verquollenen Augen. Ich hatte geschlafen wie ein Stein und die ganze Nacht von meinem neuen Freund geträumt. Es waren lebhafte, verrückte Träume gewesen, wir hatten uns unterhalten, Schach gespielt und waren mit Luftschlangenspray aufeinander losgegangen. Marlboro Man war schon so fest in meinem Bewusstsein verankert, dass ich automatisch jede Nacht von ihm träumte.

Am Abend gingen wir essen. Wir bestellten Steak, unterhielten uns so intensiv wie immer und mieden dabei bewusst das große Thema, das drohend im Hintergrund lauerte. Als er mich nach Hause brachte, war es schon spät, und die Luft war so lau, dass ich sie gar nicht spürte. Wir standen draußen vor meinem Elternhaus, genau dort, wo wir zwei Wochen zuvor gestanden hatten, vor meinen Linguine mit Muscheln und Js Überraschungsbesuch, vor dem zähen, misslungenen Flank Steak und meinem Eingeständnis, dass ich mich hoffnungslos verliebt hatte. Genau dort, wo ich beinahe auf den Bürgersteig gestürzt war und er mich zum ersten Mal geküsst und damit mein Herz in Flammen gesetzt hatte.

Marlboro Man gab alles. Wir küssten uns, als wäre es das letzte Mal. Dann umarmten wir uns fest und vergruben unser Gesicht am Hals des anderen.

»Was hast du bloß mit mir vor?«, fragte ich, ohne eine Antwort zu erwarten.

Er schmunzelte und drückte seine Stirn gegen meine. »Was meinst du wohl?«

Natürlich brachte ich wieder nichts heraus.

Marlboro Man griff nach meiner Hand, er übernahm das Kommando. »Also, was ist mit Chicago?«

Ich zog ihn enger an mich. »Ach«, sagte ich, »ich weiß es nicht«.

»Ich meine … wann ziehst du da hin?« Er verstärkte den Druck seiner Arme. »Willst du da *wirklich* hin?«

Ich presste ihn noch enger an mich und fragte mich, wie lange wir so weitermachen konnten, ohne Atemnot zu bekommen. »Ich … ich … ähm, ich weiß es nicht«, sagte ich, mal wieder die Eloquenz in Person. »Ich weiß es einfach nicht.«

Er legte seine Hand um meinen Hinterkopf. »Geh nicht …«, flüsterte er mir ins Ohr. Er redete nicht lange um den heißen Brei herum.

Geh nicht! Was sollte das heißen? Wie sollte das funkti
nieren? Es war zu früh für Pläne, zu früh für Versprechunge
Viel zu früh dafür, dass einer von uns irgendwelche Verpflichtungen einging. Es war für alles zu früh, nur nicht für diesen
innigen, gefühlvollen Appell: *Tu's nicht. Geh nicht weg. Lass es
nicht enden. Zieh nicht nach Chicago!*

Ich wusste nicht, was ich sagen sollte. Wir hatten uns während der vergangenen zwei Wochen jeden Tag gesehen. Ich
hatte mich völlig überraschend Hals über Kopf in einen
Cowboy verliebt. Ich hatte soeben eine vierjährige Beziehung
beendet. Ich hatte Fleisch gegessen. Und ich hatte angefangen, meinen seit Monaten geplanten Umzug nach Chicago zu
hinterfragen. Ich war ein bisschen sprachlos.

Wir küssten uns ein letztes Mal, und als unsere Lippen sich
schließlich voneinander lösten, sagte er sanft: »Gute Nacht.«

»Gute Nacht«, erwiderte ich, öffnete die Tür und ging ins
Haus.

Ich stieg hinauf in mein Schlafzimmer, warf einen Blick auf
die vielen Kartons und Taschen neben der Tür und ließ mich
aufs Bett plumpsen. Schlafen konnte ich in dieser Nacht nicht.
Was, wenn ich meinen Umzug nach Chicago einfach um, sagen wir, einen Monat verschob? Aufgeschoben war nicht auf-
gehoben. Ein Monat konnte bestimmt nicht schaden, oder?
Wenn ich mir noch ein bisschen Zeit gab, überlegte ich, wäre
ich anschließend sicherlich über diesen Cowboy hinweg; irgendwann würde ich schließlich genug von ihm haben. Ein
Monat musste doch ausreichen, um mit dieser ganzen dummen Geschichte abzuschließen.

Ich musste laut lachen. Ich und genug von Marlboro Man
bekommen? Wenn er mich nach Hause brachte, hielt ich es
keine fünf Minuten aus, schon schnüffelte ich wieder an meinem Oberteil, suchte seinen Geruch. Also war die Frage wohl

eher, wie sehr sich mein Zustand nach einem weiteren Monat verschlimmert haben würde. Resigniert schüttelte ich den Kopf und stand auf, ging zum Schrank und zog noch mehr Klamotten von den Bügeln. Ich faltete Pullover, Jacken und Schlafanzüge zusammen und wiederholte dabei ständig einen Satz: Kein Mann – und schon gar nicht so ein Hinterwäldler – sollte mich von meinem Umzug in die Großstadt abbringen. Während ich ein Teil nach dem anderen zusammenfaltete und in den offenen Kartons neben der Tür verstaute, versuchte ich mit aller Macht, das Schicksal mit beiden Händen aufzuhalten.

Zu dem Zeitpunkt wusste ich noch nicht, wie vergeblich meine Bemühungen waren.

6. Auf eigene Faust

Er war kein Hinterwäldler. Er war selbstbewusst, höflich und intelligent. Und er war auch nicht wie andere Männer – jedenfalls nicht wie die Männer, die ich bis dahin gekannt hatte. Er war anders. Erstaunlich anders.

Marlboro Man war introvertiert und ruhig, aber dabei nicht unsicher. Harte Arbeit am frühen Morgen war ebenso Teil seiner Kindheit und Jugend gewesen wie ruhige, schweigsame Abende, kilometerweit entfernt von der Zivilisation, und er hatte früh gelernt, sich mit der Stille abzufinden. Ich dagegen reagierte allergisch darauf. Ich war schon immer ein Plappermaul gewesen – auf irgendeine Weise mussten wir Menschen doch den endlosen Raum füllen, der uns zur Verfügung stand. Und als mittleres Kind von vier Geschwistern hatte ich der Welt viel zu sagen.

Mit Marlboro Man hatte ich endlich mein perfektes Gegenstück gefunden. Es hatte gerade mal fünf Sekunden gedauert, bis seine ruhige Art mich an jenem Abend vor mehr als vier Monaten, als wir uns kennenlernten, in ihren Bann gezogen hatte, und je mehr Zeit ich in den vergangenen zwei Wochen in seiner Nähe verbracht hatte, umso sicherer war ich mir geworden, dass dieser Typ Mann – wenn nicht sogar exakt dieses Exemplar – der ideale Partner für mich war. Schon in der kurzen Zeit, die ich mit ihm verbracht hatte, konnte ich bei mehreren Gelegenheiten eindrucksvoll erleben, wie gut sich unsere unterschiedlichen Wesen ergänzten. Früher hatte ich mich stets beeilt, jede Gesprächspause möglichst schnell mit inhaltsleeren Worten zu füllen – wenn ich jetzt mit ihm zusammen war, unterdrückte ich diesen Drang zum ersten Mal und wartete stattdessen ab, denn ich hatte gemerkt, dass es seinen ganz eigenen Reiz haben konnte, wenn wir miteinander schwiegen. Marlboro Man hatte nie gelernt, wie man einen Esslöffel hält, um damit eine Gabel Linguine anständig aufzuwickeln – jetzt hatte er mich, die es ihm zeigen konnte. Nach dem Abendessen griff ich normalerweise sofort zum Telefon und rief Freunde an, um mich mit ihnen zu verabreden – jetzt machte Marlboro Man den Abwasch, und anschließend schauten wir einen Film oder setzten uns bei gutem Wetter auf die Veranda, um dem Heulen der Kojoten zu lauschen und über das Leben nachzusinnen.

Sein Leben folgte einem völlig anderen Rhythmus als meines. Für ihn begann der Tag bereits vor fünf Uhr morgens, sein Tagwerk war anstrengende, schweißtreibende Knochenarbeit. Ich arbeitete eigentlich nur, damit ich tagsüber etwas zu tun hatte, damit ich einen Grund hatte, um meine schwarzen Pumps zu tragen, und damit ich mir ein Nachtleben mit Gourmetrestaurants und bunten Cocktails leisten konnte. Nachtleben bedeutete für Marlboro Man ausruhen – die verdiente Pause nach einem langen Tag harter Arbeit. Für mich bedeutete Nachtleben die Gelegenheit, neue Klamotten auszuführen und meine Lippen zu schminken.

Hin und wieder machte ich mir Sorgen wegen dieser Unterschiede. Konnte ich überhaupt mit einem Mann zusammen sein, der in seinem Leben noch nie Sushi gegessen hatte? War es vorstellbar, dass ich als ehemalige Vegetarierin den Rest meines Lebens mit einem Mann verbrachte, für den eine Mahlzeit ohne dunkles Fleisch nicht vollständig war? Es war das erste Mal, dass ich vor solchen Fragen stand. Und die schwierigste lautete: Konnte ich mir tatsächlich vorstellen, jemals so weit abgelegen auf dem Land zu wohnen, dass ich, um zu meinem Haus zu gelangen, mehr als acht Kilometer über eine Schotterpiste fahren musste?

Die magische Achterkugel in meinem Kopf verriet die Antwort: KEINE GUTEN AUSSICHTEN.

Und überhaupt, wie kam ich eigentlich dazu, übers Heiraten nachzudenken? Marlboro Man war ein Rancher, und er lebte auf einem Stück Land, das seit Generationen seiner Familie gehörte. Wenn bei ihm also eines sicher war, dann das: *Er war, wo er war,* und falls ich irgendwelche Pläne schmiedete, die ihn einbezogen, dann konnten sie sich nur auf seinem Stück Erde, seiner Scholle, abspielen, nicht auf meiner. Wenn ich nach Chicago aufbrach, brauchte ich mir nicht die geringsten Hoffnungen zu machen, dass er eines Tages nachkommen würde – Chicagos Stadtzentrum ist nicht unbedingt für seine ausgedehnten Weideflächen bekannt. Sein Leben war an die Ranch gebunden, und das würde auch immer so bleiben. Sein Vater wurde nicht jünger, somit lag die Zukunft der Ranch in den fähigen, schwieligen Händen von Marlboro Man und seinem Bruder.

Also stand ich – wieder einmal – vor der Entscheidung, ob ich bereit war, mein Leben den Plänen des Mannes anzupassen, mit dem ich zusammen war. Die gleiche Frage hatte sich mir damals gestellt, als J wollte, dass ich ihn nach Nordkalifornien begleite. Es war mir nicht leichtgefallen, aber ich hatte mir meinen Stolz bewahrt und beschlossen, Kalifornien stattdessen zu verlassen. Ich hatte es als einen persönlichen Erfolg gewertet, dass es mir gelungen war, mich aus den bequemen Fesseln einer vierjährigen Beziehung zu lösen, und es war die richtige Entscheidung gewesen. Es würde sich auch diesmal als die richtige Entscheidung herausstellen, mich nicht von meinen Umzugsplänen abbringen zu lassen – egal, wie schwer es mir fiel, meine zwei Wochen alte Liebesaffäre mit Marlboro Man zu beenden, bevor sie richtig angefangen hatte. Ich war eine starke Frau. Es war nicht das erste Mal, dass ich mich dagegen entschied, einem Mann zu folgen, und ich würde es auch diesmal schaffen. Natürlich würde es noch eine Zeitlang wehtun, aber auf lange Sicht wäre es bestimmt besser so.

Mein Selbstgespräch in Form dieser feministischen Moralpredigt wurde vom Klingeln des Telefons unterbrochen. Es war schon spät. Vor einer halben Stunde hatte Marlboro Man mich abgesetzt und war vermutlich schon wieder auf halbem Weg nach Hause. Ich liebte seine spätabendlichen Anrufe, bei denen er mir zum Beispiel sagte: »Ich musste gerade an dich denken« oder »Ich wollte dir nur gute Nacht sagen«. Ich hob ab.

»Hallo?«

»Hi«, sagte er.

»Hi«, erwiderte ich. Du unglaublich heißer Typ.

»Was machst du gerade?«, fragte er beiläufig.

Ich warf einen Blick auf den Stapel Trägerhemden, die ich säuberlich zusammengefaltet hatte. »Ach, ich lese«, antwortete ich. Lügnerin.

Er fuhr fort: »Können wir reden?«

»Klar, ich hab Zeit«, sagte ich und kuschelte mich auf den gemütlichen Sessel in meinem Zimmer.

»Okay … dann komm raus«, sagte er. »Ich stehe in deiner Einfahrt.«

Mir wurde ganz anders. Er meinte es wirklich ernst.

»Wie jetzt … *Wo bist du*?« Ich sprang auf und blickte in den Spiegel. Ich sah total bescheuert aus, denn ich war schon in meine Schlafanzughose aus Satin geschlüpft, dazu trug ich einen zerschlissenen USC-Pullover und gepunktete Zehensocken. Die Krönung aber war mein Haar, ein verfilztes Knäuel, das ich mit einem Bleistift auf meinem Kopf fixiert hatte. Wer konnte mir da widerstehen?

»Ich bin hier draußen«, erwiderte er und gab sein typisches Schmunzeln von sich, was ich besonders gemein von ihm fand. »Komm raus.«

»Aber … aber …«, stammelte ich, um Zeit zu gewinnen, zog den Stift aus meinem Haar und lief im Zimmer auf und ab, riss mir die hässlichen Wohlfühlklamotten vom Leib und suchte vergeblich nach meiner verblichenen Lieblingsjeans. »Aber … aber … ich bin schon im Schlafanzug.«

Wieder dieses typische unterdrückte Lachen. »Ach ja?«, fragte er. »Du kommst jetzt besser raus, sonst muss ich reinkommen …«

»Okay, okay …«, antwortete ich. »Ich bin sofort unten.« Keuchend vor Anstrengung entschied ich mich für meine zweitliebste Jeans und meinen absoluten Lieblingspullover, einen ausgeblichenen hellblauen Rollkragenpulli, den ich so oft getragen hatte, dass er fast schon ein Teil von mir geworden war. In zehn Sekunden putzte ich mir die Zähne, dann stürmte ich die Treppe hinunter und aus der Haustür.

Marlboro Man stand, die Hände in den Taschen, neben seinem Pick-up, den Rücken an die Fahrertür gelehnt. Er grinste, als er mich kommen sah, stieß sich vom Auto ab und kam mir entgegen. Wir trafen uns in der Mitte zwischen seinem Wagen und der Haustür und begrüßten uns ohne Zögern mit einem langen, gefühlvollen Kuss. Es war kein spielerischer oder unbekümmerter Schmatzer, sondern ein Kuss, der klarmachte, dass es ernst war.

Als unsere Lippen sich kurz voneinander lösten, sagte er: »Ich mag deinen Pulli«, und blickte auf den hellblauen gerippten Baumwollstoff, als würde er ihm bekannt vorkommen. Vor ein paar Monaten, an dem Abend, als wir uns zum ersten Mal begegnet waren, hatte ich ihn eilig übergezogen.

»Ich glaube, den hatte ich an dem Abend in der J-Bar an …«, sagte ich. »Weißt du noch?«

»Mhmmm, ja«, erwiderte er und zog mich noch näher an sich. »Ich kann mich erinnern.« Vielleicht hatte der Pullover magische Kräfte. Ich musste ihn auf jeden Fall behalten.

Wir küssten uns wieder, und ich zitterte in der kalten Nachtluft. Damit ich nicht länger fror, führte er mich zu seinem Pick-up, öffnete die Tür, und wir kletterten hinein. Drinnen war es immer noch kuschelig warm, als ob auf dem Rücksitz ein Lagerfeuer loderte. Ich sah ihn an, kicherte wie ein Schulmädchen und fragte: »Was hast du die ganze Zeit gemacht?«

»Na ja, ich war auf dem Weg nach Hause«, sagte er und spielte mit meinen Fingern. »Aber dann bin ich einfach umgekehrt. Es ging nicht anders.« Seine Hand wanderte meinen Rücken hoch. Er zog mich näher zu sich. Allmählich beschlugen die Fensterscheiben. Ich fühlte mich wieder, als sei ich siebzehn.

In einer kurzen Pause zwischen zwei Küssen sagte er: »Hör mal, ich habe ein Problem«.

»Ja?«, fragte ich und stellte mich dumm. Meine Hand lag auf seinem linken Oberarm. Ich fühlte mich so stark zu ihm hingezogen, dass mir davon schwindlig wurde. Er streichelte meinen Hinterkopf und verwuschelte mein Haar … aber das machte mir nichts aus; ich hatte andere Dinge im Kopf.

»Ich bin verrückt nach dir«, sagte er.

Zu dem Zeitpunkt saß ich bereits auf seinem Schoß, auf dem Vordersitz seines Ford-F250-Diesels, und knutschte mit ihm herum, als wäre es das erste Mal. Ich hatte keine Ahnung, wie ich da hingekommen war – weder in den Pick-up noch auf seinen Schoß. Aber da war ich nun. Ich vergrub mein Gesicht an seinem Hals und sagte leise, dass ich seine Gefühle erwiderte: »Ich bin auch verrückt nach dir.«

Ich hatte schon früh angefangen, mich extrem für Jungs zu interessieren. Aber was ich für Marlboro Man empfand, war einfach unbeschreiblich. Es herrschte eine animalische Anziehungskraft zwischen uns – jedes Mal, wenn ich in seine Augen blickte, verspürte ich den unbändigen Drang, Arme und Beine um ihn zu schlingen. Jedes Mal, wenn ich seine Stimme hörte, klopfte meine Herz schneller, beschleunigte sich mein Puls. Auf einmal wollte ich zwölftausend Kinder von ihm haben … dabei war ich mir eigentlich gar nicht sicher, ob ich überhaupt welche wollte.

»Also, auf jeden Fall …«, fuhr er fort.

Da klopfte es an die Fensterscheibe. Ich erschrak heftig, immerhin war es schon nach zwei Uhr. Wer in aller Welt konnte das sein? The Son of Sam, der Serienmörder David Berkowitz – er war es, ganz bestimmt! Marlboro Man kurbelte die Scheibe herunter, und eine Wolke Leidenschaft und Dampf entwich aus dem Pick-up. Es war nicht David Berkowitz. Schlimmer: Es war meine Mutter. In ihrem grauen Kaschmirmorgenmantel.

»Reeee?«, flötete sie. »Bist duuuu das?« Sie lehnte sich vor und blickte durchs Fenster.

Ich rutschte von Marlboro Mans Schoß und winkte ihr nicht gerade begeistert zu. »Äh … hi, Mom. Ja. Ich bin's nur.«

Sie lachte. »Ach so … puh. Ich hatte ja keine Ahnung, wer hier draußen steht. Ich habe das Auto nicht erkannt!« Sie warf einen Blick auf Marlboro Man, den sie erst einmal zuvor gesehen hatte, als er mich abholte.

»Tja, hallo!«, sagte sie und hielt ihm ihre manikürte Hand hin.

Er nahm sie und schüttelte sie leicht. »Hallo, Ma'am«, sagte er, seine Reibeisenstimme war noch ganz belegt vor Begierde und Gefühl. Ich versank in meinem Sitz. Ich war eine erwachsene Frau. Und soeben hatte mich meine Mutter im Morgenmantel um zwei Uhr morgens in einem Auto vor ihrem Haus erwischt. Sie hatte die beschlagenen Scheiben gesehen. Sie hatte mich auf seinem Schoß sitzen sehen. Ich fühlte mich, als hätte ich gerade Hausarrest bekommen.

»Tja, dann«, sagte meine Mutter und drehte sich um. »Gute Nacht, ihr beiden!« Mit diesen Worten huschte sie ins Haus.

Marlboro Man und ich sahen einander an. Ich schlug die Hände vors Gesicht und schüttelte den Kopf. Er lachte leise, öffnete die Tür und sagte: »Los … ich bring dich besser noch vor der Sperrstunde nach Hause.« Ich nahm die verschwitzten Hände nicht herunter.

Er brachte mich zur Tür, und auf der obersten Stufe blieben wir stehen. Er legte mir die Arme um die Taille, küsste mich auf die Nase und sagte: »Ich bin froh, dass ich zurückgekommen bin.« Himmel, er war so süß.

»Ich bin auch froh«, antwortete ich. »Aber …«, ich hielt einen Augenblick inne, um Mut zu sammeln. »Wolltest du mir nicht irgendetwas sagen?«

Zugegeben, das war ziemlich direkt, ja sogar kühn. Aber ich wollte diesen Augenblick nicht einfach so verstreichen lassen. Uns blieb schließlich nicht mehr viel Zeit; bald wäre ich in Chicago, wo ich abends um elf im Café sitzen konnte, wenn ich wollte. Ich würde arbeiten. Wieder studieren. Ich wollte mir auf keinen Fall entgehen lassen, was er ein paar Minuten zuvor hatte sagen wollen, bevor meine Mutter in ihrem Kaschmirmorgenmantel aufgetaucht war und alles kaputtgemacht hatte.

Marlboro Man sah mich an und lächelte, er schien sich zu freuen, dass ich zur Abwechslung mal ein wenig forsch war. Eigentlich war ich immer ein ziemlich mitteilsames Kind gewesen, doch in seiner Gegenwart wurde ich still, geradezu schüchtern – ich erkannte mich selbst nicht wieder. So plötzlich und umfassend hatte er mein Herz erobert, dass ich sprachlos zurückblieb. Er hatte die beunruhigende Fähigkeit, alle Wörter aus mir herauszusaugen, so dass stattdessen nur die reine, pure Leidenschaft übrig blieb.

Er drückte mich noch fester an sich. »Also, erstens«, begann er, »erstens … habe ich dich wirklich gern.« Er blickte mir tief in die Augen, als wolle er sichergehen, dass jedes einzelne seiner Wörter direkt den Weg in mein Inneres fand. Ich schmolz dahin.

Es war einfach so ungewohnt für mich, dass Marlboro Man so geradeheraus war und sich kein bisschen fürchtete, seine wahren Gefühle offen mitzuteilen. Ich war an Spielchen gewöhnt, an Taktik, Gleichgültigkeit, Arroganz. Was Liebe und Romantik anging, hatte ich gelernt, äußerst genügsam zu sein und meine Erwartungen ganz weit herunterzuschrauben. Doch dann kam dieser Cowboy und warf innerhalb von zwei Wochen alles über den Haufen.

Er übertraf meine kühnsten Erwartungen.

Da er mir noch mehr zu sagen hatte, wartete er nicht einmal auf eine Antwort. So verhielt sich in seinen Augen ein richtiger Mann.

»Und …«, er zögerte.

Ich war ganz Ohr. Seine Stimme klang ernst und konzentriert.

»Ich will einfach nicht, dass du gehst«, sagte er schließlich, hielt mich dabei fest im Arm, und sein Kinn berührte meine Wange, so dass er mir direkt ins Ohr sprach.

Ich sagte zuerst nichts. Dann holte ich tief Luft. »Tja …«, begann ich.

Er unterbrach mich. »Ja, ich weiß, wir kennen uns erst seit zwei Wochen, und ich weiß, dass du Pläne hast und dass wir nicht wissen können, was die Zukunft bringt, aber …« Er schaute mich an, eine Hand unter meinem Kinn, die andere auf meinem Arm.

»Das stimmt«, sagte ich und suchte nach einer abgedroschenen Antwort. »Ich …«

Er unterbrach mich erneut. Er wollte definitiv etwas loswerden. »Wenn die Ranch nicht wäre, dann wäre es was anderes«, sagte er. Mein Puls beschleunigte sich. »Aber ich … ich kann nicht. Mein Leben ist hier.«

»Ich weiß«, sagte ich wieder. »Und ich will auch gar nicht …«

Er fuhr fort: »Ich will dich nicht von irgendetwas abhalten, will deine Pläne nicht durchkreuzen. Aber …«, er gab mir einen Kuss auf die Wange, »ich will einfach nicht, dass du gehst, das ist alles.«

Natürlich brachte ich wieder mal kein Wort heraus. Es fühlte sich so komisch an, so ungewohnt – wie konnte ich so starke Gefühle für jemanden hegen, den ich erst so kurz kannte? Über unsere Zukunft zu sprechen wäre voreilig gewesen, aber einfach darüber hinwegzugehen, dass uns etwas Außergewöhnliches widerfuhr, wäre genauso falsch gewesen. Uns war beiden klar, dass wir etwas ganz Besonderes erlebten. Nur das Timing ließ ziemlich zu wünschen übrig.

Wir waren so müde, dass uns fast die Augen zufielen. Es fehlte nicht viel, und wir wären im Stehen eingeschlafen. Wir spürten beide, dass für den Moment alles gesagt war, dass wir in dieser Nacht keine Lösung finden würden. Also gaben wir uns einen langen Abschiedskuss, schmiegten unsere Körper ein letztes Mal aneinander, dann ging Marlboro Man davon. Er startete den Motor seines Pick-ups. Fuhr die Straße meiner Eltern hinunter. Zurück zu seiner Ranch.

Ich konnte nicht mehr nachdenken; ich schaffte es gerade noch ins Bett. Als ich unter die Decke krabbelte, hatte ich einen kleinen Kloß im Hals. *Wo kommt der denn jetzt her? Hör auf, geh weg. Lass mich in Ruhe. Ich will nicht weinen. Ich hasse es. Davon bekomme ich Herzschmerzen. Und nachher hab ich verquollene Augen.* Auf einmal war der Kloß doppelt so groß. Ich konnte nicht mehr schlucken. Dann begannen die Tränen zu kullern, und kurz darauf fiel ich in einen tiefen, festen Schlaf.

Ich erwachte aus meinem Koma, als am nächsten Morgen um acht mein Telefon klingelte.

»Hallo? Ree?«, sagte eine freundliche weibliche Stimme. Es war nicht Marlboro Man.

»Ja?«, erwiderte ich. Irgendwo roch ich den Duft meines Liebsten. Selbst wenn er nicht bei mir war, umgab er mich.

»Hier ist Rhonda«, fuhr die Stimme fort. »Ich rufe wegen der Einzimmerwohnung auf der Goethe Street an.«

Es war eine tolle Wohnung, und mein älterer Bruder wohnte ganz in der Nähe. Weiße Wände, Holzfußboden, super Lage. Den Fotos nach zu urteilen, die ich bekommen hatte, war sie nicht besonders groß oder schick, aber genau das, was ich brauchte. Als ich eine Woche vor der Hochzeit meines Bruders die Anzeige entdeckt hatte, schlug ich sofort zu und leistete schon mal eine ordentliche Anzahlung, denn ich wollte ja noch im selben Monat umziehen. Der Preis war in Ordnung, also sollte diese Wohnung bald meine neue Heimat werden, mein neuer Hafen, mein neues Himmelreich. Auch wenn sie winzig war. Aber es gab genug Platz für meine

Sammlung schwarzer Pumps und ein gemütliches Bett. Und beim besten Willen keinen Platz für irgendeinen Kerl.

Doch mein angepeilter Einzugstermin war bereits verstrichen. Ich zauderte, zögerte, schob das Unausweichliche immer weiter hinaus. Knutschte stattdessen lieber mit einem Cowboy herum. Verging jeden Tag vor Glück in seinen Armen.

»Planen Sie nach wie vor, diese Woche einzuziehen?«, fuhr die Immobilienmaklerin fort. »Dann brauchen wir jetzt nämlich so schnell wie möglich Ihre erste Monatsmiete.«

»Oh«, ich setzte mich auf. »Es tut mir leid. Ich war die ganze Zeit mit Packen und Vorbereitungen beschäftigt, und es hat alles ein bisschen länger gedauert, als ich dachte.«

»Das ist gar nicht schlimm«, sagte sie. »Kein Problem. Wir müssen bloß bis Ende dieser Woche die Miete erhalten haben, andernfalls können wie die Wohnung nicht länger für Sie reservieren, denn es gibt noch ein paar andere Interessenten.«

»In Ordnung, danke für Ihren Anruf«, erwiderte ich. »Bis bald.«

Ich legte auf, ließ mich nach hinten aufs Bett fallen und starrte an die Decke. Ich hatte einiges zu erledigen – am besten, ich legte gleich los. Also stolperte ich ins Bad, schlang meine Haare unterwegs zu einem Knoten zusammen und spritzte mir eiskaltes Wasser ins Gesicht. Beim Zähneputzen betrachtete ich mich im Spiegel, und da wusste ich, was ich zu tun hatte. Ich nickte meinem Spiegelbild zu. *Okay, dann mal los.*

Ich kehrte ins Schlafzimmer zurück, nahm den Telefonhörer und drückte auf Anruferkennung, damit Rhondas Nummer angezeigt wurde. Dann wählte ich sie und atmete einmal tief durch.

»Hi, Rhonda – hier ist Ree noch mal«, sagte ich, als sie abhob. »Es tut mir leid – aber ich muss Ihnen leider sagen, dass meine Pläne sich geändert haben. Es sieht so aus, als ob ich die Wohnung nun doch nicht nehmen kann.«

»Oh … Sind Sie sicher, Ree?«, fragte Rhonda. »Ihre Anzahlung bekommen Sie dann aber nicht zurück.«

»Ja, ich bin sicher«, sagte ich und fühlte mein Herz heftig pochen. »Sie können die Wohnung wieder freigeben.«

Dann ließ ich mich aufs Bett fallen. Mein Gesicht prickelte, ich fühlte mich unbehaglich, kam mir vor wie ein panisches Pferd, das in eine brennende Scheune läuft. So sicher war ich mir meiner Sache.

7. Adios, Chicago

Halt, stopp. Was hatte ich da gerade entschieden? Was hatte das alles zu bedeuten? Ich sah mich im Zimmer um, blickte auf all die Kartons mit Klamotten, die Taschen mit meinen Habseligkeiten, die ich fein säuberlich neben der Tür aufgereiht hatte. Als ich sie packte, hatte ich ein bestimmtes Ziel vor Augen. Der Übergang zu meinem neuen Leben als unabhängige Frau im Mittleren Westen würde nahtlos sein. Und jetzt war die Wohnung von einem Augenblick auf den anderen *vom Winde verweht.*

Was hatte ich bloß getan? Das Apartment hatte mir so gut gefallen. Ich hatte schon viel Zeit damit verbracht, mir mein Leben dort auszumalen – hatte mir sogar überlegt, wo ich mein Bett hinstellen und wo ich meine Sammlung von Schwarzweißfotos von Michail Baryschnikow aufhängen wollte. Wenn ich in einigen Monaten wieder zur Vernunft käme und, wie ursprünglich geplant, endlich nach Chicago zöge, würde ich ganz sicher nicht noch einmal so eine Wohnung finden.

Ich bekam Panik, griff zum Telefon und drückte hastig die Wahlwiederholung. Ich musste die Maklerin Rhonda unbedingt erreichen, musste ihr zurufen: *Warten Sie, einen Moment noch, geben Sie die Wohnung noch nicht wieder frei, haben Sie ein bisschen Geduld, ich bin mir nicht sicher. Geben Sie mir noch einen Tag … oder zwei … oder drei.* Doch als ich die Nummer gewählt hatte, ertönte kein Tuten, sondern es meldete sich jemand anders. Ironie, Zufall oder das Glück dieses

Augenblicks wollten es, dass es die Stimme meines Cowboys war, die ich am anderen Ende hörte.

»Hallo?«, sagte er.

»Oh«, sagte ich. »Hallo?«

»Hey, du«, erwiderte er.

So viel zu meinem Versuch, die Maklerin anzurufen. Wir hatten noch keine drei Sekunden miteinander telefoniert, und schon hatte Marlboro Mans Stimme mich wieder voll im Griff. Seine Stimme. Sie war schuld daran, dass meine Knie weich wurden, dass ich mich nicht mehr konzentrieren konnte und all meine guten Vorsätze in den Wind schoss. Sobald ich diese Stimme hörte, hatte ich nur noch einen Gedanken: Ich wollte ihn wiedersehen, wollte in seiner Nähe sein, wollte ihn in mich aufsaugen, wollte wie Butter in seinen unglaublich starken Armen dahinschmelzen. Jedes Mal, wenn ich diese Stimme hörte, rückte Chicago in ganz weite Ferne.

»Na, was machst du so?«, fuhr er fort. Im Hintergrund konnte ich Kühe hören.

»Ach, ich hab ein paar Sachen zu erledigen«, sagte ich. »Klar Schiff machen.«

»Du ziehst doch nicht heute schon nach Chicago, oder?«, sagte er und lachte leise. Es war nur halb als Witz gemeint.

Ich lachte ebenfalls, warf mich auf meinem Bett herum und spielte mit den Rüschen des Überwurfs. »Nee«, erwiderte ich. »Nicht heute. Und was machst du?«

»Zu dir fahren und dich abholen, bald jedenfalls«, sagte er. Ich fand es toll, wenn er die Zügel in die Hand nahm. Dann setzte mein Herz regelmäßig aus, mir wurde heiß und kalt und ich freute mich wie verrückt. Nach vier Jahren mit J hatte ich genug von der Surfermentalität. Ich wollte keinen Mann mehr, der *total entspannt* war. Und was seine Gefühle für mich anging, war Marlboro Man alles andere als *total entspannt*.

»Ich bin um fünf bei dir.« Jawohl, Sir. Wie Sie wünschen, Sir. Ich werde bereit sein. Mit dem größten Vergnügen.

Um drei Uhr fing ich an, mich herauszuputzen. Ich nahm mir zwei volle Stunden Zeit: Duschen, rasieren, pudern, parfümieren, kämmen, und zum Schluss machte ich mir noch Locken ins Haar. Ich zog ein dünnes, pinkfarbenes Oberteil und meine Lieblingsjeans an – es sollte so aussehen, als hätte ich mich erst in letzter Minute fertiggemacht.

Es funktionierte. »Wow«, sagte Marlboro Man, als ich ihm die Tür öffnete. »Du siehst toll aus.« Leider konnte ich dieses Kompliment nicht lange genießen – ich wurde viel zu sehr von *seinem* Äußeren abgelenkt. Hilfe, war dieser Mann heiß! Zu einer Jahreszeit, wenn die meisten Menschen noch kalkweiß sind, hatte er durch die Arbeit mit den Rindern schon eine hübsche goldene Spätfrühlingsbräune bekommen. Und statt des üblichen Jeanshemds trug er ein enger anliegendes dunkelgraues Poloshirt – es brachte seine Oberarmmuskeln perfekt zur Geltung, die ihre Form nicht dem Fitnessstudio, sondern harter, ehrlicher Arbeit zu verdanken hatten. Sein frühzeitig ergrautes, sehr kurzes Haar war das Sahnehäubchen auf dem Ganzen. Hätte mir jemand einen Löffel gegeben, hätte ich diesen Mann mit Haut und Haar verschlungen.

»Du auch«, erwiderte ich und versuchte, die in mir aufwallenden Hormone in Schach zu halten. Er öffnete mir die Tür seines weißen Pick-ups, und ich kletterte hinein. Ich fragte nicht, wohin er mit mir wollte; es war mir völlig egal. Aber als wir auf dem Highway Richtung Westen aus der Stadt hinausfuhren, wusste ich genau, was das Ziel war: seine Ranch, seine Scholle, sein Haus, das »Home on the Range«. Nicht dass ich das von ihm erwartete oder verlangte, aber insgeheim gefiel es mir sehr, dass er über eine Stunde mit dem Wagen fuhr, um mich abzuholen. Es war wie eine Zeitreise in die Vergangenheit, eine viel zu galante und ritterliche Geste für unsere moderne Zeit. Auf der Fahrt unterhielten wir uns ausgiebig – über unsere Freunde, unsere Familien, über Filme, Bücher, Pferde und Rinder.

Wir redeten über alles Mögliche, nur nicht über Chicago.

Ich hätte es ihm so gerne gesagt, aber irgendwie gelang es mir nicht. Er sollte erfahren, dass ich meine Wohnung in Chicago aufgegeben hatte. Dass mir an diesem Morgen spontan – in gerade mal fünf Minuten – klargeworden war, dass ich ihn nicht verlassen konnte. Dass ich meine Großstadtpläne für unbestimmte Zeit auf Eis gelegt, wenn nicht sogar ganz gestrichen hatte. Dass ich jetzt einen neuen Plan hatte: mit ihm zusammen zu sein. Aber aus irgendeinem Grund brachte ich kein Wort heraus.

Anstatt wie sonst weiter dem Highway zu folgen, bis die Schotterstraße zu seinem Haus abbog, nahm Marlboro Man diesmal eine andere Route. »Ich muss ein paar Rinder aus der Pferdesenke treiben«, sagte er. Ich wusste zwar nicht, wovon er sprach, stand aber voll dahinter. Er fuhr über kurvige Straßen – ich hätte mich hier sicher ständig verfahren – und hielt an einer Weide, auf der unzählige schwarze Rinder standen. Mein Cowboy öffnete ein paar Gatter, bewegte die Arme – und im Handumdrehen waren die Rinder dort, wo er sie haben wollte. Etwas an diesem Mann brachte Geschöpfe aller Art – ob nun Rinder oder rothaarige Frauen Mitte zwanzig – dazu, ihm gefügig zu sein.

Wir fuhren den weiten Weg zurück zu seinem Haus und befanden uns gerade am nördlichsten Punkt der Ranch, als die Sonne zu sinken begann. »Wow, ist das schön!«, rief ich, als ich die atemberaubende Schönheit des Himmels erblickte.

Marlboro Man ließ den Pick-up langsam zum Stehen kommen. »Ja, nicht?«, erwiderte er und ließ den Blick über das Land schweifen, auf dem er aufgewachsen war. Er lebte dort, seit er vier Tage alt war. Schon als Kind hatte er bei der Arbeit geholfen, hatte von seinem Vater, seinem Groß- und seinem Urgroßvater gelernt, wie man eine Ranch führt. Er hatte zugesehen, wie man Zäune baut, wie man mit Tieren umgeht, Präriefeuer löscht und Rinder in allen Farben, Formen und Größen aufzieht. Er hatte seinen älteren Bruder auf dem Familienfriedhof in der Nähe seines Hauses begraben und erlebt, wie es ist, sich nach einer schrecklichen Tragödie wieder aufzurappeln und weiterzumachen, auch wenn die Trauer noch so groß ist. Diese Ranch war ein Teil von ihm, und man spürte deutlich, wie sehr er dieses Land liebte.

Wir stiegen aus dem Wagen und setzten uns auf die Ladefläche, hielten Händchen, sahen uns den magentafarbenen Sonnenuntergang an und wollten keine Sekunde davon verpassen. Nach und nach verlor sich das letzte Licht in der schwarzen Nacht. Die Luft war warm und vollkommen still – so still, dass wir den anderen atmen hörten. Und als die Sonne schon längst hinterm Horizont verschwunden und die Dunkelheit hereingebrochen war, saßen wir immer noch auf dem Pick-up, hielten uns im Arm und küssten uns, als hätten wir uns seit ewigen Zeiten nicht gesehen. Meine Leidenschaft war grenzenlos.

Irgendwann hielt ich es vor Aufregung nicht mehr aus, und es platzte aus mir heraus: »Ich muss dir was sagen.«

Marlboro Man hielt inne und fixierte mich mit einem Blick, der mir durch und durch ging. Während wir uns den Sonnenuntergang ansahen, hatten wir anfangs auf der Ladeklappe des Pick-ups gesessen und fröhlich die Beine baumeln lassen. Als die Sonne untergegangen war, hatten wir uns einfach hingelegt. Unsere Beine hingen über den Rand der Ladefläche. Der Himmel wurde immer schwärzer, und wir knutschten wild und hemmungslos herum.

Ich wollte nicht warten, bis er das gefürchtete Thema – Chicago – zur Sprache brachte. In den vergangenen Tagen hatte ich einen weiten Bogen darum gemacht, weil ich nicht darüber nachdenken wollte, was mein bevorstehender Umzug bedeutete, weil ich nicht wahrhaben wollte, dass ich meine neue Liebe, so kurz nachdem ich sie gefunden hatte, wieder verlassen würde. Aber jetzt war alles anders, das Thema hatte seinen Schrecken für mich verloren, es konnte mir nichts mehr anhaben. Ich hatte mich, zumindest vorerst, entschieden zu bleiben – jetzt musste ich es Marlboro Man nur noch sagen. Beim Herumschmusen fasste ich den Mut, es auszusprechen, jetzt konnte ich die Worte nicht länger zurückhalten. Doch mein Liebster kam mir zuvor.

»O nein«, sagte er und machte ein trauriges Gesicht. »Sag's nicht – morgen geht's los, stimmt's?« Er fuhr mir mit den Fingern durchs Haar und drückte seine Stirn sanft gegen meine.

Ich musste grinsen und freute mich, ihm gleich mein Geheimnis verraten zu können. In der Ferne muhte eine Herde Kühe. Sie sangen uns ein Abendlied.

»Ähm … nein«, sagte ich und konnte selbst kaum glauben, was ich ihm jetzt eröffnen würde. »Ich werde … also, ich … ich werde nicht gehen.«

Er hielt inne, rückte ein Stück von mir ab und sah mir in die Augen. »Was?«, fragte er. Seine kräftigen Finger verweilten in meinem Haar. Dann erschien ein zaghaftes Lächeln auf seinem Gesicht.

Tief sog ich die Nachtluft ein in der Hoffnung, meine kindische Nervosität würde sich dadurch legen. »Ich … ähm …

also, heute Morgen habe ich der Maklerin gesagt, dass ich die Wohnung doch nicht nehme«, erklärte ich. »Ich habe beschlossen, noch eine Weile hier in der Gegend zu bleiben.« So. Jetzt war es heraus. Damit war das Ganze amtlich.

Ohne eine Sekunde zu zögern, schlang Marlboro Man seine starken Arme um meine Taille. Gerade hatte ich noch auf der Ladefläche seines Pick-ups gelegen, jetzt hob er mich hoch, so dass wir uns gegenüberstanden, und dann noch ein Stückchen höher, bis meine Füße kurz in der Luft schwebten und seine eisblauen Augen auf einer Höhe mit meinen waren.

»Warte ... ist das wirklich dein Ernst?«, fragte er und nahm mein Gesicht in die Hände, so dass er mir direkt in die Augen sehen konnte. »Du gehst also nicht?«

»Nö«, sagte ich.

»Wow«, machte er, lächelte und gab mir, auf der Ladefläche seines Ford F250 stehend, einen langen, leidenschaftlichen Kuss. »Ich kann's nicht fassen«, sagte er und drückte mich fest an sich.

Unsere Beine hielten der Leidenschaft nicht stand, und ehe ich mich versah, machten wir da weiter, wo wir aufgehört hatten, wälzten uns auf der Ladefläche seines Diesels hin und her und knutschten wild herum. Ab und zu stieß ich mit dem Arm gegen eine Brechstange oder mit dem Kopf gegen einen Ersatzreifen, einen Viehtreiber oder einen Wagenheber, aber das störte mich nicht die Bohne. Ich hatte es geschafft, ich hatte gesagt, was ich sagen wollte. Alles andere – kleinere Kopfverletzungen eingeschlossen – war ein Klacks dagegen.

Wir blieben sehr, sehr lange dort liegen; die Nacht war so lau, dass wir keinen Grund hatten aufzubrechen. Unter dem sternenübersäten Himmel fühlte ich mich in seinen Armen, mit seinen Küssen und den Geräuschen der Tiere im Hintergrund plötzlich viel wohler mit meiner Entscheidung als noch am Morgen, nach dem Telefonat mit der Maklerin. Ich fühlte mich zu Hause, behaglich, geborgen, einfach herrlich. Mein Leben hatte an diesem Tag eine Wendung genommen, eine Wende, die ich niemals hätte vorhersehen können. Monatelang hatte ich Pläne für die Großstadt gemacht, dann tauchte dieser eins achtzig große Cowboy mit Mist an den Stiefeln auf und warf alles über den Haufen. Ein Cowboy, den ich im Grunde genommen erst seit weniger als drei Wochen kannte. Es war das Verrückteste, was ich je getan hatte: einfach diesen völlig neuen, unbekannten Weg einzuschlagen. Natürlich fragte ich mich insgeheim, wie lange es dauern würde, bis ich meine Entscheidung bereute, aber vorerst war ich ganz entspannt, zumindest an jenem Abend, zufrieden, weil ich mich getraut hatte, diesen mutigen Schritt zu tun.

Es war schon spät. Zeit zu gehen. »Soll ich dich langsam nach Hause bringen?«, fragte Marlboro Man, verflocht seine Finger mit meinen und gab mir einen Kuss auf den Handrücken. »Oder …«, er überlegte kurz. »Möchtest du vielleicht bei mir übernachten?«

Ich antwortete nicht sofort, weil ich zu sehr damit beschäftigt war, den Moment zu genießen: die wunderbar laue Nachtluft, das melodische Muhen der Mutterkühe auf einer fernen Weide, die Abermillionen von Sternen über unseren Köpfen, unsere ineinander verschlungenen Finger. Eigentlich konnte ich mir nichts vorstellen, was diesen Abend noch schöner gemacht hätte. Vielleicht nicht einmal, die Nacht mit ihm zu verbringen.

Ich wollte gerade den Mund aufmachen, da kam er mir zuvor. Er stand auf, hob mich von der Ladeklappe seines Pickups und trug mich wie Rhett Butler zur Beifahrertür. Als er mich absetzte, um die Tür aufzumachen, sagte er: »Wenn ich es mir recht überlege … bringe ich dich doch lieber nach Hause.« Ich lächelte, offenbar hatte er meine Gedanken gelesen.

Was auch immer – auf jeden Fall hatte sich die Atmosphäre zwischen uns plötzlich merklich verändert. Bis zu dem Moment, als ich ihm sagte, dass ich die Wohnung in Chicago aufgegeben hatte und bleiben wollte, war die Leidenschaft zwischen uns manchmal drängend gewesen, fast übereilt. Als ob eine unsichtbare Macht uns mahnte, auf der Stelle alles herauszuholen, weil wir schon bald keine Gelegenheit mehr dazu haben würden. Bis dahin hatte unsere Liebesgeschichte im Schatten stiller Verzweiflung gestanden. Erregung und Verlangen waren stets mit Angst und dunklen Vorahnungen einhergegangen. Jetzt aber, nachdem mein Umzug nach Chicago aus der Gleichung so gut wie herausgekürzt war, waren die Angst und die dunklen Vorahnungen durch ein wunderbares Wohlgefühl ersetzt worden. Marlboro Man und ich waren zwar immer noch wie von Sinnen ineinander verknallt, aber von einer Sekunde auf die andere hatten wir nicht mehr das Gefühl, uns beeilen zu müssen.

»Ja«, sagte ich und nickte. »Einverstanden.«

Ich war mal wieder unglaublich wortgewandt.

Dann fuhr er mich nach Hause, den ganzen langen Weg über die gewundenen Straßen seiner Ranch und den zweispurigen Highway, der uns schließlich zum Haus meiner Eltern am Golfplatz führte. Als er mich zur Tür brachte, war ich überrascht, wie anders es sich plötzlich anfühlte. Bisher hatte ich jedes Mal, wenn wir auf diesen Eingangsstufen standen, einen Sog verspürt; meine Chicago-Kartons riefen mich ins Haus, ich solle zu Ende packen, fertig werden, abreisen. Ich hatte mir angewöhnt, nach unseren Treffen zu packen. Es war ein Ritual geworden, das mir helfen sollte, trotz meiner stetig wachsenden Zuneigung für diesen so unerwartet in mein Leben getretenen Mann meine Pläne weiter voranzutreiben. Als ich jedoch an jenem Abend dort stand und wir uns umarmten, gab es nur noch eins, was ich mit meinen Chicago-Kartons tun musste: auspacken. Vielleicht ließ ich sie auch einfach stehen, egal. Ich ging nirgendwohin. Zumindest nicht in nächster Zeit.

»Damit habe ich wirklich überhaupt nicht gerechnet«, meinte er, die Arme um meine Taille geschlungen.

»Ich auch nicht«, sagte ich und musste lachen.

Er beugte sich vor, um mir einen letzten Kuss und dem Abend damit den perfekten Abschluss zu geben. »Du hast mir den Tag gerettet«, flüsterte er, dann ging er zu seinem Pick-up und fuhr davon.

Mein ganzer Körper kribbelte, jedes Nervenende summte, während ich mich umdrehte, ins Haus ging und die Treppe zu meinem Zimmer hinaufstieg. Wenn das nicht Liebe war, überlegte ich, dann konnte sie mir gestohlen bleiben. Oben in meinem Zimmer schaute ich auf meine Chicago-Kartons, schwankend zwischen Melancholie und Seligkeit, dann ließ ich mich auf mein gemütliches Bett plumpsen, kickte die Schuhe von den Füßen und seufzte verträumt.

Eine Stunde später riss mich lautes Telefonklingeln aus dem Schlaf. Ich war noch so erschöpft von der vergangenen Nacht, dass ich in meinen Klamotten eingeschlafen war. »Hallo?«, sagte ich, fast noch im Tiefschlaf. Ich war orientierungslos, verwirrt und von Landluft und Verlangen wie betrunken.

»Hey … ich bin's«, sagte die Person am anderen Ende der Leitung mit ruhiger, ernster Stimme. Es war J.

Darauf war ich nicht gefasst. »Hi«, sagte ich, setzte mich schwerfällig im Bett auf und legte mir die Decke um die

Schultern. »Was ist los?« *(Sag bitte nicht, dass du am Flughafen bist!)*

»Ich wollte nur mal wieder deine Stimme hören«, sagte er. Er klang traurig. »Ist ja schon 'ne Weile her.«

Er hatte recht: Seit seinem Last-Minute-Flug in meine Heimatstadt war über eine Woche vergangen – mehr als eine Woche. Es war eine schmerzvolle, schwierige Trennung gewesen, vor allem für ihn, denn er wurde ja nicht von einer neuen, aufregenden Romanze aufgefangen, die ihm das Gefühl gab, es sei gar nicht so schlimm. Ich fand es schrecklich, wie es gelaufen war. Aber früher oder später hätten J und ich uns sowieso getrennt, und angenehm wäre es wohl niemals über die Bühne gegangen.

»Wie geht's dir?«, fragte ich. Es klang kühl.

Er sagte mit eintöniger Stimme: »Es geht so. Und dir?«

»Es geht«, sagte ich; ich wollte ihm nicht auf die Nase binden, wie überglücklich ich in jener Nacht war.

»Wann gehst du nach Chicago?«, fragte er. »Du willst da wirklich hin, oder?«

Schluck. Was nun?

»Ich bin mir nicht ganz sicher«, antwortete ich und beließ es dabei, auch wenn ich nicht das Gefühl hatte, hundertprozentig ehrlich zu sein.

»Wann denn? Nächste Woche? Nächsten Monat? Hm?«, drängte J.

Erneutes Schlucken. »Ich weiß es wirklich nicht«, sagte ich noch einmal und überlegte. »Ich habe noch mal über meine Pläne nachgedacht.«

J schwieg. »Was soll das heißen?«

»Das soll heißen, dass ...«, setzte ich an. Ich hatte keine Ahnung, was ich ihm sagen sollte.

»Wie jetzt? Letzte Woche hast du doch über nichts anderes

geredet als über Chicago«, unterbrach er mich. »Du hast gesagt, das wäre einer der Gründe, warum wir nicht mehr zusammen sein könnten!«

»Na ja …«, sagte ich und überlegte wieder. »Im Moment sieht es so aus, als ob ich erst mal doch nicht gehe.«

»Was ist denn los?«, fragte J.

Ich antwortete nicht.

»Moment mal … triffst du dich etwa mit jemandem?«, fragte er spitz. Er klang fordernd, streitlustig.

Ich fühlte mich in die Ecke gedrängt; mir blieb nichts anderes übrig, als die Katze aus dem Sack zu lassen, auch wenn ich mich viel lieber unterm Bett versteckt hätte. »Also, J, es ist so … ja, ich treffe mich wirklich mit jemandem«, kam es trotzig aus meinem Mund. J brachte diese Seite an mir zum Vorschein.

»Ich wusste es«, sagte er, als hätte er ein Geheimnis gelüftet oder irgendeinen uralten Code geknackt. »Ich wusste doch, dass da was im Busch ist.«

»Ach ja?«, fragte ich mit leisem Sarkasmus in der müden Stimme.

»Ich wusste es einfach«, fuhr er fort. »Du hast dich die letzten drei Monate schon so komisch benommen.«

Er begriff einfach gar nichts. »Mal schön langsam, J«, sagte ich und versuchte mich nicht aufzuregen. »Ich kenne ihn ja erst seit drei Wochen.«

Das war ein Fehler. »Was? Du kennst ihn erst seit *drei Wochen*, und jetzt willst du plötzlich wegen ihm nicht mehr nach Chicago gehen?«, rief J. Er war stinksauer.

»Hey«, sagte ich. Er sollte sich wieder beruhigen: »Lass uns doch normal miteinander reden, ja?«

»Wozu?«, fuhr er in herausforderndem Ton fort. »Jetzt frage ich mich, was du mir sonst noch verschwiegen hast!«

Langsam wurde ich sauer. J war offensichtlich verletzt, und das verstand ich auch. Anscheinend hatte unsere Trennung ihn völlig unvorbereitet getroffen, obwohl die Zeichen schon seit Monaten darauf hindeuteten: Ich entschied mich dagegen, ihm nach San Francisco zu folgen, hatte ihn nicht besonders oft besucht, hatte ihn immer weniger an meinem Leben seit der Rückkehr zu meinen Eltern teilhaben lassen; dennoch war J in dieser Zeit mit unserer Beziehung vollkommen zufrieden gewesen und hatte weiterhin alles als selbstverständlich angesehen. *Sie kommt bestimmt bald zurück*, hatte er wahrscheinlich gedacht. *Ich brauche sie nicht anzurufen. Sie weiß ja, dass ich sie liebe. Sie wird immer da sein.* Er hatte nichts Verwerfliches oder Unverzeihliches getan ... aber lange nicht genug, um in mir den Wunsch aufrechtzuerhalten, den Rest meines Lebens mit ihm zu verbringen.

»Also?«, fragte er. Seine Stimme klang unendlich bitter.

»Was?«, fragte ich zurück. So langsam reichte es mir.

»Was hast du mir sonst noch verschwiegen?«

Ich machte eine Pause. Dann erwiderte ich: »Ja ... da ist wirklich noch etwas.« Ich hielt kurz inne, überlegte mir gut, was ich sagen wollte, dann verkündete ich: »Ich esse jetzt Steak.«

Jahrelang hatte ich kein Fleisch angerührt; J kannte mich nur als Vegetarierin, ich war ja erst vor kurzer Zeit zu den Fleischfressern übergelaufen. Für meinen Cowboy hätte ich alles getan, für ihn hatte ich sogar mein Gelöbnis gebrochen, kein Fleisch mehr zu essen, nachdem ich mich jahrelang daran gehalten hatte. Das würde J mehr als deutlich machen, was los war.

»Mein Gott«, sagte J. Nun klang er nicht mehr bitter, sondern angeekelt. »Was ist nur aus dir geworden?« Dann legte er einfach auf.

Mein Plan hatte offenbar funktioniert.

Jetzt musste er sich endgültig mit der Wahrheit abfinden, dass es mit uns vorbei war. Wir waren ein Stück gemeinsam gegangen und am Ende des Wegs angelangt. Wir hatten einfach nicht mehr genug füreinander übrig – nicht genug Respekt, Bewunderung, Wertschätzung –, als dass es für die Langstrecke gereicht hätte.

Als Nächstes wurde es Zeit, mit meiner Familie zu sprechen. Sie wunderten sich schon, was los war. Zuerst ging ich zu meiner Mutter.

»Kann sein, dass ich irgendwann noch umziehe«, sagte ich mit breitem, ländlichem Akzent. »Aber jetzt erst mal nicht.«

»Sprich nicht so komisch«, sagte meine Mutter leicht besorgt.

»Das hab ich extra gemacht, Mom«, erwiderte ich.

»Ah, verstehe«, sagte sie und wischte sich den Schweiß von den frisch gezupften Augenbrauen. Dann lächelte sie und sagte: »Weißt du, ich mag seine gestärkten Hemden.«

»O ja«, sagte ich und schloss verträumt die Augen. »Ich weiß, was du meinst.«

Als Nächster war mein Vater dran.

»Dad, ich habe beschlossen, erst mal nicht nach Chicago zu gehen«, sagte ich. »Sieht so aus, als hätte ich mich in diesen Cowboy verliebt, von dem ich dir erzählt habe.«

»Ach, wirklich?«, fragte er.

»Ja, wirklich«, sagte ich.

Er überlegte einen Moment, dann fragte er: »Weiß J schon Bescheid?«

Ich verbrachte die nächsten vierzehn Stunden damit, ihm alles zu erzählen.

Dann berichtete ich meiner allerbesten Freundin von meinem Entschluss: meiner Schwester.

»Tja, ich gehe jetzt also erst mal nicht weg«, teilte ich Betsy am Telefon mit, nachdem ich sie aus dem Tiefschlaf gerissen hatte – typisch College-Studentin.

»Wohin?«

»Nach Chicago.«

»*Was?*«, kreischte sie. Jetzt war sie wach. Und wie!

»Ja, ich … ich bin total verliebt«, sagte ich und kicherte albern. »Ich bin total verliebt in den Marlboro Man.«

»O Gott!«, sagte sie. »Heißt das, du heiratest ihn, ziehst in die Pampa und kriegst ganz viele Kinder?«

»*Nein!*«, rief ich. »Ich ziehe nicht in die *Pampa*. Aber vielleicht kriege ich Kinder von ihm.« Wieder musste ich kichern.

»Was ist mit Chicago?«, fragte Betsy.

»Tja … hm …« Ich suchte nach einer Erklärung. »Du müsstest ihn mal in seiner Wrangler sehen …«

Betsy schwieg. Dann sagte sie: »Okay, danke für dieses *tolle* Gespräch. Ich muss jetzt weiterschlafen – heute Mittag habe ich Vorlesung, und ich bin so kaputt …«

»Und du müsstest ihn in seinen Cowboystiefeln sehen«, fuhr ich fort.

»Also dann …«

»In Ordnung, mach dir keine Sorgen um mich«, sagte ich. »Falls du mich brauchst – ich bin hier und knutsche vierundzwanzig Stunden am Tag mit meinem Cowboy herum.«

»Na klar …«, sagte Betsy und gab sich Mühe, nicht zu lachen.

»Tja dann … lern schön!«, sagte ich zu ihr.

»Logisch«, erwiderte sie.

»Und nicht durch die Betten hüpfen«, mahnte ich.

»Ja ja«, antwortete Betsy. Das kannte sie schon.

»Und auch kein Crack rauchen, okay?«, fügte ich hinzu.

»Ja ja«, erwiderte sie gähnend.

»Und nicht schwänzen!«, warnte ich.

»Du meinst, so wie du früher?«, gab Betsy zurück.

»Ach ja, und: Kein Sex vor der Ehe!«, fuhr ich fort.

Klick – aufgelegt.

Als Nächstes war es Zeit, meinen Bruder Mike einzuweihen.

»Hey, Mike!«, sagte ich. »Weißt du was?«

»W-w-was denn?«, fragte er.

»Ich bleibe hier! Ich ziehe nicht weg!«, sagte ich. »Freust du dich?«

Mike überlegte eine Weile, dann fragte er: »K-k-kannst du mich jetzt zur Feuerwache fahren?«

Als Letzter erfuhr mein ältester Bruder die Neuigkeit. Er lebte in Chicago und hatte sich darauf gefreut, bald eine Schwester in der Nähe zu haben.

»Bist du völlig verrückt geworden?«, fragte er. Er hatte nie mit seiner Meinung hinterm Berg gehalten.

»Ja«, räumte ich ein und hoffte, ihm so den Wind aus den Segeln zu nehmen. »Ich glaube, das bin ich.«

»Aber was zum Teufel willst du da machen, *zu Hause*? Die Gegend ist so rückständig, da verkümmerst du doch völlig, da gehst du zugrunde.« Mein Bruder, der im Rohstoffhandel tätig war und ständig die Welt bereiste, betrachtete jede Stadt mit weniger als drei Millionen Einwohnern als rückständig.

»Was ist das überhaupt für 'n Typ?«

»Ach, du kennst ihn nicht«, sagte ich. »Wir gehen erst seit gut einem Monat miteinander aus.«

Da kam die praktische Seite meines Bruders zum Vorschein. »Was, du kennst ihn erst seit *einem Monat*? Was macht er denn beruflich, verdammt?«

»Na ja«, begann ich und machte mich auf etwas gefasst. »Er … er ist Cowboy.«

»Oh, mein Gott.« Ich hörte meinen Bruder seufzen.

8. Der große Treck

In den Armen eines Cowboys, den ich meinen Marlboro Man nannte, hatte ich die Liebe gefunden. Und was waren das für starke, wundervolle Arme: Sie waren stahlhart und strotzten vor Muskeln, geformt von lebenslanger, intensiver körperlicher Arbeit; sie waren kraftvoll in jeder Hinsicht, aber zugleich sanft und beschützend. Niemals zuvor war ich von solchen Armen gehalten worden. Sie lösten hundert verschiedene Empfindungen gleichzeitig in mir aus – bei mir, die bis dahin der Meinung gewesen war, es würden nur eine Handvoll Gefühle existieren: Glück. Trauer. Wut. Heiterkeit. Aufregung. Langeweile.

Junge, Junge, hatte ich falschgelegen! Ich musste nur seine Stimme am Telefon hören, schon begannen zweihundert Synapsen in meinem zentralen Nervensystem zu feuern; eine Stunde in seinen Armen, und ich hatte die ganze Palette von Gefühlen rauf und runter empfunden. Kribblige Begeisterung, überschäumende Ekstase, tiefe Zufriedenheit … und lähmende Angst, jemals in meinem Leben wieder ohne diese Arme auskommen zu müssen.

Seine Arme … Abgesehen davon, dass sie offenbar eine starke körperliche Anziehung auf mich ausübten, hatten sie etwas Magisches an sich. Vielleicht enthielten sie eine besondere Chemikalie, die nur freigesetzt wurde, wenn sie sich leidenschaftlich um meine Taille schlangen. Dieser Stoff war hochwirksam und ähnlich berauschend wie der zweite Schluck Rotwein oder der Geruch verbrennenden Patschulis. Nur eine Million Mal so stark. Solche Arme sollte man in Bronze gießen. Um sie für die Nachwelt zu bewahren.

Wir verbrachten jede freie Minute miteinander, fuhren auf seinen Ländereien herum, kochten abwechselnd zu Abend, guckten Filme … und mussten uns ziemlich zusammenreißen, wenn wir in seinem abgelegenen Ranchhaus auf der gemütlichen Couch lagen. Nach wie vor waren wir bei unseren Verabredungen meistens allein, denn Nachtclubs und Partys gab es in näherer Umgebung nicht. Wir hätten sowieso nichts damit anzufangen gewusst; andere Leute zu treffen und Zeit mit ihnen zu verbringen stand bei uns nicht besonders hoch im Kurs. Es gab noch so vieles übereinander herauszufinden.

Kurze Zeit später beschloss Marlboro Man jedoch, mich seinem Bruder Tim vorzustellen. Er sagte es mir eines Abends am Autotelefon. Ich war auf dem Weg zu seiner Ranch, starrte durch die Windschutzscheibe und sehnte ungeduldig den wunderbaren Abend herbei, der vor uns lag. Ein weiterer Abend, an dem Marlboro Man mir ganz allein gehören würde. Ich würde mich in seine magischen Arme kuscheln und die Welt um uns herum vergessen. Obwohl seit unserem letzten Treffen keine vierundzwanzig Stunden vergangen waren, konnte ich es nicht erwarten, die nächste Dosis zu bekommen.

»Hey«, sagte Marlboro Man. »Wo bist du?«

Woher sollte ich das wissen? Irgendwo zwischen meinem Haus und seinem. »Ähm … irgendwo zwischen meinem Haus und deinem«, sagte ich, machte keinen Hehl aus meinem katastrophalen Orientierungssinn.

Er schmunzelte. »Okay, ich frag mal so: Hast du schon mehr als die Hälfte des Weges zu mir geschafft? Oder bist du noch nicht so weit?« Langsam lernte er, meine Sprache zu sprechen.

»Äh …«, sagte ich, blickte mich um und versuchte mich zu erinnern, wann ich zu Hause losgefahren war. »Ich würde sagen … ich würde sagen, dass ich ungefähr auf halber Strecke bin.«

»Okay«, sagte er, und durchs Telefon konnte ich ihn schmunzeln hören. »Wenn du in die Nähe der Ranch kommst, möchte ich, dass du zum Haus meines Bruders fährst und wir uns dort treffen.«

Schluck. *Zum Haus deines Bruders? Willst du damit etwa sagen, dass wir unsere Zweisamkeit unterbrechen, um Zeit mit anderen Leuten zu verbringen? Soll das heißen, es gibt noch andere Menschen außer uns? Tut mir leid, das hatte ich ganz vergessen.*

»Oh, in Ordnung!«, sagte ich begeistert und überprüfte im Rückspiegel mein Make-up. »Und äh … wie komme ich da hin?« Ich war nervös.

»Also, ungefähr zweieinhalb Kilometer vor der Abfahrt zu mir siehst du an der Nordseite des Highways ein weißes Tor«, wies er mich an. »Da biegst du ab und folgst der Straße ungefähr eine halbe Meile, und schon kommst du zu seinem Haus.«

»Aha …«, sagte ich zögernd.

»Meinst du, du schaffst das?«

»Ja, klar«, erwiderte ich und fragte nach einer Pause: »Aber … ähm … in welcher Richtung ist Norden?«

Es war nur halb als Witz gemeint.

Wie durch ein Wunder fand ich dreißig Minuten später das Haus von Marlboro Mans Bruder. Als ich die Einfahrt hinauffuhr, sah ich den vertrauten weißen Pick-up neben einem sehr großen, imposanten Sattelschlepper stehen. Mein Cowboy und sein Bruder saßen in der Fahrerkabine.

Marlboro Man blickte auf, lächelte und winkte mir, zu ihnen zu kommen. Ich winkte zurück, stieg aus und war so blöd, meine Handtasche mitzunehmen. Aber damit nicht genug, anschließend betätigte ich die Zentralverriegelung mit der Fernbedienung und schaltete die Alarmanlage ein, ohne daran zu denken, wie fehl am Platz das grässliche *Tschirp! Tschirp!* inmitten der idyllischen ländlichen Stille klingen musste. Während ich auf den Monstertruck zuging, in dem meine neue Liebe mit seinem einzigen Bruder saß, überlegte ich: Ich war noch nie in meinem Leben in die Fahrerkabine eines Sattelschleppers gestiegen, ich war mir nicht mal sicher, ob ich schon mal näher als dreißig Meter an einen herangekommen war. Ich spürte feuchtkalten Schweiß unter den Achseln und zitterte nervös bei der Vorstellung, dass ich gleich nicht nur Tim kennenlernen würde, sondern auch in ein Fahrzeug klettern sollte, das neunmal so groß war wie mein Toyota Camry, und das war damals der größte Wagen, den ich je besessen hatte. Was sollte ich da?

Marlboro Man öffnete die Beifahrertür, ich fasste an den breiten Griff, der neben der Kabine angebracht war, und zog mich daran auf die Stufen aus gelochtem Metall. »Los, komm rein!«, sagte er und half mir in die Kabine. Tim saß auf dem Fahrersitz. »Ree, das ist mein Bruder, Tim.«

Tim sah gut aus. Verwegen. Er war mit Staub bedeckt, als hätte er vor kurzem noch gearbeitet. Ich konnte eine leichte Ähnlichkeit mit meinem Cowboy ausmachen, ein vertrautes Funkeln in seinem Blick. Tim streckte die Hand aus, die andere ließ er auf dem Lenkrad des nigelnagelneuen Viehtrucks ruhen, der, wie ich erfuhr, erst wenige Stunden alt war. »Tja, was sagst du zu diesem Ding?«, fragte Tim mit breitem Grinsen. Er erinnerte mich an einen kleinen Jungen im Süßwarenladen.

»Nicht übel«, sagte ich und sah mich in der Kabine um.

Es gab viele verschiedene Anzeigen. Viele Hebel. Ich wäre gern nach hinten gekrabbelt und hätte mir angeschaut, wie die Schlafkoje aussah und ob es dort einen Fernseher und einen Whirlpool gab.

»Und, willst du auch mal 'ne Runde drehen?«, fragte Tim.

Ich wollte den Eindruck vermitteln, dass ich eine patente Frau war, zu allem bereit. »Klar!«, erwiderte ich schulterzuckend und wollte gerade das Lenkrad übernehmen.

Marlboro Man schmunzelte, Tim blieb sitzen und sagte: »Obwohl, vielleicht doch lieber nicht. Du könntest dir einen Fingernagel abbrechen.« Ich blickte auf meine frisch manikürten Hände. Sehr aufmerksam von ihm, sie zu bemerken. »Außerdem«, fuhr er fort, »weißt du bestimmt nicht, wie man schaltet.« Machte er sich über mich lustig? Meine Achseln waren klitschnass. Zum Glück trug ich an dem Abend ein schwarzes Oberteil.

Ich überstand noch weitere zehn Minuten leicht unangenehmer Plauderei, dann rettete Marlboro Man mich, indem er verkündete: »Na gut, Kumpel, ich glaube, wir machen uns mal auf den Weg.«

»Okay, Kumpel«, erwiderte Tim. »War schön, dich kennenzulernen, Ree.« Er grinste sein nettes, vertrautes Grinsen. Er war wirklich niedlich. Definitiv Marlboro Mans Bruder.

Aber natürlich kein Vergleich mit dem Original.

Mein Cowboy öffnete die Beifahrertür und ließ mir den Vortritt, während Tim an der Fahrerseite ausstieg, um uns zu verabschieden. Als ich die Stufen hinunterkletterte, dachte ich: *War doch gar nicht so schlimm.* Abgesehen von der Bemerkung über meine Fingernägel und meinem Schwitzen war das Kennenlernen mit Marlboro Mans Bruder erstaunlich gut über die Bühne gegangen. Ich sah an dem Abend nicht schlecht aus, hatte ein paar witzige Bemerkungen machen können und genau die richtige Farbe getragen, so dass niemand merkte, wie nervös ich war. Das Leben war schön.

Doch die Götter der Peinlichkeit hatten offenbar etwas anderes mit mir vor: Sie waren wild entschlossen, mich zu blamieren. Auf der letzten Stufe blieb der Absatz meiner verdammten schwarzen Stiefel in einem Loch in der Stufe hängen, und ich verlor das Gleichgewicht. Hätte ich nicht mit einer wilden Verrenkung gerade noch den Griff zu fassen bekommen, wäre ich auf den Schotter der Auffahrt gefallen und hätte mir wahrscheinlich das Genick gebrochen. Ich fiel zwar nicht hin, dafür rutschte mir die Handtasche vom Arm und landete mit der Öffnung nach unten auf Tims Hof. Der gesamte Inhalt verteilte sich auf dem Boden.

Jede Frau weiß, wie furchtbar es ist, die eigene Handtasche in Anwesenheit von Männern unfreiwillig zu leeren. Ich hatte das Gefühl, als wäre mein gesamtes Innenleben auf einmal vor unseren Augen ausgebreitet, wehrlos den Blicken von Marlboro Man und seinem Bruder preisgegeben: altes Lipgloss, ein ausgelaufener Stift, zerknülltes Kaugummipapier und meine Bürste, in der Hunderte, nein, Tausende dünner rotbrauner Haare hingen. Aber Männer verstehen nun mal nicht, wie schnell sich solche Büschel bilden, wenn man lange Haare hat – für sie sah es aus, als hätte ich Haarausfall und bekäme bald eine Glatze. Es waren zwar keine Hygieneartikel dabei, dafür aber eine Packung Zahnseide, aus der ein zwanzig Zentimeter langes Ende heraushing und im Wind flatterte.

Und Tic Tacs. Viele Tic Tacs. Und zwar orangefarbene.

Dazu: Geld. Lose Ein-, Fünf-, Zehn- und Zwanzigdollarscheine, die ich säuberlich zusammengefaltet und in ein kleines Fach meiner Handtasche gesteckt hatte, flogen in Tims

Auffahrt herum, davongetragen vom auffrischenden Wind, der ein nahendes Gewitter ankündigte.

Ich hatte in meinem Leben schon viele demütigende Momente erlebt, aber ich hatte mich noch nie so schrecklich gefühlt wie an jenem Tag, als ich meiner neuen Liebe und seinem Bruder Tim, den ich gerade erst kennengelernt hatte, dabei zusehen musste, wie sie tapfer meine widerspenstigen Dollars zu retten versuchten. Und das alles nur, weil ich auf den Stufen ihres glänzenden neuen Sattelschleppers das Gleichgewicht verloren hatte.

Ich ließ mein Auto für den Abend bei Tim stehen. Als wir in Marlboro Mans Pick-up davonfuhren, starrte ich kopfschüttelnd aus dem Fenster und entschuldigte mich, dass ich so ein unsäglicher Trottel war. Als er auf den Highway abbog, sah er mich an und sagte tröstend: »Ja, aber du bist mein Trottel.«

Hin und wieder wagten Marlboro Man und ich uns hinaus in die Welt – wir fuhren in die Stadt, sahen uns einen Film an, aßen was Leckeres, gingen unter Leute. Aber am besten gefiel es uns, zu Hause zu bleiben, abends zusammen zu kochen und abzuwaschen und uns anschließend auf die Stühle auf der Veranda oder auf die Couch im Wohnzimmer zu begeben. Dort sahen wir uns Action-Filme an und ließen uns immer neue Möglichkeiten einfallen, uns aneinanderzukuscheln, so dass kein Zentimeter Luft mehr zwischen uns blieb. Das war unser Hobby. Und wir waren ziemlich gut darin.

Es wurde ernster mit uns. Wir wurden immer vertrauter miteinander. Jeder Tag, der verging, brachte tiefere Gefühle mit sich, stürmischere Leidenschaft und Liebe, wie ich sie zuvor nicht gekannt hatte. Das Zusammensein mit einem Typ, der trotz seiner männlichen Ausstrahlung überhaupt keine

Angst davor hatte, auch seine weiche, verletzliche Seite zu zeigen, den keine Ängste oder Komplexe davon abhielten, seine Gefühle offen zu bekunden, und der anscheinend nie in seinem Leben irgendwelche taktischen Spielchen gespielt hatte ... *das* war die Liebesgeschichte, von der ich immer geträumt hatte.

Doch an manchen Abenden lag ich trotzdem wach in meinem Bett und rang mit der rasanten Veränderung in meinem Leben. Meine Gefühle für Marlboro Man standen dabei nie im Zweifel, aber manchmal fragte ich mich schon, wo »das alles« hinführen sollte. Wir waren nicht verlobt, dafür war es viel zu früh, und wie hätte das auch funktionieren sollen? Ich konnte doch niemals da draußen leben. Die Leidenschaft machte mich blind, dennoch versuchte ich blinzelnd, einen Ausblick darauf zu erhaschen, wie solch ein Leben wohl aussehen würde. Schotter? Mist? Overalls? Einsamkeit?

Fast immer, wenn meine Gedanken auf Touren kamen und unzählige Was-wäre-wenn-Fragen mir den Schlaf rauben wollten, klingelte mein Telefon. Und immer war es Marlboro Man, der absolut nicht dazu neigte, sich so viele Gedanken zu machen. Wenn ihm etwas einfiel, handelte er entsprechend, ohne erst lange das Für und Wider, die Chancen und Risiken abzuwägen. Er flüsterte Worte, die bei ihm wirkten, als hätten sie zuvor nicht existiert: »Ich vermisse dich jetzt schon ...«, »Ich denke gerade an dich ...«, »Ich liebe dich«. Dann stieg mir wieder sein Duft in die Nase, und schon war ich auf dem Weg ins Land der Träume.

Das war das Muster, dem unsere Beziehung in der ersten Zeit folgte. Ich war so selig, so wunschlos glücklich – meinetwegen hätte es immer so weitergehen können. Aber irgendwann kam der Tag, an dem die Wirklichkeit ihr Haupt erhob und mich unsanft wachrüttelte.

Und wie üblich war ich nicht im Geringsten darauf vorbereitet.

Marlboro Man wohnte gut dreißig Kilometer von der nächsten Kleinstadt entfernt. Ein nennenswertes Nachtleben gab es dort nicht, nur eine Kneipe, in der pensionierte Ölfeld-Arbeiter und Cowboys Whisky tranken und Gerüchte und Geschichten austauschten. Die meisten seiner Freunde aus Kindertagen waren weggezogen, um an bedeutenderen Orten ein bedeutenderes Leben zu führen. Er war als Einziger nach dem College wieder dorthin zurückgekehrt, wo er aufgewachsen war. Er war auf das Land zurückgekehrt, das, abgesehen von den Telefonmasten und Ölfördertürmen, noch genauso aussah wie hundert Jahre zuvor, als sein Ururgroßvater von Schottland nach Amerika ausgewandert war. Es war ein ruhiges, abgeschiedenes Leben. Doch sein Herz hing an diesem Ort.

Und seltsamerweise konnte ich das verstehen. Die Prärie hatte etwas. Sie war ein scharfer Kontrast zur Brandung an der kalifornischen Küste oder zu den felsigen Klippen von Laguna Beach, zu den Palmen, den Bergen, dem Sonnenschein und dem Smog. Das Land lag weit und offen da – keine Autobahn in Sicht, kein Hochhaus – und verströmte einen Hauch von Geschichte und Gelassenheit. Wenn man Pferde und Rinder nicht mitzählte, war es sehr dünn besiedelt, und die einzelnen Häuser der Cowboys standen kilometerweit auseinander. Obwohl meine Rückkehr aus L. A. schon Monate zurücklag, hatte ich den Rhythmus und den Trubel der Stadt noch immer im Blut, so dass mir manchmal noch die Ohren summten. Wenn ich im Auto die Einfahrt meiner Eltern verließ, verwandelte ich mich automatisch in einen aggressiven Verkehrsrowdy. Ich plante eine Stunde ein, wenn ich eine Fahrt von nur zehn Minuten vor mir hatte.

Doch fünf Minuten in der Prärie reichten, um das alles zu vergessen. Sofort kam ich innerlich zur Ruhe, entspannte mich, ließ los. Die Zivilisation war hier so weit weg, dass man ihre Existenz leicht vergessen konnte und damit auch den Verkehr, die Hektik und den Stress. Wenn ich auf der Ranch war, weit entfernt von dem Lärm und den Zerstreuungen, die mein Leben sieben Jahre lang beherrscht hatten, fiel es mir auf einmal leicht, klare Gedanken zu fassen, mich auf meine stetig sich entwickelnde Beziehung zu Marlboro Man zu konzentrieren und jeden kostbaren Augenblick zu genießen.

Meine Freunde aus L. A. und die Bekannten, mit denen ich dort Partys besucht hatte, waren unerreichbar, und so gewöhnte ich mich schnell daran, meinen Liebsten für mich allein zu haben. Abgesehen von ein paar kurzen Begegnungen mit seinem Bruder und meiner Mutter hatten wir kaum Zeit mit anderen Menschen verbracht. Ich hatte es sehr genossen … aber das war nicht die Wirklichkeit.

Es konnte nicht immer so weitergehen.

»Komm morgen früh zu mir«, bat mich Marlboro Man eines Abends am Telefon. »Wir treiben die Herde zusammen, außerdem sollst du meine Eltern kennenlernen.«

»Ah, okay«, willigte ich ein, auch wenn ich mich insgeheim fragte, warum wir nicht einfach in unserer abgeschiedenen, romantischen Welt bleiben konnten. Außerdem war ich, ehrlich gesagt, eigentlich noch nicht so weit, seine Eltern kennenzulernen. Innerlich hatte ich mich noch nicht richtig von Js Familie gelöst, die immer so liebenswürdig zu mir gewesen war. Seine Verwandten waren so unglaublich nett zu mir gewesen, dass sie im Laufe der vier Jahre unserer Beziehung zum kalifornischen Ersatz für meine Eltern, zu meinem zweiten Zuhause geworden waren. Ich bedauerte sehr, dass unser

Verhältnis nicht so bleiben konnte, wie es war, aber da war ja dieser nicht ganz unwichtige Aspekt, dass ich mit ihrem Sohn Schluss gemacht hatte. Ein neues Paar Eltern, so früh schon? Dafür war ich noch nicht bereit.

»Wann soll ich da sein?«, fragte ich. Für meinen Cowboy tat ich alles.

»Könntest du es gegen fünf schaffen?«, fragte er.

»Fünf Uhr abends, meinst du?«, erwiderte ich hoffnungsvoll.

Er lachte in sich hinein. Oje. Es sah nicht gut aus für mich. »Ähm … nee«, sagte er. »Ich meinte fünf Uhr morgens.«

Ich seufzte. Wenn ich um fünf Uhr morgens auf der Ranch sein sollte, bedeutete das, dass ich um vier Uhr aufstehen musste – sogar *vor* vier Uhr, wenn ich auch noch duschen und mich ein bisschen hübsch machen wollte. Um die Zeit war es draußen noch dunkel! Das war total unverschämt, völlig inakzeptabel! Auf gar keinen Fall würde ich das tun. Ich musste absagen.

»Okay – kein Problem!«, antwortete ich, und mein Magen zog sich zusammen.

Er schmunzelte wieder und neckte mich: »Ich kann dich auch abholen, wenn es sein muss. Dann kannst du auf dem Weg zur Ranch noch ein bisschen schlafen.«

»Machst du Witze?«, entgegnete ich. »Ich stehe immer um vier Uhr morgens auf. Du weißt doch, dass ich um die Zeit laufen gehe.«

»Ah ja …«, sagte er. »Schon klar.« Da war es wieder, dieses leise Lachen. Mein Lebenselixier.

Wir legten auf, und ich stürzte sofort zu meinem Kleiderschrank. *Was zieht man bloß an, wenn man frühmorgens zur Ranch beordert wird?*, überlegte ich. Ich hatte keinen blassen Schimmer. Zum Glück hatte ich genug gesunden Menschenverstand, um zu ahnen, dass meine spitzen schwarzen Stiefel – die ich bis dahin bei praktisch jeder unserer Verabredungen getragen hatte – nicht in Frage kamen. Sie sollten nicht dreckig werden, außerdem würden die Leute mich vielleicht komisch angucken. Ich besaß Unmengen von Jeans, aber welche sollte ich nehmen? Die dunkle, gerade geschnittene von Anne Klein? Oder lieber die verblichene Boot-Cut-Jeans von Gap mit den Nähten im farblichen Kontrast? Und was für ein Oberteil sollte ich anziehen? Es war wirklich eine heikle Sache. Ich besaß ein paar hübsche, anständige Twinsets, aber es wurde draußen schon wärmer, und sie sahen nicht unbedingt nach Landleben aus. Ich hatte noch eine lange beige Leinentunika von Banana Republic, die ich gerne mit einer auffälligen türkisen Kette und Sandalen kombinierte. Aber das sah mehr nach »Grillabend in Texas« als nach »frühmorgendliches Viehtreiben in Oklahoma« aus. Dazu besaß ich unzählige wild bedruckte Oberteile mit Glitzer und Steinchen und weiteren auffälligen Verzierungen. Auf gar keinen Fall aber wollte ich das Vieh erschrecken und für eine Massenpanik unter den Rindern verantwortlich sein. Das hatte ich in dem Film *City Slickers* gesehen, als Billy Crystal seine kabellose Kaffeemühle in Gang setzte, und das Ergebnis war nicht gerade erstrebenswert gewesen.

Ich überlegte abzusagen; ich hatte überhaupt nichts anzuziehen. Jedes Paar Schuhe, das ich besaß, war schwarz, bis auf ein Paar Pumps in Grellgelb, die ich mir aus einer Laune heraus in Westwood gekauft hatte, als ich noch in Kalifornien lebte. Die passten auch nicht so richtig. Ich besaß kein einziges Oberteil, das nicht förmlich »Modepüppchen!« schrie. Am liebsten hätte ich mich unter meiner Decke verkrochen.

Stattdessen ging ich in Betsys Zimmer. Sie war fünf Jahre jünger als ich, besuchte das College und stand total auf den

Grunge- und Hippie-Look, aber vielleicht hatte ich ja Glück und fand ein T-Shirt, auf dem nicht Kurt Cobain oder Bob Marley abgebildet war. Mal sehen. Ich öffnete den Schrank und schaute hinein, und da lag es, wie durch ein Wunder, in einem Strahlenkranz aus Licht: ein ausgeblichenes Jeanshemd – so groß, dass meine Schwester, dürr, wie sie war, es offen zu ihren schmuddeligen Birkenstocks tragen konnte, aber immer noch eng genug, dass ich es in meine Jeans stecken konnte und darin einigermaßen passabel gekleidet war. Ich probierte es an und dankte dem Himmel dafür. Es war die perfekte Lösung. Blieben nur noch die Schuhe.

Das Schicksal wollte es, dass ich in diesem Augenblick nach oben schaute und Betsys braune Wanderstiefel mit Kreppsohle von Ralph Lauren erblickte, die sie drei Jahre zuvor zu Weihnachten geschenkt bekommen hatte. Als später ihre Hippie-Grunge-Phase begann, hatte sie sie nicht mehr angezogen. Seitdem standen die Stiefel im obersten Fach ihres Kleiderschranks. Es waren ziemlich klobige Schnürschuhe, die mir eine Nummer zu klein waren; aber wenn ich mir so meine Alternativen ansah – spitze kniehohe Stiefel oder leuchtend gelbe Pumps –, schienen sie mir die beste Lösung zu sein. Ich legte mir meine Klamotten zurecht, stellte den Wecker auf 3.40 Uhr und lief nach unten, um zwei Löffel ins Gefrierfach zu legen. Die würde ich brauchen.

Meine Eltern unterhielten sich leise im Fernsehzimmer. Es kam mir so vor, als zögen sie sich neuerdings ständig dahin zurück. »Ich muss morgen um vier Uhr raus«, rief ich und winkte ihnen zu. »Dann fahre ich zur Ranch, um irgendwas mit Rindern zu machen. Drückt mir die Daumen!«

Meine Eltern winkten zurück, lächelten und wünschten mir viel Spaß. Dann ging ich in mein Zimmer und schlüpfte unter die Decke, um mich auf den Morgen vorzubereiten.

Beim ersten schrillen Klingeln des Weckers stürzte ich aus dem Bett. Das musste ja wohl ein Witz sein! *Es war mitten in der Nacht.* Waren diese Leute verrückt? Ich duschte, und mein Herz klopfte nervös bei dem Gedanken, dass ich die Eltern meines Cowboys auf ihrer Ranch treffen würde. Dann wickelte ich mich in ein Handtuch, schlich nach unten, holte meine eisgekühlten Löffel aus dem Kühlschrank und legte sie mir, zurück in meinem Zimmer, auf die Lider. Verquollene Augen, denen man die nachtschlafende Zeit ansah, konnte ich nicht gebrauchen. In nur fünfundzwanzig Minuten war ich komplett fertig gestylt, geföhnt, frisiert, angekleidet und zog die Tür hinter mir zu – wie aus dem Ei gepellt mit meinem Jeanshemd, den Boot-Cut-Jeans von Gap und Betsys braunen Wanderschnürstiefeln von Ralph Lauren –, auch wenn ich leise Zweifel hatte, ob sie wirklich für dauerhaften Outdoor-Einsatz taugten. Ich sprang ins Auto und machte mich auf den Weg zur Ranch. Am Steuer wäre ich fast eingeschlafen. Zweimal.

Marlboro Man erwartete mich an der Abzweigung zum Haus seiner Eltern, und ich folgte ihm im Dunkeln über acht Kilometer Schotterstraße. Als wir in die gepflasterte Einfahrt einbogen, sah ich die Silhouette seiner Mutter am Küchenfenster. Sie trank Kaffee. Mein Magen knurrte. Vielleicht hätte ich bei meinen Eltern etwas essen sollen. Ein Croissant zum Beispiel. Oder eine Schüssel Knuspermüsli. Mist, ein kleines Gebäckstück von der Tankstelle wäre auch nett gewesen. Mein Magen hing mir in den Kniekehlen.

Als ich ausstieg, war Marlboro Man sofort da. Dank der morgendlichen Dunkelheit konnten wir uns nicht nur mit einer innigen romantischen Umarmung begrüßen, sondern uns auch einen sanften, liebevollen Kuss geben. Zum Glück hatte ich mir die Zähne geputzt.

»Da bist du ja«, sagte er lächelnd und strich mir sanft über den Rücken.

»Ja«, antwortete ich und gähnte verstohlen. »Und bevor ich losgefahren bin, bin ich noch acht Kilometer gelaufen. Mir geht's super.«

»Hm-hm«, machte er, nahm meine Hand und ging mit mir zum Haus. »Wäre ich doch auch so ein Frühaufsteher wie du!«

Als wir das Haus betraten, standen seine Eltern in der Diele.

»Hey«, sagte sein Vater mit der rauesten Stimme, die ich je gehört hatte. Jetzt war mir klar, woher Marlboro Man die hatte.

Seine Mutter begrüßte mich mit einem herzlichen »Hallo«. Sie standen hier, um mich zu empfangen. Im Haus roch es angenehm nach Leder.

»Hi, ich bin Ree«, sagte ich und gab ihnen die Hand.

»Sehen Sie aber hübsch aus heute Morgen«, bemerkte seine Mutter. Sie trug gemütliche Sachen, so als wäre sie einfach aus dem Bett gestiegen und hätte das Erstbeste angezogen, was sie in die Finger bekam. Sie sah ganz natürlich aus, offenbar hatte sie ihren Wecker nicht auf 3.40 Uhr gestellt, um auch ja Zeit für neun Schichten Wimperntusche zu haben. Sie trug Turnschuhe. Schien sich wohl zu fühlen. Sie sah gut aus. Meine Handflächen waren feuchtkalt.

»Ree ist immer hübsch«, sagte Marlboro Man zu seiner Mutter und strich mir dabei sanft über den Rücken. Ich ärgerte mich, mir extra Locken ins Haar gemacht zu haben. Da war ich wohl ein bisschen übers Ziel hinausgeschossen. Und mit dem schwarzen Kajal. Dem schimmernden Himbeer-Lipgloss.

Wir mussten ein paar Kilometer fahren, um die anderen

Cowboys zu treffen und die Rinder von dort zusammen-
zutreiben. »Mom, steig du doch bei Ree ein. Dann könnt ihr
vorfahren, und wie kommen hinterher«, schlug Marlboro
Man vor. Ich verließ das Haus zusammen mit seiner Mutter,
wir stiegen ins Auto und fuhren die Straße hinunter. Dabei
unterhielten wir uns. Sie war eine selbstbewusste, aufrichtige
Frau, und ich erzählte dies und das, erleichtert, dass sie so un-
kompliziert war. Als wir ein paar hundert Meter gefahren waren, sagte sie beiläufig: »In der Kurve da vorne solltest du vielleicht ein bisschen aufpassen, die ist ziemlich scharf.«

»Ah, gut«, antwortete ich, ohne richtig hinzuhören. Sie
konnte ja nicht wissen, dass ich jahrelang in L. A. mit dem
Auto unterwegs gewesen war. Ich war eine gute Fahrerin.

Im nächsten Augenblick tauchte direkt vor meiner Nase
eine Neunzig-Grad-Kurve auf und lachte mir schallend ins
Gesicht. So schnell ich konnte, riss ich das Lenkrad nach
links, das Auto rutschte über den Schotter und wirbelte eine
Staubwolke auf. Aber es half alles nichts – die Kurve zwang
mich in die Knie, und mein Wagen landete in einer merk-
würdigen Position im Graben. Die Fahrerseite stand gut einen Meter zwanzig höher als die andere Seite.

Der Mutter meines Freundes war nichts passiert. Zu ihrem
Glück gab es auf einer einsamen Rinderranch nicht viel, womit man zusammenstoßen konnte – keine Überführungen,
Trennwände aus Beton, Leitplanken, andere Fahrzeuge. Mir
ging es auch gut – zumindest körperlich. Meine Hände zitterten stark. Unter meinen Achseln floss der Schweiß in Strömen.

Mein Wagen bewegte sich nicht vor und nicht zurück,
denn die Reifen steckten auf der rechten Seite tief in einer
Erdfurche fest. Gäbe es eine Top-Ten-Liste von Dingen, die
an dem Tag nicht passieren sollten, wenn man die Mutter

seines Freundes kennenlernt, dann stünde das ungefähr auf Platz vier.

»Oje«, sagte ich. »Das tut mir leid.«

»Ach, mach dir keine Gedanken deswegen«, beruhigte sie mich und blickte aus dem Fenster. »Ich hoffe nur, deinem Auto ist nichts passiert.«

Marlboro Man und sein Vater hielten neben uns und sprangen aus dem Pick-up. Mein Freund öffnete die Tür und sagte: »Alles klar bei euch?«

»Uns geht's gut«, sagte seine Mutter. »Wir haben zu viel geredet.« Ich war wie Lucille Ball in der Sitcom *I Love Lucy*. Lucille Ball auf Steroiden, Speed und Wodka. Ich war eine Witzfigur, eine Karikatur, ein Freak. Es konnte einfach nicht sein, dass mir das hier wirklich passierte. Nicht heute. Nicht jetzt.

»Oje, ich fahr am besten nach Hause«, sagte ich und schlug die Hände vors Gesicht. Ich wäre jetzt gerne jemand anders gewesen. Zum Beispiel ein normaler Mensch. Oder eine gute Autofahrerin.

Marlboro Man sah sich die komplett zerfetzten Reifen an. »Ich glaube, du fährst erst mal nirgendwohin. Los, in den Pick-up mit euch!« Mein Auto war außer Gefecht gesetzt.

Trotz des etwas holprigen Anfangs hatte ich am Ende einen sehr schönen Tag mit Marlboro Man und seinen Eltern auf der Ranch. Ich ritt nicht auf einem Pferd – meine Beine zitterten immer noch vom versuchten Mordanschlag auf seine Mutter. Aber ich kam in den Genuss des Anblicks von Marlboro Man auf seinem treuen Pferd Blue, während ich in einem Futterwagen mit einem der Cowboys neben ihm fuhr, der mir als Erstes eine eiskalte Dose Limonade geschenkt hatte. Ich fühlte mich an dem Tag auf der Ranch willkommen, fast wie zu Hause, und schon nach kurzer Zeit war meine unerfreuliche Begegnung mit dem Schottergraben nur noch eine vage

Erinnerung – zumindest wenn Marlboro Man mir nicht gerade romantische kleine Bemerkungen ins Ohr flüsterte wie: »Fährst du eigentlich oft Auto?« Und als der Arbeitstag sich dem Ende zuneigte, hatte ich das Gefühl, meinen Liebsten ein klein bisschen besser zu kennen.

Als wir vier zusammen die eingezäunten Weiden verließen, kamen wir an meinem Toyota Camry vorbei. Er gab ein trauriges Bild ab, wie er da schief im Graben hing, der ihm den Garaus gemacht hatte. »Ich bring dich nach Hause, Ree«, sagte Marlboro Man.

»Nein, nein … halt hier an«, protestierte ich. Ich wollte unbedingt stark und unabhängig sein. »Ich krieg ihn bestimmt wieder flott!« Alle Insassen des Pick-ups brachen in fröhliches Gelächter aus. Ich würde für eine Weile nirgendwohin fahren.

Auf dem Weg zurück nach Hause fragte ich Marlboro Man über seine Eltern aus. Wo sie sich kennengelernt hatten, wie lange sie schon verheiratet waren, wie sie miteinander umgingen. Er stellte mir dieselben Fragen über meine Eltern. Wir hielten Händchen und redeten darüber, wie bemerkenswert es war, dass sowohl seine als auch meine Eltern seit mehr als dreißig Jahren verheiratet waren. »Das ist echt ziemlich cool«, sagte er. »Ist ja heutzutage eher ungewöhnlich.«

Das war es. Während meiner Zeit in Los Angeles hatte ich es immer als tröstlich empfunden, dass meine Eltern eine glückliche, stabile Ehe führten. In meinem kalifornischen Freundeskreis war ich eine der wenigen gewesen, die aus einer intakten Familie stammten, und ich hatte mich immer glücklich geschätzt, wenn ich erzählen konnte, dass meine Eltern noch zusammen waren. Dass Marlboro Man das Gleiche behaupten konnte, machte mich froh. Irgendwie gab mir das Sicherheit; ich fand es beruhigend, dass der Mann, in den ich mich jeden Tag mehr verliebte, Eltern hatte, die einander immer noch so zugetan waren. Marlboro Man küsste meine Hand und streichelte meinen Daumen. »Das ist ein gutes Zeichen«, sagte er. Die Sonne sank immer tiefer. Den Rest des Weges schwiegen wir zufrieden.

Er brachte mich zur Tür, wir blieben auf der Treppe stehen. Es war mir die liebste Treppe auf der ganzen Welt. Die zauberhaftesten Momente meines Lebens hatten sich dort abgespielt, und dieser Abend bildete keine Ausnahme. »Ich bin so froh, dass du heute gekommen bist«, sagte er und nahm mich liebevoll in die Arme. »Es war schön, dich dabeizuhaben.«

»Danke, dass ich komme durfte«, sagte ich und nahm gern den sanften, liebevollen Kuss entgegen, den er mir auf die Wange drückte. »Es tut mir leid, dass ich mit deiner Mutter im Graben gelandet bin.«

»Ist nicht schlimm«, erwiderte er. »Tut mir leid wegen deines Autos.«

»Ach, ist doch keine große Sache«, sagte ich. »Morgen früh um fünf bin ich mit einer Brechstange wieder da und kümmere mich um die Reifen.«

Er lachte und drückte mich in einer letzten herrlichen Umarmung fest an sich. »Gute Nacht«, flüsterte er. Hach, du wunderbarer Mann!

Auto hin oder her, ich schwebte auf Wolken ins Haus hinein. Mein Vater war noch in der Küche. Ich huschte zu ihm, um ihn zu begrüßen.

»Hi, Dad!«, sagte ich, klopfte ihm auf die Schulter und holte mir eine Cola light aus dem Kühlschrank.

»Hey«, erwiderte er und nahm auf einem Barhocker Platz. »Wie war's heute?«

»O Mann, es war toll – echt, ich fand's super! Also, erst sind wir …« Ich blickte meinen Vater an. Etwas stimmte nicht. Sein Gesicht wirkte ernst. Besorgt.

»Was ist los, Dad?« Meine Wangen wurden ganz heiß.

Er wollte etwas sagen, hielt dann aber inne.

»Dad … was ist?«, wiederholte ich. Irgendetwas war passiert.

»Deine Mutter und ich, wir haben Probleme«, sagte er.

Sofort bekam ich weiche Knie. Von einem Augenblick auf den anderen war meine kleine, heile Welt nicht mehr dieselbe.

Ich stand reglos da, konnte meine Füße nicht mehr spüren. Meine Wangen kribbelten, meine Nackenmuskeln verspannten sich. Mein Herz setzte einen Schlag aus. Mir war auf einmal schlecht. So reagiert wahrscheinlich jeder, wenn er erfährt, dass die längste, stabilste Beziehung, die er je gekannt hat, auf einmal nicht mehr so stabil ist.

Probleme? Ich konnte nicht glauben, was ich da hörte. Ausgerechnet jetzt, wo sie sich auf der Zielgeraden befanden? Immerhin hatten sie vier Kinder großgezogen. Sie hatten das Schlimmste überstanden. Ihre Jüngste, meine Schwester, war jetzt auf dem College, mein Gott – sie waren doch eigentlich aus dem Gröbsten raus.

Mein Dad fasste die Situation kurz für mich zusammen, danach begab ich mich nach oben und schleppte die Trümmer meines alten Ichs hinter mir her. Ich war am Boden zerstört. Als ich mein Zimmer betrat, brannte mein Gesicht immer noch. Ich zog meine Kleider aus – sie waren verstaubt und verdreckt von meiner glorreichen Rancharbeit mit Marlboro Man und seinen Eltern. Unter der Dusche dachte ich darüber nach, was für eine Wendung mein Tag genommen hatte: Als mein Liebster mich am Abend nach Hause brachte, war ich so glücklich gewesen – so selig, so verliebt und rundum zufrieden. Noch vor einer Stunde hatte ich mich in Marlboro Mans Pick-up darüber ausgelassen, wie schön es doch war, dass die Ehen unserer Eltern noch intakt waren. Jetzt war alles wie ein Kartenhaus in sich zusammengefallen. Dass ich zu den Menschen von Mitte zwanzig gehörte, deren Eltern immer noch eine gute Ehe führten und deren familiäre Basis noch nicht durch eine Scheidung ins Wanken geraten war, hatte mich stolz gemacht. Diesen Stolz hatte ich wie eine Trophäe vor mir hergetragen. Doch gerade eben war die Illusion, ich hätte ein gefestigtes, sicheres Zuhause, mit einem Streich zertrümmert worden. Ich war zwar immer eine Optimistin gewesen, für die das Glas halb voll war, ein richtiger Sonnenschein, aber ich war auch abgeklärtes L.-A.-Girl genug, um zu wissen, dass mein Dad es ziemlich ernst meinte. Und dass es nicht gut aussah. Ganz und gar nicht.

Ich ließ mich bäuchlings aufs Bett fallen; ich fühlte mich leer. Es war so ein schöner Tag gewesen: Ich hatte Marlboro Mans Eltern kennengelernt, mich zum ersten Mal mit seiner Mutter unterhalten, sie mit meinem Toyota Camry in einer Neunzig-Grad-Kurve fast umgebracht, hatte mit ihr gelacht und in ihrem Lächeln so viel von meinem Liebsten wiedererkannt. Ich hatte mein Auto zu Schrott gefahren, es im Graben neben einer Buckelpiste zurückgelassen und mich zum Affen gemacht, war aber schnell darüber hinweggekommen. Schließlich hatte ich mich mit Marlboro Man unterhalten, als er mich ritterlich den ganzen weiten Weg nach Hause brachte, hatte mich mit jedem Kilometer, mit jedem unwiderstehlichen Lächeln mehr in ihn verliebt. Aber jetzt – mein Gott, was sollte daraus werden? Offenbar hielt Liebe nicht auf Dauer – das war wohl schlicht nicht möglich. Nicht wenn zwei Menschen um die fünfzig, die seit dreißig Jahren verheiratet waren und die so vieles verband – vier Kinder, zwei Hunde und die Erinnerungen eines ganzen Lebens –, es nicht schafften, zusammenzubleiben. Und was machte ich? Warum gab ich mich überhaupt mit diesem ganzen Quatsch ab, mit Romantik und Liebe? Wo sollte das hinführen? Eine ungewohnte Hoffnungslosigkeit überfiel mich und erfüllte mich mit unheilvollen, furchteinflößenden Vorahnungen. Die hässliche, grausame Wirklichkeit hatte mich am Schlafittchen.

Ich lag in meinem Bett, betrachtete durchs Fenster die unzähligen Sterne, fragte mich, was eigentlich los war, und vergoss heiße, salzige Tränen. Da klingelte wie gewohnt mein Telefon. Ich wusste natürlich sofort, wer dran war. Es war Marlboro Man, der mich so glücklich machte, dass es manchmal zu viel für mich war. Er rief an, um mich mit seiner kräftigen und zugleich heiseren Stimme zu quälen und mir gute Nacht zu sagen. Mittlerweile wartete ich nach unseren Treffen regelrecht auf seinen Anruf; mich dürstete danach wie nach einem Zaubertrank, ich nahm ihn auf wie eine starke, berauschende Droge. Ich war süchtig danach.

Doch an jenem Abend sprang ich nicht auf und stürzte wie eine liebeskranke Schülerin ans Telefon, sondern rollte mich auf die Seite, zog die Decke über den Kopf und versuchte, das Klingeln zu ignorieren. Nach dem vierten Mal hörte es auf, und ich blieb in der dunklen, deprimierenden Stille meines Zimmers zurück – meines Zimmers, in dem ich groß geworden war. Mein Kopfkissen wurde nass von den Tränen der Trauer und Verwirrung, die ich weinte, weil das, was für mich bis dahin der Inbegriff von Stabilität und Verlässlichkeit gewesen war, auf einmal bröckelte. Und zum ersten Mal seit Wochen – seit dem ersten wundervollen Kuss des Cowboys – wollte ich mit Liebe nichts mehr am Hut haben.

9. Cowgirl Blues

Als ich mich am nächsten Morgen aus dem Bett quälte, fühlte ich mich schrecklich. Mir war flau im Magen; ich war ein Kind, das sich im Wald verlaufen hatte. Über Nacht hatte ich meinen Ehrenplatz in der Gemeinschaft der Menschen mit verlässlichem Zuhause verloren, ich war verstoßen worden und wurde nicht damit fertig.

Ich versuchte, an Marlboro Man zu denken, aber es gelang mir nicht – ich brachte nicht die nötigen Emotionen auf, um mich in meine üblichen lebhaften Tagträume von ihm zu flüchten. Eine Last zog mich hinunter, so dass ich auf einmal überhaupt nicht mehr wusste, was ich eigentlich wollte. Anders als viele Menschen hatte ich nie auf den Tag meiner Hochzeit hingelebt oder darauf gewartet, mein Leben für immer mit derselben Person zu verbringen. Dazu hatte ich immer viel zu sehr in der Gegenwart gelebt, ich konnte gar nicht so weit vorausdenken. Außerdem hatte ich noch nie eine Beziehung gehabt, die mir erlaubt hätte, der Liebe anders als zynisch gegenüberzustehen. Aber mit Marlboro Man hatte sich das geändert. Wir hatten zwar noch nie übers Heiraten gesprochen, doch es war das erste Mal, dass ein Mann vierundzwanzig Stunden am Tag meine Gedanken beherrschte, das erste Mal, dass ich vier Sekunden nach der Verabschiedung schon wieder Sehnsucht nach ihm hatte und dass ich mir nicht mehr vorstellen konnte, ohne ihn zu sein.

Doch an jenem Morgen hatte mein alter Zynismus erneut von mir Besitz ergriffen. Auf einmal war ich wieder überzeugt, dass der Traum von der großen Liebe, der man nur einmal im Leben begegnet, nichts als ein Luftschloss war. Ja, sicher, *momentan* war ich in Marlboro Man verliebt, aber wo würden wir in fünf Jahren stehen? In fünfzehn Jahren? In dreißig? Vermutlich genau da, wo meine Eltern jetzt standen – konfrontiert mit einer versandeten Liebe, mit Gleichgültigkeit und Unentschlossenheit. Meine Eltern waren schließlich auch mal verliebt gewesen.

Ich ging nach unten und fragte: »Mom, was ist eigentlich los?« Sie wuselte in der Küche herum, war offensichtlich auf dem Sprung.

»Oh, ich muss los, zur Suppenküche«, sagte sie. »Ich bin spät dran, Schätzchen …«

»Mom«, sagte ich mit mehr Nachdruck. »Was ist los mit dir und Dad?« Mein Gesicht fing wieder an zu kribbeln. Ich konnte immer noch nicht recht glauben, was ich am Vorabend erfahren hatte.

»Schätzchen«, wiederholte meine Mutter. »Wir können später darüber sprechen …«

»Ich will nur wissen …«, begann ich. Ich wusste nicht, wie ich es formulieren sollte. »Wo liegt das Problem?«

»Das … das ist zu kompliziert, um es dir jetzt zu erklären«, antwortete sie und machte sich noch hektischer in der Küche zu schaffen. »Lass uns ein andermal darüber reden.«

Offenbar hatte sie keine Lust, mich einzuweihen. Wenige Minuten später fuhr sie aus der Einfahrt, und ihre älteste Tochter blieb allein in dem leeren, einst so warmen Nest zurück. Ich fröstelte; hier wehte plötzlich ein kalter Wind.

Ich machte mir Rührei, setzte mich im Schlafanzug auf die Veranda hinterm Haus und ließ den Blick über das siebte Fairway des Golfplatzes schweifen. Es war ein schöner Sommermorgen – kühl, still und friedlich. Ein deutlicher Kontrast zu dem Chaos, das in meinem Innern herrschte. Ich konnte nicht länger hier wohnen – plötzlich war alles anders. Ich war nicht mehr die verlorene Tochter, die nach jahrelangem Lotterleben in Los Angeles freudig empfangen wurde. Jetzt war ich der Eindringling, der zur denkbar unpassendsten Zeit in das Leben seiner Eltern platzte. Ich musste mir irgendwo eine eigene Wohnung suchen, um meinen Eltern mehr Raum zu geben. Nur wo? Nicht hier in meiner Heimatstadt, das war sinnlos. Ich wünschte mich zurück nach Los Angeles. Nach Chicago. Irgendwohin, wo mich keiner kannte. Irgendwohin, Hauptsache weg.

Ich brauchte frische Luft. Der Golfplatz war so einladend. Ich zog mich um, schlüpfte in meine Lieblingsleggings von Gap, ein USC-Trägertop und Turnschuhe und machte mich auf zu einem flotten Spaziergang. Ich liebte Spaziergänge über das Grün; es sah dort noch genau so aus und roch wie damals, als ich ein kleines Mädchen war. Ich startete auf dem siebten Fairway, das ich früher immer überqueren musste, wenn ich mir im Clubhaus Shirley-Temple-Cocktails zum Mitnehmen holte, und bald schon kam ich in die Nähe des achten Green, das an eine belebte Kreuzung unseres Wohngebiets grenzte. Ein schwarzer Cadillac hupte, eine Freundin meiner Eltern winkte lächelnd. Ich winkte zurück und fragte mich, ob sie über die Eheprobleme meiner Eltern Bescheid wusste, ob überhaupt jemand eingeweiht war. Meine Eltern waren immer ein ganz besonderes Paar gewesen – und zwar nicht nur in meinen Augen, sondern in denen der ganzen Gemeinde. Sie waren der Inbegriff von Vorstadtstabilität, von Erfolg und Glückseligkeit. Falls es zum Äußersten kam, das hieß, falls sie nicht in der Lage sein sollten, ihren Konflikt beizulegen, und sich am Ende scheiden ließen, dann war ich mir nicht sicher, ob die Stadt den Schock überleben würde.

Ich wandte mich gen Westen und fing an zu joggen. Eigentlich hasste ich Jogging. Man konnte mich zwar nicht unbedingt mit Dolly Parton verwechseln, aber beim Laufen taten mir immer die Brüste weh. Alles hüpfte und hoppelte, es war unangenehm. Außerdem war Laufen für mich, die ich mein Leben lang Ballett getanzt hatte, immer ein Sport gewesen, bei dem ich die Füße nach außen drehte, die Zehen streckte und lange Arme machte, die an Schwanenflügel erinnerten. Wann immer ich versuchte, wie ein Sportler zu laufen, gab ich eine miserable Figur ab. Ich sah aus wie ein durchgedrehter Storch … aber an jenem Morgen war mir das egal. Ich wurde immer schneller, bis aus dem Joggen ein Sprint wurde, und am Ende lief ich so schnell wie noch nie zuvor. Ich verausgabte mich völlig, bis der Schmerz in meiner Lunge die Traurigkeit über die Schwierigkeiten meiner Eltern milderte. Erst als ich das achtzehnte Loch erreicht hatte, legte ich eine Pause ein.

Herrlich reinigender Schweiß rann mir den Rücken hinab, Gesicht und Oberkörper waren heiß wie ein Ofen. Ich beugte mich vor, stützte die Hände auf die Knie und schnappte nach Luft. Ich stand auf einem riesigen Hügel – dem Hügel an Loch 18. Im Winter war dies ein idealer Rodelberg, und wenn Schnee lag, wimmelte es dort nur so von Kindern und ihren abenteuerlustigen Eltern aus dem Country Club, die in Lichtgeschwindigkeit hinuntersausten, nur um gleich darauf für die nächste Abfahrt hochzutrotten. Als ich an diesem Sommertag dort oben stand, konnte ich meinen Vater beinahe vor mir sehen, wie er meine Brüder auf der roten Plastikscheibe mit den Griffen aus dickem Seil anschob, und ich hörte meine Mutter kichern und kreischen, die meiner Schwester und mir auf unserem Schlitten einen ordentlichen Schubs gab. Wir waren doch eine glückliche Familie gewesen, oder nicht? Ich hätte mir niemals vorstellen können, dass es so kommen würde.

Das Laufen hatte mir gutgetan. Mein Körper fühlte sich erfrischt und wie neu an, nur meine Gedanken waren immer noch ein bisschen durcheinander. Langsam ging ich zurück zum Haus, atmete tief durch und ließ die Bilder und Geräusche des Country-Club-Golfplatzes auf mich wirken: In der Ferne piepte ein rückwärts fahrendes Golfcart, die Vorstehhunde bellten, die Dr. Burris jeden Herbst und Winter mit auf die Jagd nahm, unzählige kleine Vögel trillerten triumphierend. Eine ländlichere Umgebung als diese hier hatte ich bisher nicht kennengelernt.

Unweigerlich musste ich wieder an Marlboro Man denken.

Den ganzen Weg zurück zum Haus war er mir im Sinn, und ich stellte mir gerade seine umwerfende Stimme vor, als ich in meinem Zimmer das Telefon klingeln hörte. Ich hastete die Treppe hinauf, drei Stufen auf einmal nehmend, und griff atemlos zum Hörer.

»Hallo?«, keuchte ich.

»Hey, du«, sagte Marlboro Man. »Was machst du gerade?«

»Ach, ich war gerade joggen auf dem Golfplatz«, antwortete ich. Als würde ich das jeden Tag machen.

»Also, ich wollte nur sagen, dass ich dich gegen fünf abholen komme«, sagte er. »Ich habe nämlich Ree-Entzugserscheinungen.«

»Ach, du meinst seit Mitternacht, als wir uns zuletzt gesehen haben?«, witzelte ich. In Wirklichkeit wusste ich genau, was er meinte.

»Ja«, sagte er. »Das ist schon viel zu lange her, ich werde das nicht länger hinnehmen.« Ich schmolz jedes Mal dahin, wenn er so bestimmend wurde.

»Na gut, wenn das so ist … okay. Ich will mich ja nicht mit dir streiten. Bis fünf Uhr also«, sagte ich.

Marlboro Man kam fünf Minuten zu früh, so dass meine zweite Schicht Wimperntusche noch nicht getrocknet war. Er sah umwerfend aus, wie er da vor der Haustür stand, mit seinen starken, leicht gebräunten Armen, die sich von seinem dunkelgrauen Poloshirt abhoben und aussahen wie modellierte Meisterwerke. Er nahm mich in die Arme, hielt mich eine Weile fest und streichelte mir über den Rücken.

Wir stiegen in seinen Pick-up und machten uns auf den Weg zur Ranch, wo wir den Abend verbringen wollten. Während die Straße vor uns mit jedem Kilometer mehr zur Landstraße wurde, unterhielten wir uns. Ich verlor kein Wort über die Sache mit meinen Eltern, und es gelang mir ziemlich gut, nicht die ganze Zeit daran zu denken. Aber der Schock wirkte nach, den ganzen Weg über schwebte eine kleine düstere Wolke über uns. Ich wusste zwar mit jeder Faser meines Körpers, dass ich neben der Liebe meines Lebens saß, doch ich hatte keine Ahnung, was die Zukunft für uns bereithielt. In dem Moment wusste ich nicht mal, was »Zukunft« überhaupt bedeutete. Meine Gedanken schweiften ab, ich blickte aus dem Fenster und betrachtete die näher rückende Prärie.

»Du bist ungewöhnlich still heute«, sagte Marlboro Man, der seine Hand auf meinen Hinterkopf gelegt hatte.

»Ja?« Ich stellte mich dumm. »Das ist keine Absicht.«

»Du bist anders als sonst«, erwiderte er. Seine Finger teilten mein Haar und streichelten meinen Nacken. Ein Kribbeln lief mir den Rücken hinunter.

»Nein, nein, mir geht's gut«, sagte ich und versuchte, stark und gelassen zu wirken. »Ich glaube, die dreißig Kilometer, die ich heute gelaufen bin, haben mich geschafft.«

Marlboro Man lachte leise. Darauf hatte ich gehofft. »Dreißig Kilometer? Das ist ja ein riesiger Golfplatz«, bemerkte er. Wir mussten beide lachen, weil wir wussten, dass ich viel zu faul war, um eine solche Strecke zu laufen.

Was mich an diesem Abend wirklich bedrückte, konnte ich ihm unmöglich sagen. Ich wollte mir noch nicht recht eingestehen, dass in meiner Familie nicht alles so rosig aussah, wie ich immer gedacht hatte. Und vor allem wollte ich das gefürchtete Zittern meiner Unterlippe vermeiden, womit ich in letzter Zeit fest rechnen musste, wann immer ich über etwas Aufwühlendes sprach. Ich hatte mir noch nicht verziehen, dass ich an dem Tag von Puggy Sues Tod in Marlboro Mans Küche zusammengebrochen war. Nicht auszudenken, welche Sintflut erst losbrechen würde, wenn es um meine Mom und meinen Dad ging. Ich hatte Angst, noch so eine Blamage nicht zu überstehen.

Als wir in die Straße zu Marlboro Mans Haus einbogen, erblickte ich meinen Camry in der Einfahrt. Ich war überrascht, hatte ich doch geglaubt, er würde immer noch im Graben an der Straße zu Marlboro Mans Eltern stehen. Mein Cowboy hatte ihn schon repariert, aus dem Graben gezogen, die kaputten Reifen in Ordnung gebracht und, wie ich ihn kannte, wahrscheinlich sogar nachgetankt.

»Oh, danke, das ist total lieb von dir«, sagte ich, als wir zur Haustür gingen. »Ich dachte schon, ich hätte ihn zu Schrott gefahren.«

»Nee, alles in Ordnung«, erwiderte er. »Aber vielleicht solltest du erst mal fahren lernen, bevor du wieder einsteigst, hm?« Ein verschmitztes Grinsen erschien auf seinem Gesicht.

Er lachte, und ich boxte ihn in die Seite. Da machte er einen Schritt auf mich zu, hielt meine Arme fest und zog mir mit einem Fuß das Standbein weg. Sofort ging ich zu Boden und landete auf dem weichen grünen Gras in seinem Vorgarten. Ich kreischte und versuchte vergeblich, mich aus seiner spielerischen Umklammerung zu winden, doch mein schmächtiger Oberkörper konnte nichts gegen seine unglaubliche Kraft ausrichten. Er kitzelte mich, und ich, das kitzeligste Geschöpf auf der gesamten Nordhalbkugel, schrie wie am Spieß. Aus Angst, mir in die Hose zu machen (eine nicht unbegründete Sorge), verteidigte ich mich auf die einzige Weise, die mir einfiel – ich griff nach seinem Shirt, zog es aus der Jeans, wanderte mit den Händen seinen Rücken hinauf und pikste ihn in die Rippen.

Sofort hörte er auf. Er stützte die Ellbogen auf und nahm mein Gesicht in die Hände. Dann küsste er mich leidenschaftlich und kein bisschen albern, und unser verspielter Ringkampf verwandelte sich spontan in eine Knutschübung. Sein Vorgarten war nicht unbedingt der richtige Ort dafür, und da unser gemeinsamer Abend gerade erst begonnen hatte, war es auch ein ungewöhnlicher Zeitpunkt. Doch auf seltsame Weise war er perfekt. Denn irgendwann beim Lachen, Kitzeln, Kämpfen und Herumwälzen auf dem Rasen lösten sich meine Sorgen über die Probleme meiner Eltern wie von Zauberhand in Luft auf.

Erst als die Herbstgrasmilben uns zu beißen begannen, schlug Marlboro Man vor: »Lass uns reingehen! Ich mache uns was zu essen.« *Hmm*, dachte ich. *Das bedeutet Steak.* Auf dem Weg ins Haus lächelte ich zufrieden, weil der Stress der vergangenen vierundzwanzig Stunden mir auf einmal ganz weit weg erschien. Schon damals war mir klar: Marlboro Man würde sich nicht nur an jenem Abend, sondern auch in den folgenden Monaten als mein Retter erweisen, er würde meine Ablenkung sein, meine Zuflucht angesichts von Problemen, meine starke Schulter bei all den Umwälzungen, das einzig Schöne in schrecklichen Zeiten. Mein Herz lag in den Händen dieses Cowboys, und zum ersten Mal im Leben wusste ich, dass ich mich, obwohl ich immer an Freiheit, Emanzipation und emotionale Unabhängigkeit geglaubt hatte, ohne ihn nie wieder vollständig fühlen würde.

Ich bekam es mit der Angst zu tun.

Zweiter Teil

10. Spiel mir das Lied vom Schweiß

Die Sommermonate vergingen wie im Flug, sie standen im Zeichen schwülheißer Tage und wunderschöner romantischer Nächte. Tagsüber half ich meinem Vater, die antiquierte Buchhaltung seiner Praxis in ein modernes, computergestütztes System zu überführen. Abends lag ich in Marlboro Mans starken Armen, drückte ihn liebevoll an mich, während wir auf seinem abgewetzten Sofa alte Western schauten. Wir waren unzertrennlich und verbrachten jede freie Minute miteinander ... ohne dass die Leidenschaft zwischen uns abkühlte.

Wenn ich mich im Haus meines Cowboys auf der abgelegenen Ranch entspannte und mir auf dem Bildschirm John Waynes wiegenden Gang ansah, war mir sehr wohl bewusst, wie stark mein Leben sich verändert hatte. Wenige Monate zuvor, als ich noch in L. A. wohnte, waren meine Tage immer vollständig verplant gewesen, anders konnte ich es mir damals nicht vorstellen. Ich hatte laufend Termine, Verabredungen, traf mich mit Freunden im Restaurant, und die bunten Cocktails flossen in Strömen, so wie der L.-A.-Slang über meine glänzend rot geschminkten Lippen. Mal fand ich alles supi, mal megakrass. Ich hatte eine supergeile Wohnung in Marina del Rey, und im Großen und Ganzen war ich der Meinung, dass das Leben voll durch die Decke ging. Aber so was von.

Ich war so dämlich gewesen.

Aber nach und nach waren Sushi, High Heels und die Autobahnen Nummer 110, 405 und 10 zu Schlingen geworden, die sich mir um den Hals legten. Mit jedem Tag zogen sie sich enger zusammen, ich bekam schlechter Luft und merkte, wie mein eigentliches Ich drohte, einen langsamen, qualvollen Tod zu sterben. Es hätte nicht viel gefehlt, und ich wäre endültig in L. A. geblieben, hätte immer weitergemacht und mein ehrgeiziges Ziel verfolgt, jedes Restaurant in Los Angeles und Umgebung auszuprobieren. Dann hätte ich J geheiratet, meinen Elektroingenieur. Fast wäre ich eine beneidenswerte Orange-County-Hausfrau mit 1,698 Kindern, flachem Bauch und drei Autos in der Garage geworden. Ich war auf dem besten Weg dorthin gewesen.

Doch dann hatte sich innerhalb weniger Monate das Sushi vor meinen Augen in Steak verwandelt, und an die Stelle von Nachtclubs war die Veranda von Marlboro Mans abgelegenem Landhaus getreten. Schon seit Monaten hatte ich keine wummernden Disco-Beats mehr gespürt. Meine Nerven waren endlich zur Ruhe gekommen.

Damit war es schlagartig vorbei, als Marlboro Man eines Morgens im August anrief und mir eine einfache Frage stellte: »Mein Cousine Kim heiratet nächstes Wochenende«, sagte er. »Hast du Zeit?«

Mir wurde ganz anders.

»Bist du noch dran?«, fragte er. Ich hatte länger geschwiegen als beabsichtigt.

»Ja … ich bin noch da«, erwiderte ich. »Ähm, heißt das, ich lerne wieder jemanden kennen?«

Marlboro Man lachte. Natürlich lautete die Antwort ja. Ja, ich würde »jemanden« kennenlernen. Beziehungsweise ich würde *alle* kennenlernen: jedes Mitglied seiner erweiterten Familie, Cousins und Cousinen, Tanten, Onkel, Großeltern und Freunde; und seine Familie war, nach allem, was ich bisher gehört hatte, riesig. Wir hatten uns schon mal über unsere Familien unterhalten, und er wusste ganz genau, dass ich gerade mal drei Cousins und Cousinen hatte. *Drei*. Er, im Gegensatz dazu, hatte fünfzig. Mein Freund wusste, wie eingeschüchtert ein Außenstehender bei solch einem Familienfest sein würde, besonders wenn die Familie so groß war wie seine. Er wusste, dass das für mich alles andere als ein Anlass zur Freude war. Und damit hatte er recht.

Ich konzentrierte mich auf die Kleiderfrage und fing sofort an, mir den Kopf darüber zu zerbrechen, was ich zu diesem Anlass anziehen sollte. Er hätte bedeutender nicht sein können – es war mein Debüt als Marlboro Mans Freundin –, und mit diesem Gedanken im Hinterkopf machte ich mich auf die Suche. Ein enges, aufreizendes Kostüm? Das wirkte vielleicht zu selbstbewusst, zu kess. Ein luftiger Seidenrock? Zu auffällig für eine Hochzeit. Ein kleines Schwarzes? Zu konservativ, zu steif. Unzählige Möglichkeiten drehten sich in meinem Kopf, während ich mich durch die Kleiderständer wühlte. Ich probierte ein Kleid, ein Kostüm, ein Outfit nach dem anderen. Mit jedem Reißverschluss, den ich öffnete und schloss, wurde ich verzweifelter. Ich wäre gern ein Mann gewesen. Männer mussten sich keine Gedanken machen, was sie zu einer Hochzeit tragen sollten. Sie probierten nicht sieben Stunden lang Kleider an. Für sie ging es bei der Kleiderfrage nicht um Leben und Tod.

Da sah ich es: ein atemberaubendes Kostüm in der Farbe von Butter. Es war eng geschnitten, ein klein wenig sexy, aber die wunderschöne reine Farbe machte das wieder wett. Es war aus einem leichten Wollstoff, doch da die Hochzeit abends stattfinden würde, wusste ich, dass es genau das Richtige war. Ich schloss das Kostüm sofort in mein Herz – ich würde mich darin nicht nur hübsch genug für Marlboro Man fühlen, sondern auch auf seine Cousins und Cousinen einigermaßen selbstbewusst wirken, aber nicht zu übertrieben, und gleichzeitig ordentlich und anständig auf seine Großmütter.

Als wir am Tag der Hochzeit das Haus der Großeltern meines Liebsten erreichten, blieb mir kurz die Luft weg. Es wimmelte nur so von Menschen: Sie liefen hin und her, standen in Grüppchen auf dem Rasen, tranken Sekt und lachten. Als Erstes sah ich Marlboro Mans Mutter. Sie trug ein braunes Leinenkleid, in dem sie wie eine elegante Statue aussah, erblickte mich sogleich und hieß mich willkommen. »Das ist aber ein hübsches Kostüm«, sagte sie und umarmte mich herzlich. *Gewonnen!* Ich war wieder mit dem Leben versöhnt. Nach der Trauung wurde ich Cousin T., Cousine H., Cousine K. und Cousin D. vorgestellt sowie mehr Tanten, Onkeln und Bekannten, als ich zählen konnte. Jedes Familienmitglied war liebenswürdiger und herzlicher als das vorige, und schon nach kurzer Zeit fühlte ich mich wie zu Hause. Alles lief bestens.

Doch es war heiß und schwül, und plötzlich fühlte sich der leichte Wollstoff meines Kostüms gar nicht mehr so leicht an. Ich war gerade mit mehreren Damen ins Gespräch vertieft – ich säuselte, lachte, plauderte angeregt –, als ich spürte, wie mir ein Tropfen Schweiß den Rücken hinunterrann. Ich versuchte, das winzige Bächlein zu ignorieren, es in Gedanken zu stoppen, doch aus einem Tropfen wurden zwei, aus zwei wurden vier. Ich begann mir Sorgen zu machen und entschuldigte mich beiläufig bei den Damen, mit denen ich mich unterhielt. Schnell flüchtete ich ins Haus, denn dort gab es eine Klimaanlage. Ich musste mich ein wenig abkühlen.

Ich fand ein Badezimmer im ersten Stock, etwas abseits des Partytrubels, und unter normalen Umständen hätte ich mir die Zeit genommen, die hübschen, altmodischen Standwaschbecken und die sechseckigen rosa Fliesen zu bewundern. Aber der Schweiß, der unaufhörlich aus allen Poren meines Körpers strömte, forderte meine volle Aufmerksamkeit. Nicht mehr lange, und meine Jacke wäre klitschnass. Da ich keinen anderen Ausweg sah, öffnete ich die Knöpfe, zog die Jacke aus und hängte sie auf einen Haken an der Tür. Dann sah ich mich nach einem saugfähigen Handtuch um. Ich fand keines. Dafür erblickte ich die Belüftung an der Decke und stellte mich auf die Toilette, um mein Gesicht in der kalten Luft zu kühlen.

Komm schon, Ree, reiß dich zusammen, dachte ich. Irgendetwas stimmte nicht ... das war nicht bloß die Reaktion auf den schwülen Augusttag. Ich hatte einen nervös bedingten Psycho-Schweißausbruch – so wie Albert Brooks in *Nachrichtenfieber* –, der mich zwang, die Hochzeitsfeier von Marlboro Mans Cousine im oberen Badezimmer seiner Großmutter zu verbringen. Der Rockbund klebte an meiner Haut. Verdammt ... ich war in Schwierigkeiten. Verzweifelt streifte ich den Rock und die figurformende Strumpfhose ab, die ich dummerweise angezogen hatte. Wie eine klebrige Bananenschale musste ich sie mir von den Beinen schälen. Da stand ich, nackt und verschwitzt, mein rotbrauner Pony hing in Strähnen herab. *Das war's*, dachte ich. *So fühlt sich die Hölle an.* So einen Anfall übermäßigen Schwitzens hatte ich noch nie erlebt. Und natürlich musste das ausgerechnet an dem Abend passieren, an dem ich der versammelten Familie meines neuen Freundes vorgestellt wurde, war ja klar. Ich sah in den Spiegel und schüttelte den Kopf. Die Angst wollte nicht aufhören, aus meinen Poren zu sickern, und meine Schminke und die duftende Körpercreme gingen gleich mit den Bach runter.

Da klopfte es an der Tür.

»Ja? Einen Moment, bitte«, stammelte ich und griff nach meiner durchnässten Strumpfhose.

»Hey ... geht's dir gut da drin?«

Hilfe! Es war Marlboro Man.

Als ich noch in L. A. wohnte, war ich im ersten Jahr auf dem College mit Collin zusammen gewesen. Unsere Freundschaft war noch enger geworden, nachdem er mir in einer dunklen, gefühlsschwangeren Nacht erzählt hatte, dass er sich endlich eingestanden hatte, homosexuell zu sein. Kurz darauf war seine Mutter aus Dallas zu Besuch gekommen, und Collin lud mich ein, ihnen beim Brunch im Hotel Bel Air Gesellschaft zu leisten. Ich trug das typische Brunch-Outfit der frühen Neunziger: ein kupferbraunes trägerloses Seidenoberteil mit weißen münzgroßen Punkten und dazu einen passenden, knielangen, luftigen Rock. Eine perfekte Kopie von Julia Roberts beim Polo-Match in *Pretty Woman*. Wie ich dieses Outfit liebte!

Doch es war aus Seide und lag eng an, und in dem Moment, als ich mich hinsetzte, wusste ich, dass ich ein Problem hatte. Meine Achseln wurden kühl und feucht, und der Stoff sog sich mit Feuchtigkeit voll. Als unser Sekt mit O-Saft gebracht wurde, hatten sich die Schweißringe bis auf Höhe meiner dritten Rippe ausgedehnt; bis Mittag hatten sie den Rockbund erreicht, und je mehr ich mir wünschte, dass das Schwitzen aufhörte, desto schlimmer wurde es. Am Ende aß ich meine Eier Florentine mit an den Körper gepressten Ellenbogen, damit Collin und seine Mutter nichts merkten. Doch feucht gewordene kupferbraune Seide ist der undankbarste Stoff der Welt. Collin hatte seinen Eltern erst kurz vorher mitgeteilt, dass er schwul war, und ich kam später zu dem Schluss, dass ich aus Mitgefühl für Collin so nervös geworden war. Ich zog das Outfit nie wieder an. Die Flecken gingen nicht mehr raus.

Dieses Kostüm hier würde ich auch nicht noch einmal tragen.

»Hey … alles okay da drin?«, wiederholte Marlboro Man.

Mein Herz raste vor Angst. Ich wollte aus dem Fenster springen, mich am Spalier hinunterhangeln, wollte türmen und anschließend vergessen, dass ich diesen ganzen Menschen je begegnet war. Nur war da leider kein Spalier. Stattdessen standen draußen vor dem Fenster hundertfünfzig Hochzeitsgäste. Und ich schwitzte so sehr, dass es für alle zusammen reichte.

Ich war nackt und allein und hatte den schlimmsten, peinlichsten Schweißausbruch meines Lebens. Das war typisch. Immer wenn es mir gerade besonders gutging und ich am besten aussah, passierte etwas Unpassendes, so dass ich am liebsten vor Scham im Boden versunken wäre. Einmal war ich zum Abschlussball des Sohnes meiner Patentante in eine weit entfernte Stadt gereist und hatte schon eine Stunde lang gefeiert, bis ich merkte, dass ich mein Kleid aus Versehen hinten in die Strumpfhose gesteckt hatte. Ein anderes Mal wollte ich auf die Party aus Anlass meines letzten Auftritts im *Nussknacker* und stolperte über einen Teppich. Ich landete auf einem Gasttänzer und schlug einer alten Dame das Weinglas aus der Hand. Anscheinend konnte ich mich darauf einstellen, dass mir diese blamablen Dinge immer dann passierten, wenn eigentlich alles bestens für mich lief.

»Brauchst du irgendwas?«, hakte Marlboro Man nach. Ein Schweißtropfen rann mir über die Oberlippe.

»Nein, nein … Mir geht's gut!«, rief ich. »Ich komme gleich raus! Geht doch schon mal zurück zu den anderen!« *Los, hau ab! Geh! Bitte. Ich flehe dich an.*

145

»Ich warte hier auf dich«, erwiderte er. Mist! Ich hörte, wie seine Stiefel ein paar Schritte den Flur hinuntergingen und stehen blieben. Wenn ich mich nicht lächerlich machen wollte, musste ich mich wieder anziehen. Als ich den großen Zeh in das Bein meiner feuchten Strumpfhose steckte, vernahm ich eine Stimme, die eindeutig seinem Bruder Tim gehörte.

»Was *macht* sie denn da drin?«, flüsterte Tim deutlich vernehmbar. Ich schloss die Augen und schickte ein inbrünstiges Stoßgebet zum Himmel. *Herr, bitte hol mich jetzt zu dir! Ich will nicht mehr hierbleiben. Ich möchte zu dir in den Himmel, wo es niemals schwül ist und wo man nicht für seine ungeschickte Kleiderwahl bestraft wird.*

»Ich weiß nicht«, antwortete Marlboro Man. Erneut brach der Geysir aus.

Mir blieb nichts anderes übrig, als mich schnellstens anzuziehen und mich in meiner feuchten salzigen Pracht der Situation zu stellen. Immer noch besser, als den ganzen Abend im Badezimmer seiner Großmutter zu verbringen. Marlboro Man oder Tim sollten auf gar keinen Fall glauben, ich hätte irgendein Frauenproblem, oder noch schlimmer: Verstopfung oder Durchfall! Eher wäre ich in ein anderes Land gezogen, als zu ertragen, dass sie so etwas über mich dachten.

Ich beeilte mich, die Strumpfhose hochzuziehen und in den Rock meines verdammten buttergelben leichten Wollkostüms zu steigen. Mit einem Wust Toilettenpapier tupfte ich mir den Schweiß von Kinn und Nacken, aus den Achseln und vom Kreuz. Als ich im Spiegel einen Blick auf diese verschwitzte Missgeburt erhaschte, formte ich mit den Lippen das Wort *Loser*. Ich warf meine Jacke über, knöpfte sie zu, öffnete meine Handtasche und versuchte schnell, das festliche Make-up zu retten. Ich sah nicht besonders ansprechend aus.

Ganz im Gegenteil. In den Augenwinkeln klebte verschmierte Wimperntusche, und der grau schimmernde Lidschatten, den ich so sorgfältig aufgetragen hatte, zierte nun beide Wangen. Kein schöner Anblick.

Aber das zählte nun nicht mehr. Wenn ich weiter im Bad bliebe, richtete ich mehr Schaden an als mit meinem verschmierten, fleckigen Gesicht. Also kämmte ich meinen verklebten Pony, schwang mir die Handtasche über die Schulter und trat aus dem Badezimmer, um mich den lauernden Bestien zu stellen.

Marlboro Man und Tim standen im Flur, keine sieben Schritte von der Badezimmertür entfernt. »Da *ist* sie ja«, sagte Tim, als ich auf sie zukam. Ich blieb stehen und lächelte nervös.

Marlboro Man legte die Hand auf meinen Rücken und strich leicht mit dem Daumen darüber. »Alles in Ordnung?«, fragte er. Berechtigte Frage, hatte ich doch mehr als zwanzig Minuten im Bad verbracht.

»Ja, klar … mir geht's gut«, erwiderte ich und blickte zur Seite. Ich wollte, dass Tim verschwand.

Doch stattdessen tauschten wir drei ein paar höfliche Floskeln aus, bis Marlboro Man endlich fragte: »Willst du was trinken?« Er machte ein paar Schritte in Richtung Treppe.

Gatorade. Ich wollte eiskaltes Gatorade, um die Elektrolyte zu ersetzen. Und danach Wodka. »Ich komme mit«, sagte ich.

Wir holten uns etwas zu trinken und gingen in den Garten hinterm Haus, wo wir uns auf eine kunstvoll verzierte Steinbank setzten. Wie durch ein Wunder war mein Nervensystem müde geworden, Signale an meine Schweißdrüsen zu senden, und der furchtbare Ausbruch schien vorbei zu sein. Außerdem war die Sonne untergegangen, was meinem Aussehen zugute kam. Ich fühlte mich wie eine Zirkusattraktion.

Vier Sekunden später hatte ich meinen Wodka-O ausgetrunken, und sowohl das Vitamin C als auch der Wodka taten sofort ihre Wirkung. Eigentlich war mir klar, dass es unvernünftig war, verlorene Körperflüssigkeit mit Alkohol zu ersetzen, aber dies war ein Ausnahmefall. Selbstmedikation war meine letzte Rettung.

»Na, ist dir schlecht geworden, oder was?«, fragte Marlboro Man. »Alles in Ordnung?« Er legte mir die Hand aufs Knie.

»Nein«, erwiderte ich. »Mir … mir war nur heiß.«

Er sah mich an. »Heiß?«

»Ja, heiß.« Ich hatte jeden Funken Stolz verloren.

»Und was hast du die ganze Zeit im Badezimmer gemacht?«, wollte er wissen.

»Ich musste alles ausziehen und mir Luft zufächeln«, erwiderte ich wahrheitsgemäß. Vitamin C und Wodka brachten die Wahrheit ans Licht. »Ach ja, und mir den Schweiß von Nacken und Rücken wischen.« So angelt man sich einen Mann!

Marlboro Man sah mich an, unsicher, ob ich es ernst meinte, dann brach er in Lachen aus und musste sich die Hand vor den Mund halten, um seinen Scotch nicht durch die Gegend zu spucken. Er beugte sich vor und überraschte mich mit einem beruhigenden Kuss auf die Wange. »Du bist lustig«, sagte er und streichelte mir über den jämmerlich nassen Rücken.

Da fiel der ganze Schrecken des Abends von mir ab. Es spielte keine Rolle, wie blöd ich war – wie dumm, ungeschickt oder verschwitzt. Auf der kunstvoll verzierten Steinbank war ich mir so sicher wie nie zuvor, dass Marlboro Man mich liebte. Aufrichtig liebte, mit einer Innigkeit, wie sie mir nie zuvor jemand entgegengebracht hatte, einer Liebe, von der ich nicht einmal gewusst hatte, dass es sie gab. Anderen Jungs – jedenfalls denen, die ich bis dahin gekannt hatte – wäre es peinlich gewesen, wenn ich den halben Abend im Badezimmer verschwunden wäre. Andere wären von der Geschichte über mein Schweißproblem angewidert gewesen oder hätten Witze über mich gerissen. Wieder andere hätten mich angesehen und nicht gewusst, was sie sagen sollten. Aber Marlboro Man war anders. So etwas konnte ihn nicht aus der Fassung bringen. Er lachte einfach, gab mir einen Kuss, und das war's. Meine Seele frohlockte, denn nun stand ein für alle Mal fest, dass ich den perfekten Partner gefunden hatte.

Denn ich geriet ziemlich oft in Schwierigkeiten. Regelmäßig passierten mir irgendwelche Missgeschicke und Peinlichkeiten, das hier war nicht das erste Mal und würde nicht das letzte Mal bleiben. Obwohl ich mir größte Mühe gab, normal und aufgeräumt zu erscheinen, hatte ich in Wahrheit immer gewusst, dass ich eher eins von den sonderbaren Kindern war.

Wunderbarerweise hatte ich den einzigen Mann auf Erden gefunden, der mich gerade deswegen liebte. Ich hatte den Mann gefunden, der meine kleinen Fehler zu schätzen wusste … und der nicht versuchen würde, sie wegzupolieren.

11. Weites Land

Ich war noch nie mit einem Typ wie Marlboro Man zusammen gewesen. Er war aufmerksam und alles andere als distanziert. Nach meiner achtzehn Monate langen Beziehung mit Collin, dessen Interesse an mir von seiner damals noch uneingestandenen Vorliebe für Männer geschwächt worden war, und der vierjährigen Episode mit dem nicht besonders liebevollen J war Aufmerksamkeit genau die richtige Medizin für mich. Kein Tag verging, an dem Marlboro Man – meine neue Cowboy-Liebe – nicht anrief, um mir zu sagen, dass er an mich denke, mich schon vermisse oder dass er es nicht erwarten könne, mich wiederzusehen. Diese wunderbare, ungebremste Ehrlichkeit!

Am liebsten fuhren wir zusammen durch die Gegend. Er kannte das Land wie seine Westentasche – jede Kreuzung, jedes Gatter, jeden Zaun, jeden Acker. Ranchern ist das Land, das sie umgibt, einfach vertraut. Sie wissen, wem die Weide dort gehört, wer jene gepachtet hat, durch wessen Land eine Straße führt, wessen Vieh auf dem Weg am See steht. Für mich sah alles gleich aus, doch das störte mich nicht. Ich war in meinem ganzen Leben noch nie so glücklich gewesen, auf dem Beifahrersitz eines Pick-ups mit Doppelkabine zu sitzen. Ehrlich gesagt, hatte ich in meinem ganzen Leben noch nie in einem Pick-up mit Doppelkabine gesessen. Ich hatte noch nicht mal jemanden gekannt, der einen Pick-up besaß; auf der Highschool hatten die Jungs, die Pick-ups fuhren, nicht zu meinem Freundeskreis gehört, vermutlich weil ihre Familien eine Farm oder eine Ranch betrieben und sie in ihrer freien Zeit zu Hause gebraucht wurden, um zum Einkommen der Familie beizutragen. Oder es handelte sich um Möchtegern-Cowboys – von der Sorte, die ihre Cowboyhüte nur in der Kneipe aufsetzten –, und mit denen konnte ich nichts anfangen. Aus irgendeinem Grund war ich im Alter von fünfundzwanzig Jahren noch nie mit einem Pickup in Berührung gekommen. Aber seit ich so viel Zeit mit Marlboro Man verbrachte, wohnte ich praktisch in so einem Fahrzeug.

Ich wusste nur eines über Pick-ups, nämlich dass ich mich als Jugendliche immer insgeheim über die Paare lustig gemacht hatte, die darin herumfuhren: Das Mädchen saß immer auf dem mittleren Sitz, gleich neben dem Jungen, und er hatte den rechten Arm um ihre Schultern gelegt und die linke Hand am Lenkrad. Ich weiß nicht, wieso, vielleicht hatte es mit meiner Kindheit am Golfplatz zu tun, aber aus irgendeinem Grund hatte mich der Anblick immer abgeschreckt. *Warum sitzt sie in der Mitte?*, wunderte ich mich jedes Mal. *Warum müssen sie sich während der Fahrt unbedingt aneinanderschmiegen? Können sie nicht warten, bis sie zu Hause sind?* Ich fand, es wirkte erbärmlich, mitleiderregend. *Haben die kein Leben?*, huschte mir möglicherweise sogar ein- oder zweimal durch den Kopf, als ob diese Art und Weise, ihre Zuneigung in der Öffentlichkeit zu zeigen, mich irgendwie verletzte. Aber so ergeht es wohl Menschen, denen es aufgrund der geographischen Gegebenheiten in ihrer Kindheit nicht vergönnt ist, Pick-up zu fahren. Sie entwickeln extreme Vorurteile gegenüber eigentlich sehr schönen Dingen.

Dennoch fragte ich mich hin und wieder, wenn Marlboro Man mir in seinem weißen Ford F250 die Schönheit der Landschaft zeigte: War er einer dieser Jungs von der Highschool gewesen? Ich wusste, dass er als Jugendlicher eine Freundin gehabt hatte. Julie, ein hübsches Mädchen. Sie war seine Jugendliebe gewesen, so wie Kevin die meine. Ich überlegte: Ob Julie wohl jeden Freitagabend, wenn Marlboro Man sie abholte, auf den Sitz in der Mitte gerutscht war? Hatte er den rechten Arm um ihre Schultern gelegt, hatte sie mit der linken Hand nach seiner rechten gegriffen? Waren sie in dieser Position die Hauptstraße rauf- und runtergefahren? Unsere Heimatstädte waren nur etwas mehr als sechzig Kilometer voneinander entfernt, vielleicht war er also mal mit ihr in meiner Stadt ins Kino gegangen. War es vielleicht sogar möglich, dass ich Marlboro Man mit Julie gesehen hatte, wie sie nebeneinander in seinem Pick-up herumfuhren? Konnte es eventuell sogar sein, dass dieser Mann, dieser umwerfende, perfekte Mann, der auf so wundersame Weise in mein Leben getreten war, eine unschuldige Zielscheibe meiner intoleranten, schäbigen Vorurteile in Sachen Pick-up gewesen war?

Und falls er das früher einmal getan hatte – war er mittlerweile zu alt dafür? Warum saß *ich* nicht auf dem Sitz in der Mitte? War es an mir, die Initiative zu ergreifen? Wurde das von mir erwartet? Wenn ja, dann müsste ich das möglichst bald erfahren. Aber wenn Marlboro Man gewollt hätte, dass ich herüberrutschte und mich direkt neben ihn setzte, hätte er dann nicht irgendeine auffordernde Geste gemacht? Vielleicht hatte er diese Mädchen von früher ja lieber gemocht als mich. Vielleicht waren sie sich so nah gewesen, dass es gerechtfertigt war, im Pick-up direkt nebeneinanderzusitzen. Im Gegensatz dazu waren wir zwei uns einfach nicht so nah. *Bitte, das durfte nicht der Grund sein. Ich wollte nicht, dass das der Grund war.* Ich musste ihn fragen. Ich musste es wissen.

»Kann ich dich was fragen?«, sagte ich, als wir über eine Straße zwischen seiner und der Nachbarranch fuhren.

»Klar«, antwortete Marlboro Man. Er lehnte sich herüber und streichelte mein Knie.

»Bist du früher mal mit einem Mädchen in deinem Pick-up herumgefahren, und sie saß auf dem Sitz in der Mitte?« Ich versuchte, nicht vorwurfsvoll zu klingen.

Marlboro Man verzog die Mundwinkel zu einem Grinsen. »Ja klar«, sagte er. Seine Hand lag immer noch auf meinem Knie. »Wieso?«

»Ach, nur so. Ich war bloß neugierig«, sagte ich. Ich wollte nicht länger darüber reden.

»Wie kommst du darauf?«, fragte er.

»Ach, ich war einfach nur neugierig«, wiederholte ich. »Als ich jünger war, habe ich manchmal Paare gesehen, die nebeneinander im Pick-up saßen, und ich habe mich nur gefragt, ob du das früher auch gemacht hast. Mehr nicht.« Fast hätte ich ihm auch erzählt, dass ich das Ganze nie verstanden hatte, und gefragt, warum er Julie mehr liebte als mich, doch ich konnte mich gerade noch beherrschen.

»Ja, hab ich«, sagte er.

Ich blickte aus dem Fenster und dachte nach. *Und was war dann mit mir? War ich etwa nicht gut genug? Gab es einen bestimmten Grund, warum er mich nie an sich zog, wenn wir durch die Gegend fuhren? Warum er den rechten Arm nicht liebevoll um meine Schultern legte und mich damit zur Herrin seines Pick-ups machte?* Mir war gar nicht bewusst gewesen, dass ich mich so sehr danach sehnte, neben einem Mann in einem Pick-up zu sitzen, doch offenbar war das ein lebenslanger, uneingestandener Wunschtraum von mir gewesen. Als ich mit Marlboro Man in seinem Wagen saß, gab es auf einmal nichts auf der Welt, was ich mir so verzweifelt gewünscht hätte.

Ich konnte nicht länger schweigen. »Dann …«, setzte ich

an. *War das vielleicht nur so ein Highschool-Ding? Oder schlimmer*, phantasierte ich weiter, *liegt es vielleicht daran, dass aus mir nie und nimmer ein Country-Girl wird? Sind Country-Girls vielleicht von Natur aus wilder und ausgelassener? Fehlt mir diese draufgängerische, abenteuerliche Seite, kann man mit ihnen mehr Spaß haben, sind sie es deshalb wert, im Pick-up direkt neben einem Jungen zu sitzen? Bin ich unberührbar? Bin ich zu eingebildet? Zu etepetete? Das stimmt ja überhaupt nicht! Wirklich nicht! Mit mir kann man auch Spaß haben. Abenteuerlustig und draufgängerisch bin ich auch! Ich besitze sogar Jeans: von Anne Klein! Ich will es wert sein, auf dem Platz in der Mitte zu sitzen. Bitte, Marlboro Man … bitte! Es gibt nichts, was ich mir mehr wünschte.* »Und, ähm … warum machst du das nicht mehr?«, fragte ich.

»Schalensitze«, erwiderte Marlboro Man. Seine Hand ruhte immer noch auf meinem Knie.

Das klang logisch. Ich lehnte mich zurück und entspannte mich ein bisschen.

Aber da war noch etwas, worüber ich gegrübelt hatte.

»Kann ich dich noch was fragen?«, sagte ich.

»Schieß los«, antwortete er.

Ich räusperte mich und setzte mich aufrecht hin. »Wieso … wieso hat es so lange gedauert, bis du mich angerufen hast?« Ich musste grinsen. Das war eine der direktesten Fragen, die ich ihm bis dahin gestellt hatte.

Er sah mich an, dann schaute er wieder auf die Straße.

»Du musst es mir nicht sagen«, sagte ich. Tat er auch nicht, er schwieg. Doch ich hatte mir diese Frage schon öfter gestellt. Und nachdem er mich gerade über Schalensitze und andere wichtige Dinge aufgeklärt hatte, fand ich, dass es ein günstiger Zeitpunkt war, ihn endlich zu fragen, warum er nach dem Abend, als wir uns in der verqualmten Kneipe kennengelernt hatten, vier Monate verstreichen ließ, bis er anrief und mich zum Abendessen einlud. Ich erinnerte mich sehr gut, dass sein Charisma mich an jenem Abend in den Weihnachtsferien komplett umgehauen hatte. Was hatte er über mich gedacht? Hatte er mich danach sofort vergessen und sich erst an jenem Abend nach der Hochzeit meines Bruders im April wieder an mich erinnert? Oder hatte er mit Absicht vier Monate gewartet, bevor er mich anrief? Hielt er sich dabei an irgendeine Country-Etikette, von der ich nichts wusste?

Ich war eine Frau. Ich musste es einfach erfahren.

»Also, ich … na ja, ich war damals noch mit jemand anders zusammen«, sagte er einfach.

Ich erwürge sie eigenhändig! »Ach so«, erwiderte ich. Mehr brachte ich nicht heraus.

»Außerdem war ich für eine Herde in Nebraska verantwortlich und musste jede Woche dahin fahren«, fuhr er fort. »Deswegen war ich zu selten hier, um die Sache mit ihr anständig zu beenden … Und ich wollte dich nicht anrufen und um ein Treffen bitten, bevor die Sache geklärt war.«

»Ach so.« Ich wiederholte mich. *Wie heißt sie? Sie ist so gut wie tot.*

»Aber ich mochte dich«, sagte er und schenkte mir ein Lächeln. »Ich hab oft an dich gedacht.«

Ich musste ebenfalls lächeln. »Wirklich?«, fragte ich leise. Ich wollte den Namen des Mädchens unbedingt erfahren. Vorher würde ich keine Ruhe geben.

»Doch, wirklich«, sagte er sanft und streichelte mein Bein. »Du warst anders.«

Ich stellte ihm keine weiteren Fragen und bat ihn auch nicht, mir zu erklären, was er mit »anders« meinte. Das konnte ich mir schon selbst denken. Während er mit mir über sein ihm vertrautes Land fuhr, war es ziemlich offensichtlich, warum er mich »anders« fand.

Ich wusste rein gar nichts vom Landleben.

Ich genoss diese Fahrten unheimlich. Ich sah Dinge, die ich nie zuvor gesehen hatte, Dinge, über die ich in meinen zweieinhalb Jahrzehnten Stadtleben niemals nachgedacht hatte. Zum ersten Mal in meinem Leben bekam ich eine Ahnung davon, was es mit Norden, Süden, Osten und Westen auf sich hatte. Obwohl es wahrscheinlich noch weitere fünfundzwanzig Jahre dauern würde, ehe ich das Konzept richtig verstünde. Ich sah Zäune und Gatter aus zusammengeschweißten Stahlrohren und kilometerlangem Stacheldraht. Ich sah Flüsse – steinige Wasserläufe, umgeben von Wald, im Vergleich zu denen das lächerliche Rinnsal hinter unserem Haus bloß eine schlammige Pfütze war. Und ich sah weites Land. Es war schöner als alles, was ich je kennengelernt hatte.

Marlboro Man machte es Spaß, mir alles zu zeigen, er deutete auf Wiesen, Schilder, Senken und Seen und konnte mir zu allem etwas erzählen. Das Land sprach zu ihm, sowohl auf der Ranch seiner Familie als auch auf den umliegenden Ländereien: Wo andere nur endlose Weite sahen, erkannte er kleine, wohlgeordnete Parzellen, und jede hatte ihren eigenen Zweck und ihre eigene Geschichte. »Dieser Teil unserer Ranch hat früher Betty Smith und ihrem Mann gehört«, sagte er. »Sie hatten keine Kinder und waren die besten Freunde meiner Großeltern.« Dann erzählte er mir die Legende des Großvaters von Betty Smith' Mann und flocht so viele lebendige Details in seine Erzählung ein, dass man hätte meinen können, er wäre persönlich dabei gewesen. Ich lauschte ihm fasziniert und sog jedes einzelne Wort in mich auf. Auf dem Land um ihn herum klangen die Herzschläge derer fort, die einmal dort gelebt hatten … Und als ob es seine Pflicht wäre, jedem Einzelnen von ihnen die Ehre zu erweisen, nannte er mir ihre Namen und erzählte mir Geschichten aus ihrem Leben, über ihre Beziehungen untereinander, über ihre Herkunft.

Ich war beeindruckt von seinem Wissen.

An einem späten Nachmittag überquerten wir einen Fluss und gelangten zu einem Baumbestand auf einer Weide, die ein ganzes Stück von Marlboro Mans Wohnhaus entfernt war. Als ich genauer hinsah, erkannte ich, dass inmitten der Bäume ein kleines weißes Haus stand. Es war von einem weißen Palisadenzaun umgeben, und als wir uns dem Grundstück näherten, sah ich, dass sich im Garten etwas bewegte. Gleich darauf erblickte ich eine füllige Frau mittleren Alters mit langem grauem Haar, das ihr bis auf die Schultern hing. Sie schob einen Rasenmäher durch den Garten, und zwei jaulende Hunde folgten ihr dabei schwanzwedelnd auf Schritt und Tritt. Als Erstes aber fiel mir ins Auge, dass sie nur Unterwäsche und einen Stütz-BH trug. Als wir an ihrem Haus vorbeifuhren, sah sie kurz auf, dann mähte sie weiter.

Mit möglichst neutraler Stimme fragte ich Marlboro Man: »Ähm … wer war das denn?« Vielleicht konnte er auch über sie eine Geschichte erzählen.

Er sah mich an und erwiderte: »Ich habe keinen blassen Schimmer.«

Wir sprachen nie wieder über diese Frau.

12. Entscheidung am Big Horn

Nach unseren Touren bereiteten wir in seiner Küche meistens gemeinsam das Abendessen zu. Ich kochte beispielsweise meine Pasta Primavera, die mit ihren Zucchini, Möhren und Erbsen wunderbar bunt aussah. Mein Cowboy grillte Rib-Eye-Steaks, sie brutzelten in Butter und Knoblauch. Ich machte meine Lieblingspizza, inspiriert vom Restaurant Spago: ein dünner, knuspriger Teig, belegt mit Tomaten, Basilikum und frischem Mozzarella, den ich bei einem Familienunternehmen in Dallas bestellen musste, da es den Käse in Oklahoma nirgendwo zu kaufen gab. Marlboro Man zeigte mir die Kunst, in einer eisernen Bratpfanne eine weiße Soße zu machen; er schärfte mir ein, wie wichtig es sei, die Mehlschwitze tiefgolden anbräunen zu lassen, ehe man die Milch dazugab. Beim Kochen in seiner Landhausküche entdeckten wir unsere jeweilige Vergangenheit; ich präsentierte ihm mein Arsenal an vegetarischen Genüssen aus Los Angeles mit demselben Stolz und Enthusiasmus, mit denen er mir seine Fleischgerichte vorsetzte. Unsere zwei Welten verschmolzen zu gehaltvollen, kalorienreichen Abendessen. Ich gewöhnte mir an, jeden Morgen im YMCA meiner Heimatstadt am Step-Aerobic teilzunehmen, damit meine Anne-Klein-Jeans nicht zu eng wurde. Es war die Zeit der Liebe, nicht des Quetschens.

Währenddessen zerbröckelte zu Hause die Ehe meiner Eltern vor meinen Augen. Ich liebte meine Eltern heiß und innig. Doch wenn man als Erwachsener zusehen muss, wie die dreißig Jahre alte Beziehung von Mutter und Vater implodiert und sich in ihre Bestandteile auflöst, hat man das Gefühl, ein Eisenbahnunglück in Zeitlupe zu beobachten. Die Eltern sind die Lokführer, und die Familie, viele langjährige Freunde, die künftigen Enkelkinder, die Gemeinschaft im Ort, die Erinnerungen, Hoffnungen und Träume sind die Fahrgäste. Alle werden bei einem verheerenden Unfall ums Leben kommen. Man selbst ist natürlich auch im Zug. Doch gleichzeitig sieht man von außen zu. Man will schreien, versucht die Lokführer vor der bevorstehenden Katastrophe zu warnen. Doch es ist wie in einem Albtraum: Die Stimme fiepst, man bekommt keinen Ton heraus. Man kann es nicht aufhalten.

Ich wollte fort, ich wollte nur noch raus. Die Probleme meiner Eltern offenbarten sich nicht in zerschmettertem Geschirr, Geschrei, Türenschlagen oder peinlichen Szenen. Nein, sie äußerten sich in geflüsterten Gesprächen, angespannten Mienen, aschfahlen Gesichtern und gelegentlich müden, geschwollenen Augen. Lautstarke Auseinandersetzungen wären vielleicht sogar besser gewesen; dieses langsame, qualvolle Sterben war kaum mit anzusehen. Jedes Mal, wenn ich durchs Haus ging und die Anspannung in der Luft spürte, wollte ich nur noch weg. Ich wollte meine Sachen packen, mein gesamtes Geld von der Bank abheben und verschwinden.

Doch ich war gefangen – gefangen in der wunderbaren, unentrinnbaren Teergrube meiner Liebe zu einem wettergegerbten, toughen, unglaublich zärtlichen Cowboy. Sobald ich auch nur erwog, vor den Problemen meiner Eltern nach Chicago zu fliehen, besann ich mich innerhalb von Sekunden. Es musste schon etwas Schlimmeres geschehen, um mich seinen Armen zu entreißen.

Marlboro Man war der Inhalt meiner Tagträume, meiner Gedanken, er war mein Zeitvertreib, erfüllte mein Herz und meinen Kopf. Wenn ich bei ihm war, konnte ich die Eheprobleme meiner Eltern vergessen. Wenn wir unterwegs waren, zusammen kochten und Actionfilme auf Video schauten, verschwanden all diese unerfreulichen Dinge aus meinem Blickfeld. Das Zusammensein mit ihm wurde für mich zu einem Fluchtweg, einer abhängig machenden Droge. Zehn Sekunden in seinem Pick-up, und ich sah nur noch Güte und Licht. Und hin und wieder eine alte Frau in BH und Unterhose, die ihren Rasen mähte.

Komplizierter wurde alles noch durch die Leidenschaft und Lust, die ich für ihn empfand; sie waren stärker als alles, was ich bisher in meinem Leben kennengelernt hatte. Manchmal machte ich mir darüber Gedanken, so wie ein Trinker vielleicht seinen zweiten, dritten oder vierten Whisky hinterfragt. Das konnte doch nicht gut für mich sein, oder?

Doch ganz tief in mir war es mir egal. Und selbst wenn es mir nicht egal gewesen wäre, hätte ich nichts dagegen tun können. Wenn Marlboro Man schwarzgebrannter Alkohol gewesen wäre, hätte ich ihn während der Prohibition fässerweise über Staatsgrenzen geschmuggelt und ihn unterwegs genossen; wäre er eine Droge gewesen, hätte ich mir das Haar abgeschnitten und verkauft, um mir die nächste Dosis zu sichern; hätte er am Fuß einer Klippe gestanden, wäre ich hinuntergesprungen, um bei ihm zu sein.

Wenn er sich irrte, wollte ich nicht recht haben.

Wohin sollte das führen?, fragte ich mich manchmal. Auch wenn ich meine Pläne für Chicago zurückgestellt hatte, auch wenn ich wusste, dass der Versuch sinnlos war, einen Tag ohne Marlboro Man zu überstehen, auch wenn ich wusste, wie verliebt ich war, dachte ich doch manchmal, das sei ein vorübergehender Aufschub meiner Pläne, Flausen, die ich mir aus dem Kopf schlagen musste, um dann mit dem Rest meines Lebens weiterzumachen. Als sei ich einen heißen

Sommer lang im Zeltlager der Liebe und spielte die Rolle des Cowgirls.

Doch es näherte sich der Zeitpunkt, da der Cowboy den Stier bei den Hörnern packen und die Frage ein für alle Mal für mich beantworten würde.

Eines Tages lud Marlboro Man meine Schwester und mich auf die Ranch ein, um die Rinder zu behandeln. Betsy hatte College-Ferien und langweilte sich, und mein Freund wollte, dass Tim ein weiteres Mitglied meiner Familie kennenlernte.

Der Ausdruck »behandeln« bedeutet, dass ein Rind nach dem anderen in einen Behandlungsstand geschoben wird, wo es das Brandzeichen und eine Ohrmarkierung bekommt, enthornt und medizinisch versorgt wird (Temperatur messen, impfen). Zweck des Ganzen ist es, diese traumatischen Erfahrungen für die Tiere in einem Rutsch zu erledigen, damit sie anschließend wieder friedlich auf der Weide grasen können.

Als Betsy und ich ankamen und das Auto parkten, grüßte Tim vom Behandlungsstand zu uns herüber und wies uns sofort unsere Aufgaben zu. Er reichte meiner Schwester einen Stromzapper, mit dem man die Tiere ins Hinterteil pikste, damit sie sich in den Behandlungsstand begaben.

Das galt als einfache Aufgabe.

»Du schickst sie rein«, sagte Tim zu Betsy. Pflichtbewusst nahm sie den Zapper entgegen und musterte den sonderbar geformten Gegenstand in ihren Händen.

Dann reichte er mir eine zwanzig Zentimeter lange, breite Sonde mit einer Art elektronischer Anzeige. »Du misst die Temperatur«, teilte er mir mit.

Kein Problem, dachte ich. *Aber wie steckt man denen dieses Ding ins Ohr? Oder klemmt man es ihnen irgendwie unter den*

Arm? Vielleicht muss ich es unter die Zunge legen? Ob den Kühen das gefällt?

Tim wies mir meinen Platz am hinteren Ende des Behandlungsstands zu. »Warte einfach, bis der Stier nicht mehr rauskann«, erklärte er. »Dann schiebst du das Ding tief hinten rein und wartest, bis ich dir sage, dass du's rausnehmen kannst.«

Wie bitte? Mir wurde flau im Magen, und meine Schwester warf mir einen besorgten Blick zu. Ich wünschte mir plötzlich, vorher etwas gegessen zu haben. Ich war wackelig auf den Beinen, traute mich jedoch nicht, dem Bruder des Mannes eine Frage zu stellen, der mein Herz zum Hüpfen brachte. *Aber … in den Hintern? Reinschieben? Im Ernst?*

Ehe ich mich versah, kam das erste Tier in die Anlage. Mehrere Cowboys standen um das Rind herum und machten sich an ihre jeweilige Aufgabe. Tim schaute zu mir herüber und rief: »Rein damit!« Beklommen schob ich den Stab tief ins Rektum des Stiers. Das war doch nicht normal. Zumindest nicht für mich. Das war wider die Natur. Das musste gegen Gottes Willen verstoßen.

Ich sollte auf die Anzeige schauen und verkünden, ob die Temperatur über siebenunddreißig Grad lag. Dem ersten Stier ging's gut. Doch bevor ich den Stab herausziehen konnte, drückte Tim das heiße Brandeisen auf die linke Flanke des Stiers. Er stieß ein kehliges *Muuuuuh!* aus und entleerte den Inhalt seiner gewaltigen Gedärme über meine Hand und meinen Unterarm.

Tim sagte: »Okay, Ree, jetzt kannst du's rausnehmen.« Ich gehorchte. Ich wusste nicht, was ich sonst tun sollte. Mein Arm war in stinkende Kuhscheiße getaucht. War das richtig so? Sollte ich etwas sagen? Ich warf meiner Schwester einen kurzen Blick zu, die mich voller Entsetzen anstarrte.

Das zweite Rind kam in den Stand. Alles begann von vorne.

Ich schob ihm das Teil rein. Tim drückte das Brandeisen auf. Der Stier schrie. Der Kot schoss heraus. Ich staunte, wie regelmäßig und vorhersagbar diese ekelige Prozedur ablief und wie lässig alle – außer meiner Schwester – damit umgingen. Dann dämmerte es mir langsam, aber sicher.

Wir waren ungefähr beim zwanzigsten Tier angekommen. Tim nahm das Brandeisen aus dem Feuer und näherte sich damit der Flanke des Stiers. Im letzten Moment bekam ich mein Gerät nicht richtig zu fassen, es dauerte ein wenig. Aus dem Augenwinkel beobachtete ich, wie Tim innehielt, als ich zögerte. Es kam mir vor, als wartete er so lange, bis ich das Thermometer vollständig eingeführt hatte, ehe er das Tier brandmarkte. So ging er sicher, dass ich voll in der Schusslinie war, wenn alles herauskam. Er hatte das alles von Anfang an geplant, dieser fiese Hund.

Achtundsiebzig Stiere später waren wir fertig. Ich bot vielleicht einen Anblick! Auf meinem Arm lagen unzählige Schichten Kuhscheiße. Mit Sicherheit war ich leichenblass und im Schockzustand. Die Cowboys grinsten höflich. Tim führte mich zum Wasserhahn, wo ich meinen Arm waschen konnte. Marlboro Man sah mir zu, suchte sein Werkzeug und seine Ausrüstung zusammen … und schmunzelte.

Als meine Schwester und ich später im Auto davonfuhren, brachte sie nur noch eins hervor: »Du lie-ber Him-mel!« Ich musste ihr versprechen, nie mehr an diesen schrecklichen Ort zurückzukehren.

Damals wusste ich es nicht, doch später fand ich heraus, dass ich an jenem Tag aus Tims Sicht meine Aufnahmeprüfung bestanden hatte. Auf diese perverse Weise testete er meine Eignung.

13. Zwölf Uhr mittags

In der ersten Woche, so kam es mir vor, verbrachte ich mehr Zeit mit Marlboro Man allein als mit J in den gesamten vier Jahren unserer Beziehung. Und heute, viele Monate später, ist mir klar, wie wichtig es für ein verliebtes Pärchen ist, hin und wieder mal gemeinsam zu schweigen. Ruhig zu sein. Mit dem Daumen über die Hand des anderen zu fahren und die Geräusche der Umgebung eine Weile zu Musik werden zu lassen. J und ich hatten das nie gemacht. Es waren immer zu viele Menschen in der Nähe.

Die drastische Wendung, die mein Leben und meine Ansichten über die Liebe genommen hatten – darüber dachte ich an unseren gemeinsamen Abenden immer häufiger nach, in den Nächten, wenn wir auf Marlboro Mans stiller Veranda saßen, ohne die Lichter der Stadt, ohne Verkehrsgeräusche. Normalerweise aßen wir zusammen, machten den Abwasch, schauten uns einen Film an. Doch fast immer landeten wir am Ende auf seiner Veranda, saßen oder standen dort, schauten ins Nichts, in die dunkle, offene Landschaft, beleuchtet vom klaren Mondlicht. Hätten wir uns nicht umarmt, hätte die ruhige, ländliche Dunkelheit furchtbar einsam wirken können, dachte ich. Doch mein Cowboy gab mir keine Möglichkeit, das herauszufinden.

Auf ebendieser Veranda hatte er mir zum ersten Mal gesagt, dass er mich liebte, keine zwei Wochen nach unserer ersten Verabredung. Es war ein halbes Flüstern gewesen, fast nur ein Gedanke, der seinen Lippen unbedacht entfleucht war. Es

164

hatte mich überrascht und mich gleichzeitig dahinschmelzen lassen; diese Ehrlichkeit, die Spontaneität, das unver-
stellte Gefühl. Doch obwohl mir mein ganzer Körper sagte,
dass ich dasselbe empfand, hatte ich in der ganzen Zeit nicht
den Mut aufgebracht, diese Worte auch zu ihm zu sagen. Ich
war auf der Hut, trotz der Zuneigung, mit der mein Freund
mich überschüttete. Ich war abgestumpft – eine Folge meiner letzten Beziehung –, und es war auch nicht gerade hilfreich, dem Verfall der dreißig Jahre währenden Ehe meiner
Eltern zuzuschauen. Irgendwie war es schwierig für mich, die
Worte »Ich liebe dich« auszusprechen, obwohl ich ganz genau und ohne jeden Zweifel wusste, dass ich ihn liebte. Und
wie! Doch sie wollten mir einfach nicht über die Lippen kommen. Ich hatte Angst davor, was es bedeuten würde, diesen
Satz zu sagen, wusste nicht, wozu er führen könnte. Ich hatte
bereits Rindfleisch gegessen – womit ich niemals gerechnet
hätte, als ich mich noch vegetarisch ernährte. Ich war vor vier
Uhr morgens aufgestanden, um auf der Ranch mitzuhelfen.
Und ich hatte meinen Umzug nach Chicago aufgeschoben.
Redete ich mir zumindest ein. Aufgeschoben war ja nicht auf-
gehoben.

Das reichte doch wohl als Beweis, oder? Dass ich für ihn
meine Lebensplanung aufschob? Marlboro Man musste doch
wissen, dass ich ihn liebte, oder? Er war so zuversichtlich,
wenn wir zusammen waren, so offen, so ehrlich, so unver-
krampft und selbstsicher. Er stellte keine Bedingungen. Er gab
alles, schenkte mir bereitwillig sein Herz, und entweder war
es ihm ziemlich egal, wie meine wahren Gefühle für ihn aussahen, oder – und das war wahrscheinlicher – er wusste es bereits. Trotz meines Schweigens, trotz meiner Angst, völlig die
Kontrolle über mein früheres Ich zu verlieren, über das unabhängige Mädchen, für das ich mich so lange gehalten hatte,

wusste er Bescheid. Und er besaß alle Geduld der Welt, um so lange zu warten, bis ich so weit war.

Es war an einem Dienstag, als ich die Zurückhaltung letztlich in den Wind schoss und mir endlich vornahm, die Worte auszusprechen, die ich mit jeder Faser meines Körpers spürte, aber aus irgendeinem Grund nicht herausbringen konnte. Es kam spontan, unerwartet. Aber der Abend hatte etwas Besonderes.

Mein Cowboy war nach draußen zum Auto gekommen, um mich zu begrüßen. »Na, du«, sagte er, als ich die Wagentür hinter mir schloss und aus Gewohnheit die Diebstahlsicherung aktivierte. »Meinst du, dass du es irgendwann schaffst, dein Auto hier draußen stehenzulassen, ohne es abzuschließen?«, fragte er schmunzelnd.

Ich hatte es nicht mal gemerkt. »Oh«, lachte ich. »Ich weiß gar nicht, warum ich das noch tue!« Ich wurde rot. Ich, der Alien.

Marlboro Man grinste, schlang die Arme um meine Taille und hob mich hoch – meine Lieblingsbegrüßung. »Hi«, sagte er, und der rechte Mundwinkel verzog sich zu einem Grinsen.

»Hi«, erwiderte ich und grinste zurück. Er sah so wunderbar aus in seiner bequemen abgetragenen Jeans und dem gestärkten anthrazitfarbenen Hemd. Wirklich, Anthrazit stand ihm einfach super.

Die Farbe war eigens für ihn gemacht.

Und dann kam der Kuss – ein Kuss, der normalerweise für Paare gedacht war, die wochenlang getrennt gewesen waren und sich ihre ganze Leidenschaft für den Moment aufgespart hatten, wenn sie sich wiedersahen. Bei uns waren es keine vierundzwanzig Stunden gewesen. In dem Moment gab es niemanden außer uns auf der Welt. Wir drückten uns so eng aneinander, dass wir fast zu einem Wesen verschmolzen.

Mein ganzer Körper kribbelte, als wir ins Haus gingen. An jenem Abend spürte ich die Liebe mit jeder Faser.

Marlboro Man briet ein Lendenstück auf dem Grill. Es ist das leckerste Stück Fleisch, das es gibt. Richtig zubereitet, kann man es mit der Gabel zerteilen. Er hatte es in den vergangenen Monaten schon mehrmals für mich zubereitet, und es gab Augenblicke – meistens nach den ersten Bissen –, da ich vor Ehrfurcht fast eine Träne verdrückt hätte. Das Lendenstück wurde auf ein Stück Alufolie gelegt und großzügig mit Salz und grob gemahlenem Pfeffer gewürzt. Zum Schluss goss Marlboro Man einen Topf zerlaufene Butter darüber, legte es auf einen heißen Grill und garte es zwanzig bis dreißig Minuten, bis es innen perfekt medium war. Ich war überzeugt, dass es kein herrlicheres Stück Fleisch gab.

Wir aßen zu Abend und unterhielten uns. Langsam trank ich den kühlen Wein, genoss jeden einzelnen Schluck genauso wie jeden Moment mit dem Mann neben mir. Ich sah ihn gerne an, wenn er redete, ich mochte die Bewegungen seiner Lippen. *Er hat einen wunderschönen Mund*, dachte ich bei mir. Sein Mund machte mich regelrecht verrückt.

Wir landeten auf seiner Couch, sahen uns einen U-Boot-Film an und schmusten zum Chor der »Navy Hymn« im Hintergrund. Und auf einmal passierte es. Der Offizier hatte dem Kapitän gerade das Kommando über das Schiff entzogen. Der Film war gerade sehr spannend, und ich wurde plötzlich dermaßen von Gefühl übermannt, dass ich mich nicht mehr zurückhalten konnte. Mein Kopf lag an seiner Schulter, mein Herz in seinen Händen. Und mir entflohen drei geflüsterte Worte: »Ich liebe dich.« Wahrscheinlich hörte er sie nicht einmal. Er konzentrierte sich zu sehr auf den Film.

Doch er hatte sie vernommen; ich spürte es. Er schlang seine Arme noch fester um mich, drückte mich noch enger an sich. Er atmete tief ein und seufzte, und seine Hand spielte mit meinem Haar. »Gut«, sagte er leise, und seine zarten Lippen fanden meine.

Als ich an jenem Abend heimfuhr, fühlte ich mich deutlich besser. Ich war keine Missgeburt mehr, kein Freak, der seit Monaten jede wache Stunde mit einem Mann verbrachte, aber eine seltsame psychische Macke hat, die ihn davon abhielt, die eigenen Gefühle in Worte zu fassen, ein Freak, der sich immer wieder Liebesschwüre anhörte, ohne sich irgendwie zu revanchieren. Ich fühlte mich auch gut, weil ich so ungewöhnlich mutig gewesen war, es ihm zu sagen, bevor er an dem Abend die Möglichkeit gehabt hatte, mir zuvorzukommen. Ich wollte »Ich liebe dich« sagen, nicht »Ich liebe dich auch«. Es gab durchaus einen Grund, warum ich U-Boot-Filme so mochte.

Ich hatte keine Ahnung, in welche Richtung unsere Beziehung verlief. Doch ich wusste, dass ich es ehrlich gemeint hatte.

In jener Nacht schlief ich wie ein Murmeltier.

Am nächsten Morgen wurde ich von einem Anruf meines Cowboys geweckt. Es war fast elf Uhr.

»Hi«, sagte er. »Wie geht's?«

Ich sprang aus dem Bett und stolperte blinzelnd durchs Zimmer. »Wem? Mir? Ach so, gut.« Ich kam mir vor wie unter Drogen.

»Hast du noch *geschlafen*?«, fragte er.

»Wer, ich?«, fragte ich zurück und wollte mich aus meiner Benommenheit aufrappeln. Ich spielte auf Zeit, tat mein Bestes, um mich zurechtzufinden.

»Ja, du«, erwiderte er schmunzelnd. »Du hast doch nicht wirklich noch geschlafen!«

»Ich hab nicht mehr geschlafen! Ich hab … ich bin nur …« Ich war so ein Loser. Ein jämmerlicher Langschläfer.

»Du bist ein ganz schöner Draufgänger morgens, was?« Ich fand es herrlich, wenn Marlboro Man sich auf mein Spiel einließ.

Ich rieb mir die Augen und kniff mir in die Wangen, um mich wach zu bekommen. »Ja, irgendwie schon«, antwortete ich. Dann wechselte ich das Thema: »Und … was machst du heute?«

»Ach, ich musste heute früh in die Stadt«, sagte er.

»Echt?«, rief ich. Die Stadt war mehr als zwei Stunden von seiner Ranch entfernt. »Dann bist du ja früh aufgestanden!« Die Sache mit dem frühen Aufstehen würde ich nie verstehen. Wann schliefen die da mal aus?

Marlboro Man sprach unbeirrt weiter: »Ach, ich fahre gerade übrigens in eure Auffahrt.«

Was?!?

Ich raste ins Badezimmer und warf einen prüfenden Blick in den Spiegel. Mein Anblick ließ mich erschaudern: geschwollene Augen, plattes Haar, der Abdruck des Kopfkissens auf der linken Wange. Ein schlabbriger, ausgeblichener Schlafanzug. Wie aus der Tonne gezogen. Bis elf zu schlafen hatte meinem Äußeren nicht gerade gutgetan. »Nein, das kann doch nicht sein«, flehte ich ihn an.

»Doch, ich bin hier«, erwiderte er.

»Nein, bist du nicht«, wiederholte ich.

»Doch, bin ich«, sagte er.

Ich schlug die Badezimmertür zu und schloss ab. *Bitte, lieber Gott*, betete ich und griff zur Zahnbürste. *Mach, dass er es nicht ernst meint.*

Ich putzte mir die Zähne wie eine Wahnsinnige und prüfte dabei mein Spiegelbild. Warum konnte ich nicht aussehen wie die Frauen in der Werbung, die mit taufrischem Gesicht und perfekt verwuschelter Frisur in einem Bett mit gebügelten Laken aufwachten? So konnte ich niemandem unter die Augen treten, ganz zu schweigen von meinem sexy Marlboro Man mit seinem durchdringenden Blick, Marlboro Man, der gerade die Treppe heraufstieg. Ich hörte seine schweren Schritte.

Jetzt waren die Stiefel in meinem Zimmer, ebenso wie die dazugehörige Reibeisenstimme. »Hi«, hörte ich sie sagen. Ich drückte mir einen eiskalten Waschlappen ins Gesicht und betete zehn Ave-Maria. Ich konnte nicht glauben, dass ich zum zweiten Mal in einem Badezimmer gefangen war und meine große Liebe, der Cowboy, auf der anderen Seite der Tür wartete. Was um alles in der Welt hatte er hier zu suchen? Hatte er keine Kühe zu hüten? Keine Zäune zu flicken? Es war helllichter Tag, hatte er keine Ranch zu führen? Ich musste mich mal mit ihm über seine Arbeitsmoral unterhalten.

»Oh, hallo«, antwortete ich durch die Tür und durchwühlte den Wäschekorb nach etwas Tragbarem, das besser war als das peinliche Teil, das gerade meinen Körper zierte. Hatte ich denn gar keine Selbstachtung?

Ich hörte ihn leise lachen. »Was machst du da drin?« Ich fand meine weiche, verwaschene Lieblingsjeans.

»Mich verstecken«, erwiderte ich, schlüpfte hinein und knöpfte sie zu.

»Na, dann komm mal raus«, sagte er zärtlich.

Die Jeans waren feucht, da sie zwei Tage zusammen mit einem nassen Waschlappen im Korb gelegen hatten, dazu fand ich kein besseres Oberteil als ein rotgoldenes T-Shirt mit der Aufschrift »Fight On!« aus meiner Zeit an der USC. Es war nicht schmutzig und roch auch nicht. Was Besseres konnte ich im Moment nicht aus mir machen. Meine Güte, wie tief war ich gesunken im Vergleich zu meiner Zeit mit schwarzen Stilettos im glamourösen Los Angeles. Meine Niederlage akzeptierend, riss ich die Tür auf.

Dort stand er und grinste. Wie immer gelang es ihm mit seinem spitzbübischen Lächeln, mich umzuhauen.

»Na dann, guten Morgen!«, sagte er und schlang die Arme um meine Taille. Seine Lippen drückten einen Kuss an meinen Hals. Ich war froh, mich mit Giorgio eingesprüht zu haben.

»Guten Morgen«, flüsterte ich mit leicht nervöser Stimme. Gleichermaßen beschämt wegen meiner geschwollenen Augen und weil ich so lange geschlafen hatte, wollte ich ihn gar nicht loslassen, hoffte entgegen dem gesunden Menschenverstand, dass er mich niemals loslassen würde, damit er keinen Schritt zurückmachte und mich gründlich begutachtete. Wenn wir einfach fünfzig Jahre so stehen blieben, würden meine dicken Augen irgendwann von Falten kaschiert werden.

»Und?«, sagte Marlboro Man. »Was hast du den ganzen Tag so gemacht?«

Ich zögerte nur kurz, dann setzte ich zu einem ausführlichen Vortrag an. »Also, ich bin natürlich schon dreißig Kilometer gejoggt, dann war ich wandern und habe die *Ilias* gelesen. Zweimal. Den Rest willst du gar nicht wissen. Der ist nur langweilig.«

»Aha«, machte er, und seine blaugrünen Augen ruhten in meinen. Wieder schmolz ich in seinen Armen dahin. Das passierte jedes Mal, wenn er mich hielt.

Er küsste mich trotz des alten T-Shirts mit dem »Fight On!«-Aufdruck. Ich schloss die Augen und fiel in ein schwarzes Loch, in einen Strudel der Liebe, war nicht länger in meinem menschlichen Körper gefangen. Ich schwebte.

Marlboro Man flüsterte mir ins Ohr: »Hör mal …«, und drückte mich noch fester an sich.

»R-r-ree?« Eine dröhnende Stimme erfüllte das Zimmer.

Ich fiel auf die Erde zurück, war wieder in meinem Zimmer, landete mit einem lauten Plumps auf dem Boden.

Es war mein Bruder Mike. Mit ausgestreckten Armen kam er auf mich und meinen Geliebten zugeeiert.

»Hi!«, grölte er. »W-w-was macht ihr gerade?« Und bevor sich einer von uns versah, warf Mike die Arme um uns beide und drückte uns ungestüm an sich.

»Hey, hallo, Mike«, sagte Marlboro Man, ersichtlich bemüht zu verarbeiten, dass mein erwachsener Bruder den Arm um ihn gelegt hatte.

Ich fand es nicht peinlich, es nervte mich nur. Mike hatte unseren intimen Moment unterbrochen. Das machte er ständig. »Alles klar, Mike«, sagte ich. »Wo kommst du denn schon wieder her?«

»Carl hat mich gerade von der Ambulanz nach Hause gebracht«, sagte er. Die Ambulanz war einer von Mikes Lieblingsorten, besser war nur noch die Feuerwache Nr. 3.

Ich löste mich aus der Umarmung von Marlboro Man und meinem Bruder. »So, Mike«, sagte ich. »Was kann ich an diesem schönen Morgen für dich tun?« (Übersetzt: *Was willst du?!?*)

»Äähm … Ich hab mich mit Dan zum Mittagessen in der Mall verabredet, weil er meinte, er hätte schon l-l-lange keinen Urlaub mehr gehabt, und seine Frau ist total gestresst, deshalb will er mit seiner Frau Urlaub machen, und er meinte, er wollte mich noch mal sehen.« Mikes Antworten gerieten immer sehr ausführlich.

»Schön«, sagte ich. (Übersetzt: *Tschüs, Mike! Verschwinde!*)

»Und ich muss irgendwie in die Mall kommen.« Da hatten wir's. Ich wusste ja, dass er etwas wollte.

»Tja, Mike«, sagte ich. »Ich hab aber leider gerade zu tun. Wie du sehen kannst, habe ich Besuch.«

»A-a-aber dann komm ich zu spät, und Dan glaubt, es ist was passiert!« O nein! Er begann sich aufzuregen.

»Na, warum hast du dich denn nicht einfach von Carl dort absetzen lassen?«, fragte ich. Mike entschied sich nicht immer für die vernünftigste Lösung.

»Weil ich ihm g-g-gesagt habe, dass meine Schwester mich bestimmt gerne hinbringt«, erwiderte er. Er bezog mich gerne ohne mein Einverständnis ein.

Doch ich hatte nicht vor nachzugeben; ich würde mich nicht von Mike herumkommandieren lassen. »Tja, Mike«, sagte ich. »Ich kann dich etwas später in die Mall bringen, aber vorher muss ich mich anziehen. Also reg dich ab, Junge.« Ich sagte Mike gerne, er solle sich abregen.

Marlboro Man hatte die ganze Szene verfolgt, sichtlich erheitert über den Schlagabtausch zwischen Mike und mir. Er hatte Mike schon öfter getroffen und verstand, wie mein Bruder tickte. Und auch wenn er noch nicht genau heraushatte, wie man am besten mit ihm umging, schien ihm seine Gesellschaft nicht unangenehm zu sein.

Auf einmal wandte sich Mike an meinen Cowboy und legte ihm die Hand auf die Schulter. »K-k-kannst du mich bitte zur Mall bringen?«

Immer noch grinsend, schaute Marlboro Man mich an und nickte. »Klar bring ich dich hin, Mike.«

Mike platzte beinahe vor Stolz. »Ach, du grüne Neune!«, rief er. »Machst du das wirklich?« Wieder schlang er die Arme um Marlboro Man und drückte ihn liebevoll an sich.

»Okey-dokey, Mike«, sagte er, löste sich aus Mikes Umarmung und gab ihm stattdessen die Hand. »Einmal drücken am Tag ist genug für Jungs.«

»Ah, gut«, sagte Mike, ergriff die Hand und freute sich offenbar über den Tipp. »Verstanden.«

»Nein, nein, nein! Du musst ihn nicht hinbringen«, schaltete ich mich ein. »Mike, Mensch, mach mal halblang – ich bin doch gleich fertig!«

Doch mein Cowboy ließ nicht locker. »Ich muss eh zurück zur Ranch«, sagte er. »Macht mir nichts aus, ihn in der Mall abzusetzen.«

»Genau, Ree!«, sagte Mike aufmüpfig. In Eintracht stand er neben Marlboro Man, als hätte er gerade eine Schlacht geschlagen. »K-k-kümmer dich um deinen eigenen Kram.«

Wir gingen zu dritt die Treppe hinunter, und ich warf Mike einen bösen Blick zu. »Fahren wir in deinem weißen Pick-up?«, fragte Mike. Er platzte fast vor Aufregung.

»Jep, Mike«, erwiderte mein Freund. »Willst du ihn schon mal anlassen?« Er ließ die Schlüssel vor Mikes Gesicht baumeln.

»Was?«, fragte Mike und gab Marlboro Man nicht mal die Möglichkeit zu reagieren. Er riss ihm die Schlüssel aus der Hand und lief zum Pick-up. Ich blieb mit meinem Cowboy auf unseren altvertrauten Treppenstufen zurück.

»Ähm, tja«, sagte ich neckisch. »Danke, dass du meinen Bruder zur Mall bringst.« Mike ließ den Diesel aufheulen.

»Kein Problem«, sagte Marlboro Man und gab mir einen Kuss. »Bis später.« Wir hatten eine allabendliche Verabredung.

»Bis später.« Mike drückte auf die Hupe.

Mein Cowboy ging zum Pick-up, blieb plötzlich stehen und drehte sich noch einmal zu mir um. »Ach, übrigens«, sagte er und machte wieder ein paar Schritte auf mich zu. »Willst du mich heiraten?« Er griff in die Tasche seiner Wrangler.

Mein Herzschlag setzte aus.

Er zog die Hand aus seiner so perfekt sitzenden abgewetzten Jeans ... und hielt mir etwas Kleines hin. *Grundgütiger,* dachte ich bei mir. *Was im Namen des Allmächtigen läuft denn hier ab?* Er lächelte mich total lieb an.

Völlig versteinert stand ich da. »Äh ... was?«, sagte ich. Etwas anderes bekam ich nicht heraus.

Marlboro Man antwortete nicht sofort. Stattdessen nahm er meine linke Hand in seine, bog meine Finger auseinander und legte mir einen Diamantring auf die Handfläche, die langsam zu schwitzen begann.

»Ich habe gesagt« – er schloss meine Hand fest um den Ring –, »dass ich dich heiraten möchte.« Er überlegte kurz. »Wenn du Zeit brauchst, um darüber nachzudenken – das verstehe ich.« Noch immer hielt er meine Hand umfasst. Er legte seine Stirn an meine, und meine Knie wurden weich wie Butter.

Dich heiraten? In meinem Kopf überschlugen sich die Gedanken. Tausend Dinge fielen mir gleichzeitig ein. Mein Herz pochte laut in meiner Brust.

Dich heiraten? Aber dann muss ich mir ja die Haare abschneiden lassen. Verheiratete Frauen tragen Kurzhaarfrisuren und lassen sich die Haare im Schönheitssalon legen.

Dich heiraten? Aber dann müsste ich ja Aufläufe kochen.

Dich heiraten? Aber dann müsste ich beim Abwaschen gelbe Gummihandschuhe tragen.

Dich heiraten? Und dann aufs Land ziehen und richtig mit dir zusammenleben? In deinem Haus? Auf dem Land? Aber ich … ich wohne nicht auf dem Land. Ich weiß nicht, wie das geht. Ich kann nicht reiten. Ich habe Angst vor Spinnen.

Ich zwang mich, etwas zu sagen. »Ähm … was?«, wiederholte ich, und meine Stimme klang leicht panisch.

»Du hast mich verstanden«, sagte mein Cowboy, immer noch lächelnd. Er hatte gewusst, dass er mich damit überraschen würde.

In dem Moment drückte mein Bruder Mike wieder auf die Hupe. Er beugte sich aus dem Fenster und schrie nach Leibeskräften: »Los! Sonst komm ich zu spät zum Essen!« Mike verspätete sich nicht gerne.

Marlboro Man lachte. »Einen Moment, Mike!« Ich hätte auch gerne über die witzige Szene gelacht, die sich vor meinen Augen abspielte. Ein Ring. Ein Heiratsantrag. Mein behinderter, höchst ungeduldiger Bruder Mike, der darauf wartet, dass mein Freund ihn in die Mall fährt. Die Hupe des Pick-ups. Normalerweise hätte ich gelacht. Aber ich war einfach total perplex.

»Ich geh mal besser«, sagte Marlboro Man, beugte sich vor und küsste mich auf die Wange. Noch immer hielt ich den Diamantring in meiner verschwitzten Hand. »Sonst platzt bei Mike noch irgendein Blutgefäß.« Er lachte laut, offenbar hatte er seinen Spaß an der Sache.

Ich wollte etwas sagen, bekam aber nichts heraus. Ich war praktisch verstummt. Nichts hätte mich auf diese zehn Minuten meines Lebens vorbereiten können. Ich wusste nur noch, dass ich um elf Uhr aufgewacht war. Kurz darauf hatte ich mich im Bad versteckt und in meiner morgendlichen Unansehnlichkeit versucht, die Begegnung mit dem unerwartet eingetroffenen Marlboro Man herauszuzögern. Jetzt stand ich auf der Veranda und hielt einen Diamantring in der Hand. Es war alles völlig unwirklich.

Mein Freund wandte sich zum Gehen. »Du kannst mir später eine Antwort geben«, sagte er grinsend, und seine Wrangler verabschiedete sich von mir in der hellen Mittagssonne.

Doch dann hatte ich wieder alles lebhaft vor Augen: die Stiefel in der Kneipe, die eisblaugrünen Augen, das gestärkte Hemd, die Wrangler ... die erste Verabredung, die langen Gespräche, mein Zusammenbruch in seiner Küche, die Filme, die Nächte auf seiner Veranda, die Küsse, die langen Autofahrten, die Umarmungen ... und vor allem die überwältigende, schwindelnde Leidenschaft, die ich für ihn empfand. Bild auf Bild erschien in meinem Kopf.

»He«, sagte ich, ging auf ihn zu und schob beiläufig den Ring auf meinen Finger. Ich schlang die Arme um seinen Hals, und automatisch legte er seine Arme um meine Taille und hob mich hoch, unsere allzu vertraute Geste. »Jep«, sagte ich lässig. Er lächelte und drückte mich fest an sich. Mike hupte erneut. Er wusste ja nicht, was gerade geschehen war. Marlboro Man sagte nichts mehr. Er gab mir nur einen schnellen Kuss, lächelte und brachte meinen Bruder in die Mall.

Was mich betraf: Ich ging ins Haus, hoch in mein Zimmer und legte mich auf den Boden. *Was ... war da gerade passiert?* An die Decke starrend, versuchte ich, das alles zu verstehen. Meine Gedanken begannen zu rasen, wollten wissen, was das zu bedeuten hatte. *Muss ich jetzt etwa lernen, wie man schnitzt? Wie man panierte Hühnerkeulen macht? Ein Pferd reitet? Mit einer Sense arbeitet?* Ich bekam rote Wangen. *Und Kinder? Du lieber Gott! Das bedeutet ja, dass wir Kinder bekommen könnten! Wie würden wir sie nennen? Travis und Dolly? Ach, du liebe Güte! Ich sehe Kinder in meiner Zukunft.* Deutlich hatte ich sie vor mir: *Es wären kleine rothaarige Rangen mit grünen Augen, so wie ich, und jeder Menge Sommersprossen. Ich bekomme zehn, vielleicht sogar elf. Ich werde mich in den Garten hocken und Kinder kriegen, während ich gerade Okraschoten ernte.* Jedes Stereotyp des Landlebens stieg an die Oberfläche. Und zu vielen gehörten Kinder.

Dann entspannte ich mich und lag einfach nur da, sentimental und zufrieden. Ich dachte an all die Tage, wenn ich nach einer Begegnung mit Marlboro Man, meinem Cowboy, meinem Retter, in dieses Zimmer zurückgekehrt war. Ich erinnerte mich an all die Nächte, wenn ich in einem Zustand prickelnder Euphorie seufzend auf mein Bett gefallen war und an meinem T-Shirt gerochen hatte, um noch einen letzten Hauch von ihm zu erhaschen. Wenn ich frühmorgens zum Telefonhörer gegriffen und am anderen Ende seine sexy Stimme gehört hatte. Wenn ich große Sehnsucht gehabt hatte, ihn wiederzusehen, obwohl er mich nur zwei Minuten vorher nach Hause gebracht hatte. Es war richtig so, es war absolut richtig. Wenn ich es keinen Tag ohne ihn aushielt, konnte ich ja wohl ein ganzes Leben mit ihm …

In dem Moment klingelte mein Telefon. Ich fuhr zusammen. Es war Betsy, meine kleine Schwester.

»Hi, was geht?«, fragte sie. Sie wollte demnächst vom College zu Besuch kommen.

Ich wickelte mein Haar um meinen Finger, war nicht darauf vorbereitet, ihr ehrlich zu antworten.

»Ach, nichts«, erwiderte ich, und mein Daumen spielte mit dem Verlobungsring an meinem Finger.

Die nächsten fünf Minuten übten wir uns in schwesterlichem Geplauder und legten dann auf, ohne dass ich ihr die Neuigkeit mitgeteilt hatte. Ich wollte noch ein bisschen warten, ehe ich jemandem davon erzählte. Ich musste es erst selbst begreifen. Immer noch in meinem Zimmer auf dem Boden liegend, atmete ich tief durch und betrachtete meine Hand. Ich fühlte mich sonderbar kribbelig, wie losgelöst von meinem Körper. *Ich bin gar nicht richtig hier*, sagte ich mir. Ich war in Chicago und sah von dort aus zu, wie dies alles einer anderen Frau geschah. Es war wie in einem Film, vielleicht einem Kinofilm, vielleicht einem Fernsehfilm. Aber das konnte doch nicht mein Leben sein ... oder?

Wieder klingelte mein Telefon. Es war Marlboro Man.

»Hi«, sagte er. Ich hörte den Dieselmotor im Hintergrund brummen. »Habe Mike gerade an der Mall abgesetzt.«

»Hi«, sagte ich lächelnd. »Danke, dass du das übernommen hast!«

»Ich wollte dir nur sagen ... ich bin glücklich«, sagte er.

Mein Herz wollte mir schier aus der Brust hüpfen.

»Ich auch«, sagte ich. »Überrascht ... und glücklich.«

»Ach ja«, fiel ihm ein. »Ich habe es Mike erzählt. Er hat versprochen, es keinem weiterzusagen.«

O Gott! Er hatte offensichtlich keine Ahnung, mit wem er es zu tun hatte.

14. Ritt mit dem Teufel

Ich war überzeugt, dass Mike inzwischen dem halben Einkaufszentrum erzählt hatte, dass »m-m-meine Schwester bald
h-h-heiratet!«. Das würde bedeuten, dass innerhalb von ein
oder zwei Stunden der gesamte Bundesstaat Bescheid wüsste.
In null Komma nichts würde das alles sehr real werden. Die
Bedienung im Subway würde die Nachricht als Erste erfahren, gefolgt von der süßen Verkäuferin bei Candy Craze, die
wahrscheinlich meine Schwester von der Highschool kannte,
so dass sie ihre Mutter anrufen würde, die möglicherweise
mal bei meinem Dad Patientin gewesen war und bestimmt
meine Mutter kannte. Auch das Mädel in der Kosmetikabtei-
lung von Dillards wüsste es bald – sie verkaufte meiner Oma
einmal im Monat das Make-up von Estee Lauder. Dann die
ganzen Sicherheitsleute und Hausmeister im Einkaufszentrum – innerhalb der nächsten Stunde hätte es sich bis zu ihnen herumgesprochen, auch wenn es nur sehr wenige interessieren dürfte. Aber alle würden es wissen, das stand fest. Für
Mike waren Neuigkeiten – grundsätzlich – dazu da, weiter-
getragen zu werden. Und wenn er auch noch derjenige war,
der sie verbreitete, dann war er umso glücklicher. Zum Glück
hatte er kein Mobiltelefon, sonst hätte er schon längst das Lo-
kalradio angerufen und gebeten, dass die Meldung während
der Hauptverkehrszeit durchgegeben werde.

Das war eine von Mikes bevorzugten Taktiken: Nachrichten überbringen. Doch ich durfte mich nicht darüber auf-
regen. Ich lag noch immer auf dem Boden in meinem Zim-

mer, halb kribbelig, halb perplex, hielt mir die linke Hand vors Gesicht, spreizte die Finger leicht und musterte das Geschenk von Marlboro Man. Ich hätte mir selbst keinen schöneren Ring aussuchen können, keinen Ring, der meine Beziehung zu ihm besser symbolisiert hätte. Er war schlicht und einfach, bestand lediglich aus einem zarten Goldring und einem hübschen Diamanten, der sich hoch – fast stolz – über der Fassung erhob. Dieses Schmuckstück hatte ein Mann ausgesucht, der mir vom ersten Tag an immer deutlich gesagt hatte, was er empfand. Der Ring versinnbildlichte diese Haltung perfekt: stark, geradeheraus, solide, direkt. Er gefiel mir an meinem Finger. Es fühlte sich gut an zu wissen, dass er da war.

Dafür hatte ich ein komisches Gefühl im Magen. Ich war verlobt. *Verlobt.* Auf das Gefühl war ich nicht vorbereitet gewesen. Warum hatte ich noch nie zuvor von dieser sonderbaren Empfindung gehört? Warum hatte mir niemand davon erzählt? Ich fühlte mich erwachsen, war aufgeregt, bestürzt, eingeschüchtert und glücklich zugleich – eine sonderbare Mischung für einen ganz normalen Wochentag. Ich war verlobt – heiliger Strohsack! Mit der anderen Hand griff ich zum Telefonhörer und wählte, ohne nachzudenken, die Nummer meiner kleinen Schwester.

»Hi«, sagte ich, als Betsy sich meldete. Es war keine zehn Minuten her, seit wir unser letztes Gespräch beendet hatten.

»Hi«, grüßte sie zurück.

»Ähm, ich wollte dir nur sagen …«, mein Herz begann zu klopfen, »… dass ich, ähm … mich verlobt habe.«

Es kam mir vor, als würde sie stundenlang schweigen.

»Schwachsinn!«, rief Betsy schließlich. Dann noch einmal: »Schwach-sinn!«

»Kein Schwachsinn«, antwortete ich. »Er hat mir gerade einen Heiratsantrag gemacht. Ich bin *verlobt*, Bets!«

»Was?!?«, kreischte Betsy. »Ach, du lieber Gott ...« Ihr brach die Stimme. Dann begann sie zu weinen.

Ich bekam einen Kloß im Hals. Sofort war mir klar, warum sie weinte. Auch ich spürte es. Es war bittersüß. Alles würde sich ändern. Mir traten ebenfalls Tränen in die Augen. Meine Nase fing an zu kribbeln. »Hör auf zu heulen, du blöde Kuh!« Ich musste trotz der Tränen lachen.

Betsy fiel in mein Lachen ein, schluchzte aber gleichzeitig, konnte die Tränen einfach nicht unterdrücken. »Kann ich deine Brautjungfer sein?«

Das war zu viel für mich. »Ich bekomm keinen Ton mehr heraus«, brachte ich durch aufeinandergepresste Lippen hervor. Dann legte ich auf und lag heulend auf dem Boden.

Fast sofort klingelte das Telefon erneut. Es war Mike, der von einer Telefonzelle in der Mall anrief. *Oje*, dachte ich. *Er hat bestimmt eine ganze Rolle Vierteldollarmünzen dabei.*

»Hey!«, rief Mike. Im Hintergrund hörte ich die Leute im Einkaufszentrum.

»Hey, Mike«, sagte ich und wischte mir die Tränen aus dem Gesicht.

Er versuchte, mich aufzuziehen. »Ich h-h-hab heute was über dich g-g-gehört ...« Schelmisches Lachen.

Ich spielte mit. »Ach ja, Mike? Was denn?«

»Ich hab gehört, ... dass ... einer h-h-heiratet, den ich k-k-kenne!« Er quietschte und gackerte, wie nur er es konnte.

»Hör mal, Mike«, sagte ich. »Das hast du doch noch niemandem erzählt, oder?«

Er antwortete nicht.

»Mike?«, hakte ich nach.

Schließlich erwiderte er: »Ich ... ich glaub nicht.«

»Mike ...!«, neckte ich ihn. »Vergiss nicht, dass du versprochen hast, es keinem zu erzählen!«

»Ich m-m-muss Schluss machen«, sagte Mike. Und mit den Worten legte er auf und ging seiner Wege.

Jep, es würde mit Sicherheit in der Abendzeitung stehen … bildlich gesprochen.

In den nächsten Stunden informierte ich zur Sicherheit selbst den Rest meiner näheren Verwandtschaft, dass ich, ihre Tochter / Schwester / Enkelin, einen Cowboy aus dem Nachbarbezirk heiraten würde. Ich traf nur auf sehr wenig Widerstand – abgesehen von den schockierten Bemerkungen meines ältesten Bruders, der, so wie ich früher, der Ansicht war, dass das Leben außerhalb einer Großstadt nicht der Rede wert war. Im Großen und Ganzen war meine Familie einverstanden. Offensichtlich wussten alle, wie verrückt ich nach Marlboro Man war; mich hatte kaum jemand zu Gesicht bekommen, seit wir zusammen waren. Die wacklige Ehe meiner Eltern hing wie eine dunkle Wolke über uns. Es war eine hässliche Gewitterwolke, die meinen perfekten Frühlingstag zu ruinieren drohte. Ich versuchte sie zu ignorieren, zumindest fürs Erste, und den Augenblick zu genießen.

Diesen wunderbaren, außergewöhnlichen Augenblick.

Früh am nächsten Morgen fuhr ich gen Westen zur Ranch. Mein Cowboy hatte am Abend zuvor angerufen – einer der seltenen Abende, die wir getrennt hatten verbringen müssen – und mich gebeten, früh herüberzukommen.

Gerade hatte ich meine Stadt über den Highway verlassen, als mein Autotelefon klingelte. Draußen war es neblig und trüb. »Beeil dich!«, befahl Marlboro Man in gespielt ernstem Tonfall. »Ich will meine zukünftige Frau sehen.« Mein Magen hüpfte. Seine zukünftige Frau. Es würde eine Weile dauern, bis ich mich an den Ausdruck gewöhnt hatte.

»Ich komme ja«, erklärte ich. »Immer langsam mit den

jungen Pferden!« Wir legten auf, und ich musste kichern. Super Spruch, hihi. Vor mir lag ein ganzes Leben solcher Witze. Es würde ein Riesenspaß werden.

In Jeans, Stiefeln und einem weichen Jeanshemd kam er zu mir ans Auto. Ich stieg aus und fiel ihm in die Arme. Es war kurz nach acht, und nach wenigen Sekunden sackten wir gegen meinen Wagen, vergaßen uns in einem heißen, leidenschaftlichen Kuss. Sollte es ihm überlassen bleiben, ob acht Uhr morgens eine annehmbare Zeit war, um neben meinem Auto zu knutschen. Ich hätte das nicht sagen können.

»Und, was machen wir heute?«, fragte ich und versuchte mich zu erinnern, welcher Tag heute war.

»Ach, ich dachte, wir könnten ein bisschen rumfahren …«, sagte er, die Arme noch immer um meine Taille gelegt. »Und mal drüber reden, wo wir vielleicht wohnen wollen.« Er hatte schon öfter nebenbei davon gesprochen, dass er irgendwann an einen anderen Fleck auf seinem Land ziehen wolle, aber ich hatte nie besonders darauf geachtet. Mir war immer ziemlich egal gewesen, wo er wohnte, solange er seine Wrangler trug. »Ich möchte, dass wir das gemeinsam entscheiden.«

Den ganzen Vormittag fuhren wir herum, mein Marlboro Man und ich. Wir gelangten in die entlegensten Winkel und an die letzten Enden des Familienbesitzes: Es ging durch plätschernde Bäche, über unzählige Viehtritte, hier über einen Hang, dort durch einen Baumbestand – alles auf der Suche nach dem perfekten Ort, wo wir unser gemeinsames Leben beginnen konnten. Ihm gefiel das Haus, in dem er bis jetzt wohnte, aber es war viel zu weit entfernt vom Zentrum der Ranch, und er hatte sich schon immer irgendwo dauerhaft niederlassen wollen. Da wir jetzt verlobt waren und heiraten wollten, war der richtige Zeitpunkt für diesen Umzug gekommen.

Auch ich hatte sein Haus gemocht: Es war schlicht und rustikal und doch schön in seiner Einfachheit. Dort könnte ich leben. Aber auch in einem anderen Haus. Ich könnte auch in seinem Pick-up leben, in seiner Scheune oder in einem Tipi auf der Wiese ... solange er nur bei mir war. Doch mein Cowboy wollte sich mit mir gemeinsam umsehen, deshalb waren wir unterwegs. Hielten Ausschau. Hielten Händchen. Und redeten. Und irgendwann mittendrin blieb er im grellen Sonnenlicht des Vormittags im Schatten eines Baumes stehen, überwand die Distanz zwischen unseren ledernen Schalensitzen und schloss mich zärtlich in die Arme. Dort hockten wir und knutschten, wie zwei Teenager im Autokino. Aber ein Autokino von 1958. Vor der sexuellen Revolution. Vor Cinemax, auch wenn ich in Gedanken sehr in den Neunzigern verhaftet war. An jenem Morgen im Pick-up fiel es mir schwer, mich in Zurückhaltung zu üben. Niemand war da, der uns hätte sehen können.

Doch wir hielten uns zurück und beendeten unser Geknutsche nach wenigen Minuten statt nach Stunden, was mir lieber gewesen wäre. Wir hatten noch das ganze Leben vor uns. Und viel zu tun. Zum Beispiel Viehtritte zu überqueren. Deshalb fuhren wir weiter, sahen uns einige Stellen an, wo wir eines Tages vielleicht unsere Zelte aufschlagen könnten. Wir begannen beim Stammhaus – dem urigen, bescheidenen Heim, wo Marlboro Mans Großvater als frischverheirateter Bauer gewohnt hatte, als er gerade begann, eine Familie zu gründen. Die gut instand gehaltene Straße, auf der wir fuhren, sei jedoch nicht immer befahrbar, erklärte mir mein Cowboy. Wenn es auch nur leicht regnete, habe seine Großmutter tagelang im Stammhaus festgesessen, weil der rauschende Bach unpassierbar wurde. Seine Großmutter sei ein Stadtmädchen gewesen, ähnlich wie ich, erklärte er mir, und hätte am Anfang nicht auf der Ranch wohnen wollen. Aber weil sie seinen Großvater heiraten wollte, habe sie die bittere Pille geschluckt und sei zu ihm gezogen.

»Wie lieb«, sagte ich. »Hat es ihr denn irgendwann gefallen?«

»Na ja, sie hat sich bemüht«, sagte Marlboro Man. »Aber als sie zum ersten Mal auf ein Pferd stieg, machte mein Opa den Fehler, über sie zu lachen«, fuhr er fort. »Sie stieg sofort wieder ab und sagte, es sei das erste und letzte Mal gewesen, dass sie auf einem Pferd gesessen habe.« Er schmunzelte auf die ihm eigene Art.

»Ah«, machte ich und lächelte nervös. »Und wie lange hat es gedauert, bis sie sich daran gewöhnt hatte?«

»Eigentlich nie so richtig«, sagte er. »Sie kauften irgendwann ein Haus in der Stadt und zogen weg.« Wieder schmunzelte er.

Ich schaute aus dem Fenster und wickelte mir eine Strähne um die Finger. Irgendwie schien mir das Stammhaus nicht die beste Wahl zu sein.

Wir fuhren weiter, wollten aber an dem Tag keine abschließende Entscheidung treffen. Wir waren schließlich noch keine vierundzwanzig Stunden verlobt; es gab keinen Grund zur Eile. Als wir endlich zu seinem Haus zurückkehrten, machten wir es uns auf der Couch gemütlich und schauten uns einen Film an. Ausgerechnet *Vom Winde verweht*. Mein Cowboy liebte den Schmachtfetzen. Und als ich am Nachmittag dalag und wohl zum dreihundertsten Mal sah, wie der Süden um Scarlett O'Hara herum zusammenbrach, streichelte ich die Arme, die mich so lieb und sicher hielten, seufzte zufrieden und fragte mich, wie ich diesen einen Menschen nur gefunden hatte.

Als er mich spät am Nachmittag zum Auto brachte, legte er

die Hände leicht an meine Taille. Nur kurz zuvor hatte Scarlett erklärt, morgen sei auch noch ein Tag. Marlboro Man streichelte mir den Rücken, legte die Stirn gegen meine und schloss die Augen – als wollte er sich diesen Moment für immer einprägen. Sie kribbelten wie verrückt, seine Fingerspitzen auf meinen Rippen, aber ich kümmerte mich nicht darum; ich war mit diesem Mann verlobt, sagte ich mir, wahrscheinlich wartete in meinem Leben noch sehr viel Rückenstreicheln auf mich. Ich musste mich abhärten, musste lernen, dieser Demonstration von Liebe zu widerstehen, ohne dass meine Knie nachgaben und ich den Mädchennamen meiner Mutter vergaß. Sonst lägen Jahre voller Ärger – und verminderter Produktivität – vor mir. Ich stand also einfach da und ließ es geschehen, schloss die Augen ebenfalls und versuchte mit aller Macht, das kribbelnde Gefühl zu vertreiben. Es hatte hier nichts zu suchen. Hinweg mit dir, Satan! Ree, bleib stark!

Mein Kopf gewann, und wir standen da und drehten der Wirklichkeit eine lange Nase, die uns einreden wollte, wir beständen aus zwei Körpern. Die gelbe Sonne hinter uns wurde orange, dann rosa und schließlich leuchtend rot – so wie das lodernde Feuer zwischen uns.

Auf der Heimfahrt stand mein Körper in Flammen. Als wäre ich aus dem tollsten Traum erwacht, den ich je hatte, sei aber noch halb weg und könnte den Traum noch spüren. Ich zwang mich, zu denken, mich umzusehen, alles in mich aufzunehmen. *Eines Tages*, sagte ich mir, als ich die Landstraße entlangfuhr, *werde ich über eine Straße wie diese fahren, um in der Stadt Lebensmittel einzukaufen ... oder um die Post am Highway abzuholen ... oder um meine Kinder zum Cellounterricht zu bringen.*

Cellounterricht? Das wäre doch bestimmt möglich, oder? Und Ballett? Mit Sicherheit war eine Schule in der Nähe.

Wir hatten bereits mit verschiedenen Hochzeitsterminen jongliert: August? September? Oktober? Jedenfalls nach dem Sommer, wenn es wieder kühler würde. Wenn die Transportsaison vorbei war. Wenn wir entspannt feiern und herrlich lange Flitterwochen ohne den Stress der Rancharbeit genießen konnten. Unsere Hochzeit war noch Monate entfernt, aber das war in Ordnung für mich. Ich würde ohnehin so lange brauchen, um alle Einladungen an seine Seite der Familie zu schreiben, bei all den Cousins und Cousinen, Onkeln, Tanten und entfernten Verwandten, die sämtlich in einem Umkreis von achtzig Kilometer zu wohnen schienen und auf jeden Fall die erste Hochzeit in Marlboro Mans Familie mitfeiern wollten – einer Familie, die vor gut zehn Jahren vom tragischen Tod des ältesten Sohns erschüttert worden war. Und ich würde so lange brauchen, um mich von meinem alten Leben zu trennen, die Nabelschnur zwischen meinem ehemaligen und meinem zukünftigen Ich zu kappen.

In der Zwischenzeit hatte sich die Nachricht von unserer Verlobung unter den 35 000 Einwohnern meiner Heimatstadt herumgesprochen, was zu einem nicht geringen Teil meinem Bruder Mike und seiner patentierten Megaphonmethode geschuldet war, der unsere Verlobung am Vortag in der Mall und über die Telefonleitungen herausposaunt hatte. Meine Heimkehr nach der Zeit in Los Angeles war durchaus bemerkenswert gewesen, da ich immer so getan hatte – manchmal sogar demonstrativ –, als gehörte ich in ein großzügigeres, kosmopolitisches Umfeld. Dass ich nun meine in L. A. erstandenen schwarzen Pumps an den Nagel hängte, um auf eine abgelegene Ranch mitten ins Nichts zu ziehen, ließ so einige Augenbrauen hochschnellen. Fast konnte ich die Leute tuscheln hören:

»Was, Ree will heiraten?«

»Im Ernst? Ree heiratet einen Rancher?«

»Sie will auf dem *Land* leben?«

»Ich kann mir nicht vorstellen, dass Ree auf ein Pferd steigt.«

»Sie ist die Letzte, die ich mir auf einer Ranch vorstellen kann.«

»Was ist denn aus ihrem Freund in Kalifornien geworden?«

Auf der Hälfte der Fahrt klingelte mein Autotelefon. Es war meine Schwester Betsy, die seit vierundzwanzig Stunden zu Besuch zu Hause war.

»Mom hat gerade Carolyn in der Geschenkboutique getroffen«, lachte Betsy. »Carolyn meinte, sie hätte gerade von deiner Verlobung gehört und könnte es wirklich nicht fassen, dass ausgerechnet du auf dem Land wohnen willst ...« Wir mussten beide lachen, weil wir wussten, dass wir so was von nun an öfter hören würden.

Ich konnte den Leuten ihre Zweifel nicht verübeln. In Wahrheit wusste ich selbst nicht, ob ich es schaffen würde. Landleben? So viel Zeit ich auch bei Marlboro Man verbracht hatte, die Wirklichkeit des bäuerlichen Alltags war immer noch ein Buch mit sieben Siegeln für mich. Ich schloss kurz die Augen und versuchte, meine Zukunft – in einem bisher nicht näher definierten Haus, wahrscheinlich am Ende einer bisher nicht näher definierten staubigen Zufahrt, weit entfernt von Restaurants, Geschäften und Kosmetikabteilungen – mit meiner städtischen, verhätschelten, selbstbezogenen Gegenwart in Einklang zu bringen. Was würde ich Tag um Tag tun? Wann würde ich aufstehen müssen? Wären Hühner in der Nähe? Obwohl ich schon seit längerem mit Marlboro Man zusammen war, hatte ich noch keine Nacht bei ihm verbracht ... Ich war noch nie morgens zusammen mit ihm aufgewacht und hatte zugesehen, wie es so ablief, wenn er aufstand. Ich konnte mir nicht vorstellen, was ich morgens mit ihm tun sollte. Würde ich vor seinen Augen Cornflakes essen oder besser warten, bis er ins Büro gefahren war? Moment mal – Büro war ja nicht. Würde ich mit ihm arbeiten gehen oder tagsüber seine Klamotten auf dem Waschbrett schrubben und sie anschließend auf der Wäscheleine aufhängen? Wo kämen Trocknertücher ins Spiel? Sobald ich stillsaß, begannen meine Gedanken zu wandern. Und alle Stereotype, die ich je übers Landleben gehört hatte, trieben wie ein kleiner Fischschwarm durch meinen Kopf. Aus irgendeinem Grund war ich völlig außerstande, sie abzuschütteln.

Schließlich traf ich zu Hause ein. Betsy war mit Freundinnen von der Highschool unterwegs, und als ich in die Küche ging, stand es vor mir: das Problem in unserer Familie. Die Tür zum Fernsehraum war geschlossen, dahinter waren meine Eltern. Die Luft war zum Schneiden dick. Ich konnte buchstäblich vor mir sehen, was normalerweise unsichtbar bleibt: Anspannung, Streit, Konflikt, Schmerz. Mir wurde klar, dass ich eine gespaltene Persönlichkeit war: aufgeregt und euphorisch wegen meiner Zukunft mit Marlboro Man und gleichzeitig erschüttert und voll böser Vorahnungen und Ängste, weil ich wusste, dass meine stabile, glückliche, ganz normale Familie vor meinen Augen auseinanderfiel. Wie konnte dieser strahlende, perfekte Haushalt in eine solche tieftraurige Abwärtsspirale geraten? Es war ein Treppenwitz der Geschichte, dass ich zur selben Zeit die große Liebe meines Lebens fand.

Ich schleppte mich hoch in mein Zimmer, streifte meine Schuhe ab und rollte mich in dem weichen Sessel neben meinem Bett zusammen. Ich wollte einfach nur weg, wollte dem ganzen verfluchten Mist entkommen. Schließlich war es das Problem meiner Eltern, nicht meines. In meiner Macht lag es ganz gewiss nicht, sie wieder zusammenzubringen. Doch anstatt mich befreit zu fühlen und diese Tatsache zu akzeptieren, hatte ich nur einen Gedanken im Kopf, nämlich wie um alles in der Welt ich die nächsten Monate meiner Verlobung überstehen sollte. Ich sah schon alles vor mir: ein endloses schizophrenes Auf und Ab von Hochgefühl, weil ich bei meinem Liebling war, und tiefer Niedergeschlagenheit, sobald ich das Haus meiner Eltern betrat. Ich war mir nicht sicher, ob ich die innere Stärke hatte, diese Achterbahn der Gefühle zu ertragen.

Da rief mein Retter an, so wie immer, wenn wir einen Tag oder Abend miteinander verbracht hatten. Er meldete sich, um gute Nacht zu sagen … war ein schöner Tag heute … was hast du morgen vor … ich liebe dich. Seine Anrufe waren Balsam für meine Seele; sie hoben meine Laune, beruhigten mich, heilten mich, machten alles wieder ganz. Das war dieses Mal nicht anders.

»Hey, du«, sagte er. Seine Reibeisenstimme erreichte neue Sphären der Erotik.

»Hey«, erwiderte ich und seufzte.

»Was machst du gerade?«, wollte er wissen.

»Ich sitze hier«, sagte ich und hörte dumpf die Stimmen meiner Eltern durch die Zimmerdecke. »Und denke nach …«

»Worüber?«, fragte er.

»Ach, ich dachte nur …«, fing ich an und zögerte kurz. »Ich dachte, ich würde am liebsten durchbrennen.«

Zuerst lachte mein Cowboy. Doch als er merkte, dass ich nicht mitlachte, hörte er auf, und wir schwiegen beide.

»Wirklich?«, fragte Marlboro Man. »Du willst durchbrennen?«

»Hm, ja … irgendwie schon«, antwortete ich. »Was hältst du davon?«

»Also«, hob er an. »Wie kommst du darauf?« Er sagte es nicht, aber ich wusste, dass er nicht durchbrennen wollte. Er wollte richtig heiraten. Er wollte feiern.

»Ach, weiß nicht«, sagte ich zögernd, weil ich gar nicht genau wusste, was ich fühlte und sagen sollte. »Ich hab nur gerade drüber nachgedacht, als du anriefst.«

Er überlegte eine Weile. »Ist alles in Ordnung?«, fragte er dann. Ihm war meine veränderte Stimme aufgefallen, er spürte, dass eine dunkle Wolke über mir schwebte.

»Klar, mir geht's gut!«, versicherte ich ihm. »Total gut. Ich dachte nur … ach, ich dachte, es wäre lustig, zusammen abzuhauen.«

Doch ich hatte etwas völlig anderes gemeint.

Ich hatte gemeint, dass ich nichts mehr mit Familienfeiern zu tun haben wollte, mit Anspannung, Stress und Eheproblemen. Ich wollte mir nicht jeden Tag aufs Neue Sorgen machen, ob meine Eltern die nächsten Monate mit den Hochzeitsvorbereitungen überstehen würden. Ich wollte einfach nichts mehr damit zu tun haben. Ich wollte raus. Ich wollte, dass es aufhörte.

Das sagte ich jedoch nicht; es war zu viel für das spätabendliche Telefongespräch, es war mir zu viel zu erklären.

»Egal, wie du willst«, erwiderte der Cowboy und musste gähnen. »Darüber können wir ja morgen noch sprechen.«

»Ja«, sagte ich und gähnte ebenfalls. »Gute Nacht …«

Ich schlief in meinem bequemen Sessel ein, im Arm den Fuchs Johnson, ein abgewetztes Steifftier, das ich von meinen Eltern bekommen hatte, als wir noch eine glückliche Familie waren.

»Kannst du heute rauskommen zu mir?«, fragte er mich am nächsten Morgen. »Du kann mir beim Brennen helfen.«

Ich grinste, weil ich wusste, dass er meine Hilfe ganz und gar nicht nötig hatte. Aber ich mochte es gerne, wenn er so tat.

»Ah, okay«, sagte ich und rieb mir die Augen. »Was soll ich anziehen?«

Marlboro Man lachte laut auf. Wahrscheinlich fragte er sich, wie viele Jahre ins Land gehen müssten, bis ich diese Frage nicht mehr stellte.

Kontrolliertes Brennen oder einfach Brennen, wie Farmer es nennen, erfolgt meistens im Frühjahr, wenn das junge Gras nachwächst. Durch das Brennen wird man das alte tote Gras der Wintermonate los und schafft Platz für die frischen grünen Schösslinge, die sich aus dem Boden kämpfen können. Außerdem wird dabei alles Unkraut getilgt, das schon gesprossen ist, denn viele Pflanzen wachsen bereits an den ersten warmen Tagen zu Frühlingsanfang. Im Allgemeinen wird von einem Jeep oder einem anderen offenen Fahrzeug aus das Feuer entfacht. Der Fahrer hält dabei eine Fackel aus dem Fenster und steckt das Gras an. Aus der Ferne hatte ich schon gesehen, wie Marlboro Man das machte, aber ich war noch nie dabei gewesen, so nah an den Flammen. *Vielleicht muss ich den Jeep fahren!*, dachte ich. *Oder, besser noch: die Fackel halten!* Das könnte echt lustig werden.

Er bat mich, zur Scheune in der Nähe seines Hauses zu kommen, wo sein Jeep stand. Kaum hielt ich dort an, sah ich, wie er aus der Scheune kam … mit zwei Pferden am Halfter. Ich bekam ein komisches Gefühl im Bauch, zog die Nase kraus und formte mit meinen Lippen das Wort *Scheiße*. Ich fühlte mich nicht wohl auf einem Pferd, und so wie bei den Eheproblemen meiner Eltern hatte ich irgendwie gehofft, auch das mit dem Reiten würde sich irgendwie in Luft auflösen.

Was Pferde betraf, war das Problem nicht, dass ich Angst gehabt hätte – ganz im Gegenteil. Ich fand Pferde wunderschön und war in der Nähe von Tieren noch nie nervös gewesen. Nicht Auf- und Absteigen war das Problem – das war eine der wenigen Übungen auf einem Hof, für die eine Ballettausbildung von Vorteil war. Auch der Geruch störte mich nicht, ich mochte ihn sogar irgendwie. Mein Problem mit Pferden hatte damit zu tun, dass mein Hintern einfach nicht im Sattel blieb, sobald das Pferd zu traben begann. Egal, welche Anweisungen und wie viele Tipps mein Freund mir auch gab, bei mir war Trab ein unablässiges, schmerzhaftes Rütteln. Mit meinen Füßen war alles in Ordnung: Sie blieben sicher in den Steigbügeln. Ich bekam nur einfach nicht heraus, wie ich die Muskeln in meinen Beinen richtig einsetzen musste, und hatte das Aussitzen noch nicht gelernt. Die Sache mit dem Reiten war dermaßen unangenehm: Mein Hintern schlug klatschend auf, mein Oberkörper wurde steif, und anschließend hatte ich tagelang Schmerzen. Ganz zu schweigen davon, dass ich beim Reiten wie der größte Depp aussah – eine Art Baum mit rotem Haar. Abgesehen von der rektalen Temperaturmessung bei Rindern hatte ich mich in meinem Leben noch nie so fehl am Platz gefühlt.

Das alles kam mir in den Sinn, als ich sah, wie Marlboro Man mit zwei Pferden auf mich zukam, von denen eins für mich bestimmt war. *Wo ist mein Jeep?*, dachte ich. *Wo ist meine Fackel? Ich brauche kein Pferd. Das hält mein Hintern nicht aus. Wo ist nur mein Jeep?* Noch nie hatte ich mich so danach gesehnt, einen Geländewagen zu fahren.

»Hi«, sagte ich und ging lächelnd auf meinen Freund zu. Ich bemühte mich, nicht nur ruhig, sondern völlig ungerührt von dem zu wirken, was mich erwartete. »Ähm … ich dachte, wir wollten *Brennen* fahren.«

Ich sprach das Wort ganz lässig aus.

»Ja, tun wir auch«, sagte er lächelnd. »Aber wir müssen in ein paar Ecken, wo der Jeep nicht hinkommt.«

Mein Magen zog sich zusammen. Einen Moment lang überlegte ich, ob ich mich krank stellen sollte, damit ich nicht mitmusste. *Was kann ich erzählen?*, fragte ich mich. *Dass ich glaube, ich müsste mich gleich übergeben? Oder halte ich mir besser den Bauch, stöhne, renne dann hinter die Scheune und gebe dramatische Würgegeräusche von mir? Das könnte höchst wirksam sein. Marlboro Man bekäme Mitleid mit mir und würde sagen:* »Schon gut … fahr einfach schon mal vor zum Haus und ruh dich aus. Ich komme später nach.« *Aber ich glaube nicht, dass ich es durchziehen kann; Kotzen ist so peinlich!* Außerdem bekäme ich vielleicht keinen Kuss, wenn mein Freund glaubte, ich hätte mich übergeben …

»Ah, gut«, sagte ich, lächelte wieder und bemühte mich, mir meine panische Angst nicht anmerken zu lassen. Abgelenkt durch den inneren Aufruhr und meine Seelenqualen, hatte ich nicht gemerkt, dass Marlboro Man mit den Pferden auf mich zugekommen war. Ehe ich mich versah, schlang er seinen rechten Arm um meine Taille. Mit der anderen Hand hielt er die Zügel der beiden Tiere. Im nächsten Moment zog er mich an sich, beugte sich vor und gab mir einen zarten, süßen Kuss – einen Kuss, den er noch zu genießen schien, als sich unsere Lippen schon wieder voneinander gelöst hatten.

»Guten Morgen!«, sagte er liebevoll und setzte wieder sein Zauberlächeln auf.

Meine Knie wurden weich. Keine Ahnung, ob es am Kuss lag oder an der Angst vorm Reiten.

Wir saßen auf und ritten langsam den Abhang hoch. Oben

angekommen, wies der Cowboy über die weite Prärie. »Siehst du die Bäume da hinten?«, fragte er. »Da wollen wir hin.« Sofort trieb er sein Pferd an und begann, über die flache Ebene zu traben. Ohne jegliches Signal von mir folgte mein Pferd. Ich nahm allen Mut zusammen, machte mich steif und starr und ergab mich der Tatsache, dass ich vor meiner großen Liebe wie ein Idiot aussah und mindestens eine Woche so viel Schmerzen haben würde, dass ich mich kaum bewegen konnte. Ich klammerte mich am Sattel fest, an den Zügeln, an meinem Leben, während das Pferd in dieselbe Richtung lief wie das von Marlboro Man.

Keine zwei Minuten später strauchelte mein Pferd kurz, es war in eine kleine Vertiefung getreten. Da ich keine Erfahrung mit so etwas hatte, schrie ich laut auf, riss wie wild an den Zügeln und machte mich noch steifer. Diese Kombination gefiel dem Tier gar nicht, so dass es verständlicherweise beschloss, mich nicht mehr auf seinem Rücken tragen zu wollen. Es begann zu bocken, und mein Leben lief vor meinem inneren Auge ab – zum ersten Mal hatte ich eine Todesangst vor Pferden. Ich hielt mich an dem Riesentier fest wie an meinem Leben, während es unter mir aufstieg und sich aufbäumte. Mein Körper schwebte in der Luft, und ich wusste, dass es nur noch eine Frage der Zeit war, bis ich hinuntersegelte.

In der Ferne hörte ich Marlboro Man rufen: »Zieh die Zügel an! Zügel anziehen! Anziehen!« Mein Körper reagierte sofort – schließlich war er gewöhnt, dieser Stimme unmittelbar zu gehorchen –, und ich riss heftig an den Zügeln. Dadurch wurde der Kopf des Pferdes an die Brust gezogen, was ihm das Bocken quasi unmöglich machte. Leider zerrte ich zu stark und zu schnell, und das Pferd bäumte sich auf. Ich beugte mich vor und umklammerte den Sattel, damit ich auf keinen Fall rückwärts hinunterfiel und mir eine schwere Kopfverletzung zuzog. Ich mochte meinen Kopf. Ich wollte mich noch nicht von ihm verabschieden.

Als das Pferd mit den Vorderbeinen wieder aufkam, war mein linkes Bein aus dem Steigbügel gerutscht. Meine ganze Würde hing an einem seidenen Faden. Mit der beim Ballett erlernten Wendigkeit sprang ich schnell herunter und stolperte von dannen, sobald ich festen Boden unter den Füßen hatte. Instinktiv lief ich in die andere Richtung – fort vom Pferd, von der Ranch, von verbranntem Gras. Ich wusste nicht, wohin ich ging – zurück nach L. A., vermutete ich, oder vielleicht würde ich doch nach Chicago ziehen. Es war mir egal; ich wusste nur, dass ich nicht stehen bleiben durfte. In der Zwischenzeit war Marlboro Man herangekommen und hatte mein Pferd wieder beruhigt. Es gönnte sich mittlerweile eine gemütliche Runde Wintergras, das noch abgebrannt werden musste. Der alte Klepper!

»Alles in Ordnung?«, rief Marlboro Man. Ich antwortete nicht, sondern ging einfach weiter, wollte nur noch raus aus Dodge City.

Es dauerte keine fünf Sekunden, da hatte er mich eingeholt; ich war nicht sehr schnell. »He«, sagte er, packte mich um die Taille und drehte mich um, so dass ich ihn ansah. »Ach, ist doch gut. So was kommt vor.«

Ich wollte nicht darüber sprechen. Ich wollte nichts davon hören. Ich wollte, dass er mich losließ und ich weiterlaufen konnte. Ich wollte den Hang hinunterhasten, den Wagen anlassen und einfach nur noch losfahren. Ich wusste nicht, wohin, ich wusste nur, dass ich fortwollte. Ich wollte weg von all dem – Reiten, Sattel, Zügel, Zaumzeug –, ich wollte es nicht mehr. Ich hasste alles auf dieser Ranch. Es war so dämlich und dumpf … einfach dämlich.

Ich wand mich aus seiner tröstenden Umarmung und kreischte: »Ich kann das ehrlich nicht!« Meine Hände zitterten unkontrollierbar, meine Stimme überschlug sich. Die Nase begann zu kribbeln, Tränen stiegen mir in die Augen. Eigentlich war es nicht meine Art, vor einem Mann so einen hysterischen Anfall zu bekommen. Doch ich hatte auf der Schwelle des Todes gestanden. Ich fühlte mich wie ein wildes Tier, war nicht in der Lage, mich zusammenzureißen. »Das will ich nicht für den Rest meines Lebens tun!«, heulte ich.

Ich wollte weitergehen, beschloss dann aber, aufzugeben, mich auf den Boden zu setzen und geschlagen zu geben. Es war alles so demütigend – nicht nur mein steifer, idiotischer Reitstil und mein Beinahesturz, sondern auch meine bescheuerte überzogene Reaktion darauf. Das war doch nicht ich. Ich war eine starke, selbstbewusste Frau, Herrgott nochmal! Ich hockte nicht mitten auf einer Wiese und heulte. Was machte ich überhaupt auf dieser Weide? Bei meinem Glück saß ich wahrscheinlich mitten in einem Kuhfladen. Doch ich konnte keinen Schritt mehr gehen, meine Knie schlotterten regelrecht, ich hatte kein Gefühl mehr in den Fingerspitzen. Mein Herz klopfte mir bis zum Hals.

Wenn Marlboro Man auch nur ein bisschen Verstand hätte, würde er seine Pferde nehmen und zusehen, dass er Land gewann und mich zurückließ, diese hysterische Frau, die auf dem Boden hockte und schluchzte. *Wahrscheinlich liegt das an irgendwelchen Hormonen*, dachte er bestimmt. *Wenn sie so drauf ist, gibt es nichts mehr zu sagen. Für so einen Scheiß habe ich keine Zeit. Sie wird einfach lernen müssen, damit zurechtzukommen, wenn sie mich heiraten will.*

Doch er machte sich nicht vom Acker. Er ließ mich nicht schluchzend allein zurück. Stattdessen setzte er sich zu mir ins Gras und legte die Hand auf mein Bein, versicherte mir, solche Sachen würden halt passieren, ich hätte nichts falsch gemacht (auch wenn das wahrscheinlich gelogen war).

»Meintest du das eben ernst, dass du so was nicht für den Rest deines Lebens machen willst?«, fragte er. Das vertraute neckische Grinsen umspielte seine Mundwinkel.

Ich blinzelte mehrmals und atmete tief durch, lächelte ihn an und gab ihm mit einem Blick zu verstehen, dass ich es nicht so gemeint hatte, aber dieses Pferd wirklich nicht ausstehen konnte. Dann atmete ich tief durch, stand auf und klopfte den Staub von meiner Anne-Klein-Jeans.

»He, wir müssen das nicht unbedingt jetzt tun«, sagte mein Cowboy und erhob sich. »Ich mach es einfach später.«

»Nein, geht schon«, erwiderte ich und steuerte mit neuer Entschlossenheit auf mein Pferd zu.

Noch einmal atmete ich tief durch, dann saß ich wieder auf. Als Marlboro Man und ich zusammen auf den Baumbestand zuritten, begriff ich plötzlich: Wenn ich diesen Mann heiraten sollte, wenn ich auf dieser abgelegenen Ranch leben würde, wenn ich ohne Cappuccino und Lieferservice überleben wollte, dann würde ich mich bestimmt nicht von diesem Pferd unterkriegen lassen. Ich würde mich durchbeißen und mich den Dingen stellen müssen.

Je länger wir ritten, desto klarer wurde es mir: Diesen Mut würde ich auf *alle* Bereiche meines neuen Lebens ausweiten müssen – nicht nur auf den Alltag auf der Ranch, sondern auch auf die Tatsache, dass die Ehe meiner Eltern zerbrach, und auf alle anderen Probleme, die in den kommenden Jahren auf mich zukommen würden. Auf einmal fand ich es nicht mehr romantisch und abenteuerlich, durchzubrennen und mich irgendwo trauen zu lassen, wie ich mir hatte einreden wollen. Wenn ich das täte, so begriff ich, wenn ich davonliefe und mein Jawort in einem fernen, versteckten Winkel der Erde geben würde, wäre ich niemals in der Lage, die Härte und den Stress des Landlebens zu bewältigen. Und das wäre nicht fair gegenüber meinem zukünftigen Mann ... und mir selbst gegenüber.

Irgendwann fiel mir auf, dass mein Cowboy in meinem Tempo neben mir ritt. »Die Pferde müssen neu beschlagen werden«, sagte er grinsend. »Heute sollten sie eh nicht traben.«

Ich warf ihm einen kurzen Blick zu.

»Wir reiten also besser langsam und locker«, fuhr er fort.

Ich schaute hinüber zu den Bäumen, atmete tief durch und klammerte mich so heftig am Sattelhorn fest, dass meine Knöchel weiß wurden.

15. Hoch zu Ross

»Und?«, fragte Marlboro Man eines Abends beim Essen. »Wie viele Kinder möchtest du haben?« Ich hätte mich fast an meinem T-Bone-Steak verschluckt, das er mir eigenhändig so hervorragend gegrillt hatte.

»Du liebe Güte!«, sagte ich und hustete. Auf einmal hatte ich keinen Hunger mehr. »Ich weiß nicht … wie viele Kinder willst *du* denn haben?«

»Ach, keine Ahnung«, erwiderte er mit einem schelmischen Lächeln. »Sechs oder so. Vielleicht sieben.«

Plötzlich wurde mir regelrecht schlecht. Vielleicht war das ein Abwehrmechanismus meines Körpers und sollte mich auf die morgendliche Übelkeit vorbereiten, die mich erwartete und von der ich damals natürlich noch nichts ahnte. Sechs oder sieben Kinder? O ja, Marlboro Man.

O … nein.

»Hahaha! Ha!«, lachte ich und warf mein langes Haar über die Schulter nach hinten, als hätte er einen super Witz gemacht. »Na klar! Haha! Sechs Kinder … stell dir das mal vor! Hahaha! Ha. Ha!« Das Lachen war teils Erheiterung, teils Nervosität, teils Bestürzung. Wir hatten uns bis jetzt noch nie richtig über Kinder unterhalten.

»Warum?« Er machte ein etwas ernsteres Gesicht. »Was meinst du denn, wie viele Kinder wir haben sollten?«

Ich schob den Kartoffelbrei auf meinem Teller von links nach rechts und spürte meine Eierstöcke zucken. Das war alles andere als angenehm. *Hört auf damit!*, befahl ich ihnen wortlos. *Beruhigt euch! Geht wieder schlafen!*

Ich blinzelte und trank einen Schluck von dem Wein, den mein Freund für mich gekauft hatte. »Mal sehen …«, erwiderte ich und trommelte mit den Fingernägeln auf dem Tisch. »Wie wär's mit einem? Oder vielleicht … anderthalb?« Ich zog den Bauch ein – ein weiterer Versuch, das zu leugnen, was sich als mein unausweichliches, aufregendes Schicksal entpuppen sollte.

»Eins?«, fragte er zurück. »Aber das reicht ja nicht annähernd zur Unterstützung bei der Arbeit. Ich brauche deutlich mehr helfende Hände!« Dann schmunzelte er und stand auf, um die Teller abzuräumen. Ich saß verdattert da und hatte keine Ahnung, ob er Spaß machte oder nicht.

Es war die sonderbarste Unterhaltung, die ich je geführt hatte. Ich fühlte mich, als säße ich in einer Achterbahn und der Vergnügungspark läge in pechschwarzer Nacht vor mir. Ich wusste nicht, was mich erwartete; ich betrat unbekanntes Terrain. Meine Eierstöcke hingegen machten Salto rückwärts, als hätten sie die ganze Zeit in einer verdorrten Ödnis dahinvegetiert und seien nun endlich wunderbarerweise auf einen tosenden Wasserfall gestoßen. Und dieser Wasserfall war ungefähr einen Meter achtzig groß, hatte graue Haare und einen kräftigen Bizeps. Sie hatten nie geahnt, dass sie zu solcher Hoffnung fähig waren.

Nach dem Essen zogen wir uns auf die Veranda zurück, wie wir es so oft in den gemeinsamen Monaten getan hatten. Es war dunkel – wir hatten spät gegessen –, und trotz meines schweigenden fünfminütigen Kampfes mit meinen Fortpflanzungsorganen hatte der Abend auf jeden Fall etwas Besonderes. Ich stand am Geländer, atmete die feuchte Nachtluft ein und nahm all die Geräusche dieser Landschaft in mir auf, die bald meine Heimat sein würde. Das Pumpen eines Ölförderturms in der Ferne, die Symphonie der Grillen, das gelegentliche Muhen einer Mutterkuh, das wilde Kläffen der Kojoten ... der Lärm des Landlebens war ebenso präsent und beruhigend wie die Autohupen, der dröhnende Verkehr und die Sirenen in L. A.

Marlboro Man stellte sich hinter mich und schlang seine starken Arme um meine Taille. Ach, es war so real – er war real. Als ich seine Unterarme streichelte und mit den Handflächen von seinen Ellbogen zu den Handgelenken fuhr, empfand ich stärker als je zuvor, wie absolut real er war. Hier hielt mich der Adonis aus einem Liebesroman in den Armen, von dem ich immer geträumt hatte, ohne es zu wissen; diese Träume hatten sich bis in jedes brodelnde Detail in meinem Unterbewusstsein abgespielt, ich hatte nicht mal geahnt, was ich verpasste. Ich schloss die Augen und legte meinen Kopf an seine Brust, und seine unglaublich weichen Lippen und weichen Härchen ruhten in meinem Nacken. Es war Romantik pur, die Nachtluft war so still, fast nicht wahrnehmbar. Körperlich und emotional war es fast mehr, als ich ertragen konnte. Sechs Kinder? Na klar. Wie wär's mit sieben? Reicht das? Als ich an jenem Abend dort stand, hätte ich mich auf acht, neun, zehn eingelassen. Und sofort damit anfangen können.

Aber das musste noch warten. Dafür hatten wir noch mehr als genug Zeit. In jener Nacht, jener perfekten dunklen Nacht, blieben wir einfach auf der Veranda und verloren uns in einem heißen Kuss nach dem anderen. Und irgendwann wusste ich nicht mehr, wo seine Arme aufhörten und mein Körper begann.

Bald fanden wir die Stelle, wo wir eines Tages wohnen wollten, den idealen Ort, um unser gemeinsames Leben zu beginnen. Es war ein altes »Indianerhaus« (wie man es hier nannte) aus gelbem Backstein und stand auf einem separaten, neueren Grundstück der Familie. Es war in den zwanziger Jahren von einem Indianer gebaut worden, der den Geldregen des damaligen Ölrausches genutzt hatte. Nachdem das Gebäude im Lauf der Jahre ein paarmal den Besitzer gewechselt hatte, war es von innen in einem schlimmen Zustand: zwei Meter hohe Wände, Haushaltsgeräte in Avocadogrün und Teppichböden, die von allen erdenklichen Kreaturen bewohnt wurden. Kleinere Renovierungsarbeiten im Haus waren nie fertiggestellt worden. Es roch penetrant nach Mäusepisse.

»Herrlich!«, rief ich aus, als Marlboro Man mich herumführte und Bretter zur Seite schob, damit ich vorbeischlüpfen und den Flur entlanggehen konnte. Er hielt meine Hand, damit ich mir nicht wehtat. Und es stimmte: Ich fand es herrlich. Das Haus war alt, sehr alt. Es hatte viele Geschichten zu erzählen.

»Wirklich?«, fragte er lächelnd. »Gefällt es dir?«

»Aber ja!«, wiederholte ich und sah mich um. »Das ist echt was Besonderes!«

»Na ja, wir können hier auf jeden Fall erst wohnen, wenn wir ein paar Sachen repariert haben«, sagte er. »Aber ich fand dieses alte Haus immer schon toll.« Mit ersichtlicher Achtung vor dem Gebäude, in dem wir standen, schaute er sich um.

Der Vorbesitzer – ein alter Rancher aus der Gegend, dem das Land gehört hatte, bevor er es schließlich an Marlboro Man und seinen Bruder verkaufte – hatte Gegenstände zurückgelassen, die nun verstaubt herumstanden. Umgekippt lag eine alte Trophäe in Form einer Urne in der Ecke. Ich hob sie auf und wischte den Schmutz beiseite. *Absolvent des Jahres* 1936 stand darauf. Darunter der Name des Ranchers. Daneben lag ein Karton mit leerem Briefpapier der Ranch: ein vergilbter Briefkopf mit einem Aquarell des alten Mannes, der damals noch nicht so alt war. Mit Hornbrille stand er neben einer Herde Herefordrinder. Seine khakifarbene Hose hatte er in die großen braunen Stiefel gestopft. Das Briefpapier stammte aus den Fünfzigern, schätzte ich. Ich nahm es in die Hände und roch daran.

Überall waren Staub und Schmutz, Spinnweben und Erinnerungen … auf dem Boden, unter der Decke, in der Luft. Es war seltsam, fast unheimlich, dass ich mich trotz avocadogrüner Geräte und der dicken Staubschicht dem alten gelben Backsteinhaus sofort nahefühlte. Vielleicht lag es daran, dass ich spürte, wie sehr mein Cowboy es mochte; es konnte auch die Einzigartigkeit des alten Gemäuers sein oder das Wissen, dass es uns gehören würde, das Erste, was wir beide gemeinsam besäßen. Vielleicht war es aber auch nur das Gefühl zu wissen, dass ich dort stand, wo ich hingehörte.

»Achtung, Stufe!«, sagte Marlboro Man, als wir die wacklige Treppe hinaufstiegen, um uns oben umzuschauen. Ein geräumiger Absatz erwartete uns, ein Spiegel in weißem Eisenrahmen hing noch an der Wand. Mein Zukünftiger führte mich durch einen kurzen Flur zum Schlafzimmer, in das durch eine über die gesamte Breite verlaufende Reihe von Fenstern strahlendes Licht fiel. Ich konnte mindestens zwei, drei Kilometer nach Osten blicken, über einen bewaldeten Bach, der sich durch das Grundstück schlängelte. Hinter der Badezimmertür entdeckte ich schmutzige alte sechseckige Kacheln. Wo die Toilette gewesen war, klaffte ein Loch im Boden. Im Nebenraum gegenüber erspähte ich eine klapprige Kommode in demselben verblassten Gelb wie die Backsteine der Fassade. *Warum hat man sie zurückgelassen?*, fragte ich mich. Was wohl in den Schubladen war?

»Und … was meinst du?«, fragte Marlboro Man.

»Ach, ich find's herrlich«, sagte ich und fiel ihm um den Hals. Tatsächlich hatte ich keine Vorstellung, wie wir dieses Haus jemals wieder bewohnbar machen sollten und wie lang das dauern würde. Es mochte sich über mehrere Jahre hinziehen, es konnte uns die Haare vom Kopf fressen. Ich sah mir öfter die Schuldenberatung im Fernsehen an; ich wusste, wie schnell man in eine Abwärtsspirale geriet. Doch aus irgendeinem Grund machte ich mir keine Sorgen; es fühlte sich einfach richtig an, im Schlafzimmer des Hauses zu stehen, in dem Marlboro Man und ich unser neues Leben zu zweit beginnen wollten. Wo wir morgens gemeinsam aufwachen würden, beziehungsweise wo ich, wenn es noch keine acht Uhr war, mir die Decke wieder über den Kopf ziehen und im Bett bleiben würde, während Marlboro Man aufstünde und zur Arbeit ginge. Dieses Zimmer, in das wir irgendwann ein Bett, einen Nachttisch und ein, zwei Lampen stellen würden … und so wie ich uns kannte, wahrscheinlich einen Fernseher, damit wir U-Boot-Filme, Schwarzenegger-Streifen und *Vom Winde verweht* schauen konnten, ohne jemals unsere heiligen Laken zu verlassen.

Während ich mir das alles ausmalte, führte mich Marlboro Man über den Flur zurück und am Treppenabsatz vorbei zu den anderen Schlafzimmern im ersten Stock.

»Hier sind noch zwei Zimmer«, sagte er und stieg über einen Haufen Schutt. »Die sind in ziemlich gutem Zustand.«

Ich musste grinsen, betrat eines der Zimmer und sah mich um, kicherte und zog ihn auf: »So viel zum Thema sieben Kinder, was?« Ich schmunzelte selbstgefällig.

Unverzagt erwiderte Marlboro Man: »Noch nie was von Etagenbetten gehört, was?«

Ich musste schlucken und machte mich auf etwas gefasst, auch wenn meine Eierstöcke jubilierten.

Ehe ich mich versah, begannen die Abrissarbeiten im Innern unseres gelben Backsteinhauses, während gleichzeitig die Planung unserer Hochzeitsfeier mit sechshundert Gästen Fahrt aufnahm. Das ergibt sich ganz von selbst, auch wenn man nie im Leben eine Vorstellung von seinem perfekten Hochzeitstag gehabt hat und kurz zuvor noch durchbrennen wollte. Angesichts ungezählter Entscheidungen und einer unendlichen Auswahl an Spielarten und Möglichkeiten bei jedem Detail, vom Datum über die Einladungen und das Menü bis zum Blumenschmuck, redet man sich gern ein, dass das alles ungeheuer wichtig sein muss. Und man will sichergehen, dass man in jeder Hinsicht richtig entschieden hat.

Bei mir jedoch diente die Beschäftigung mit der Hochzeitsplanung einem viel höheren Zweck. Abgesehen von dem Bemühen, die Hochzeitsmaschinerie in Gang zu halten und die stetig wachsende Zahl von Gästen – ein großer Teil davon aus Marlboros Mans weitläufiger Verwandtschaft – auf der Feier unterzubringen, wurde das Abtauchen in unsere Hochzeitspläne für mich zum großen Ablenkungsmanöver, zur perfekten Flucht vor der hässlichen schwarzen Wolke, die über meiner ehemals glücklichen Familie schwebte. Die Probleme in der Ehe meiner Eltern waren angesichts der bevorstehenden fröhlichen Familienfeier nicht verschwunden, sondern sogar schlimmer geworden. Nachdem ich beschlossen hatte, nicht durchzubrennen, hatte ich mich in positivem Denken geübt. *Bis zum Hochzeitstermin haben sie sich ja vielleicht wieder zusammengerauft*, redete ich mir ein.

Damals war mir nicht klar, dass meine Mutter bereits mit einem Bein aus dem Haus war. Und nicht nur aus dem Haus – sie war schon längst auf der Straße. Und das andere Bein war dabei zu folgen. Dass ich es damals nicht erkannte, ist ein Zeugnis für die Macht des Wunschdenkens. In Verleugnen gebettetes Wunschdenken.

»Wahrscheinlich im September«, sagte ich zu meiner Mutter, als sie mich auf das Datum ansprach.

»Ah …«, machte sie zögernd. »Wirklich? September?« Sie wirkte überrascht; es waren noch viele Monate bis dahin. »Möchtet ihr den Termin nicht lieber … auf Mai oder Juni legen?« Ich spürte, worauf sie hinauswollte. Gerade deshalb sperrte ich mich besonders stark dagegen.

»Im Sommer ist auf dem Hof viel zu tun«, sagte ich. »Und wir würden gerne Flitterwochen machen. Außerdem ist es im September nicht mehr so heiß.«

»Na gut.« Sie verstummte. Ich ahnte, was sie eigentlich sagen wollte. Sie wollte es nicht mehr so lange hinauszögern. Sie wollte nicht, dass meine Hochzeit das Unvermeidliche hinausschob. Ich sollte das erst viel später wirklich verstehen, doch ich hätte auch nicht den Mumm gehabt, sie darauf anzusprechen, wenn ich es damals schon gewusst hätte. Die Hochzeitsvorbereitungen liefen auf Hochtouren, und anstatt tiefer zu bohren und herauszufinden, wie schwerwiegend die Probleme meiner Eltern waren, scheuchte ich die Fliegen einfach fort und bestellte Porzellan. Die Vielzahl an Mustern, Blumen, Schmetterlingen und blau-weißen Dekoren hielt mein Hirn herrlich beschäftigt.

Natürlich konnte es kein Porzellan geben – wie kunstvoll und verlockend auch immer –, das so verführerisch war wie mein Verlobter, mein zukünftiger Mann, der mich immer noch mit einem Blick seiner eisblauen Augen bei lebendigem Leibe verschlingen konnte. Der mich nicht an der Haustür empfing, wenn ich ihn so gut wie jeden Abend in der Woche besuchte, sondern an der Tür meines Autos. Der mich nicht mit einem Armtätscheln oder einem Bussi begrüßte, sondern mit einer überschwänglichen Umarmung. Der mir nicht erst Gutenachtküsse gab, wenn es Zeit war, nach Hause zu fahren, sondern sobald ich angekommen war.

Wir probten bereits das Zusammenleben: Fast täglich fuhr ich zur Ranch, wir aßen regelmäßig um fünf Uhr nachmittags und machten uns gemütliche Filmabende auf seiner dreißig Jahre alten Ledercouch, die seine Eltern gekauft hatten, als sie gerade frisch verheiratet waren. Wir hatten uns gemeinsam schon so viele Filme angesehen, dass es für ein ganzes Leben gereicht hätte: *Giganten* mit James Dean, *Zwei glorreiche Halunken*, *Reservoir Dogs*, *Rat mal, wer zum Essen kommt*, *Die Reifeprüfung*, *Im Westen nichts Neues* und mehr als ein Dutzend Mal *Vom Winde verweht*. Ich staunte immer wieder über die Auswahl, die mein Verlobter traf – sein Geschmack war unglaublich vielseitig –, und fand es herrlich, anhand seiner Videosammlung immer wieder Neues über ihn zu erfahren. Er besaß sogar das Band von *Philadelphia*. Dieser Mann überraschte einen jeden Tag aufs Neue.

Wir verhielten uns bereits wie ein Ehepaar – abgesehen von der Sache mit dem Übernachten und von dem Umstand, dass wir noch nicht in den Hafen der Ehe eingelaufen waren. Wir blieben zu Hause wie jedes Ehepaar über sechzig und lernten uns ohne die Hilfe von Festen, Verabredungen und Treffen gegenseitig immer besser kennen. Das war eh alles viel zu weit weg – mindestens anderthalb Stunden Fahrt in die nächste Großstadt –, und außerdem fühlte sich mein Cowboy in einer überfüllten Kneipe wie ein Fisch auf dem Trockenen. Was mich betraf – ich hatte das alles schon erlebt, tausend Mal und öfter. Losziehen und auf die Pauke hauen war völlig fehl am Platz bei der Art von Leben, das wir uns zusammen aufbauten.

Das war unser jeweiliges Geschenk für den anderen, wurde mir klar. Marlboro Man zeigte mir ein gemächlicheres Tempo und wie man sich auch ohne aufregende Zukunftspläne wohl fühlen konnte. Ich gab ihm etwas anderes. Etwas anderes als die Mädchen, mit denen er bisher ausgegangen war – Mädchen, die tatsächlich das eine oder andere übers Landleben wussten. Ich war anders als seine Mutter, die ebenfalls auf einer Ranch aufgewachsen war. Anders als seine Cousinen, die wussten, wie man ein Pferd sattelte und ritt, und die schon mit Stiefeln auf die Welt gekommen waren. Als jüngster von drei Söhnen freute er sich auf das Leben mit einer Frau, die einen unverstellten Blick auf das Land hatte. Eine Frau, die zu schätzen wusste, was für ein erstaunlicher Gegenentwurf dieses Leben war, wie ungewöhnlich und abwegig. Eine Frau, die nicht um ihr Leben reiten konnte. Die Norden nicht von Süden, Osten nicht von Westen unterscheiden konnte.

Wenn das die Kriterien für eine Lebensgefährtin waren, lag er bei mir auf jeden Fall richtig.

16. Feuer am Horizont

An jenem Donnerstagabend war es Zeit für mich zu gehen. Wir hatten uns *Citizen Kane* angesehen – eine Rückblende auf meinen Filmkurs an der USC –, und es war spät geworden. Auch wenn ein weiches, gemütliches Bett in einem der Gästezimmer weitaus einladender gewesen wäre als die Fahrt nach Hause, hatte ich mir nie angewöhnen wollen, bei meinem Freund zu übernachten. Es war das brave Country-Club-Girl in mir und eine gesunde Portion Angst, Marlboro Mans Mutter oder Großmutter könnte früh am nächsten Morgen vor der Tür stehen, um ihm warme Muffins oder Ähnliches vorbeizubringen, und meinen Wagen vor dem Haus entdecken. Schlimmer noch: Sie könnte ins Haus kommen, und ich müsste mir überlegen, was ich ihr entgegenflötete: »Ich habe im Gästezimmer geschlafen! Wirklich!«, was mich natürlich nur noch schuldiger hätte aussehen lassen. *Wer braucht so was?*, hatte ich mir gesagt und geschworen, mich niemals in diese missliche Lage zu bringen.

Die kräftigen Hände meines Verlobten massierten meine müden Schultern. Ich ging vor ihm her über die schmale Veranda zur Auffahrt, wo mein verstaubtes Auto auf mich wartete. Doch bevor ich die Treppe hinuntergehen konnte, hielt er mich an einer Gürtelschlaufe hinten an der Anne-Klein-Jeans fest und zog mich mit unvermittelter – fast erschreckender – Wucht an sich.

»Huuu!«, rief ich, verstört von dem Ruck. Mein Ausruf geriet so schrill, dass die Kojoten zurückheulten. Es war ein sonderbares Gefühl. Marlboro Man setzte zum Todesstoß an, drückte mich fest an seine Brust und schlang die Arme um meinen Bauch. Als ich die Hände auf seine Arme legte und den Kopf nach hinten gegen seine Schulter lehnte, vergrub er das Gesicht in meinem Nacken. Auf einmal erschien der September viel zu weit weg. Ich musste diesen Mann rund um die Uhr für mich haben, und zwar so schnell wie menschenmöglich.

»Ich kann es nicht erwarten, dich zu heiraten«, flüsterte er, und jedes Wort fuhr mir wie ein Schauer den Rücken hinunter. Ich wusste genau, was er meinte. Er redete nicht von der Hochzeitstorte.

Wie immer war ich sprachlos. Das war seine Wirkung auf mich. Denn wenn das Gespräch auf seine Gefühle für mich oder auf unsere Beziehung kam, erschien mir alles, was ich hätte antworten können, irgendwie albern, lahm oder unbeholfen. Wenn ich mal etwas darauf entgegnete, war es so etwas wie »Ja … ich auch« oder »Geht mir genauso« oder das gleichermaßen schnöde »Wie schön!«. Deshalb hatte ich mir angewöhnt, einfach den Augenblick zu genießen, ohne unbedingt etwas Angemessenes zu erwidern, ihm aber zu zeigen, dass ich das Gleiche fühlte. Das war jetzt nicht anders; ich griff mit dem Arm nach hinten und streichelte seinen Nacken, während er sein Gesicht an meines schmiegte. Dann drehte ich mich um und umarmte ihn mit aller Leidenschaft, zu der mein Körper fähig war.

Kurz darauf standen wir wieder an der Glasschiebetür zum Haus: ich gegen die Scheibe gelehnt, er bannte mich mit seinen starken, überzeugenden Küssen. Ich war erledigt. Langsam schlang ich das rechte Bein um seine Wade.

Plötzlich ein Geräusch: das laute Klingeln des Telefons im Haus. Mein Cowboy ignorierte es anfangs, aber es war schon spät, und seine Neugier gewann die Oberhand. »Ich geh mal besser dran«, stieß er erregt hervor. Er lief zum Telefon und ließ mich in einer dampfenden Wolke der Leidenschaft zurück. *Von der Klingel unterbrochen*, dachte ich. Mist. Mir war schwindelig, ich konnte mich kaum aufrecht halten. Lag das am Wein? Moment mal … ich hatte gar keinen getrunken. Ich war beschwipst von seinen Muskeln. Trunken von seiner Männlichkeit.

Wenige Sekunden später kam Marlboro Man aus dem Haus gestürzt.

»Es brennt«, informierte er mich schnell. »Aber richtig – ich muss hin.« Mit diesen Worten lief er zu seinem Pick-up.

Ich stand da, immer noch betäubt, schwindelig und mit weichen Knien. Und gerade als ich die Ironie der Situation allmählich begriff, dass ein großes Präriefeuer meine Seele vor dem ewigen Höllenfeuer gerettet haben mochte, weil ich kurz davor gewesen war, der Fleischeslust nachzugeben, raste der Pick-up rückwärts und kam vor der Veranda – unserer Veranda – kreischend zum Stehen. Marlboro Man ließ das Fenster herunter, beugte sich heraus und rief: »Kommst du mit?«

»Oh … ähm … klar!«, erwiderte ich, lief zu ihm und sprang in den Wagen.

Ein Präriefeuer. Ein richtiges Präriefeuer live, dachte ich, als der Pick-up die Schotterauffahrt verließ. *Cool! Das wird spannend!* Als wir kurz darauf die Anhöhe in der Nähe des Hauses erklommen, sah ich ein unheilvolles orangefarbenes Glühen in der Ferne.

Mir wurde eiskalt. Ich schauderte.

Das Verhalten von Marlboro Man änderte sich völlig; er war jetzt die Ernsthaftigkeit in Person. Den Blick unverwandt nach vorn gerichtet, fuhr er mit einem klaren Ziel vor Augen: so schnell wie irgend möglich an den Schauplatz des Brandes zu gelangen. Ich zitterte vor Erwartung – noch nie zuvor hatte ich ein Präriefeuer gesehen, schon gar keins mitten in der Nacht. Es war abenteuerlich für mich, ich war aufgeregt, die Situation erinnerte mich an den Nervenkitzel von früher, wenn ich mit meinen Freundinnen die übleren Gegenden von Los Angeles erforscht hatte. Es war immer wie ein Rausch, ein Energieschub, wenn wir in die gefährlicheren Viertel der Stadt fuhren. Etwas ganz anderes als der idyllische siebte Fairway, an dem ich groß geworden war.

So auch das Präriegras auf der Ranch. Es war so natürlich und wild und wogte wunderschön in der nächtlichen Brise – derselben Brise, die den Brand am Horizont anfachte. Es hatte keine Ähnlichkeit mit dem Gras auf dem Golfplatz, das immer dieselbe vorgeschriebene Länge hatte, nie gegen die Regeln verstieß oder außer Kontrolle geriet. Als ich in dem Pick-up saß und auf das unglaublich hohe Bartgras blickte, unheimlich beleuchtet von den Scheinwerfern, begann ich zu verstehen, warum Präriefeuer so eine ernste Angelegenheit sind. Und als der Wagen die Hügelkuppe erreichte und sich die Ranch in ihrer Gesamtheit vor mir erstreckte, hatte ich keinerlei Zweifel mehr.

»Ach, du meine …!«, brachte ich hervor, als ich das Ausmaß des Brandes sah, der die ganze Landschaft erfasste.

»Das ist riesig«, sagte Marlboro Man und trat aufs Gaspedal.

Meine noch kurz zuvor empfundene Aufregung wurde von dem Gefühl einer bevorstehen Katastrophe verdrängt. Das Inferno vor uns wurde immer gewaltiger. Als wir den Ort des Geschehens erreichten, trafen noch andere Pick-ups ein, viele mit großen Maschinen auf der Ladefläche. Cowboys und Rancher liefen als Silhouetten vor der großen Feuerwand umher, sprangen auf Löschwagen und machten sich an die Brandbekämpfung.

Marlboro Man und ich stiegen aus. Sofort spürten wir die Hitze. *Was mache ich hier bloß?*, fragte ich mich und schaute auf meine Schuhe. Ballerinas von Joan & David, verziert mit bronzefarbenen und silbernen Schmucksteinen. Absolut perfekt geeignet für den Anlass.

»Komm!«, rief Marlboro Man und sprang hinten auf einen Löschwagen, der von einem älteren Mann gefahren wurde. »Setz dich rein zu Charlie!« Er wies auf die Tür des alten königsblauen Fahrzeugs. Da ich nicht viele andere Möglichkeiten hatte, lief ich hinüber und kletterte hinein. »Hallo, meine Hübsche«, sagte der alte Mann und legte einen Gang ein. »Bist du so weit?«

»Ja, klar«, erwiderte ich. Wer war Charlie? Kannten wir uns? Warum saß ich in seinem Löschwagen, und wohin fuhr er mit mir?

Ich hätte diese Fragen gerne Marlboro Man gestellt, aber er war zu schnell hinten auf den Wagen gesprungen. Soweit ich das beurteilen konnte, fuhr ich mit einem älteren Herrn im Auto, der uns beide direkt in die Hölle beförderte. Ich würde meine Fragen wohl später stellen müssen … wenn sie nicht mehr so wichtig waren. Das Feuer wirkte doppelt so groß wie noch vor wenigen Minuten. Ich wünschte mich weit weg. Eine heruntergekommene Gegend von L.A. wäre völlig in Ordnung gewesen.

Kurz vor den Flammen blieb Charlie stehen. Ich spürte die Hitze durch die Windschutzscheibe. Er bog nach rechts und fuhr parallel zur Feuersbrunst. Ich sah, wie Marlboro Man hinten von der Ladefläche sprang und den Schlauch auf das Feuer richtete. Hin und wieder hielt er sich den anderen Arm schützend vors Gesicht. Ich konnte kaum etwas erkennen. Nichts außer Flammen, Silhouetten und meinem eigenen Leben, das vor meinem inneren Auge ablief.

Wenn es auf dem Land brennt, eilt jeder zu Hilfe. Das ist ein ungeschriebenes Gesetz, eine universelle Wahrheit. Dem Nachbarn beim Löschen des Feuers auf seinem Grund zu helfen, ist die ultimative Demonstration von Unterstützung und Solidarität und natürlich auch eine klare Anerkennung der Tatsache, dass Brände keine Rücksicht auf Menschen oder Zäune nehmen, schnell von einer Ranch zur nächsten springen und sich überall von Gras, Tieren und Gebäuden nähren. Zu einem ganz kleinen Teil ist es auch eine Ausrede für eine Horde Männer, zusammenzukommen und, nun ja, ein Feuer zu bekämpfen – sich am Rande eines Infernos zu versammeln und das Wasser laufen zu lassen … herumzufahren und Flammen zu löschen … Gegenfeuer zu legen und Änderungen der Windrichtung vorherzusehen. Auch wenn sie es nicht zugeben: Männer blühen bei so was auf.

Frauen hingegen sind völlig anders. Nur wenige Minuten nachdem uns Charlie auf einen Meter Abstand zu den Flammen gebracht hatte, war meine Aufregung verflogen und einer Reizbarkeit und Furcht gewichen, die durch die späte Uhrzeit, Angst um meine Sicherheit und vor allem durch die Sorge, zusehen zu müssen, wie der Vater meiner fünfzig zukünftigen Kinder vor einem ganzen Planeten züngelnder, peitschender Flammen stand, immer schlimmer wurden. In mir kam alles wieder hoch: meine Kindheit, in der ich in der Praxis meines Vaters Röntgenbilder betrachtet hatte, wenn er als Chirurg die Risiken von Tätigkeiten wie Skifahren, von Gocarts und Skateboards bemaß, in der ich medizinische Tragödien und Herausforderungen aus erster Hand miterlebte. Hilfreich war auch nicht gerade, dass die Schwester meiner besten Freundin auf der Highschool bei einer Explosion schwere Verbrennungen davongetragen hatte … ich hatte mit eigenen Augen gesehen, wie schlimm Brandverletzungen sein konnten.

Diese Gedanken gingen mir durch den Kopf, während ich tatenlos in dem königsblauen Löschwagen eines Fremden namens Charlie saß, immer dicht hinter Marlboro Man, der das Feuer mittlerweile einen steilen, steinigen Abhang hinunterdrängte. Das Fahrzeug ruckelte und holperte über die Steine; gelegentlich musste Charlie Gas geben, um einen größeren Buckel zu bewältigen, und sofort danach auf die Bremse steigen, um meinen Freund nicht umzufahren. Meine Phantasie ging mit mir durch – ich sah alles vor mir: Es fehlte nicht mehr viel, und Charlie würde sich vertun und Marlboro Man überrollen. Dann wäre er verletzt, säße in der Falle und würde verbrennen. Dies war ein riskantes, ein lächerlich riskantes Verhalten! Es war eine Ohrfeige für mein angesammeltes Wissen, wie man mit Vernunft gesundheitliche Risiken vermied. Warum hatte er mich überhaupt mit hernehmen müssen? Warum hatte er mich nicht einfach nach Hause fahren lassen? Inzwischen wäre ich so gut wie daheim in meinem sicheren, rauchfreien Bett am Golfplatz. Weit entfernt von brennendem Präriegras. Weit entfernt von der Hitze und der pochenden Angst, etwas Schreckliches könnte passieren und mein Leben völlig umkrempeln. Mein Leben hatte sich im letzten Jahr bereits so drastisch verändert, dass ich nicht noch mehr Änderungen ertragen konnte.

Doch was sollte ich tun? Die Scheibe herunterlassen und meinem Freund sagen, er solle mit den dämlichen Löscharbeiten aufhören? Er solle den Schlauch beiseitewerfen und mich nach Hause bringen? Mich mit zu sich nehmen? Und dann dort bleiben? Wir könnten uns einen guten Actionfilm ansehen – das war so einfach und gefahrlos. *Ja,* sagte ich mir. *Das klingt doch perfekt.*

In dem Moment hörte ich eine Stimme über den CB-Funk: »Ihr habt Feuer gefangen! Ihr habt Feuer gefangen!« Mit größerer Dringlichkeit wiederholte die Stimme: »*Charlie! Raus da! Ihr habt Feuer gefangen!*«

Ich saß da, starr und unfähig zu verarbeiten, was ich gerade gehört hatte. »Oh, Scheiße!«, rief der liebe Charlie und packte den Türgriff. »Wir müssen raus hier, meine Hübsche – raus, aber schnell!« Er öffnete die Tür, schwang die schwachen Knie nach draußen und ließ sich zu Boden gleiten; ich tat es ihm nach. Instinktiv schützte ich meinen Kopf, entfernte mich vom Fahrzeug und stieß frontal mit Marlboro Mans Bruder Tim zusammen. Er versuchte, von der Seite Charlies Pick-up zu löschen, der inzwischen regelrecht in Flammen stand. Ich lief immer weiter, bis ich sicher war, der Gefahr entronnen zu sein.

»Ree! Wo kommst *du* denn her?«, rief Tim, ohne den Blick von den Flammen abzuwenden, die schon fast vollständig gelöscht waren. Tim hatte nicht gewusst, dass ich dabei war. »Alles in Ordnung?«, fragte er und warf mir einen kurzen Blick zu, um sich zu vergewissern, dass ich nicht ebenfalls in Flammen stand. Ein Cowboy eilte Charlie auf der anderen Seite des Fahrzeugs zu Hilfe. Auch ihm ging es gut, Gott sei Dank.

Inzwischen hatte Marlboro Man den Aufruhr bemerkt. Durch den Qualm hatte er nichts sehen können, aber sein Schlauch war gänzlich ausgerollt, und ihm fiel auf, dass Charlies Wagen ihm nicht mehr folgte. Ein anderer Löschwagen war bereits herangekommen und machte an derselben Stelle weiter. Er bekämpfte das Feuer, das beinahe einen klapprigen alten Pick-up, einen ebenso klapprigen alten Mann namens Charlie und mich verschlungen hätte. Zum Glück war Tim in der Nähe gewesen, als der Wind die Flammen auf Charlies Fahrzeug peitschte, und hatte schnell reagiert.

Der brennende Wagen war gelöscht. Mein Cowboy kam herbeigeeilt, packte mich an den Schultern und musterte mich von oben bis unten, wollte sich trotz seiner Verwirrung vergewissern, dass ich noch ganz war. Das war ich. Körperlich war ich unversehrt. Meine Nerven hingegen waren ein Scherbenhaufen. »Alles in Ordnung?«, rief er, um das Krachen des Feuers zu übertönen. Ich konnte nur nicken und mir auf die Lippe beißen, um nicht die Fassung zu verlieren. *Kann ich nach Hause?*, war die einzige Frage, die ich im Kopf hatte. Und der Satz: *Ich will zu meiner Mama.* Das Feuer war inzwischen weiter weg, für mich schien es jedoch immer gewaltiger zu werden. Selbst ich merkte, dass der Wind aufgefrischt hatte.

Marlboro Man und Tim sahen sich an ... und brachen in nervöses Lachen aus, die Art von Lachen, wenn man stolpert, aber sich noch fangen kann, wenn der Wagen auf den Abgrund zurast und man ihn gerade noch anhalten kann, wenn die eigene Mannschaft beinahe den sicher geglaubten Sieg verspielt oder wenn die eigene Verlobte und ein ortsansässiger Cowboy um ein Haar bei lebendigem Leibe verbrannt wären. Ich hätte vielleicht auch gelacht, wenn ich noch genügend Luft dafür gehabt hätte. Aber meine Lunge war schlapp; ich konnte nicht mehr atmen. Ich redete mir ein, es liege am Qualm, doch ich wusste, dass es pure Panik war.

Tim und Marlboro Man schauten zum Feuer hinüber. »Hör mal, Charlie«, sagte Tim. »Fahr uns doch rüber zur Nordseite, dann gehen wir es von da an.« Charlie, der in seinem Leben wahrscheinlich schon ein Dutzend Brände überstanden hatte, sprang unbeirrt auf Tims Fahrersitz. War ihm nicht klar, dass er gerade an einem furchtbaren Unglück vorbeigeschrammt war? Doch der toughe, lederne Cowboy blieb völlig unbeeindruckt.

Ich hingegen war durcheinander. Absolut aus der Fassung. Das Adrenalin sickerte mir aus jeder Pore.

»Komm«, sagte Marlboro Man und griff nach meiner Hand. Aber meine Füße waren wie festgewachsen. Ich würde mich keinen Zentimeter mehr in Richtung des Feuers bewegen. »Geh!«, sagte ich und schüttelte den Kopf. »Ich warte in deinem Pick-up.«

»Gut«, sagte er und sah mich kurz an. »Dir passiert nichts.« Dann lief er los und sprang zu Tim hinten auf die Ladefläche. Ich sah den drei mutigen Männern nach, diesen Wahnsinnigen, die direkt wieder auf den Hades zufuhren.

Auf dem Absatz machte ich kehrt und eilte zu Marlboro Mans Pick-up, der von den Flammen hinter mir schwach beleuchtet wurde. Ich stieg auf den Rücksitz und schaute zu, wie das Feuer und die Löschmannschaft sich immer weiter entfernten. Es wurde dunkler, und ich lehnte meinen Kopf an die Tür. Irgendwann versank ich in einen tiefen, komatösen Schlaf. Ich träumte, ich würde zusammen mit Marlboro Man Golf spielen, er trug ein grasgrünes Poloshirt von Izod. Sein Caddy hieß Teddy. Gerade als wir mit den zweiten neun Löchern beginnen wollten, öffnete sich die Tür des Pick-ups.

»Hi«, sagte er und rieb mir sanft über den Rücken. Ich hörte die Dieselmotoren der Wagen, die den Sammelplatz verließen.

»Hi«, sagte ich, setzte mich auf und sah auf die Uhr. Fünf Uhr morgens. »Alles in Ordnung?«

»Jep«, sagte er. »Wir haben's endlich geschafft.« Seine Klamotten waren schwarz. Dicker Ruß bedeckte sein erschöpftes, müdes Gesicht.

»Kann ich jetzt nach Hause?«, fragte ich. Es war kein richtiger Witz. Genaugenommen war es überhaupt kein Witz.

»Tut mir leid«, sagte Marlboro Man und rieb mir weiter über den Rücken. »Das war Wahnsinn.« Er schmunzelte und küsste mich auf die Stirn. Ich wusste nicht, was ich sagen sollte.

Auf dem Rückweg zu seinem Haus war es still im Auto. In meinem Kopf jagten sich die Gedanken, und das ist nie sehr vorteilhaft, schon gar nicht um fünf Uhr morgens. Und als wir die Straße zu seinem Haus erreichten, rastete ich unvermittelt aus.

»Wieso hast du mich überhaupt mitgenommen?«, fragte ich. »Ich meine, wenn ich eh nur bei einem anderen mitfahren sollte, warum musste ich dann überhaupt mit? War ja nicht so, dass ich irgendwie helfen konnte …«

Marlboro Man warf mir einen Seitenblick zu. Seine Augen waren müde. »Du wolltest also einen Schlauch übernehmen?«, fragte er, und seine Stimme hatte einen ungewohnten Klang.

»Nein, ich … ich meine nur …« Ich suchte nach den richtigen Worten. »Ich meine, das war doch irre! Das war *gefährlich*!«

»Sind Präriefeuer nun mal«, erwiderte er. »Aber so ist das Leben hier. So was kommt vor.«

Ich war gereizt. Das Nickerchen hatte mich nicht gerade gelassener gemacht. »*Was* kommt vor? Du fährst einfach mitten in ein Feuer und pfeifst auf alle Vorsichtsmaßnahmen? Ich meine, da draußen hätte jemand sterben können. Ich hätte sterben können. *Du* hättest sterben können! Weißt du überhaupt, was das für ein Wahnsinn war?«

Marlboro Man schaute unentwegt nach vorn, rieb sich das linke Auge und blinzelte. Er war erschöpft. Er wirkte ausgelaugt.

Wir kamen gerade rechtzeitig bei ihm an, um zu sehen, wie die Sonne im Osten über die Pferdescheune stieg. Mein Freund hielt an, brachte den Wagen in Parkstellung und sagte, den Blick noch immer nach vorn gerichtet: »Ich habe dich mitgenommen ... weil ich dachte, du würdest gerne mal ein Präriefeuer sehen.« Er zog den Schlüssel ab und öffnete die Tür. »Und weil ich dich nicht hier allein lassen wollte.«

Ich sagte nichts. Wir stiegen aus, und Marlboro Man stiefelte auf sein Haus zu. Im Gehen sagte er: »Bis dann.« Er drehte sich nicht einmal um. Seine Worte ließen meine Eingeweide gefrieren.

Ich stand da und wusste nicht, was ich sagen sollte, obwohl ich tief in mir ahnte, dass es auch gar nicht nötig war, etwas zu sagen. Ich war mir sicher, dass er wie jedes Mal, wenn ich in seiner Gegenwart nichts mehr herausbekommen hatte, das Wort ergreifen würde, sich umdrehen, zu meiner Rettung eilen und mich in die Arme nehmen würde. Er würde meine Seele mit Liebe erfüllen, wie nur er es vermochte. Er eilte immer zu meiner Rettung, das würde jetzt nicht anders sein.

Doch er drehte sich nicht um. Er ergriff nicht das Wort. Er ging einfach auf das Haus zu, auf die Tür der hinteren Veranda, derselben Veranda, wo wir Stunden zuvor voller Liebe und Leidenschaft gestanden hatten, als die Hitze zwischen uns noch eine Vorahnung des Feuers gewesen war, das in der Prärie auf uns wartete. Wo ich sicher und behütet gewesen war, wo Marlboro Man genau so gewesen war, wie ich ihn mochte: ohne lauernde Gefahren, ohne Risiko, ohne Unterbrechung durch die Außenwelt, ohne Schrecken. Wo ich diesen Mann zu meinen Bedingungen hatte. Und jetzt war ein dämliches unkontrolliertes Präriefeuer dazwischengekommen und hatte alles kaputtgemacht.

Er kam nicht zu mir zurückgelaufen, hob mich nicht in die Luft, flüsterte mir keine Liebesschwüre ins Ohr. Ich stand einfach da, allein, in seiner Einfahrt, und auf einmal wurde mir schmerzhaft bewusst, wie unpassend mein Wutausbruch gewesen war. Und das einzige Geräusch in meinen Ohren war das leise Zuschlagen seiner Hintertür.

17. Unter Geiern

Da stand ich nun in seiner Auffahrt und wusste nicht, ob ich ihm hinterherlaufen oder verschwinden sollte, wobei Letzteres sicherlich die einfachere Alternative war. Noch nie war ich so kaputt gewesen; wenn ich blinzelte, hatte ich das Gefühl, Nadeln würden mir in die Augen stechen. Wie sich dann wohl seine Augen anfühlen mussten, nachdem er über vier Stunden lang in ein loderndes Präriefeuer geschaut hatte? In der Ferne hörte ich eine Kuh muhen. Was sie mir wohl sagen wollte? *Du bist so duuuuumm! Geh zu ihm rein!* Ich wusste nicht, wie ich reagieren sollte; in diese Lage hatte er mich noch nie gebracht. Normalerweise wurde er immer tätig: Er kam und rettete jede Situation.

Romantisch, angemessen und mutig wäre es gewesen, wenn ich ihm ins Haus gefolgt wäre. Wenn ich ihn mir geschnappt hätte, in die Arme genommen, festgehalten und gesagt hätte: *Es tut mir leid* – egal ob es stimmte oder nicht. Wenn ich zugegeben hätte, dass es für uns beide eine aufreibende Nacht gewesen war. Dass ich überreagiert hatte. Wenn ich ihm gezeigt hätte, dass ich für ihn da war, egal was das Leben brachte, dass ich ihn über alles liebte. Genau das sagte mir mein Herz.

Doch mein Kopf übernahm das Kommando und erinnerte mein nun laut pochendes Herz an den Ton in Marlboro Mans Stimme beim Abschied, an das kühle, distanzierte, unbeteiligte »Bis dann«, das einen Eispickel in meine Brust geschlagen hatte. Wenige Minuten später fuhr ich lautlos aus der Schotterauffahrt und versuchte mich zu überzeugen, dass die

vergangenen Stunden nur ein böser Traum gewesen waren …
dass ich bald vom vertrauten Klang seiner Stimme aufwachen
würde, die mich am Telefon weckte. Es musste einfach ein böser Traum gewesen sein. Doch auf dem Heimweg blieb mein
Autotelefon quälend still.

Eine Stunde später fuhr ich vor dem Haus meiner Eltern
vor, Schauplatz so vieler langer, leidenschaftlicher Umarmungen zwischen Marlboro Man und mir. Seit der dritten Klasse
wohnte ich hier; ich war diese Veranda in allen möglichen
Schuhen hochgegangen – in Sperry-Bootsschuhen, hohen
Reebok-Turnschuhen und Birkenstock-Schlappen. Ich hatte
auf der Veranda gestanden und mich von Abschlussballpart-
nern, Freunden, Bandmusikern und Tennisprofis verabschiedet. Doch die Geister jener Verabredungen waren längst verflogen; diese Veranda war für alle Ewigkeit gezeichnet von den
Spuren der Cowboystiefel meines Marlboro Man. Er hatte das
Kommando übernommen, beanspruchte meine gesamte Aufmerksamkeit und mein ganzes Augenmerk, seit ich ihn vor
vielen Monaten zum ersten Mal in jener Kneipe erblickt hatte.
Es war ein Wirbelsturm gewesen, ein Tsunami – eine Natur-
katastrophe für mein Urteilsvermögen, meine Entschluss-
kraft und mein Selbst. Eine Woche mit einem Wrangler tra-
genden Cowboy, und mein kompletter Lebensstil hatte sich
geändert.

Als ich die Veranda hinaufging, wo alles mit einem Kuss
zwischen uns begonnen hatte, wurde mir ohne jeden Zweifel klar, dass er das Einzige war, was ich wollte. Ich ließ mich
auf mein Bett fallen und vergrub den Kopf im Kissen, wollte
tief und fest schlummern. Doch der Schlaf wollte sich nicht
einstellen, wie sehr ich ihn auch herbeisehnte, um mich vor
dem grässlichen Gefühl in meinem Bauch zu retten. Ich
wollte nicht spüren, was ich empfand – dass eine Blase ge-

platzt war, dass ich wütend geworden war und die Nerven verloren hatte. Weil ich nicht schlafen konnte, stand ich auf und duschte lang. Dann ging ich etwas erfrischt auf dem Golfplatz spazieren.

Ich ging in umgekehrter Richtung: zuerst den siebten Fairway hinunter zum siebten Tee, dann weiter zum sechsten Loch. Da ich in der Ferne golfende Frühaufsteher sah – Rentner, die ihre Socken die Waden hochgezogen hatten –, überquerte ich den sechsten Fairway, um meinen Spaziergang auf dem Rough fortzusetzen, ein passendes Symbol für die Lage der Dinge an jenem Tag.

Ein Vorstehhund, eingesperrt in einen Drahtverschlag, bellte mich im Vorbeigehen an. »Halt die Schnauze!«, fuhr ich ihn an, als könnte er mich hören und würde sich etwas daraus machen. Ich war genervt; die Angelegenheit war mir gehörig nahgegangen. Ich sah mich nach einem Vogel oder Eichhörnchen um, das mich vielleicht ärgern wollte; mit einem einzigen kühlen Blick hätte ich es schachmatt gesetzt. Ich war jetzt seit vierundzwanzig Stunden wach, abgesehen von dem Nickerchen mit dem Gesicht an der Fensterscheibe von Marlboro Mans Pick-up, während er in den frühen Morgenstunden das lodernde Feuer bekämpft hatte. Und wir hatten die erste Auseinandersetzung in unserer jungen Liebe. Es war jedoch kein stundenlanger Riesenkrach gewesen; und irgendwie wäre mir das sogar lieber gewesen. Dann hätte ich den Finger darauf legen, das Problem identifizieren und mir Gedanken um das machen können, was geschehen war.

Stattdessen hatte ich nur das kühle Beben seiner Stimme im Ohr. Mein wunderbarer Geliebter hatte »Bis dann« gesagt, als er davonging. Ich wusste nicht mal mehr, was davor passiert war; es war mir auch völlig egal. Ich wusste nur, dass ich müde und kaputt war und mich wie Falschgeld fühlte.

Und das einzige Wesen, mit dem ich sprechen konnte, war ein namenloser Vorstehhund auf dem Golfplatz.

Inzwischen war ich am dritten Grün angekommen, in der Nähe des Hauses eines pensionierten Arztes. Er saß auf einer Holzbank in seinem wunderbar gepflegten Garten, den Arm um eine gutaussehende ältere Frau gelegt. Sie war nicht die Frau, mit der er fünfzig Jahre lang verheiratet gewesen war, denn die war plötzlich und unerwartet vor zwei Jahren verstorben. Der Ehemann der Frau, die dort saß, war ebenfalls in dieser Stadt als Arzt tätig gewesen und kurz zuvor an einem Herzinfarkt gestorben. In ihrer Trauer und Einsamkeit hatten sich die beiden gefunden und vor ein paar Monaten schließlich geheiratet.

»Guten Morgen!« Im Vorbeigehen winkte ich ihnen zu und brachte ein schwaches Lächeln zustande.

Die beiden winkten lächelnd zurück, dann nahmen sie wieder ihre ursprüngliche Position ein: sein Arm um ihre Schultern, ihre Hand auf der Innenseite seines Oberschenkels. Ich mochte den Anblick älterer Pärchen, die einander ihre körperliche Zuneigung zeigten. Es ließ die intime Natur ihrer Beziehung erahnen. Als wahnsinnig verliebte Frau sehnte ich mich in dem Moment nur noch mehr nach Marlboro Man.

Ich gehörte nicht zu den Menschen, die nach einem Streit anriefen. Die dem anderen hinterherliefen. Um Verzeihung baten. Dafür war ich zu sehr wie meine Mutter. Mein Motto war: *Mir geht's gut ... ich bin stark ... ich brauche dich nicht*, ich meldete mich nicht mit einem zerknirschten Anruf. Doch an jenem Vormittag schlug ich unerklärlicherweise einen Bogen um eine gewaltige Ulme und rannte zum Haus meiner Eltern zurück. Ich musste mit Marlboro Man sprechen – diese unnachgiebige Haltung war einfach nichts mehr für mich.

Als ich durch den feuchten Morgen lief, dachte ich an den

alten Arzt und seine zweite Frau, die dort auf der Holzbank saßen. Sie hatten glücklich gewirkt – zufrieden trotz des Kummers, den der Verlust ihrer Gefährten ihnen bereitet hatte. Sie hatten sich zusammengerauft und das Glück gefunden. Nicht durch Golfspielen, Bridge, Einkaufen oder Freunde, sondern durch den neuen Partner.

Es war dasselbe Glück, das ich bei Marlboro Man gefunden hatte. Und das würde ich mir nicht von meinem Stolz kaputtmachen lassen. Ich lief noch schneller und erreichte endlich den Garten meiner Eltern.

Ich betrat das stille Haus. Meine Eltern waren am Wochenende zusammen weggefahren, einer von mehreren letzten Versuchen, ihre angeschlagene Ehe zu retten. Meine Augen waren müde und geschwollen, doch der Spaziergang hatte mich in Schwung gebracht. Und obwohl ich wusste, dass mein Freund wahrscheinlich die Erschöpfung der letzten Nacht ausschlief, konnte ich nicht anders, als mich bei ihm zu melden. Egal ob er träumte oder wach war, ich wollte keine weitere Minute verstreichen lassen, ohne Kontakt zu ihm aufzunehmen. Ich wollte ihm mitteilen, dass ich aus derselben Erschöpfung heraus an diesem Morgen ausgerastet war – Erschöpfung, gemischt mit Adrenalin von der Nahtoderfahrung, doch das war ein anderes Thema. Ich wollte ihn wissen lassen, dass ich in Wirklichkeit keine unbeherrschte, verzogene Göre war. Dass der Brand bloß einfach zu viel für mich gewesen war.

Und dass ich mit ihm auf einer Holzbank im Garten sitzen wollte, wenn wir beide achtzig waren, seinen Arm um meine Schulter gelegt und meine Hand auf seinem Oberschenkel.

Ich war so sehr in meine Gedanken versunken, dass ich gar nicht bewusst mitbekam, wie ich die Nummer von Marlboro Man wählte und das Telefon ein Dutzend Mal klingelte. Als ich es endlich merkte, legte ich sofort auf. Nur Bekloppte lassen den Apparat über zwölfmal klingeln. *Schon in Ordnung,* sagte ich mir. Er braucht den Schlaf. Dann wurde ich plötzlich von meiner Erschöpfung übermannt … und kroch ins Bett meiner Eltern, das vor langer Zeit ein heiterer, sicherer Hort in unserem Haus gewesen war. Dort glitt ich in einen tiefen Schlaf.

Bei schwachem Licht wachte ich auf. Dämmerte es schon? Hatte ich die ganze Nacht durchgeschlafen? Ich schaute auf den uralten elektrischen Wecker meines Vaters. Es war 19.23 Uhr. Mein Körper fühlte sich schwer und schwach an, als sei ich gerade aus einem langen Winterschlaf erwacht. Als ich die Füße auf den Teppich meiner Eltern stellte und aufstehen wollte, gaben meine Knie fast nach. Ich schaute nach draußen, rieb mir mit den Handrücken die Augen. Es war Abend, das merkte ich. Ich hatte über neun Stunden geschlafen. Tief atmete ich ein, dann schleppte ich mich zur Dusche. Ich musste den Schlaf abspülen.

Nach dem Duschen fühlte ich mich wie neugeboren. Ich war überzeugt, dass Marlboro Man inzwischen ausgeruht war – mit Sicherheit hatte er am Vormittag geschlafen, als ich anrief –, deshalb zog ich meine Lieblingsjeans und mein ebenso geliebtes rosa Top an und schenkte mir ein Glas vom »Far Niente«-Chardonnay meiner Mutter ein. Ich machte es mir in dem gemütlichen Sessel im Wohnzimmer bequem, griff zum Telefon und rief meinen Verlobten an. Ich konnte es nicht erwarten, seine Stimme zu hören. Zu hören, dass alles in Ordnung war.

Stattdessen vernahm ich das sinnliche Flüstern einer Frauenstimme.

»Hallo?«, fragte sie leise, so als dürfe sie niemand hören.

Erschrocken legte ich auf. Verwählt, sagte ich mir und rief abermals an.

Dieselbe Stimme meldete sich. »Hallo?« Die Frau war jung, atemlos, beschäftigt.

Ich erstarrte im Sessel, dann legte ich schnell wieder auf.

Was zum T...

Was um alles in der Welt war da los?

Ich saß da, völlig unfähig, mich zu bewegen. Die atemlose Stimme der jungen Frau dröhnte mir noch immer in den Ohren. Meine Wangen kribbelten; mein ganzer Körper verkrampfte sich. Damit hätte ich nie und nimmer gerechnet.

Ich nagte an meinem Daumennagel, riss ihn fast ab. *Was war da gerade passiert? Wer war das denn gewesen?* Ich war absolut sprachlos, auch wenn ungezählte negative Gedanken wie wild durch meinen Kopf wirbelten. Es war auf keinen Fall seine Mutter gewesen, deren tiefe, angenehme Stimme ich sofort erkannt hätte. Sein Bruder Tim hatte keine Freundin – das war also auch keine Erklärung. Marlboro Man hatte keine Haushälterin, keine Köchin, keine Akupunkteurin, nicht mal eine Schwester ... und er wohnte zu weit abseits, als dass mal kurz jemand bei ihm vorbeischauen würde. Kein Erklärungsversuch ergab irgendeinen Sinn.

Doch selbst wenn es einen vertretbaren Grund für die Gegenwart einer anderen Frau in seinem Haus gegeben hätte, kam ich einfach nicht über den heimlichtuerischen, erotischen Klang der Stimme hinweg. Es war kein Tonfall, mit dem eine Mutter oder eine Tante in einem fremden Haus ans Telefon gehen würde. Die Frau klang jung. Eng vertraut. Sexy.

Die Frau klang nackt. Nackt und gebräunt, zierlich, aber mit beachtlicher Oberweite. Ich konnte ihr Gesicht fast vor mir sehen – veilchenblaue Augen und unglaubliche volle Lippen. Ich wollte meine Phantasie bremsen, damit sie sich auflöste und im Land der Menschen verschwand, die es nicht gab und nie gegeben hatte.

Doch sie wollte nicht verschwinden. Ich hatte genug Filme gesehen, um genau zu wissen, was die flüsternde Stimme dieser Frau zu bedeuten hatte. Ohne dabei gewesen zu sein, wusste ich es. Sie war mit Marlboro Man zusammen. Sie war ebenso verliebt in ihn wie ich. Seit er mit mir ging, hatte sie Abstand gehalten und abgewartet. Und in seinem Frust über unseren Streit am frühen Morgen hatte er die Hand ausgestreckt und Trost bei diesem Mädchen gesucht … dieser Frau … bei dieser vor Lust nur so triefenden Stimme am anderen Ende der Leitung. Den ganzen Tag hatten die beiden gemeinsam verbracht, er hatte sich in ihrer Gegenwart ausgeruht und ihre Gesellschaft genossen, sie hatte seine Wunden versorgt und seine Seele mit dem Balsam der Liebe gepflegt. Er hatte ihr von dem Feuer erzählt, das er bekämpft hatte, sie hatte Mitleid mit ihm gehabt, ihm die Schultern massiert, dann seinen Rücken. Und sie hatte jeden Zentimeter seines Körpers geküsst, damit es ihm wieder besserging.

AAAAARGH! Ich schlug die Hände vors Gesicht, konnte diese Phantasien einfach nicht stoppen.

Jetzt gerade ist er unter die Dusche gegangen, hat die Badezimmertür hinter sich geschlossen. Das Telefon klingelt. Die Mieze springt auf, hüllt sich in ein frisches Laken – die schwere weiße Baumwolle hebt sich von ihrer schimmernden braunen Haut ab – und läuft den Gang hinunter zum Apparat. Sie hat keine Sommersprossen. Ihr zerzaustes Haar fällt ihr ins Gesicht und kitzelt sie an den Wangen, als sie zum Hörer greift. Sie geht davon aus, dass ich es bin – er hat sie gewarnt, ich könnte mich melden –, deshalb spricht sie nur leise, denn sie weiß, dass Marlboro Man nicht will, dass sie mit mir spricht. Aber sie kann nicht anders – sie will ihr Revier markieren, will mir auf ihre Weise mitteilen: Ich bin da. Sie war da. Und ich war da. Und Marlboro Man war da. In der Dusche. Nackt. Und sie war bereit, ihm die ganze Nacht den Rücken zu massieren.

AAAAARGH! Ich zog die Beine an, rollte mich in dem gemütlichen Sessel zusammen und verfluchte jeden Spielfilm mit gebräunten, zierlichen, gutbestückten Frauen, den ich je gesehen hatte.

Ich atmete tief durch und versuchte, die wachsende Erregung zu unterdrücken. Mir war übel. Dies war ein Gefühl, auf das ich nicht im Entferntesten vorbereitet war – nicht an diesem Abend, nicht in der Vergangenheit, nicht in der Zukunft. In den vergangenen Monaten hatten wir jeden einzelnen Abend miteinander verbracht – wie hatte es jetzt so weit kommen können? Und wann war es passiert? Von allen Dingen, die ich erwartet hätte, war das Szenario, dass Marlboro Man in den Armen einer fremden Frau Trost suchte, so weit unten auf der Liste, dass es mir nicht mal in den Sinn gekommen war. Es widersprach allem, was ich über ihn erfahren hatte. Er war viel zu offen, dachte ich, um mit einer anderen Frau rumzumachen, egal wie zierlich und gebräunt sie war. Er konnte doch unmöglich die ganze Zeit so doppelzüngig gewesen sein, oder?

Andererseits: So was passierte ständig und überall. Vielleicht gehörte ich zu den Frauen, die von nichts etwas ahnten, bis ihnen die Wahrheit um die Ohren geschlagen wurde. Aber … das konnte doch nicht sein! Oder doch? Mein Daumennagel war mittlerweile völlig abgenagt. Meine Pupillen waren erweitert und starr. Mein rosa Top bebte, so heftig klopfte mein Herz.

In dem Moment ging die Eingangstür auf.

»Ha-ha-hallo?«, rief eine dröhnende Stimme. Super. Das war Mike.

Ich holte tief Luft. »Hi, Mike«, brachte ich hervor, den Kopf in den Händen. Mein Hirn raste.

»Hey!« Mike kam herein. Ich wappnete mich. Ich war nicht in der Stimmung für meinen anstrengenden Bruder. Ich war für nichts und niemanden in der richtigen Stimmung. Ich wollte einfach nur dasitzen und grübeln. Vor erst sieben Minuten war dieses Betthäschen in mein Leben gehoppelt, damit musste ich erst mal klarkommen.

»Ja, Mike?«, antwortete ich genervt.

Mike hielt inne. »W-w-was hast du?« Er merkte immer, wenn ich schlechte Laune hatte.

»Nichts, Mike!«, fuhr ich ihn an. Dann bremste ich mich und ließ meine Stimme freundlicher klingen. »Ich hab ... ich hab bloß keine Lust zu reden. Ich denke nach.«

»Ähm, k-k-kannst du mich zur Mall bringen?«, fragte er.

»Mike, wer hat dich gerade hier abgesetzt?«, wollte ich wissen.

»Karole C-c-cozby«, erwiderte er.

»Na, warum hast du dich dann nicht von Karole in die Mall bringen lassen?«, erkundigte ich mich. Genau aus diesem Grund hatte ich mich für dieses Gespräch gewappnet. Nichts ist logisch, wenn Mike in der Nähe ist.

»W-w-weil ...«, protestierte er, »weil ich ... ein a-a-anderes Hemd anziehen muss, und ich wollte nicht, dass sie auf mich w-w-wartet, du dummer Putenpopo!« Mit diesen Worten stapfte er hinauf zu seinem Zimmer. Mike hat ein buntes Arsenal an Schimpfwörtern.

Ich hätte noch länger mit ihm streiten können, doch ich verlor die Lust. Ich konnte nichts anderes tun, als mir das Hirn zu zermartern, ob es irgendeine Erklärung für die Frau gab, die kurz zuvor bei Marlboro Man ans Telefon gegangen war, doch ich fand keine. Obwohl es einfach eine geben *musste.* Die mir jedoch nicht einfallen wollte. Selbst wenn ich die ganze Nacht grübelte, würde ich keine Antwort finden.

Ich stand auf und ging zur Treppe. »Ich bring dich später zur Mall, Mike«, rief ich hinauf. »Du musst noch ein bisschen warten, ja?«

Er antwortete nicht.

Ich wollte ins Schlafzimmer meiner Eltern gehen und wieder unter die Bettdecke kriechen, die Welt um mich herum vergessen und hoffentlich schnell wieder einschlafen, damit ich diesen Abend vergaß, obwohl ich nach meinem neunstündigen Schlaf jetzt wohl kaum einnicken würde. Ich fühlte mich sonderbar, stand buchstäblich neben mir, wie im Nebel. Als ich an der Haustür vorbeiging, klopfte es. Ich erschrak. *Wahrscheinlich einer von Mikes Kumpeln,* dachte ich. *Umso besser!* Dann würde ich ihn nirgends hinfahren müssen.

Als ich die Tür aufmachte, stand er vor mir: Marlboro Man in Jeans, Cowboystiefeln und einem frischen weißen Hemd. Und mit einem süßen, herzerwärmenden Lächeln.

Was willst du denn hier?, dachte ich. *Du müsstest doch eigentlich unter der Dusche stehen. Du müsstest doch eigentlich beim Sexhäschen sein.*

»Hi«, sagte er und verlor keine Zeit. Er trat ein und nahm mich in die Arme. Ich konnte nicht anders, als seine Umarmung zu erwidern; meine Lippen suchten seine. Er fühlte sich weich an, warm, sicher … unser erster Kuss ging in den dritten über, in den sechsten, siebten. Es war derselbe Kuss wie am Abend zuvor, kurz bevor er von dem Brand erfahren hatte. Ich behielt die Augen fest geschlossen und genoss jede Sekunde, versuchte, die Gegenwart in Einklang zu bringen mit dem Horrorfilm, den ich mir gerade ausgemalt hatte. Ich hatte keine Ahnung, was los war. In dem Moment war es mir aber auch egal.

»Haha! Das erzähl ich!«, ärgerte Mike uns von oben, kam heruntergelaufen und warf sich ungestüm auf meinen Freund.

»Hi, Mike«, sagte mein Verlobter und klopfte ihm höflich auf den Rücken.

»Mike«, sagte ich lächelnd und klimperte mit den Augen. »Entschuldigst du uns bitte für ein paar Minuten?«

Mike gehorchte kichernd und ging in die Küche.

Marlboro Man hob mich hoch, bis meine Augen auf einer Höhe mit seinen waren. Grinsend sagte er: »Ich hab heute Nachmittag versucht, dich anzurufen.«

»Ach, ja?«, fragte ich. Ich hatte das Klingeln nicht gehört. »Ich … ähm … ich hab gerade ein Nickerchen gemacht, so um die neun Stunden lang.«

Mein Verlobter schmunzelte. Ach, er war so süß! Ich hatte ihn bitter nötig an diesem Abend.

Er stellte mich wieder auf dem Boden ab. »Und …«, begann er mich zu necken, »bist du immer noch sauer?«

»Nee«, erwiderte ich lächelnd. *Wer ist denn nun diese Frau bei dir zu Hause? Und was hast du den ganzen Tag so getrieben?* »Hast du ein bisschen Schlaf bekommen?« *Wer ist diese Frau in deinem Haus?*

»Na ja«, fing er an. »Heute Morgen musste ich Tim helfen, dann hab ich mich ungefähr vier Stunden auf die Couch gehauen … tat ganz schön gut.«

Wer ist diese Frau? Wie heißt sie? Welche Körbchengröße hat sie?

»Normalerweise hätte ich den ganzen Tag geschlafen, aber auf einmal tauchte Katie mit ihrer Familie auf«, fuhr er fort. »Ich hatte vergessen, dass sie heute bei mir übernachten wollen.«

Katie. Seine Cousine. Die mit den beiden kleinen Mädchen, die wahrscheinlich gerade eingeschlafen waren, als ich am Vormittag angerufen hatte.

»Ach … ja?«, fragte ich und entspannte mich mit einem langen, lautlosen Seufzer.

»Ja … aber im Moment ist es zu Hause ein bisschen eng«, sagte er. »Deshalb dachte ich, ich komme her und lade dich ins Kino ein.«

»Hört sich super an«, sagte ich grinsend und strich ihm über den Rücken. Und gleichzeitig löste sich die gutgebaute, gebräunte Fremde in Wohlgefallen auf.

Mike kam aus der Küche gestürzt, wo er jedem Wort gelauscht hatte.

»Hey, wenn ihr ins Kino geht, dann könnt ihr mich doch vorher zur Mall bringen, oder?«, rief er.

»Klar, Mike«, sagte Marlboro Man. »Wir fahren dich zur Mall. Kostet dich aber zehn Kröten.«

Und als wir drei nach draußen zu seinem Pick-up gingen, musste ich mir auf die Lippe beißen, um nicht die einzigen sechs Wörter in meiner Muttersprache laut herauszuschreien, aus denen mein Vokabular in diesem Augenblick bestand:

Wie sehr ich diesen Mann liebe!

18. Leb wohl, Paradies!

Die Hochzeitspläne gediehen weiter, das Datum rückte immer näher. Mein Kleid wurde bestellt – das letzte Mal im Leben, dass ich Größe 34 tragen würde –, und die ganzen Details einer schönen kirchlichen Hochzeit wurden nach und nach festgelegt, trotz des Aufruhrs im ehemals glücklichen Heim meiner Kindheit. Die Ehe meiner Eltern hing an einem seidenen Faden; jeden Tag nährte ich die Hoffnung, dass sie sich bis zum Tag der Hochzeit zusammenreißen würden, oder wünschte mir, sie würden sich schnell scheiden lassen, damit wir alle mit unserem Leben weitermachen konnten. Manchmal sah ich Anzeichen, dass sich die Lage besserte … nur um von dem nächsten Streit und einer neuen Krise enttäuscht zu werden. Mindestens einmal pro Woche bereute ich, meinem anfänglichen Impuls nicht nachgegeben zu haben und durchgebrannt zu sein.

Es war eine schlimme Zeit, um über Vorspeisen nachzudenken.

Dennoch fand ich Trost in den unzähligen Vorbereitungen. Für mich als überzeugtem Gourmet stand das Menü für den Empfang ganz weit oben auf der Liste von Dingen, die mich von der zerbröselnden Ehe meiner Eltern ablenken sollten, und es erwies sich als kompliziert. Denn es würden nicht nur Neurologen und leitende Angestellte die Party im Country Club besuchen, sondern auch Cowboys, Erntehelfer, Farmer und Großtierärzte, von denen keiner begeistert wäre, so nahm ich an, wenn er für die lange Fahrt in meine Heimatstadt mit *Crudités* und *brie en croûte* belohnt würde.

Andererseits sollte es ein feierlicher Tag mit allem Drum und Dran werden, bis hin zu geprägten Einladungskarten von Crane und ätherischem weißem Tüll. Ich war mir ziemlich sicher, dass Cocktailwürstchen in Barbecuesoße nicht so gut ankommen würden. Außerdem war ich immer ein großer Fan von gutem, gehobenem Essen gewesen, und dank meiner jugendlichen Schwärmerei für die Martha Stewart der Achtziger wusste ich ganz genau, was für Gerichte ich am liebsten auf die Speisekarte gesetzt hätte: gefüllte Kirschtomaten, Gurken mit Räucherlachsmousse, Kaviar. Kräuterkäse mit Radieschen, gefüllte Zuckerschoten, marinierte Hähnchenspieße. Krabbensalat, so weit das Auge reichte. Das mittlere Kind in mir musste einen Weg finden, um beide Seiten zufriedenzustellen. Der Empfang sollte sowohl meinem als auch Marlboro Mans Hintergrund gerecht werden … und keiner der sechshundert Gäste durfte vernachlässigt werden.

Mein Verlobter war an dem Abend unterwegs in den Süden des Staates, um sich Farmland anzusehen, als ich mir überlegte, wie ich das Menü am besten zusammenstellen könnte. Im Jogginganzug lag ich auf dem Bett und starrte an die Decke, als ich plötzlich eine geniale Eingebung hatte: Ein Bereich des Country Clubs würde mit goldenen Bambusstühlen, kunstvoll angeordneten Orchideen und Rosen und alten Spitzentischdecken dekoriert werden. Geigen würden die Gäste beim Speisen begleiten, wenn sie kaltes Tenderloin-Steak genossen und am Champagner nippten. Martha Stewart wäre im Geiste dabei und würde sagen: »Dies ist meine geliebte Tochter, an der ich Wohlgefallen habe.«

Marthas Cousine Mabel hingegen würde den Saal am anderen Ende des Clubs bevorzugen, Schauplatz einer klassischen Planwagenparty: Barbecue, Brötchen mit Fleischsoße, Grillhühnchen, helles Bier. Blaukarierte Tischdecken auf Picknicktischen, und eine Countryband würde »All My Exes Live in Texas« spielen. Im ganzen Raum ständen Wiesenblumen in Zinnkrügen.

Lächelnd stellte ich mir den Spaß vor. Mit einem einzigen Streich würden unsere beiden Welten – das Landleben von Marlboro Man und mein Country Club – vereint sein und zu einem rauschenden, harmonischen Fest werden, das mit dem offiziellen Rauswurf aus meinem bisherigen Leben enden würde, mit dem Abschied von Stadtleben, Cappuccino und Kleidung in Größe 34.

Mitten hinein in diese Phantasien rief Marlboro Man von unterwegs an – wieder ein Beispiel für sein perfektes Timing.

»Hi«, sagte er. Der unzuverlässige Handyempfang Mitte der Neunziger verstärkte seine Reibeisenstimme noch.

»Ah, mit genau dir wollte ich gerade sprechen«, sagte ich und griff zu Stift und Papier. »Ich wollte dich etwas fragen …«

»Ich habe heute ein Hochzeitsgeschenk für dich gekauft«, unterbrach mich mein Verlobter.

»Hä?«, machte ich. Er hatte mich auf dem falschen Fuß erwischt. »Ein Hochzeitsgeschenk?« Da ich mich immer nach den gesellschaftlichen Vorgaben richtete, schämte ich mich, dass es mir nicht in den Sinn gekommen war, ein Geschenk für ihn zu besorgen.

»Jep«, sagte er. »Und du musst dich beeilen und mich ganz schnell heiraten, damit ich es dir auch geben kann.«

Ich kicherte. »Was ist es denn?«, wollte ich wissen. Ich hatte keine Vorstellung. Hoffentlich kein Diamantarmband.

»Erst musst du mich heiraten«, gab er zurück.

Du Schande! Was war es nur? War der Ehering nicht eigentlich das Geschenk? Darauf hatte ich immer gesetzt. Was sollte ich denn für ihn kaufen? Manschettenknöpfe? Eine italienische Aktentasche? Einen Füller von Mont Blanc? Was schenkt man einem Mann, der jeden Tag mit dem Pferd zur Arbeit reitet?

»Also, Weib«, wechselte er das Thema. »Was wolltest du mich fragen?«

»Ach!«, machte ich und konzentrierte mich wieder auf die Hochzeitsfeier. »Also, du müsstest mir mal aufzählen, was du am allerliebsten essen magst.«

Er überlegte. »Warum?«

»Ich mache eine Umfrage«, erwiderte ich.

»Hmm …« Er dachte nach. »Wahrscheinlich Steak.«

Ach was! »Mal abgesehen von Steak«, sagte ich.

»Steak«, wiederholte er.

»Und was sonst noch?«, fragte ich.

»Also … Steak find ich ziemlich gut«, sagte er.

»Gut«, erwiderte ich. »Ich hab verstanden, dass du Steak magst. Ich brauche bloß ein bisschen mehr, mit dem ich arbeiten kann.«

»Aber warum?«, fragte er.

»Weil ich eine Umfrage mache«, wiederholte ich.

Marlboro Man schmunzelte. »Okay, aber im Moment hab ich total Hunger und noch drei Stunden Fahrt vor mir.«

»Das werde ich berücksichtigen«, sagte ich.

»Brötchen mit Fleischsoße … Tenderloin-Steak … Schokoladenkuchen … Rippchen … Rührei«, zählte er auf.

Na super, dachte ich grinsend.

»So, und jetzt beeil dich und heirate mich«, befahl er. »Ich hab's satt, auf dich zu warten.«

Herrlich, wenn er so bestimmend war!

Ich lag auf meinem Bett, und mir wurde ganz schwindelig bei der Vorstellung, was für eine tolle Feier das werden würde – der perfekte Brückenschlag zwischen meinem alten und dem neuen Leben, ein Symbol für das Beste aus beiden Welten. Es könnte kitschig werden. Oder ein rauschender Erfolg. Doch das war mir egal. Ich malte mir das Lachen der Gäste aus, die Banjo spielende Band, den Champagner. Ich schloss die Augen und sah die goldenen Bambusstühle und die eleganten hohen Blumengestecke vor mir. Als ich an die gefüllten Zuckerschoten dachte, leckte ich mir über die Lippen. Die hatte ich immer schon gerne gemocht. Das hatte ich Martha zu verdanken.

Voll neuer Energie sprang ich aus dem Bett und ging nach unten, um die neuen Ideen mit meiner Mutter zu besprechen, die sich abwechselnd begeistert beteiligte und unerreichbar geistesabwesend war, wenn ich ihr von meinen Hochzeitsplänen erzählte. Ich wusste aber, dass ihr diese neue Idee gefallen würde; welche Existenzängste sie momentan auch haben mochte, im Herzen war meine Mutter abenteuerlustig und lebensfroh. Doch als ich am Treppenabsatz stand, sah ich, dass die Tür zum Fernsehraum wie so oft geschlossen war. Ich hörte die gedämpften Stimmen meiner Eltern – das Thema ihres Gesprächs hatte eindeutig mit dem Zustand ihrer zerrütteten Ehe zu tun. Wer woran Schuld hatte.

Die gefüllten Zuckerschoten würden warten müssen.

Ich wollte nichts damit zu tun haben und machte auf dem Absatz kehrt, ging hinauf in mein Zimmer, die einzige dramenfreie Zone im ganzen Haus. Es war schon zu spät, um auszugehen und mir einen Film anzusehen, mir einen Kaffee zu holen oder in eine Buchhandlung zu gehen. Mein sonst sicherer Hort – mein Cowboy – war auf einem endlosen Highway mitten in Oklahoma unterwegs. In Ermangelung anderer attraktiver Angebote ließ ich mir ein heißes Bad ein und gab eine Unmenge von Aromakugeln ins Wasser. Ich stieg hinein, lehnte den Kopf gegen den Rand, schloss die Augen und atmete Rosmarin und Lavendel ein, tat alles in meiner Macht Stehende, um das erdrückende Gefühl abzustreifen, dass die Situation meiner Eltern noch sehr viel schlimmer werden würde. In den Monaten seit Marlboro Mans Heiratsantrag war es alles andere als besser geworden, und die einzig offene Frage war, ob die Katastrophe vor, während oder nach der Hochzeit hereinbrechen würde.

An jenem Abend saß ich dort in der heißen, schaumigen Wanne und versuchte, die leichten Verspannungen aus meinen Schultern zu massieren. Ich tat mein Bestes, um nicht völlig den Verstand zu verlieren.

Am nächsten Abend holte mein Zukünftiger mich ab, genau einen Monat vor unserer Hochzeit. Dass wir den Abend zuvor getrennt verbringen mussten, hatte unsere Sehnsucht noch vergrößert, und zur Begrüßung nahmen wir uns fest in die Arme. Die Art und Weise, wie er mich umschlang, mich mit all seiner Kraft in die Luft hob, wärmte meine Seele. Als vermeintlich starke, unabhängige Frau staunte ich immer darüber, wie wunderbar ich es fand, fast wortwörtlich aus den Schuhen gehauen zu werden.

Wir fuhren geradeaus in den Sonnenuntergang und erreichten seine Ranch, als der Himmel gerade von Lachsrot in Blutrot überging. Es verschlug mir die Sprache. Noch nie hatte ich etwas so Schönes und Leuchtendes gesehen. Der Pick-up glühte innen, das Präriegras wogte im Abendwind. Auf dem Land war einfach alles anders. Die Erde war nicht nur ein Ort, wo ich lebte – sie war selbst lebendig. Sie hatte einen Herzschlag. Der Anblick der Landschaft raubte mir den Atem – die Weite der flachen Wiesen, der endlose Blick auf den Himmel. Es war eine spirituelle Erfahrung.

Ich sah mich um und merkte, dass wir auf einer anderen Straße waren als der, die Marlboro Man normalerweise nahm. »Ich muss dir jetzt das Hochzeitsgeschenk geben«, sagte er, noch ehe ich fragen konnte, wohin es ging. »Ich kann keinen Monat mehr warten.«

Schmetterlinge flatterten in meinem Bauch. »Aber …«, brachte ich heraus. »Ich habe aber noch keins für dich.«

Marlboro Man nahm meine Hand in seine, aber schaute weiter geradeaus auf die Straße. »Doch, hast du«, sagte er, führte meine Hand an seine Lippen und ließ mich in seinem Ford dahinschmelzen wie Butter.

Die Straße beschrieb einige Kurven, und ich versuchte auszumachen, ob ich hier schon einmal gewesen war. Mein Orientierungsvermögen war lausig; alles sah gleich aus. Als die Sonne schließlich hinter dem Horizont verschwand, erreichten wir eine alte Scheune. Marlboro Man fuhr darauf zu und hielt an.

Verwirrt sah ich mich um. Er hat mir eine Scheune gekauft? »Was … was machen wir hier?«, fragte ich.

Er antwortete nicht. Stattdessen stellte er den Motor aus, drehte sich zu mir um und grinste.

»Was ist es denn?«, fragte ich ungeduldig, als wir ausstiegen und auf die Scheune zugingen.

»Wirst du gleich sehen«, erwiderte er. Er hatte offensichtlich ein Ass im Ärmel.

Ich wurde nervös. Ich hatte noch nie gerne Geschenke in Anwesenheit des Menschen geöffnet, von dem sie kamen. Dabei fühlte ich mich unwohl. Es kam mir vor, als würde ich in einem dunklen Raum sitzen und ein großer Strahler sei auf mein Gesicht gerichtet. Ich wand mich vor Unbehagen. Am liebsten wäre ich weggelaufen. Hätte mich in seinem Pick-up versteckt. Oder auf der Wiese. Wäre für ein paar Wochen untergetaucht. Ich wollte kein Hochzeitsgeschenk. In der Hinsicht war ich sonderbar.

»Aber ... aber ...«, sagte ich, um aus der Nummer herauszukommen. »Aber ich habe noch kein Geschenk für dich.« Als ob er sich an diesem Punkt noch hätte aufhalten lassen!

»Da mach dir mal keine Sorgen«, erwiderte er und legte mir den Arm um die Taille. Er roch so gut, ich atmete ihn tief ein. »Außerdem können wir uns dies hier teilen.«

Das ist ja seltsam, dachte ich. Die flüchtigen Ideen, dass er mir ein glitzerndes Armband, eine funkelnde Kette oder anderen Schmuck schenken könnte, wirkten nun reichlich abwegig. Wie sollten wir uns ein Diamantarmband teilen? *Vielleicht hat er ein Set aus zwei Halsketten gekauft, die jeweils ein halbes Herz als Anhänger haben*, dachte ich. Dann würde er die eine und ich die andere Hälfte tragen. Genau vorstellen konnte ich mir das nicht, aber Marlboro Man war schon immer für eine Überraschung gut gewesen.

Allerdings gingen wir gerade in eine Scheune.

Vielleicht war es ein Möbelstück für das Haus, an dem wir arbeiteten – ein Zweiersessel vielleicht? Ach, das wäre wirklich das süßeste Hochzeitsgeschenk! Ein Zweiersessel! *Er ist bestimmt mit Kuhfell bezogen*, dachte ich, *oder mit einem alten Westernbrokatstoff.* Diese Stoffe in den John-Wayne-Filmen fand ich schon immer toll. Vielleicht sind die Füße sogar aus Horn! Es *musste* ein Möbelstück sein. Vielleicht ein neues Bett. Ein Bett, in dem der ganze Zauber der Welt sich ereignen würde, wo unsere Kinder gezeugt würden – egal ob eins oder sechs –, wo die Prärie durch eine Explosion von Lust und Leidenschaft entzündet würde ...

Oder es ist ein Welpe.

Ja, genau! Das muss es sein, sagte ich mir. Bestimmt war es ein Welpe – ein Mops, als Erinnerung an das erste Mal, als ich vor ihm weinte. *Du liebe Güte – er schenkt mir eine neue Puggy Sue*, dachte ich. *Er hat gewartet, bis die Hochzeit kurz bevorsteht, aber er will nicht, dass der Welpe noch größer wird, bevor er ihn mir schenken kann. Ach, mein Marlboro Man … Du hast das womöglich romantischste Geschenk ausgewählt, das du mir jemals machen könntest.* In meinen wildesten Träumen hätte ich mir keine bessere Liebesgabe ausmalen können. Ein Mops wäre der perfekte Brückenschlag zwischen meiner alten und der neuen Welt, eine ständige pelzige Erinnerung an mein altes Leben am Golfplatz. Als mein Cowboy das große Scheunentor aufschob und das grelle Licht oben an den Balken einschaltete, begann mein Herz laut zu pochen. Ich konnte es nicht erwarten, den Welpengeruch zu riechen.

»Alles Gute zur Hochzeit«, sagte er zärtlich, lehnte sich gegen die Scheunenwand und wies mit einem Blick seiner Augen in die Mitte des Raumes. Meine Augen gewöhnten sich an das Licht … und erkannten langsam, was da vor mir stand.

Es war kein Mops. Es war kein Diamant, kein Pferd, keine glänzende Goldkette … nicht mal Modeschmuck. Es war kein romantischer Zweiersessel. Es war keine Lampe. Vor mir stand inmitten von zerrupften Heugarben ein grellgrüner Sitzrasenmäher von John Deere – ein sehr großer, sehr grüner, sehr mechanischer und stark nach Diesel riechender Sitzrasenmäher von John Deere. Im wahren und übertragenen Sinne zirpten Grillen draußen in der Nacht. Und zum hundertsten Mal seit unserer Verlobung blitzte die Zukunft, zu der ich mich verpflichtet hatte, vor mir auf. Das vermeintlich unerwünschte Diamantarmband löste sich in Luft auf, verschwand im Äther und versetzte mir dabei einen panischen Stich. Würden so die zukünftigen Geschenke auf der Ranch ausfallen? Gab es in der Agrarwelt andere Usancen, was Geschenke zum Hochzeitstag betraf? Gab es zum ersten Jahrestag etwas aus Papier oder Motoröl? Und zum zweiten Baumwolle oder eine Motorsense?

Das kam mit auf die Liste von Dingen, die ich noch herausfinden musste.

◆

19. Für eine Handvoll Klebstoff

Nachdem die Sache mit dem Hochzeitsgeschenk erledigt war, mussten wir nur noch einen Punkt auf unserer Liste abhaken, ehe wir in den Hafen der Ehe einlaufen konnten: die Eheberatung. Diese einstündigen Gespräche mit dem Übergangspfarrer in Altersteilzeit, der unsere Gemeinde damals leitete, waren in der episkopalen Kirche Voraussetzung zum Heiraten. Vom Kopf her verstand ich den Grund für die vorehelichen Gespräche mit einem Vertreter der Geistlichkeit. Bevor eine Kirche eine eheliche Verbindung segnet, will sie sichergehen, dass die Brautleute die Bedeutung und Ernsthaftigkeit ihrer (hoffentlich) lebenslangen Verpflichtung verstehen. Sie will dem Paar Denkanstöße geben, bestimmte Gesichtspunkte abzuwägen und geradezurücken. Sie will sich vergewissern, dass sie nicht zwei Frischverliebte in eine vermeidbare Katastrophe entlässt. Vom Kopf her verstand ich das Konzept.

Praktisch jedoch war es eine unangenehme Stunde, in der ich einem freundlichen Pfarrer gegenübersaß, der es gut meinte und die richtigen Fragen stellte, jedoch seine Begeisterung für die Thematik merklich eingebüßt hatte. Für mich war es emotionale Schwerstarbeit; ich wurde nicht nur aufgefordert, über Offensichtliches nachdenken, das ich schon tausendmal abgewogen hatte, ich musste auch zusehen, wie mein Freund, ein stiller, schüchterner Junge vom Land, Fragen über Themen wie Liebe und gegenseitige Verpflichtungen überdachte und beantwortete, gestellt von einem Pfarrer, den er erst vor kurzem kennengelernt hatte. Marlboro Man war zwar höflich und respektvoll, aber tat mir dennoch leid. Über so etwas sprachen Cowboys nur sehr selten mit Dritten.

»Was würden Sie tun, wenn Ree schwer krank würde?«, fragte Father Johnson meinen Zukünftigen.

»Nun ja«, erwiderte Marlboro Man. »Dann würde ich mich um sie kümmern.«

»Wer wird in Ihrem Haushalt das Kochen übernehmen?«

Mein Verlobter grinste. »Ree kann super kochen«, sagte er. Stolz setzte ich mich auf und versuchte, die Linguine mit Muscheln, das marinierte Steak und all die anderen gutgemeinten Speisen zu vergessen, die ich ihm am Anfang unserer Beziehung präsentiert hatte.

»Was ist mit dem Abwasch?«, fuhr Father Johnson fort, jetzt in der Rolle von Gloria Steinem. »Können Sie sich vorstellen, dabei zu helfen?«

Marlboro Man kratzte sich am Kinn und überlegte. »Klar«, sagte er. »Ehrlich, über solche Sachen haben wir uns noch gar nicht unterhalten.« Seine Stimme war freundlich. Höflich.

Ich wäre am liebsten im Erdboden versunken. Ich hätte mir lieber das Zahnfleisch behandeln lassen. Oder das große Präriefeuer von damals bekämpft. Alles, nur das hier nicht.

»Haben Sie darüber gesprochen, wie viele Kinder Sie gerne hätten?«

»Ja, Sir«, sagte Marlboro Man.

»Und?«, hakte Father Johnson nach.

»Ich hätte gerne ungefähr sechs«, antwortete mein Verlobter mit einem virilen Grinsen.

»Und Ree?«, fragte Father Johnson.

»Sie sagt, sie hätte gerne erst mal eins«, sagte Marlboro Man, schaute mich an und streichelte mein Knie. »Aber ich werde sie noch überzeugen.«

Father Johnson zog die Stirn kraus.

»Wie lösen Ree und Sie Konflikte?«

»Tja …«, meinte Marlboro Man. »Um ehrlich zu sein, hatten wir bisher noch keinen großen Konflikt. Wir kommen ziemlich gut miteinander aus.«

Father Johnson schaute über den Rand seiner Brille. »Ihnen fällt bestimmt etwas ein.« Er wollte unbedingt schmutzige Wäsche waschen.

Mein Cowboy pochte mit dem Stiefel auf den peinlich sauberen Boden von Father Johnsons Büro und sah seiner Exzellenz in die Augen. »Also, einmal ist sie vom Pferd gefallen, als wir zusammen reiten waren«, begann er. »Da hat sie sich ein bisschen aufgeregt. Und vor einiger Zeit hab ich sie mitgenommen zu einem Brand, das wurde ein bisschen brenzlig …« Marlboro Man und ich sahen uns an. Es war der größte »Konflikt« gewesen, den wir bisher gehabt hatten, und er hatte keine zwölf Stunden gedauert.

Father Johnson sah mich an. »Wie sind Sie damit umgegangen, Ree?«

Ich erstarrte. »Ähm … äh …« Ich scharrte mit meinen Donald-Pliner-Pantoletten. »Ich hab ihm gesagt, wie ich das fand. Danach war alles in Ordnung.«

Ich hasste jede einzelne Minute dieses Gesprächs. Ich wollte nicht geprüft werden. Ich wollte nicht, dass meine Beziehung zu Marlboro Man anhand dieser stereotypen, nichtssagenden Fragen seziert wurde. Ich wollte einfach nur in seinem Pickup durch die Gegend fahren, Weiden ansehen, es mir mit ihm auf dem Sofa gemütlich machen und Filme anschauen. Das hatte bisher gut bei uns funktioniert – so sah unsere Beziehung aus. Doch Father Johnsons Befragung trieb mich in eine Verteidigungshaltung, ich hatte das Gefühl, als würden wir irgendwie die Verantwortung für den anderen vernachlässigen, wenn wir nicht jeden Tag damit verbrachten, gemeinsam über die Gestaltung unserer Zukunft zu grübeln. Ergab sich das meiste nicht einfach mit der Zeit? Welchem Zweck diente es wirklich, das jetzt schon herauszufinden?

Doch Father Johnsons Verhör war noch nicht zu Ende:

»Was wünschen Sie sich für Ihre Kinder?«

»Haben Sie schon über Geldfragen gesprochen?«

»Welche Rolle spielen Ihre Eltern in Ihrem Leben?«

»Haben Sie sich schon über Ihre politischen Ansichten unterhalten? Über Ihre Standpunkte in wichtigen Fragen? Über Ihren Glauben? Ihre Religion?«

Und meine persönliche Lieblingsfrage:

»Was haben Sie beide langfristig vor, um die Kreativität des anderen zu fördern?«

Darauf hatte ich keine Antwort zu bieten. Doch tief in meinem Innern wusste ich, dass es irgendetwas mit Fleischsoße zu tun haben würde.

Ich hatte nichts gegen die Fragen von Father Johnson. Sie waren in Ordnung – für ein Trinkspiel am späten Abend mit einem Kreis von Freunden, die sich nicht ernsthaft unterhalten wollten, waren die Fragen super. Doch irgendwie waren sie so gehalten, dass sie offensichtlich nicht auf Marlboro Man und mich anwendbar waren beziehungsweise auf Paare, die sich liebten und bereit waren, das Risiko einzugehen und ein gemeinsames Leben zu beginnen. Einige von ihnen waren naheliegend – Dinge, die man bereits wusste und wirklich nicht offiziell zu besprechen brauchte. Andere schienen mir verfrüht – Sachen, die man nicht unbedingt bereits wissen musste, sondern die wir mit der Zeit herausbekommen würden. Wieder andere waren nervig vage.

»Wie viel wissen Sie über den anderen?«, war Father Johnsons letzte Frage des Tages.

Wir schauten uns an. Alles wussten wir noch nicht; das war

gar nicht möglich. Wir wussten nur, dass wir zusammen sein wollten. Reichte das nicht?

»Ich spreche nur für mich«, sagte Marlboro Man. »Ich habe das Gefühl, dass ich alles weiß, was wichtig ist, um mir sicher zu sein, dass ich Ree heiraten will.« Er legte die Hand auf mein Knie, und mein Herz machte einen Hüpfer. »Den Rest … ich nehme an, darum kümmern wir uns einfach, wenn es so weit ist.« Seine stille Zuversicht beruhigte mich, ich hatte eh nur einen Gedanken im Kopf, nämlich wie lange es dauern würde, bis ich meinen neuen Rasenmäher ausprobieren konnte. Noch nie in meinem Leben hatte ich einen Rasen gemäht. Ob mein Cowboy das wohl wusste? Vielleicht hätte er besser erst mal ein billigeres Modell gekauft.

Da erhob sich Father Johnson, um uns bis zu unserer Sitzung in der nächsten Woche zu verabschieden. Ich griff zu meiner Tasche, die neben dem Stuhl lag.

»Danke, Father Johnson«, sagte ich und stand auf.

»Warten Sie noch kurz!« Er hob die Hände. »Ich will Ihnen eine kleine Aufgabe mitgeben.« Fast wäre mir ein sauberer Abgang gelungen.

»Ich möchte, dass Sie beide mir zeigen, wie viel Sie über den anderen wissen«, begann er. »Ich möchte, dass jeder von Ihnen eine Collage für mich gestaltet.«

Ungläubig sah ich ihn an. »Eine Collage?«, fragte ich. »So mit Zeitungsausschnitten und Klebstoff?«

»Ganz genau«, bestätigte der Pfarrer. »Sie muss auch nicht besonders groß oder kunstvoll sein; nehmen Sie als Grundfläche einfach ein DIN-A5-Blatt. Ordnen Sie darauf Bilder an, die das symbolisieren, was sie über Ihren Partner wissen. Bringen Sie sie nächste Woche zum Gespräch mit, dann schauen wir sie uns gemeinsam an.«

Eine unerwartete Wendung.

Ich machte den Fehler, meinem Verlobten einen Blick zuzuwerfen. Er sah aus, als hätte er sich in seinem ganzen Leben noch nie unbehaglicher gefühlt als in dem Moment, da er vor der Aufgabe stand, sich hinzusetzen und mit Hilfe von Papier und Klebstoff einem Fremden zu beweisen, wie viel er über seine Zukünftige wusste. Er bemühte sich, ein ernstes Gesicht zu machen, den Schein zu wahren, doch ich kannte seine schönen Züge gut genug, um zu wissen, was unter der Oberfläche vor sich ging. Marlboro Man hatte sich bei unseren Ehegesprächen bisher sehr gut gehalten. Diese Collagenaufgabe war die Belohnung.

Ich setzte ein fröhliches Gesicht auf. »Na, das wird aber ein Spaß!«, sagte ich begeistert. »Wir können uns irgendwann in der Woche zusammensetzen und das gemeinsam angehen …«

»Nein, nein, nein«, protestierte Father Johnson und winkte ab. »Das können Sie nicht zusammen machen. Es geht gerade darum, sich unabhängig vom anderen hinzusetzen und die Collage zu erstellen.«

Dieser Pfarrer war ziemlich herrisch.

Wir reichten uns die Hand, versprachen, zum Termin in der nächsten Woche unsere Hausaufgaben mitzubringen, und gingen zum Parkplatz. Kaum hatten wir die Kirchentüren hinter uns geschlossen, stieß Marlboro Man mich an.

»He!«, schrie ich, weil es wehgetan hatte. »Was sollte das denn?«

»Deine Dienstagsprügel«, entgegnete der Cowboy.

Ich grinste. Der Dienstag hatte mir schon immer gefallen.

Wir stiegen in den Pick-up, und er ließ den Wagen an. Er sah mich an. »Kann ich mir ein paar Zeitschriften von dir ausleihen?« Ich kicherte, während er losfuhr und wir die Kirche hinter uns ließen. »Klebstoff könnte ich auch gebrauchen«, fügte er hinzu. »Ich glaube, ich hab keinen zu Hause.«

Mit der Hochzeitsplanung ging es in Riesenschritten voran. Ich entschied mich für eine Hochzeitstorte, kaufte die Schuhe, legte das Menü für den Empfang fest, buchte die Countryband und konnte meine Mutter lange genug von ihrer Ehekrise loseisen, um uns mit den Floristen zu treffen und Orchideen und Wiesenblumen zu bestellen. Ich ging zu den Brautpartys, die die Freunde meiner Eltern für mich veranstalteten – keiner hatte eine Ahnung, dass die Ehe ihrer alten Gefährten in Trümmern lag. Ich begann, für den Umzug in mein neues Heim auf der Ranch meine Siebensachen zusammenzupacken, so wie ich gepackt hatte, um nach Chicago zu ziehen – auf Dauer, wie ich damals gedacht hatte. Es war ein unwirkliches Gefühl zu wissen, dass ich bald mit dem Mann meiner Träume zusammenleben und das Haus meiner Kindheit für immer verlassen würde.

Dienstags abends ging ich wieder mit Ga-Ga, Delphia, Dorothy und Ruthie essen, sog ihre Kleinstadtgespräche in mich auf, als würde mein Leben – und mein Überleben in meinem neuen Umfeld – davon abhängen.

Sie waren herrlich, diese Essen.

Panierte Beefsteaks hatten noch nie so gut geschmeckt.

In der Zwischenzeit arbeitete sich mein Zukünftiger den Buckel krumm. Um genug Zeit für unsere dreiwöchigen Flitterwochen in Australien zu haben, hatte er den Ablauf auf der Ranch umgestellt und eine normalerweise viel längere Transportsaison in ein Zeitfenster von zwei Wochen gequetscht. Ich bekam seine geänderten Arbeitszeiten zu spüren; seine Anrufe wurden seltener und lagen weiter auseinander, er stand noch viel früher auf als sonst. Und wenn er nachts anrief, um mir ein süßes »Gute Nacht« zuzuflüstern, bevor er ins Bett fiel, war seine Stimme rauer und müder als sonst. Er schuftete wie ein Tier.

Gleichzeitig rückte der Termin für unser nächstes Ehegespräch drohend näher. Es war der Montagabend vor unserem dienstäglichen Treffen mit Father Johnson, und ich wusste, dass weder mein Freund noch ich dazu gekommen waren, an unseren Collagen zu arbeiten. Es war einfach zu viel zu tun – zu viele Kühe, zu viele Entscheidungen, zu viele gemütliche Filme auf seiner Ledercouch. Es gab viel zu viel Romantik zu genießen, wenn wir zusammen waren, und abgesehen davon hatte Father Johnson uns ausdrücklich ermahnt, wir dürften nicht in Gegenwart des Partners an dem Werk arbeiten. Für mich war das kein Problem: Aufrecht an einem Tisch zu sitzen und Bilder aus Zeitschriften zu schneiden, war das Letzte, was ich mit so einem großartigen Vertreter seiner Art tun wollte. Es wäre ein krimineller Missbrauch unserer gemeinsamen Zeit gewesen.

Trotzdem wollte ich nicht mit leeren Händen zu unserem Termin gehen, deshalb zog ich mich am Montagabend in mein Zimmer zurück und beschloss, erst dann wieder herauszukommen, wenn ich Father Johnsons »Wie gut kennen Sie Ihren Verlobten?«-Collage fertiggestellt hatte. Ich wühlte im Abstellraum herum und holte die einzigen alten Illustrierten hervor, die ich finden konnte: die *Vogue*, *Golf Digest* und die Ausgabe von *Seventeen* mit Phoebe Cates auf dem Cover.

Na, super. Ich war überzeugt, jede Menge verwertbares Material zu finden. *Ist das albern*, dachte ich. In dem Moment klingelte das Telefon in meinem Schlafzimmer. Das musste er sein.

»Hallo?«, meldete ich mich.

»Hi«, sagte er. »Was machst du gerade?« Er klang ausgepowert.

»Ach … nichts Besonderes«, antwortete ich. »Und du?«

»Tja …«, begann er, und seine Stimme wurde schwer, ernst. »Ich habe da ein kleines Problem.«

Ich wusste nicht alles über meinen Freund. Aber ich kannte ihn gut genug, um zu ahnen, dass etwas nicht stimmte.

»Was denn?«, fragte ich und klebte das Bild eines Footballs aus der alten Jugendzeitschrift auf die Collage meines Liebsten.

»Gerade sind mehrere Viehlieferungen eingetroffen«, rief er in dem Versuch, die muhende Symphonie der Rinder um sich herum zu übertönen. »Eigentlich sollten sie erst morgen Abend kommen, aber sie sind zu früh dran …«

»O nein … das ist ja übel«, sagte ich, ohne genau zu wissen, auf was er hinauswollte.

»Deshalb muss ich die ganzen Rinder heute Abend noch fertigmachen und verladen … und wenn ich damit fertig bin, hat kein Geschäft in der Stadt mehr auf«, fuhr er fort. Unsere Verabredung mit Father Johnson war um zehn Uhr am nächsten Morgen. »Deswegen muss ich wohl morgen ganz früh bei dir vorbeikommen und die Collage bei dir zu Hause machen«, sagte Marlboro Man. Ich konnte ihn bei all dem Vieh kaum verstehen.

»Meinst du wirklich?«, fragte ich ihn. »An welche Uhrzeit hast du denn gedacht?« Ich machte mich auf das Schlimmste gefasst.

»Ich dachte so an sechs Uhr«, gab er zurück. »Dann hätte ich noch jede Menge Zeit dafür, bevor wir losmüssen.«

Um sechs Uhr? Morgens? *Urgs*, dachte ich. *Ich habe noch genau eine Woche zum Ausschlafen. Wer weiß, wann ich aufstehen muss, wenn wir verheiratet sind.*

»Gut«, sagte ich mit belegter Stimme. »Wir sehen uns morgen früh. Ach, und übrigens … wenn ich nicht sofort an die

Tür komme, kannst du wahrscheinlich davon ausgehen, dass ich gerade Hanteltraining oder so mache.«

»Kein Problem«, sagte Marlboro Man, auf meinen Scherz eingehend. »Aber pass auf, dass du dich nicht verrenkst oder so. Wir heiraten in weniger als einer Woche.«

Mit flatterndem Magen legte ich auf und kehrte an meine Collage zurück. Ich beschloss, mich richtig anzustrengen, so wie damals in der sechsten Klasse, als uns unsere Lehrerin Mrs. Stinson eine ähnliche Aufgabe gestellt hatte, nämlich eine Collage über uns selbst anzufertigen. Damals hatte ich über eine Woche gebraucht, hatte alte Ballettzeitschriften zerschnippelt, um die Bilder von Gelsey Kirkland, Michail Baryschnikow und vielen anderen von mir verehrten Tänzern sorgfältig aufzukleben und die Lücken und Ränder der Collage mit Abbildungen von Spitzenschuhen, Tutus, Diademen, Sporttaschen und Stulpen zu verzieren. Damals war das Ballett mein Leben gewesen, während meiner gesamten Schulzeit. Es war mein einziger Lebensinhalt gewesen, bis die Jungs ins Spiel kamen, und selbst die mussten eine Weile um meine Zeit, Energie und Aufmerksamkeit kämpfen.

Ich arbeitete bis tief in die Nacht und sinnierte über meine Vergangenheit, während ich die Collage über den Mann meiner Zukunft zusammenstellte. Ich verspürte bittersüße Sehnsucht nach den Gefühlen in der sechsten Klasse, als ich jene Ballettcollage erstellt hatte, aber auch nach der siebten und achten Klasse, als meine einzige Sorge in Bezug auf die Zukunft darin bestand, welche Farbe der Kamm haben würde, den ich am nächsten Morgen in die Gesäßtasche meiner Lee-Jeans schieben würde. Damals waren meine Eltern noch verliebt. Damals lebte ich noch in der seligen Unwissenheit, wie weh es tun kann, wenn sich die eigene Familie auflöst.

Ich arbeitete immer weiter, und ehe ich mich versah, war meine Collage fertig. Auf dem vom Klebstoff noch feuchten Meisterwerk sah man Bilder von Pferden – zufälligerweise mit freundlicher Genehmigung der Marlboro-Werbung – und vom Football. Es gab Fotos von einem Pick-up und von grünem Gras – ich hatte alles aus den alten Illustrierten aufgeklebt, was auch nur entfernt ans Landleben erinnerte. Eine Klapperschlange: Marlboro Man hasste Schlangen. Die Abbildung eines Sternenhimmels: Als Kind hatte er Angst vorm Dunkeln gehabt. Man sah Dosen mit Erfrischungsgetränken, einen Schokoladenkuchen und John Wayne, der dankenswerterweise in einer Golfzeitschrift aus den frühen Achtzigern in einer Werbeanzeige aufgetaucht war.

Meine Collage würde reichen müssen, auch wenn darauf Bilder fehlten, die weniger greifbare Dinge veranschaulichten, die ich über meinen Zukünftigen wusste – die wahren Dinge. Dass er an jedem Tag, den Gott werden ließ, seinen Bruder Todd vermisste. Dass er schüchtern in der Gesellschaft von Fremden war. Dass er abseitige Bibelgeschichten kannte – nicht die üblichen mit Samson und Delila oder David und Goliath, sondern vergessene, weniger verbreitete Geschichten, die ich bei meinem ständigen Querlesen niemals gefunden hatte. Dass er mit sieben Jahren beim Versteckspielen in eine leere Mülltonne auf dem Kirmesgelände gekrochen war … und festgesteckt hatte, so dass die Feuerwehr ihn herausholen musste. Dass er lange Nudelsorten hasste, weil sie zu kompliziert zu essen waren. Dass er niedlich war. Liebevoll. Ernsthaft. Stark. Meine Collage war unvollständig – es fehlten die ausschlaggebenden Informationen. Doch fürs Erste musste sie reichen. Ich war müde.

Gegen Mitternacht, als ich die Schere, den Klebstoff und die Zeitschriften wegräumte, klingelte mein Telefon. Es war

Marlboro Man, der gerade nach Hause gekommen war, nachdem er bis mitten in die Nacht zweihundertfünfzig Stück Rind abgefertigt hatte. Er wollte nur eine gute Nacht wünschen. Das würde ich für alle Zeit an ihm lieben.

»Was hast du heute Abend gemacht?«, fragte er. Seine Stimme war rau. Er klang erschöpft.

»Ach, ich habe gerade meine Hausaufgaben erledigt«, erwiderte ich, rieb mir die Augen und warf einen Blick auf die Collage, die auf dem Bett lag.

»Oh, super«, sagte er. »Ich muss jetzt ein bisschen Schlaf kriegen, damit ich morgen früh rüberkommen und mich dransetzen kann …« Er verstummte. Der arme Kerl – er tat mir so leid. Auf der einen Seite warteten die Kühe, auf der anderen Father Johnson, und in der Mitte war die keine Woche mehr entfernte Hochzeit und ein dreiwöchiger Urlaub auf einem anderen Kontinent. Am allerwenigsten hatte er jetzt Zeit, um durch alte Ausgaben von Jugendzeitschriften zu blättern und Bilder von Lipgloss und Blondierspray zu suchen. Das Letzte, was er jetzt brauchte, war Klebstoff.

Mein Hirn arbeitete auf Hochtouren, dann sprach mein Herz. »Hey, hör zu …«, sagte ich, denn ich hatte plötzlich eine hervorragende Idee. »Mir ist was eingefallen. Schlaf morgen früh einfach aus, du bist so müde …«

»Nee, schon gut«, lehnte er ab. »Ich muss doch die …«

»Die mache ich für dich!«, unterbrach ich ihn. Das war doch die perfekte Lösung!

Marlboro Man schmunzelte. »Ha! Auf gar keinen Fall. Ich mache meine Hausaufgaben selbst.«

»Nein, im Ernst!«, beharrte ich. »Ich erledige das – ich hab den ganzen Kram hier herumliegen und bin jetzt total drin im Thema. Die hab ich in weniger als einer Stunde fertig, dann können wir beide bis mindestens acht Uhr schlafen.«

Als ob er schon jemals bis acht Uhr geschlafen hätte.

»Nee … ich schaff das schon«, sagte er. »Wir sehen uns morgen früh …«

»Aber … aber …«, versuchte ich es erneut. »Dann kann *ich* wenigstens bis acht Uhr schlafen …«

»Gute Nacht …«, verabschiedete er sich. Wahrscheinlich war er mit dem Ohr am Hörer eingeschlafen.

Ich beschloss, seinen Protest zu ignorieren, und erstellte in der folgenden Stunde eine Collage für ihn. Ich war mit Leib und Seele dabei und kniete mich richtig rein. Dabei staunte ich, wie gut ich mich tatsächlich kannte, und hin und wieder musste ich darüber lachen, dass ich die voreheliche Aufgabe für Marlboro Man erledigte – eine Hausaufgabe, die Vorschrift war, wenn wir von diesem Pfarrer getraut werden wollten. Doch auf die unwahrscheinliche Gefahr hin, dass der müde Körper meines Zukünftigen aus Versehen verschlafen sollte, würde er wenigstens nicht mit leeren Händen ins Büro von Father Johnson gehen müssen.

In der Morgendämmerung erwachte ich, weil Marlboro Man an die Haustür klopfte. Rancher durch und durch, hatte er sein Versprechen gehalten, um sechs Uhr bei mir aufzutauchen. Ich hätte es wissen müssen. Er hatte wahrscheinlich keine fünf Stunden Schlaf bekommen.

Ich stolperte die Treppe hinunter und versuchte vergeblich, mich gerade zu halten, damit es aussah, als sei ich schon länger als sieben Sekunden wach. Als ich die Tür öffnete, stand er in seiner Wrangler vor mir und sah unglaublich attraktiv aus für jemanden, der unter so großem Schlafmangel litt. Seinem freundlichen Lächeln machten nur noch seine hinreißend dicken Augen Konkurrenz, die ihm trotz seines stahlgrauen Haars das Aussehen eines kleinen Jungen verliehen.

Ich hatte Schmetterlinge im Bauch und fragte mich, ob das jemals aufhören würde.

»Guten Morgen«, sagte er, machte einen Schritt herein und vergrub das Gesicht an meinem Hals. Tausend kleine Federn kitzelten meine Haut.

Er verkündete, er sei bereit, sich an die Arbeit zu machen; lächelnd gingen wir nach oben. Ich nahm den kürzesten Weg ins Badezimmer, wo ich meine Zähne wie eine Wahnsinnige putzte. Zweimal. Ich hatte noch meinen Schlafanzug an. Meine Augen waren geschwollen. Ich sah doppelt so alt aus wie sonst. Als ich schließlich in mein Zimmer ging, so weit verschönert, wie es um sechs Uhr morgens möglich war, stand mein Zukünftiger neben meinem Bett und betrachtete die beiden Collagen, die er in Händen hielt.

»Oh, du bekommst einen Riesenärger«, sagte er und hob das Bild hoch, das ich für ihn gemacht hatte.

»Ärger?«, fragte ich lächelnd. »Mit dir oder mit Father Johnson?«

»Mit beiden«, sagte er, stürzte sich auf mich und warf mich aufs Bett. »Das solltest du doch nicht!« Lachend versuchte ich mich von ihm zu befreien. Er kitzelte mich. Ich schrie.

Drei Sekunden später, als er fand, dass ich angemessen bestraft worden war, setzten wir uns auf und legten die Köpfe auf die Kopfkissen.

»Du hast mir doch nicht wirklich meine Hausaufgaben abgenommen?«, sagte er, als er wieder zur Collage griff und sie betrachtete.

»Ich konnte nicht schlafen«, sage ich. »Ich musste was Kreatives machen.« Er schaute mich an, offenbar unsicher, ob er mich küssen, mir danken oder mich einfach noch mal kitzeln sollte.

Ich ließ ihm keine Gelegenheit, das zu entscheiden, sondern nahm ihm mein Meisterwerk ab, um es ihm zu erklären, damit er auf unseren Termin vorbereitet war.

»Hier ist eine Packung Zigaretten«, sagte ich. »Weil ich auf dem College geraucht habe.«

»Mhm«, machte er. »Das wusste ich.«

»Und hier ist ein Glas Weißwein«, fuhr ich fort. »Den liebe ich nämlich.«

»Hab ich schon gemerkt«, erwiderte er. »Aber ... hat Father Johnson kein Problem damit?«

»Nee ...«, sagte ich. »Er ist doch Episkopaler.«

»Aha«, machte er.

Ich führte meine Präsentation zu Ende, zeigte ihm meine Lieblingsfarbe Türkis ... den Mops ... die Ballettschuhe ... die Pralinen von Hershey. Er hörte aufmerksam zu, damit er gründlich auf Father Johnsons bevorstehendes Kreuzverhör vorbereitet war. Nach und nach übermannten uns der frühe Morgen und die gemütliche Wärme meines Zimmers, und ehe wir uns versahen, waren wir in der unwiderstehlichen Weichheit meines Bettes versunken, Arme und Beine unentwirrbar verschlungen.

»Ich glaube, ich liebe dich«, flüsterte seine Reibeisenstimme. Seine Lippen berührten fast mein Ohr. Er schlang die Arme noch fester um mich, verliebte sich mich fast ein.

Wir wachten noch gerade rechtzeitig auf, um unseren Termin um zehn Uhr wahrzunehmen. Ironischerweise erkundigte sich Father Johnson nach all der Arbeit in letzter Minute kaum nach der Bedeutung der Collagen. Stattdessen verging ein Großteil der Zeit damit, in der Kirche herumzugehen und uns auf die bevorstehende Generalprobe vorzubereiten. Sosehr ich Father Johnson auch mochte, so erleichtert war ich doch, dass dies unser letztes offizielles Treffen sein würde, ehe er zur Sache kommen und uns trauen würde. Am Ende bestanden wir unsere Prüfung mit Bravour … und hatten fast keine Schuldgefühle, bei unserer Hausaufgabe geschummelt zu haben.

Es war eh nicht mehr viel Zeit – die Hochzeit war in fünf Tagen.

20. Dynamit im Gesicht

Meine Aufgabenliste für die Hochzeitsvorbereitungen war ellenlang: Geschenke für die Brautjungfern, Mittagessen, Catering ... und der Versuch, zwischen meinen Eltern alles glücklich und reibungslos verlaufen zu lassen, die mittlerweile nicht mehr verbergen konnten, dass die Anspannung zwischen ihnen ein Allzeithoch erreicht hatte. Ihre Ehe blutete aus, wurde jeden Tag schlimmer. Meine kindliche Vorstellung, die Hoffnung und der Optimismus, meine bevorstehende Trauung könnte eine positive Auswirkung auf ihre Beziehung haben, sie sogar retten und alles ungeschehen machen, hatte sich als Hirngespinst erwiesen. Das Flugzeug hatte an Schub verloren; es sank immer tiefer. Ich hoffte nur, dass es erst aufschlagen würde, wenn ich bereits zum Altar gegangen war.

Die Hochzeitsvorbereitungen meines Zukünftigen waren gleichermaßen aufreibend. Er musste sich nicht nur die Zeit für unsere dreiwöchigen Flitterwochen aus den Rippen schneiden, indem er unzählige Arbeiten auf der Ranch vorzog, er musste auch die Urlaubsplanung zu Ende bringen, die er allein in die Hand genommen hatte. Außerdem fuhr er regelmäßig zum Haus meiner Eltern, holte Kartons und Taschen mit meinen Habseligkeiten ab und brachte sie zum Haus auf der Ranch, das wir bald als Frischverheiratete beziehen würden. Es war eine kleine Baracke, knapp hundert Quadratmeter groß, und lag direkt hinter dem großen gelben Backsteinhaus, mit dessen Renovierung wir vor ein paar Monaten begonnen hatten. Da seit über zwanzig Jahren niemand in der Baracke gewohnt hatte, hatten wir sie in den vergangenen Wochen in unserer Freizeit von oben bis unten saubergemacht, den Fliesenboden erneuert und das kleine Bad und die Küche auf Vordermann gebracht, so dass wir direkt nach unserem Urlaub einziehen konnten. Das Häuschen lag zentraler auf der Ranch als Marlboro Mans bisheriges Heim; von dort konnten wir die Arbeiten am Haupthaus besser überwachen. Wenn wir dann irgendwann ins große Gebäude ziehen würden, hätten wir ein hübsches kleines Gästehaus dahinter – perfekt für Großmütter und Geschwister auf Besuch. Perfekt für Pyjamapartys der Kinder.

Das würde unser neues Zuhause werden – die hundert Quadratmeter große Baracke und das größere, halb umgebaute zweistöckige Haus daneben. Die rostigen Pferche dahinter, von denen die Farbe abblätterte. Die alte, aber gut erhaltene Scheune. Das wuchernde Gestrüpp. Die toten Zweige auf dem Hof. Hier wartete Arbeit auf uns – unermüdliche Arbeit. Es würde an uns liegen, ob es am Ende so wurde, wie wir es uns vorstellten.

Doch es gehörte uns, und ich fand es toll. Da ich keine Erfahrungen mit dem Landleben hatte, sah ich in unserem kleinen Heim so etwas wie unser Paradies auf Erden – einen Ort, wo Marlboro Man und ich unsere Tage in romantischer, idyllischer Glückseligkeit verbringen würden. Wo ich in meinem karierten Prärierock (wie dem, den ich mir 1983 bei The Limited gekauft hatte) jeden Morgen Kühe melkte. Wo die Vögel fröhlich zwitscherten und sich ins Küchenfenster setzten, während ich den Abwasch machte. Wo die Sonne immer im Osten auf- und im Westen unterging. Wo nie-niemals etwas Enttäuschendes, Trauriges, Beängstigendes oder Tragisches geschehen würde.

Zumindest mit der Sonne sollte ich recht behalten.

Die Woche der Hochzeit brach an – die bisher wichtigste Woche meines Lebens, weitaus wichtiger als der Gewinn des Titels »Miss Sympathisch« im ersten und einzigen Schönheitswettbewerb, an dem ich je teilgenommen hatte. Dies war die Woche, in der sich alles ändern würde. Ich verließ das Leben, das ich kannte. Ich verließ das Leben am Golfplatz, die hochaufragenden Mietshäuser, die Loftwohnungen in der Stadt. Vorbei war es mit den Partys. Mit Cappuccino. Und mit Buchhandlungen. Doch Liebe macht blind, und deshalb störte mich das alles nicht.

Seit Marlboro Man in mein Leben getreten war, war ich wie neugeboren; seine Unbekümmertheit und ungezügelte Leidenschaft hatten mich von den Fesseln des Zynismus befreit, von der Vorstellung, dass Liebe Arbeit und Qual bedeutete. Auf einem gescheckten grauen Pferd war er in mein Leben geritten und hatte mein Herz von dieser Versteinerung befreit. Er hatte mir gezeigt, dass man es einfach sagte, wenn man jemanden liebte – und dass, wenn es um Herzensangelegenheiten geht, Spielchen in die Welt verpickelter Sechzehnjähriger gehörten.

Zu mehr hatte ich es bis dahin nicht gebracht: Ich war ein Kind, das sich als desillusionierter Erwachsener verkleidete und sich in der Liebe nicht anders verhielt als beim Fangenspielen im Schwimmbecken des Country Clubs. Wenn mich jemand fangen wollte, nahm ich Reißaus. Man warf sich gegenseitig vor, zu schummeln und zu betrügen, am Ende hatte man immer einen Sonnenbrand, war verschrumpelt und müde. Und es gab keinen Sieger.

Marlboro Man hatte mich aus diesem Schwimmbecken herausgeholt, ein Handtuch um meine sonnenverbrannten Schultern geschlungen und mich in eine Welt getragen, wo Liebe nichts mit Wettbewerb, Kampf oder Taktik zu tun hat.

Er sagte mir, dass er mich liebte, wenn er es spürte, wenn es ihm einfiel. Er sah nie einen Grund, es nicht zu tun.

Die Woche der Hochzeit! Meine Mutter war froh, dem Stress und Streit in ihrer eigenen Ehe zu entkommen, und beschäftigte sich in den letzten Tagen damit, die übriggebliebenen offenen Fragen bezüglich des Empfangs im Country Club zu klären. Betsy kam für die ganze Woche vom College nach Hause, um mit meiner Mutter Quadrate aus bedrucktem Stoff zu schneiden, sie mit Körnern zu füllen und mit Zwirn zu kleinen Päckchen zu binden. Wir bekamen wunderschön verpackte Präsente von der Geschenkeliste, und die beiden halfen mir, eins nach dem anderen zu öffnen. Außerdem unterstützten sie mich dabei, die Geschenke für meine drei Brautjungfern abzustimmen, von denen natürlich eine meine Schwester selbst war. Darüber hinaus beschäftigten sie Mike, der aufgrund der Hektik um ihn herum auf dem besten Weg in eine manische Phase war. Sie reservierten Hotelzimmer für auswärtige Gäste. Und erledigten meine Wäsche.

Ich beschloss, mir eine Gesichtsbehandlung zu gönnen. Ich brauchte einen kleinen Muntermacher. Ich wollte in einem dunklen Raum liegen, außer Reichweite von Türklingel, Telefon und Blumen, weit entfernt von roten Stoffquadraten und Zwirn. Schon damals mit Mitte zwanzig spürte ich, wann die Gefahr bestand, dass mir alles über den Kopf wuchs. Ich wusste, wann ich entspannen musste. Eine Behandlung in einem Schönheitssalon war immer schon die richtige Antwort gewesen.

Ich buchte ein einstündiges Gesichtspeeling, eher aufgrund der Länge als wegen der Behandlung selbst, und ich genoss jede einzelne Sekunde. Das Aroma der ätherischen Öle erfüllte den Raum, im Hintergrund lief sanfte afrikanische Musik. Zehn Minuten vor Schluss zauberte Cindy, die Kosmetikerin, ein ganz besonderes Fläschchen hervor. »Das hier«, sagte sie leise, öffnete den Verschluss und griff nach einem großen Wattebausch, »das hier … ist ein Wundermittel.«

»Was ist es denn?«, fragte ich, auch wenn mir die Antwort eigentlich egal war, solange ich noch etwas länger auf diesem Stuhl liegen konnte. Die afrikanische Musik erfüllte ihren Zweck.

»Ach, es verleiht Ihnen nur einen ganz leichten gesunden Schimmer«, erwiderte sie. »Keiner merkt, was es ist, aber alle werden Sie fragen, warum Sie so toll aussehen. Das ist *perfekt* für die Hochzeitswoche.«

»Oho«, machte ich. »Hört sich gut an!« Ich kuschelte mich noch tiefer in den bequem gepolsterten Vinylstuhl.

Der Wattebausch glitt sanft über mein Gesicht und hinterließ ein angenehm kühles Gefühl. Er strich über meine Stirn, über die Nase, die Wangen, das Kinn. Die Behandlung entspannte mich, ich wurde müde. Langsam nickte ich ein. Ich überlegte, ob ich noch eine Stunde verlängern sollte.

Da fing es an zu brennen.

»Oh«, sagte ich und schlug die Augen auf. »Cindy, das fühlt sich nicht gut an.«

»Ah, schön«, sagte Cindy unbesorgt. »Spüren Sie jetzt die Wirkung?«

Kurz darauf hatte ich starke Schmerzen. »Ich spüre sie mehr als deutlich«, antwortete ich und umklammerte die Armlehne, bis meine Fingerknöchel weiß hervortraten.

»Also, das müsste jeden Augenblick wieder aufhören …«, versicherte sie mir. »Es tut gerade seine Wunderwirkung …«

Mein Gesicht stand in Flammen. »*Autsch! Aua! Wirklich, Cindy! Nehmen Sie das wieder runter! Das Zeug bringt mich um!*«

»Oje … schon gut, schon gut«, sagte Cindy, griff schnell zu

einem nassen Waschlappen und wischte mir hastig die atomare Lösung von der Haut. Langsam ließ das höllische Brennen nach.

»Wow«, sagte ich in dem Versuch, höflich zu sein. »Ich glaube, das will ich nicht noch mal ausprobieren.« Ich schluckte und bemühte mich, die Schmerzen zu ignorieren.

»Hm«, machte Cindy ratlos. »Es tut mir leid, dass es etwas gebrannt hat. Aber wenn Sie morgen früh aufwachen, werden Sie begeistert sein. Ihre Haut wird taufrisch aussehen!«

Das kann ich dir nur raten, dachte ich, als ich Cindy für ihre Folter bezahlte und den kleinen Salon verließ. Mein Gesicht kribbelte auf unangenehme Weise. Auf dem Weg zum Auto öffneten sich aufs Neue die Schleusentore der Hochzeitssorgen:

Was ist, wenn ich das Kleid nicht zubekomme?
Was ist, wenn die Band nicht auftaucht?
Was ist, wenn die Krabben zu fischig schmecken?
Ich weiß nicht, wie man Twostep tanzt.
Wie lange dauert der Flug nach Australien?
Gibt es in dem Land Taranteln?
Was mache ich, wenn ich einen Skorpion im Bett habe?

Die Gesichtsbehandlung hatte mich nicht gerade beruhigt.

Am Abend war ich mit Marlboro Man verabredet. Es war der Donnerstag vor unserer Hochzeit, am folgenden Abend hatten wir das Probeessen. Es war der letzte Abend, den wir zu zweit verbringen konnten, ehe wir uns das Jawort gaben. Ich konnte es kaum erwarten, ihn zu sehen; es war zwei volle Tage her. Achtundvierzig qualvolle Stunden. Ich hatte unheimliche Sehnsucht.

Als er auf der Schwelle meines Elternhauses stand, öffnete

ich die Tür und lächelte. Er sah super aus. Verlässlich. Unwiderstehlich.

Grinsend kam er auf mich zu und küsste mich. »Du siehst gut aus«, sagte er leise und trat einen Schritt zurück. »Du bist in der Sonne gewesen.«

Ich schluckte, als ich mich an die Schmerzen während der Gesichtsbehandlung am Nachmittag erinnerte, und machte mir Sorgen um die Zukunft meines Gesichts. Ich wäre besser zu Hause geblieben und hätte meine Sachen gepackt.

Wir gingen ins Kino, Marlboro Man und ich, wir brauchten die stille Zeit im Dunkeln. Woanders war keine Ruhe zu finden – bei meinen Eltern drängten sich Personen, Präsente und Pläne, und bei ihm auf der Ranch waren bereits Cousins und Cousinen eingetroffen. Ein schwach beleuchtetes Kino war unser einziger Zufluchtsort, und wir nutzten es voll aus, nur eins von zwei Paaren im großen Saal zu sein. Schamlos machten wir einen Abstecher in Jugendzeiten, kuschelten uns immer enger aneinander, während der Film an Fahrt gewann. Ich trieb es noch weiter, legte mein Bein über seins und die Hand auf seinen gebräunten Bizeps. Marlboro Man schlang einen Arm um meine Hüfte, es wurde immer heißer zwischen uns. Zwei Tage vor unserer Hochzeit knutschten wir wie die Wilden in einem schummrigen Kino herum. So etwas Romantisches hatte ich nur selten erlebt.

Bis der Bart meines Zukünftigen über meine empfindliche Haut kratzte und ich vor Schmerz zusammenfuhr.

Zurück bei meinen Eltern, brachte mich mein Cowboy bis an die Tür, den Arm fest um meine Taille gelegt. »Du musst noch ein bisschen Schlaf bekommen«, sagte er.

Mein Magen zog sich zusammen. »Ich weiß«, sagte ich und drückte ihn an mich. »Ich kann es kaum glauben, dass es bald so weit ist.«

»Ich bin froh, dass du nicht nach Chicago gegangen bist«, flüsterte er und schmunzelte auf die ihm eigene Weise, mit der der ganze Ärger überhaupt angefangen hatte. Ich konnte mich erinnern, genau an dieser Stelle gestanden zu haben, in derselben Position, als er mich gebeten hatte, nicht zu gehen. Sondern zu bleiben und uns eine Chance zu geben. Trotzdem konnte ich kaum glauben, dass es jetzt so weit war.

Nachdem wir uns verabschiedet hatten, ging ich direkt hoch in mein Schlafzimmer. Ich musste mit dem Packen weitermachen … und mich um mein Gesicht kümmern, das mir minütlich mehr Unbehagen bereitete. Ich schaute in den Badezimmerspiegel: Die Haut war knallrot. Gereizt. Entzündet. O nein! Was hatte diese Kurpfuscherin bloß mit mir angestellt? Was sollte ich jetzt tun? Ich wusch mich mit kaltem Wasser und einem sanften Reinigungsmittel und überprüfte die Haut erneut im Spiegel. Sie sah noch schlimmer aus als zuvor. Ich hatte Ähnlichkeit mit einem gekochten Hummer. Würde super zu dem kirschroten Kostüm passen, das ich am nächsten Abend zum Probeessen anziehen wollte.

Und das weiße Kleid am Samstag? Das war noch eine ganz andere Frage.

Ich schlief wie ein Murmeltier und wachte früh am nächsten Morgen auf, öffnete die Augen und vergaß selige vier Sekunden lang das Behandlungstrauma, das ich am Vortag erlitten hatte. Hastig betastete ich mein Gesicht, die Haut spannte und fühlte sich rau an. Ich sprang aus dem Bett und lief ins Bad, knipste das Licht an und schaute in den Spiegel, um den Zustand meiner Visage zu überprüfen.

Die Rötung hatte nachgelassen; das fiel mir als Erstes auf. Eine positive Entwicklung. Ermutigend. Doch bei näherer Untersuchung entdeckte ich die ersten Anzeichen von Fältchenbildung an Kinn und Nase. Mein Magen zog sich zusammen; heute war die Generalprobe. Heute war der Tag, an dem ich nicht nur meine Verwandten und Bekannten sehen würde, die mich sicherlich weiterhin lieben würden, egal welch abwegige Hautkrankheit ich mir seit unserer letzten Begegnung zugezogen hatte, sondern an dem ich auch sehr viele fremde Menschen kennenlernen würde – Ranchnachbarn, Cousinen und Cousins, Geschäftspartner und Collegefreunde von Marlboro Man. Ich war nicht gerade begeistert von der Aussicht, dass sie ihren ersten Eindruck von mir mit dem Wort Schuppen umschreiben würden. Ich wollte frisch aussehen. Knackig. Strahlend. Nicht rau, trocken und schuppig. Nicht jetzt. Nicht an diesem Wochenende.

Ich begutachtete den Schaden im Spiegel. Das Plutonium, das die Kurpfuscherin Cindy mir am Vortag ins Gesicht getupft hatte, musste irgendein säurehaltiges Peeling gewesen sein. Zuerst hatte es gebrannt. Der Logik zufolge würde die Haut sich als Nächstes schälen. Das könnte heftig werden. Das könnte wirklich furchtbar aussehen. Ob ich den Vorgang vielleicht beschleunigen konnte? Wenn ich die Häutung unterstützte, würde ich vielleicht Ruhe haben – wenigstens in den nächsten achtundvierzig Stunden.

Ich brauchte lediglich achtundvierzig Stunden. Das war doch nicht zu viel verlangt.

Ich griff nach meinem Lieblingspeeling, das ich während meiner Collegezeit immer benutzt hatte. Es war nicht ganz so aggressiv, aber doch grobkörnig genug, um seine Wirkung zu tun. Das musste meine Wunderwaffe sein. Es musste einfach funktionieren. Zuerst wusch ich mein armes Gesicht mit einem milden Reiniger, dann gab ich eine kleine Menge Peeling auf meine Finger und begann zu massieren.

Ich hielt die Luft an. Es tat höllisch weh. Mein Gesicht verschwand in der Welt der Schmerzen.

Ich schrubbte und massierte und fragte mich, warum es überhaupt Gesichtsbehandlungen gab, wenn sie doch so eine Qual waren. *Ich bin ein netter Mensch*, dachte ich. *Ich gehe zur Kirche. Warum macht meine Haut jetzt einen Aufstand?* Die Woche, in der ein Mädchen heiratete, sollte eigentlich glücklich sein. Ich hätte vergnügt durch das Haus meiner Eltern hüpfen und mit einem Glitzer-Staubwedel meine Hochzeitsgeschenke zum Funkeln bringen sollen, die inzwischen jeden freien Platz im Haus einnahmen. Ich hätte Melonenkügelchen essen und in der Küche mit meiner Mutter und meiner Schwester lachen sollen, weil es bald so weit war. *Ist diese Vase von Waterford nicht wunderschön? Ach, die Torte wird so toll aussehen!*

Stattdessen stand ich im Badezimmer und zwang mein Gesicht mit vorgehaltener Waffe, sich zu schälen.

Ich wusch das Peeling ab und schaute wieder in den Spiegel. Das Ergebnis war ermutigend. Die schrumpelige Haut schien sich zurückgebildet zu haben: Sie war leicht rosig vom heftigen Schrubben, doch immerhin fielen keine toten Schuppen herunter wie Konfetti. Um weiterem Austrocknen vorzubeugen, schmierte ich mir dick Feuchtigkeitscreme ins Gesicht. Es brannte wieder – die Wirkung des Isopropylalkohols in der Creme –, doch verglichen mit den Qualen vom Vortag war es auszuhalten. Was die Nervenenden im Gesicht betraf, hatte ich eine ganz neue Schmerzstufe zu ertragen gelernt.

Am nächsten Tag begann ich um drei Uhr, mich für die Generalprobe umzuziehen. Das schöne kirschrote Kostüm war schwarz gesteppt. Ich war mit dem Rock bei einer Schneiderin gewesen, die ihn auf eine sexy Länge oberhalb des Knies gekürzt hatte – eine unglückliche Angewohnheit von mir, seit ich in den späten Achtzigern zu oft *Unter der Sonne Kalifor-*

niens geguckt hatte. Ich war relativ schlank und oben herum nicht besonders gut ausgestattet. Mein Hintern war ganz okay, aber ansonsten unscheinbar. Wenn ich irgendetwas an meinem Körperbau betonen konnte, dann meine Beine.

Als ich zur Probe in der Kirche eintraf, gab mir meine Großmutter einen Kuss, musterte mich von oben bis unten und fragte: »Hast du die andere Hälfte von deinem Kostüm vergessen?«

Die Schneiderin war ein wenig übereifrig gewesen.

Verwandte und Bekannte strömten in die Kirche: Becky und Connell, Freundinnen seit Urzeiten und jetzt meine Brautjungfern. Die Cousins und Cousinen und College-freunde von Marlboro Man. Und Mike. Mein lieber Bruder Mike umarmte jeden, der das Gotteshaus betrat, von kleinen alten Damen bis zu strammen ehemaligen Footballspielern. Und als ich gerade meinen Onkel John begrüßte, sah ich, wie Mike sich Tony vornahm, einen guten Collegefreund meines Verlobten.

»W-w-wie heißt du?«, dröhnte Mikes Stimme durch die Kirche.

»Hi, ich bin Tony«, sagte Marlboro Mans Freund und hielt Mike die Hand hin.

»F-f-freut mich, dich kennenzulernen, Tony«, rief Mike, ohne die Hand loszulassen.

»Freut mich auch, Mike«, sagte Tony und fragte sich wahrscheinlich, wann er seine Hand zurückbekommen würde.

»Du bist echt schön«, bemerkte Mike.

O nein, dachte ich.

»Hm … danke, Mike«, erwiderte Tony und grinste peinlich berührt. Wenn am nächsten Tag nicht meine Hochzeit gewesen wäre, hätte ich mich zurückgelehnt, mir Popcorn in den Mund gestopft und die Vorstellung genossen. Aber heute musste ich eingreifen. Mike nahm mit seiner Zuneigung nicht viel Rücksicht auf andere Menschen.

Die Generalprobe selbst verlief reibungslos, bis Father Johnson beschloss, es sei an der Zeit, Marlboro Man und mir zu zeigen, wie man richtig zum Altar schritt. Offenbar war der Zweck all seiner theologischen Studien gewesen, dafür zu sorgen, dass mein Zukünftiger und ich auf die richtige, vorgeschriebene Weise am Altar eintrafen, denn er gab sich größte Mühe, uns das einzubläuen.

»Wenn es so weit ist«, wies Father Johnson uns an, »drehen Sie sich um, und Ree nimmt Ihren Arm.« Er schob Marlboro Man vorsichtig in die entsprechende Richtung, und wir beide begannen zu schreiten.

»Nein, nein, nein!«, unterbrach uns der Pfarrer. »Noch mal von vorn.«

Die Collegefreunde von Marlboro Man kicherten.

»Ach, was haben wir falsch gemacht?«, fragte ich Father Johnson demütig. Vielleicht hatte er die Wahrheit über die Collagen herausgefunden …

Er machte es uns erneut vor. Marlboro Man sollte sich umdrehen und einen Schritt nach vorn machen, dann kurz auf mich warten. Wenn ich seinen Arm nahm, sollte er mich zum Altar führen.

Moment mal! Hatten wir das gerade nicht genau so gemacht?

Wir versuchten es wieder, und Father Johnson verbesserte uns erneut. »Nein, nein, nein«, sagte er und zog uns beide am Arm zurück, bis wir wieder an der Ausgangsposition standen. Marlboro Mans Freunde schmunzelten. Mein Magen knurrte. Mein Verlobter blieb bewundernswert ruhig, obwohl er mehrmals vom Vertretungspfarrer seiner Freundin in einem Punkt korrigiert wurde, der eigentlich gar nicht so wichtig war für das Versprechen, dass wir den Rest unseres Lebens zusammen verbringen wollten.

Nicht weniger als siebenmal mussten wir noch üben, und bei jeder Wiederholung wurde mir klarer, dass dies Father Johnsons endgültige Prüfung für uns war. Die Collagen konnten wir vergessen – das waren Peanuts. Für Father Johnson war entscheidend, ob wir die Ruhe bewahren und Anweisungen entgegennehmen würden, während saftige Steaks und kalte Getränke im Country Club auf uns warteten. Daran konnte er ablesen, ob Marlboro Man und ich reif, beherrscht und gelassen genug waren, um die Trauung hinter uns zu bringen. Ich wusste zwar, dass mein Zukünftiger die Zähne zusammenbeißen und es ertragen würde, aber nicht, ob auch ich dazu imstande war.

Doch so weit kam es nicht. Als Father Johnson beim achten Durchgang wieder begann: »Nein, Kinder, ihr macht das einfach nicht richtig …«, dröhnte Mikes laute Stimme durch das heilige Gotteshaus aus Marmor und Holz:

»*Ach, k-k-komm, Father Johnson!*«

Aus dem Schmunzeln wurde Gelächter. Und aus dem Augenwinkel konnte ich sehen, wie Tony Mike diskret abklatschte.

Mike war ein Segen! Er hatte Hunger. Er wollte, dass die Party endlich losging.

Schließlich begaben wir uns in den Country Club zu dem feinen Probeessen, das von Marlboro Mans Eltern gegeben wurde. Mit allen engen Freunden und Verwandten von beiden Seiten waren wir eine große Gesellschaft. Das Dinner wurde begleitet von fröhlichem Lachen und klirrenden Gläsern. Und mein Bruder Doug nannte meine Schwiegermutter mehrmals »Ann«.

Meine Schwiegermutter heißt aber gar nicht Ann.

Als das Essen auf den Tischen stand, war es Zeit für die offiziellen Reden: Becky, meine Freundin aus Kindertagen, erzählte Witze, die bis heute nur wir beide verstanden; Marlboro Mans Onkel hatte ein lustiges Gedicht für diesen Anlass verfasst, seine eindrucksvolle Stimme ließ alle verstummen. Meine Schwester rief mit ihren niedlichen Rührseligkeiten bei allen ein »Oooh« hervor. Mein Vater brachte kein Wort mehr heraus ... und alle Frauen am Tisch begannen angesichts dieser Demonstration väterlicher Gefühle zu schluchzen.

Ich hatte einen Kloß im Hals. Ich wusste, dass die Tränen meines Vaters einen viel tieferen Grund hatten, als dass er seiner ältesten Tochter alles Gute wünschen wollte. Das Tohuwabohu der vergangenen Woche hatte die Turbulenzen zwischen meinen Eltern bis zu diesem Moment angenehm unter den Teppich gekehrt. Dass ihre Ehe zu einem Zeitpunkt am seidenen Faden hing, da ich mein Leben mit meiner großen Liebe begann, war ein grausamer Scherz. Wenn ich innegehalten und mir gestattet hätte, länger darüber nachzudenken, wäre ich zusammengebrochen.

Ich rettete meinen Vater vor dem Mikrophon, indem ich zu ihm eilte und ihn aufmunternd in die Arme nahm, während Marlboro Mans engster Freund Tom auf uns zusteuerte.

Tom hatte ein volles Glas Wein in der Hand, ersichtlich nicht sein erstes an diesem Abend. Schwankend und torkelnd begann er seine Rede, und seine Augen waren zwar noch nicht auf Halbmast, aber auf bestem Weg dahin.

»Meiner Meinung nach«, sagte er, »geht es bei der Liebe genau um das hier.«

Hörte sich gut an. Ein bisschen gelallt, aber nett und schlicht formuliert.

»Und ... und ... und meiner Meinung nach«, fuhr er fort,

»meiner Meinung nach ist nur eins wichtig … das hier ist alles Liebe.«

Ach, du liebe Güte. Bitte nicht!

»Und ich kann nur sagen, dass meiner Meinung nach«, ging es weiter, »dass es einfach toll ist, wenn man sieht, dass wahre Liebe genau hier und heute möglich ist.«

Sehr witzig. Klopf, klopf. Funktioniert das Ding hier?

»Ich kenne diesen Kerl schon sehr, sehr lange«, hob er wieder an und zeigte auf Marlboro Man, der ihm höflich lauschte. »Und … meiner Meinung nach muss ich nicht mehr sagen, als dass das sehr, sehr lange ist.«

Tom meinte es todernst. Dies sollte keine witzige Rede sein. Er wollte uns nicht necken. Dies war alles wirklich »seine Meinung«. Das machte er mehrfach klar.

»Zum Schluss möchte ich einfach nur sagen, dass meiner Meinung nach … dass Liebe … dass Liebe alles ist«, endete er.

Überall begannen Gäste zu kichern. An dem großen Tisch, wo Marlboro Man und ich mit unseren Freunden saßen, mussten die Leute lachen.

Alle außer meinem Cowboy. Anstatt sich über seinen Freund lustig zu machen – den er seit seiner Kindheit kannte und der, wie er wusste, ein paar harte Jahre hinter sich hatte –, gab er allen an unserem Tisch mit einem taktvollen »Psst« zu verstehen, dass sie leise sein sollten. Er flüsterte: »Lacht nicht über ihn.«

Dann tat er etwas, was ich eigentlich hätte vorhersehen können: Er stand auf, ging zu seinem Freund, der sich inzwischen der Grenze zur Peinlichkeit näherte, gab ihm freundlich die Hand und klopfte ihm auf die Schulter. Und anstatt, was kurz zuvor noch gedroht hatte, in brüllendes Gelächter auszubrechen, klatschten die Gäste.

Ich sah dem Mann zu, den ich heiraten wollte, der immer Mitgefühl und Verständnis für andere Menschen gezeigt hatte – ob im Film oder im wahren Leben –, wenn sie zur Zielscheibe von Hohn und Spott wurden. Nie war er auch nur im Geringsten befangen gewesen in Gegenwart meines behinderten Bruders, wie oft Mike auch auf seinem Schoß gesessen oder darum gebeten hatte, in die Mall gebracht zu werden. Solange ich ihn kannte, hatte er nie einen anderen Menschen lächerlich gemacht oder veralbert. Und auch wenn sein guter Freund Tom nicht gerade eine Entwicklungsstörung hatte, so war er gerade doch gefährlich nah daran gewesen, bei unserem Probeessen von einem Saal voller Menschen zum Klassenclown ernannt zu werden. Aber Marlboro Man hatte sich eingemischt und dafür gesorgt, dass es nicht so weit kam. Mein Herz lief über vor Gefühl.

Als sich später die ersten Gäste verabschiedet hatten und ich mit Betsy zur Toilette ging, um mich frisch zu machen, lobte sie das galante Benehmen meines Zukünftigen und seufzte, wie nett er gewesen war.

Dann trat sie näher an mich heran, runzelte die Stirn und fixierte eine Stelle an meinem Kinn.

»Was ist das denn?«, fragte sie und schlug die Hand vor den Mund. »Was ist mit deinem Gesicht passiert?«

Das Herz rutschte mir in die Hose. Ich entdeckte eine Feuchtigkeitscreme über dem Waschtisch und rieb mich damit ein, entschlossen, die abblätternde Haut zur Kapitulation zu zwingen.

Die meisten Gäste waren nach dem Probeessen im Country Club gegangen; die Übrigen – wichtige Menschen aus unser beider Leben – waren weitergezogen zu dem Hotel im Zentrum, wo alle auswärtigen Gäste übernachteten. Marlboro

Man und ich wollten uns noch nicht voneinander verabschieden und hatten sie daher in die kleine Hotelbar begleitet, die zum Glück nur schwach beleuchtet war (angesichts des immer schlimmer werdenden Zustands meiner Haut). Wir versammelten uns um mehrere kleine zusammengeschobene Tische, unterhielten uns und lachten bis in die Nacht, prosteten uns zu und gaben verschiedene spätabendliche Versionen von »Es ist so schön, dich zu kennen!« zum Besten. Nach all der Organisation und Hektik mit Onkeln, Collegefreunden und Geschwistern in einer Kellerbar abzuhängen war beruhigend und entspannend. Am liebsten hätte ich das Gefühl in eine Flasche gefüllt und für immer aufbewahrt.

Doch es war schon spät; Marlboro Man schaute auf die Uhr in der Bar.

»Ich glaube, ich fahre zurück zur Ranch«, flüsterte er, während sein Bruder der Gruppe den nächsten Witz erzählte. Mein Cowboy hatte noch eine lange Fahrt vor sich, ganz zu schweigen von einem langen Leben mit mir. Ich konnte ihm nicht verübeln, dass er sich noch einmal richtig ausschlafen wollte.

»Ich bin auch müde«, sagte ich und holte meine Handtasche unter dem Tisch hervor. Und das war ich wirklich; der lange Tag machte sich langsam bemerkbar.

Wir beide standen auf und verabschiedeten uns von all den Menschen, die uns so sehr liebten. Die Männer erhoben sich, einige wankend, gaben Marlboro Man die Hand. Frauen schickten uns Luftküsse und artikulierten lautlos »Wir lieben euch«, während wir winkend den Raum verließen. Die anderen blieben. So gern hatten sie uns nun auch wieder nicht.

Gemeinsam gingen wir zu unseren Autos – symbolisch Seite an Seite unter eine Gruppe von Bäumen auf dem Hotelparkplatz abgestellt. Müdigkeit machte sich breit; ich lehnte den Kopf im Gehen an seine Schulter. Beruhigend legte er mir den Arm um die Taille. Und kaum hatten wir meinen silbernen Camry erreicht, wurde es heißer.

»Ich kann den morgigen Tag kaum erwarten«, sagte er und drückte mich mit dem Rücken gegen die Autotür. Seine Lippen tasteten nach meinem Hals. Jeder Nerv in meinem Körper stand unter Hochspannung, als seine starken Hände nach meinem Hintern griffen. Ich zog ihn noch näher an mich.

Wir schmusten auf dem Hotelparkplatz, konnten einfach nicht genug voneinander bekommen, kamen dem nächsten Schritt gefährlich nah. Überall in meinem Körper brachen unkontrollierbare Präriefeuer aus, selbst meine Knie wurden heiß. Ich konnte nicht fassen, dass dieser Mann, dieser Adonis, der mich so leidenschaftlich in den Armen hielt, tatsächlich mir gehörte. Dass ich ihn in weniger als vierundzwanzig Stunden ganz für mich haben würde. *Das ist zu schön, um wahr zu sein*, dachte ich, wickelte das rechte Bein um sein linkes und grub die Finger in seinen wohlgeformten Oberarm. Es war, als hätte man mich in einem Pralinenladen eingesperrt, in dem es außerdem leckeren Chardonnay und Pommes frites gab … und wo den ganzen Tag *Vom Winde verweht* und Filme mit Joan Crawford gezeigt wurden. Für den Rest meines Lebens würde dieser Mann mein kleiner Privatspielplatz sein. Fast hatte ich Schuldgefühle, weil ich ihn der Welt da draußen vorenthielt.

Es war so dunkel, dass ich vergaß, wo ich war. Ich hatte kein Gefühl mehr für Richtung, Ort oder Zeit, auch dann nicht, als er mein Gesicht in die Hände nahm, seine Stirn gegen meine lehnte und die Augen schloss, als wolle er diesen wunderbaren Moment auskosten.

»Ich liebe dich«, flüsterte er, und ich verging an Ort und Stelle. War nicht gerade praktisch, einen Abend vor meiner

Hochzeit, zu vergehen. Keine Ahnung, wie meine Mutter das der Floristin erklären wollte. Es würde ihr jedoch nichts anderes übrigbleiben; ich war schlichtweg verloren.

Den ganzen Abend hatte ich nur ein halbes Glas Wein getrunken, fühlte mich aber völlig beschwipst. Als ich schließlich zu Hause ankam, hatte ich keine Ahnung, wie ich dorthin gelangt war. Ich war betrunken von einem Cowboy. Der in weniger als vierundzwanzig Stunden mein Mann werden sollte.

21. Ganz in Lilienweiß

Ich schlug die Augen auf. Es war Morgen. Ich hörte das Surren der vorbeifahrenden elektrischen Golfcaddys draußen auf dem siebten Fairway. Von unten zog der Duft von Kaffee herauf. Gevalia-Kaffee, die Bohnen, die meine Mutter immer per Post geschickt bekam, seit sie am Strand von Hilton Head Island eines Sommers Anfang der Achtziger von ihnen gehört hatte. »Guh-wall-ja«, sang sie, wenn die monatliche Lieferung bei uns eintraf. »Ich liebe meinen Guh-wall-ja.«

Ich liebte ihren Gevalia auch.

Unten dröhnte Mikes Stimme. Wie immer war er am Telefon.

»M-m-meine Schwester heiratet heute«, hörte ich ihn seinem Gesprächspartner verkünden. »Und ich werde bei dem Empfang singen.«

Es folgte eine lange Pause. Ich bereitete mich auf das Schlimmste vor.

»Ähm, wahrscheinlich ›Elvira‹«, sagte Mike.

Na, super, dachte ich und schleppte mich aus dem Bett. Mike sang bei unserem Empfang »Elvira«. Für den Fall, dass meine blättrige Haut nicht reichte, brauchte ich dringend noch irgendwas, das mich für den Rest meines Hochzeitstages fertigmachen würde. Ich putzte mir die Zähne und ging im Schlafanzug nach unten. Ich brauchte einen Gevalia, um mich für die auf mich wartenden Herausforderungen zu wappnen.

»Ooh, welch schöne Frau«, flötete Mike, als ich in die Küche kam.

Offensichtlich besaß er nicht ein Fünkchen Geschmack. Da all meine hübschen Nachthemden und Pyjamas schon in meinem Urlaubskoffer verstaut waren, hatte ich auf meinen treuen alten grauen Satinschlafanzug zurückgreifen müssen. Victoria's Secret, so um 1986 herum, als noch das Model Jill Goodacre das Gesicht der Firma war. Weich, abgetragen und ausgeblichen, war er so kuschelig und gemütlich, wie es nur ging. Aber ganz bestimmt war er nicht schön, egal was mein Bruder sagte.

»Guten Morgen, Mike«, murmelte ich und steuerte schnurstracks auf die Kaffeekanne zu.

»Ooh!«, zog er mich wieder auf. »Heute heiratet ja jemand! Huuu …«

»Jawohl«, sagte ich und trank den ersten herrlichen Schluck. »Kaum zu glauben, was?«

Mike legte die Hand vor den Mund und kicherte. Dann fragte er: »Und … wollt ihr euch auch mal … mal küssen?«

»Das will ich doch hoffen«, erwiderte ich. Darüber musste Mike nur noch mehr lachen.

»Ooh!«, quietschte er. »Bekommst du dann ein Baby?«

Du lieber Himmel!

Ich trank noch einen Schluck Gevalia und antwortete: »Heute noch nicht.« Mike brach wieder in Lachen aus. Er hatte offensichtlich einen Höhenflug.

»Was ist denn heute so lustig, Mike?«, erkundigte ich mich.

»Dann k-k-kriegst du einen dicken Bauch«, sagte er. Mike steuerte in Riesenschritten auf eine manische Phase zu – Folge des langen, aufregenden Wochenendes und seines gestörten Tagesablaufs. Bald würde der unvermeidliche Zusammenbruch kommen. Ich hoffte nur, dass ich schon im Flugzeug nach Australien saß, wenn es so weit war. Es würde nicht angenehm werden.

»Ach, egal, Mike«, antwortete ich und tat verärgert.

Da stand er auf, mein wunderbarer, besonderer Bruder Mike, und kam quer durch die Küche auf mich zu. Knapp zwanzig Zentimeter kleiner als ich, schlang er seine kurzen Ärmchen um mich und drückte mich ungestüm an sich. Er lehnte seinen kahler werdenden Kopf an meine Brust und klopfte mir liebevoll auf den Rücken.

»Du bist so lieb«, sagte er.

Ich schlang die Arme um seine Schultern und legte das Kinn auf seinen glänzenden Schädel. Ich wollte etwas sagen, doch meine Kehle war wie abgeschnürt. Ich biss mir auf die Lippen, und meine Nase kribbelte.

»Du bist meine allerliebste Schwester«, sagte Mike und wollte mich nicht mehr loslassen.

Genau das brauchte ich an diesem Samstagmorgen: eine nicht enden wollende Umarmung meines Bruders Mike. »Ich hab dich auch lieb, Mikey«, brachte ich heraus. Und eine bittersüße Träne rollte mir langsam über die Wange.

Weiter ging es am Hochzeitstag mit einem langen, belebenden Schaumbad, dem nächsten groben Peeling meines zunehmend schuppigen Gesichts, Anrufen von Freunden und einem leicht nervösen Magen. Das Essen mit den Brautjungfern fand mittags statt: Spargelsandwiches, Geplauder, Gelächter, Gespräche über Flitterwochen, Pläne, Aufregung. Und viel Gerede über das Landleben und wie ich bloß damit fertig werden würde.

Nervöser Magen.

Vom Essen zurück zu Hause, versuchte ich vergeblich, ein Nickerchen zu machen. Es war nicht drin; ich hatte zu viel Adrenalin im Blut. Ein letztes Mal überprüfte ich, ob ich alles für den Urlaub gepackt hatte; es war alles da, wie schon bei den letzten zehn Checks. Ich lag auf meinem Bett, starrte auf die Tapete und begriff, dass es vielleicht das letzte Mal war.

Ehe ich mich versah, war es vier Uhr; Zeit zum Duschen. Die Trauung war in genau drei Stunden.

Heftig nervöser Magen: Vielleicht überlebe ich das nicht.

Um halb sechs machte ich mich in Jeans, Flipflops und mit ziegelrotem Lippenstift auf den Weg zur Kirche. Meine Mutter, still und kühl wie ein Bergsee, trug mein weißes Kleid – schlicht und romantisch, mit einem Oberteil, das auf dem Rücken korsettartig geschnürt wurde, und zarten durchsichtigen Ärmeln. Ich trug die Schuhe, die Ohrringe, die Schminke und mein Peeling, falls sich meine Gesichtshaut in letzter Minute entscheiden sollte, mich im Stich zu lassen. Ich hatte nicht vor, eine Häutung kurz vor knapp einfach so hinzunehmen. Nicht an meinem Hochzeitstag.

Ich ging die Stufen zur Kirche meiner Kindheit hinauf – dieser wunderschönen Episkopalkirche aus grauem Stein mit der hübschen roten Tür und dem tröstenden Geruch von Sonntagsschule, Kaffee, Weihrauch und Wein. Hier war ich getauft und konfirmiert worden, hier hatte ich das Bekenntnis von Nicäa gelernt und die transzendente Schönheit der hellen Morgensonne bestaunt, wenn sie durch die Bleiglasfenster fiel. Diese Kirche hatte mich in einer verspielten Kindheit und angsterfüllten Jugend behütet und war Schauplatz so mancher Schwärmerei gewesen – für Donnie, einen viel älteren Freund meines Bruders aus der Jugendgruppe, einen Grübler, der wahrscheinlich nicht einmal meinen Namen gekannt hatte, für Stevo, zwei Jahre älter als ich, der mir im siebten Schuljahr das Herz gebrochen hatte, als er sich in meine Freundin Carrie verliebte. Und später für Bruce, Witwer und Vater von zwei kleinen Kindern, den ich kurz glaubte retten zu können ... der in mir jedoch nur ein dummes Schulmädchen sah, das keine Ahnung vom wahren Leben, von Verlust und Trauer hatte.

Womit er richtiglag.

Sie alle gingen mir durch den Kopf, als ich die Stufen zu meiner Kirche emporstieg – all die wichtigen Meilensteine, religiösen Überzeugungen und Jungs, die zu meiner geistigen Bildung beigetragen hatten. Und jetzt, das wichtigste Ereignis von allen: die Heirat mit dem einzigen Mann auf Erden, mit dem mein Leben zu verbringen ich mir vorstellen konnte. Die Ehe war eindeutig mein Lieblingssakrament.

Eric, mein deutscher Frisör, wartete in der großen Garderobe im ersten Stock auf mich. Er schnitt mein kastanienbraunes Haar, seit ich sechs Jahre alt war, und hatte alles miterlebt: von missglückten Selbstversuchen, den Pony zu schneiden, über tragische Sommer mit zu viel Blondierspray bis zu furchtbar schiefgelaufenen Heimdauerwellen. Er hatte nie davor zurückgeschreckt, mich hochmütig für meine haarigen Einfälle zu tadeln und mir dabei jede Menge teutonischer Lebensweisheiten zu allen möglichen Themen angedeihen zu lassen, von pickeligen Highschool-Jungs bis zur Tagespolitik. Und mit seinem enormen Wissen über Theater, Kunst und klassische Musik hatte er mir mehr als einmal das Gefühl gegeben, gleichermaßen dumm und ungebildet zu sein.

Dennoch mochte ich ihn. Er war mir wichtig. Als ich ihn bat, mein Haar für meine Hochzeit in eine elegante, ungekünstelte, aber perfekte sexy Hochsteckfrisur zu verwandeln, hatte Eric mit einem schlichten »Gerne« geantwortet.

Kaum saß ich auf dem Stuhl, tadelte er mich, das Haar kurz zuvor gewaschen zu haben.

»Es ist zu weich«, schimpfte er.

»Das tut mir leid«, entschuldigte ich mich. »Mach mich

bitte nicht fertig, Eric. Ich wollte nicht, dass mein Haar in der Hochzeitsnacht fettig ist.«

Zum allerersten Mal sah ich Eric nachsichtig lächeln.

Ich war froh, dass er da war.

Der Zeiger der Uhr näherte sich der Sieben; die Nachricht ging um, Marlboro Man sei im Smoking eingetroffen. Er hatte den Tag mit seinen Trauzeugen und Gästen verbracht, hatte sie in die Stadt gefahren und ihnen allen schwarze Cowboystiefel passend zu ihren Anzügen spendiert. Schwarze Lackslipper und Kulturtaschen mit Monogramm waren nicht so sein Stil. Selbst Mike bekam ein Paar Shitkicker, die er allen Gästen stolz präsentierte, sobald sie die Kirche betraten.

Meine Schwester schloss den Reißverschluss meines Kleides und schnürte das zarte Oberteil; Eric brachte den schlichten Tüllschleier an, und ich schlüpfte in meine weißen Satinpumps. Ich atmete tief ein … doch sosehr ich mich auch bemühte, ich konnte die Lunge nur halb füllen. Mein Kleid in Größe 34 – auf der Grenze zwischen »passt wie angegossen« und »eine Nummer zu klein« – war der Atmung nicht gerade zuträglich.

»In fünf Minuten müssen wir nach unten«, verkündete die Altarhelferin an der Tür.

Meine Brautjungfern – und Mike, der seinen Posten als Platzanweiser aufgegeben hatte und nach oben gekommen war – quietschten auf, und mir wurde eng in der Brust. Sofort dachte ich an meine Eltern. Ob sie sich wohl fühlten? Oder machten sie gerade Schlimmes durch? War mein Vater unten, begrüßte die Gäste und dachte angesichts des Zustands seiner eigenen Ehe: *Das ist doch alles ein Witz.* Ich schaute meiner Mutter hinterher, die den Raum verließ und nach unten ging. Sie leuchtete, sie strahlte. Ob sie mit den Gedanken woanders war? Als die drei Brautjungfern nach ihren Blumensträußen griffen und sich gegenseitig zurechtmachten, begann es in meinem Bauch zu rumoren. Mein überspanntes Gehirn überschlug sich.

Was ist, wenn Mike während der Trauung einen Anfall bekommt? Wenn er für Aufregung sorgt? Habe ich genug Schuhe für den Urlaub eingepackt? Was ist, wenn mir das Landleben nicht gefällt? Muss ich einen Garten anlegen? Ich habe keine Ahnung, wie man ein Pferd sattelt. Was ist, wenn ich mich dort fehl am Platze fühle? Ich kann keinen Squaredance. Wie war das noch mal, Dosado oder Allemande left? Moment ... ist das überhaupt Squaredance? Oder doch Twostep? Ich kenne keinen einzigen Tanz. Ich gehöre da nicht hin. Was ist, wenn ich einen Job will? Da gibt es keine Jobs. Weiß J eigentlich, dass ich heute heirate? Und Collin? Und Kev? Was ist, wenn ich mittendrin ohnmächtig werde? Das habe ich schon zigmal in den Fernsehsendungen gesehen, wo sie Privatvideos zeigen. Irgendeiner wird immer ohnmächtig. Was ist, wenn das Essen kalt ist, wenn wir ankommen? Moment ... das soll doch kalt sein. Nee ... ein Teil soll kalt sein, der andere nicht. Was ist, wenn ich nicht diejenige bin, die Marlboro Man gesucht hat? Was ist, wenn sich meine Haut in dem Moment schuppt, wo ich »Ja« sagen will? Was ist, wenn ich das Kleid aus Versehen hinten in die Strumpfhose stecke? Ich bin auf einmal so zittrig. Meine Hände sind so feucht ...

Ich hatte noch nie einen Panikanfall gehabt. Doch wie ich bald herausfinden sollte, gibt es für alles ein erstes Mal.

Oh, nein, Ree ... bitte nicht jetzt!

Mein Herz schlug mir bis zum Hals. Immer wieder versuchte ich, ganz tief durchzuatmen, um mich zu vergewissern, dass alles in Ordnung war, dass mir nicht der Sauerstoff ausgehen würde. Doch meine Brust war wie zugeschnürt, und zwar nicht nur durch das etwas zu kleine Kleid, sondern von der Last des Augenblicks. Ich merkte, dass mein Kopf zitterte wie der eines Wackeldackels. Ich bibberte, war nervös, eingeschüchtert. Ich brauchte noch etwas Zeit. *Können wir das nicht ein bisschen verschieben?*

Trotz meiner Tattrigkeit machten sich meine Brautjungfern mit mir auf den langen Weg nach unten in den Altarraum. Bei jedem Schritt wackelten mir die Knie. Nadeln stachen in meine rosigen Wangen.

Meine Schwester Betsy sah mich prüfend an. »Oh«, sagte sie besorgt. »Ist alles in Ordnung?«

»Ja, warum?«, antwortete ich schnell, um mein Nervensystem zu beruhigen, wenigstens für die folgenden rund vierzig Minuten.

»Ach … nichts«, sagte sie vorsichtig, um mich nicht weiter zu verunsichern.

Da mischte sich meine Brautjungfer und alte Freundin Becky ein: »Ach, du liebe *Güte*!«, rief sie. »Du schwitzt ja! Du bist total blass! Dein Gesicht ist so weiß wie das Kleid!« Becky hatte schon immer gerne Klartext gesprochen.

»Oh, Gott«, stammelte ich und meinte es wörtlich. »Bitte, lieber Gott, hilf mir …« Ich spürte, wie mir der Schweiß auf der Oberlippe ausbrach, auf der Stirn und im Nacken. Wenn ich Gottes Hilfe jemals in einer nicht unbedingt lebensbedrohlichen Angelegenheit gebraucht hatte, dann jetzt. In diesem Moment war es so weit.

»Hat einer Taschentücher?«, brachte ich hervor. *»Schnell!«* Die drei Frauen um mich herum gehorchten meinen verzweifelten Befehlen. Die Altarhelferin stand höflich daneben und sah auf die Uhr, während Betsy, Becky und Connell ihre lavendelfarbenen Rosensträuße auf dem Boden ablegten und mich betupften, abwischten und mir Luft zufächelten.

»Klemmt sie mir unter die Achseln!«, befahl ich und hob die Arme. Becky tat wie geheißen und heulte fast vor Lachen, als sie die lavendelfarbenen Taschentücher in mein Kleid stopfte, wo immer sie ein bisschen Platz fand. Die Taschentücher passten farblich zu den Sträußen, fiel mir auf. Welch hübscher Zufall!

Ich hörte, wie die Orgel Bach spielte. Erinnerungen an meinen Schweißausbruch bei der Hochzeit von Marlboro Mans Cousine im August letzten Jahres stürzten auf mich ein; das brachte mich nur noch mehr ins Schwitzen. Betsy nahm Zeitungen vom Tisch im Flur, und die drei versuchten, meine plötzliche Hitzewallung wegzufächeln. Was war nur mit mir los? Ich war eine junge, sportliche, gesunde Frau. Ich stellte mir vor, dass Vera Wang, würde sie mich kennen, mir wahrscheinlich schnell mein Geld wiedergeben und das Kleid zurückfordern würde, wenn sie sähe, was meine Schweißdrüsen mit ihrer herrlichen Kreation anstellten. Ich nahm mir vor, nie wieder zu heiraten. Viel zu anstrengend und aufregend. Viel zu viel Druck.

»Wir müssen los«, verkündete die Altarhelferin streng. Ich flitzte noch einmal zur Toilette, um einen letzten prüfenden Blick in den Spiegel zu werfen. Ich war knallrot. Ich hoffte, man würde es als »gesunde Gesichtsfarbe« deuten. Da mir jetzt weder Puder noch Wimperntusche oder eine Maske zur Verfügung standen, blieb mir keine andere Wahl, als mir schnell mit den Fingern durch den Pony zu fahren, noch einmal ansatzweise durchzuatmen und nach unten zu gehen, damit ich meinen vorgeschriebenen Platz für den Beginn des Spießrutenlaufs einnehmen konnte. So verrückt die vergangenen Monate auch gewesen waren: Nie war mir das Durchbrennen erstrebenswerter erschienen als in diesem Moment. Ich befahl meinen Brautjungfern, alle feuchten Taschentücher aus meinem Kleid zu entfernen, dann marschierten wir die Treppe hinunter. Becky weinte die ganze Zeit. Sie war schon immer eine große Stütze gewesen.

Kaum hatte ich die Vorhalle betreten, lösten sich all meine Sorgen und verschwitzten Bedenken in Luft auf, als ich meinem Vater in die Augen sah. Hinter dem fröhlichen Gesicht, das er heute aufgesetzt hatte, schimmerten die Sorgen wegen seiner Probleme mit meiner Mutter durch. Ich wusste, dass es schrecklich für ihn war; nicht einmal ein freudiges Familienereignis konnte seine Trauer darüber mildern, dass ihm die Frau abhandenkam, mit der er seit seiner Jugend zusammen war – wahrscheinlich machte es alles sogar noch schlimmer. Auch wenn er an dem Tag nicht wissen konnte, wie schnell sich alles entwickeln würde, war ihm doch deutlich bewusst, wie stark gefährdet seine Beziehung zu meiner Mutter war. Wenn er die schwarzen Krawatten, die Perlenketten und lächelnden Gesichter um sich herum sah, musste ihm klar sein, dass wir zum letzten Mal als heile Familie zusammen waren. Dass es niemals wieder so sein würde. Und obwohl ich durch meine Beinahe-Panikattacke – und das klamme Gefühl in meinem Hochzeitskleid – kurz abgelenkt gewesen war, spürte ich es auch.

»Du bist wunderschön«, sagte mein Vater, als er zu mir kam und mir seinen Arm bot. Seine Stimme war leise – noch leiser als sonst –, sie brach, erstarb. Ich hakte mich unter, und zusammen schritten wir nach vorn, auf die großen Holztüren zu, die in den herrlichen Altarraum führten, wo ich als kleines Kind getauft worden war, kurz nachdem meine Familie der episkopalen Kirche beigetreten war. Wo ich mit zwölf Jahren vom Bischof konfirmiert worden war. Damals hatte ich ein blau-grün kariertes Kleid von Gunne Sax getragen. Es war mit einem zarten Bändchen abgesetzt und wurde hinten geschnürt, ähnlich wie ein Korsett. Jetzt fiel mir auf, dass es den-selben Stil hatte wie mein Hochzeitskleid. Ich schaute durch das Fenster in der Tür den Gang hinunter und sah vor mei-nem inneren Auge, wie ich dort kniete und der Bischof seine faltigen Hände auf mein kastanienbraunes Haar legte. Ich bebte vor Rührung, und in meiner Nase begann es zu krib-beln … der Vorbote sentimentaler Tränen.

Ich biss mir auf die Unterlippe und ging mit meinem Va-ter weiter. Connell war schon im Mittelgang, als der Orga-nist die ersten Töne von »Herz und Mund und Tat und Le-ben« spielte. Wenn ich die Augen schloss, hörte ich, wie die Musik aus dem Kassettenrekorder im alten Oldsmobile meiner Mutter erklang. War das damals das London Sym-phony Orchestra oder der Mormon Tabernacle Choir gewe-sen? Ich wusste es nicht mehr. Doch die Autofahrten waren der Grund, warum ich die Kantate für den Einzug gewählt hatte – nicht weil sie auf der Liste passender Hochzeitslieder für moderne Bräute stand, sondern weil sie mich an meine Kindheit erinnerte. An Bach … an zu Hause. Ich sah, wie Becky Connell folgte, dann kam meine Schwester. Ihr fast pechschwarzes Haar glänzte im Licht der Kirche. Ich war so froh, eine Schwester zu haben.

Die Altarhelferin schob meinen Vater und mich sanft auf die Tür zu. »Es ist so weit«, flüsterte sie. Ich bekam ein flaues Gefühl im Magen. Was war hier los? Wo war ich überhaupt? *Wer* war ich? In dem Moment prallten meine beiden Welten aufeinander – die alte auf die neue, die Vergangenheit auf die Zukunft. Ich spürte, wie mein Vater tief durchatmete, und tat es ihm nach. Er war nervös; das merkte ich. Mir ging es ge-nauso. Als wir in der Tür Aufstellung nahmen, drückte ich seinen Arm und flüsterte: »Ich liebe Sie, mein Herr.« Das war immer unser Spruch gewesen.

»Ich liebe Sie auch, meine Dame«, wisperte er zurück. Dann schaute ich nach vorn, und mein Blick suchte ihn, Marlboro Man, der vorne stand und mir entgegensah.

Von da an wurde ich auf Wolken getragen. Es waren viele Menschen in der Kirche – das war mir bewusst –, doch ich sah niemanden. Einzig und allein Marlboro Man in seinem schwarzen Smoking mit der weißen Krawatte und den neuen schwarzen Cowboystiefeln, die er extra für diesen Anlass gekauft hatte. Sein kurzes Haar, das die Farbe von Zinn hatte. Sein liebevolles Lächeln. Was für einen Anblick er bot: kräftig, verlässlich, vollkommen. Doch es war sein Lächeln, das mich nach vorne trieb, sein beruhigender Gesichtsausdruck. Es war kein selbstgefälliges, blasiertes Grinsen. Es war ein Lächeln voller Gefühl – vielleicht erfüllt von Gedanken an unsere gemeinsame Zeit. An unsere gemeinsame Geschichte, die uns bis zu diesem Augenblick geführt hatte. Erleichterung, dass wir endlich das vorbestimmte Ziel erreicht hatten, das gleichzeitig ein wunderbarer Neuanfang war. Dankbarkeit, dass wir uns zufällig kennen- und lieben gelernt hatten.

Und dann war ich neben ihm. Mein Arm unter seinem. Mein Herz in seinen Händen.

Geliebte im Herrn! Wir sind hier im Angesicht Gottes zusammengekommen, um diesen Mann und diese Frau in den heiligen Stand der Ehe zu begleiten, welcher ehrenhaft ist und von Gott zur Zeit der Unschuld eingesetzt wurde und den unser Herr Jesus Christus geschmückt hat mit seiner Gegenwart und seinem ersten Wunder zu Kana in Galiläa. Für uns symbolisiert er das Mysterium des Bundes zwischen Christus und seiner Kirche, und die Heilige Schrift heißt uns, ihn unter allen Menschen zu ehren.

Den Bund von Mann und Frau in Geist, Körper und Sinn hat Gott zu ihrer gegenseitigen Freude eingerichtet; um der Unterstützung und des Trostes willen, den sie einander in guten wie in schlechten Zeiten geben; und, wenn es Gottes Wille ist, für die Zeugung von Kindern und deren Erziehung in der Liebe des Herrn. Daher gehe niemand unberaten oder leichtfertig eine Ehe ein, sondern mit heiliger Scheu und rechter Prüfung, bedachtsam, nüchtern und in der Furcht Gottes.

Ich warf Marlboro Man, der aufmerksam lauschte und jedes einzelne Wort in sich aufnahm, einen Blick zu. Ich hatte die Hand auf seinem Oberarm und drückte leicht seinen Bizeps. Trotz der verlockenden gestählten Muskeln versuchte ich, Father Johnson zuzuhören. Alles verschwamm: die Kerzenhalter an den Bänken, die olivgrüne Seidenjacke mit dem Mandarinkragen, die meine Mutter trug, Mikes Smoking, Mikes kahler Kopf …

Willst du diesen Mann zu deinem Ehemann nehmen und mit ihm zusammen im heiligen Ehestand leben? Willst du ihn lieben, trösten, ehren und behalten in Krankheit und Gesundheit und allen anderen entsagen? Willst du ihm treu sein bis ans Ende deiner Tage?

»Ja.« Ich atmete tief durch.

Es roch nach Rosen. Das Abendlicht fiel durch die Bleiglasfenster.

Willst du diese Frau zu deiner Ehefrau nehmen und mit ihr zusammen im heiligen Ehestand leben? Willst du sie lieben, trösten, ehren und behalten in Krankheit und Gesundheit und allen anderen entsagen? Willst du ihr treu sein bis ans Ende deiner Tage?

»Ja.« Diese Stimme! Die Stimme von all den Anrufen. Ich heiratete jetzt diese Stimme. Ich konnte es kaum glauben.

Wir wandten uns einander zu, gaben uns die Hand.

Im Namen Gottes nehme ich dich zu meiner Frau, um dich zu haben und zu halten von heute an, in guten wie in schlechten Tagen, in Reichtum und Armut, in Krankheit oder Gesundheit. Ich will dich lieben und ehren, bis dass der Tod uns scheidet. Das schwöre ich bei Gott.

Mit ernstem Gesicht stand er vor mir. Mein Herz pochte in meiner Brust. Dann sprach ich dieselben Worte:

Im Namen Gottes nehme ich dich zu meinem Mann, um dich zu haben und zu halten von heute an, in guten wie in schlechten Tagen, in Reichtum und Armut, in Krankheit oder Gesundheit. Ich will dich lieben und ehren, bis dass der Tod uns scheidet. Das schwöre ich bei Gott.

Während ich sprach, betrachtete Marlboro Man mich und lauschte mir aufmerksam. Meine Stimme brach; die Gefühle übermannten mich. Es war ein wunderschöner Augenblick – der schönste, seit wir uns kennengelernt hatten.

Segne, o Herr, diese Ringe als Zeichen des Gelübdes, mit dem sich dieser Mann und diese Frau einander verbunden haben.

Wir knieten uns hin, und Father Johnson spendete uns den Segen.

Gütiger Gott, lass ihre Liebe zueinander ein Siegel auf ihren Herzen sein, ein Mantel um ihre Schultern und eine Krone auf ihrer Stirn. Segne sie in ihrer Arbeit und in ihrer Gemeinschaft, im Schlafen und im Wachen, in Freude und Leid, in Leben und Tod. Sende deinen Segen auf diese deine Diener, so dass sie einander lieben, ehren und schätzen in Treue und Geduld, in Weisheit und wahrer Gottesfurcht, damit ihr Haus ein Hafen des Segens und des Friedens werde.

Mein Herz klopfte laut. Dies war Wirklichkeit, es war kein Traum. Er hielt meine Hand.

Hiermit erkläre ich euch zu Mann und Frau.

An den Kuss hatte ich nicht gedacht. Kein einziges Mal.

Ich war wohl davon ausgegangen, dass es ein typischer Hochzeitskuss sein würde. Zurückhaltend. Angemessen. Schüchtern. Eher ein Küsschen. Die richtigen Küsse konnten wir uns für später aufsparen, wenn wir endlich allein waren. Country-Club-Mädel knutschen nicht vor anderen herum. Wie Kaugummikauen war das etwas, was man nur für sich tat, wenn niemand zusah.

Doch Marlboro Man war kein Country-Club-Junge. Die Liste der Regeln und Vorschriften, wie man sich in der Öffentlichkeit zu benehmen hatte, war bei ihm nicht angekommen. Das merkte ich, als er zum Kuss ansetzte, als er seine liebevollen, schützenden Arme um mich legte und mich dort in meiner episkopalen Kirche voller Hingabe küsste. Direkt vor meiner und seiner Familie, vor Father Johnson und der Altarhelferin, vor der Hochzeitsgesellschaft und unseren Gästen, von denen mich die Hälfte an dem Abend zum ersten Mal sah. Doch das schien Marlboro Man nicht zu interessieren. Er küsste mich genau so, wie er mich am Abend unserer ersten Verabredung geküsst hatte – dem Abend, als der hohe Absatz meines Stiefels in einer Spalte des Bürgersteigs stecken geblieben war und mich zum Straucheln gebracht hatte. Als er mich mit seinen Lippen aufgefangen hatte.

Wir knutschten in der Kirche – anders konnte man es nicht ausdrücken. Und ich war genauso hin und weg wie beim ersten Mal. Der Kuss dauerte Stunden, Tage, Wochen … in Wirklichkeit wahrscheinlich nur zehn bis zwölf Sekunden, was ziemlich lange war für eine Trauung. Er wäre sogar noch länger geraten, wenn der leidenschaftliche Moment nicht plötzlich von einem Klatschen unterbrochen worden wäre.

»Juhu! Super!«, rief jemand. »Jaaa!«

Es war Mike. Die Gemeinde brach in Lachen aus, Marlboro Man legte seine Stirn an meine und zementierte den

Augenblick so für alle Zeit in unserer Erinnerung. Wir waren eins; das konnte ich spüren. Es war nicht nur eine leere Phrase, ein theologisches Konzept oder Wunschdenken. Es war offiziell unsere Bestimmung: Wir gegen den Rest der Welt. Wir hatten beide unser eigenes Leben hinter uns gelassen. Von diesem Moment an würde alles, was einer von uns tat oder sagte oder plante, Auswirkung auf den anderen haben. Keinen Feiertag würden wir getrennt bei unseren jeweiligen Familien verbringen. Keine Last-Minute-Reisen mehr nach Mexiko mit Freunden, abgesehen davon, dass keiner von uns zu Last-Minute-Reisen mit Freunden neigte. Trotzdem.

Dieser Kuss hatte den Pakt in vielerlei Hinsicht besiegelt.

Stolz schritt ich aus der Kirche, als Ehefrau von Marlboro Man. Als wir durch die Türen hinaustraten, durch die ich dreißig Minuten zuvor zusammen mit meinem Vater geschritten war, entzog mir mein frisch angetrauter Gatte den Arm und schlang ihn um meine Taille, wo er hingehörte. Der andere Arm folgte, und ehe ich mich versah, hatten wir uns fest umarmt, genossen den Moment des Alleinseins, bevor unsere Hochzeitsgesellschaft – Schwestern, Cousins und Cousinen, Brüder, Freunde – folgen würde.

Wir waren verheiratet. Tief sog ich die erfrischende Luft ein und atmete wieder aus. Jetzt schwitzte ich nicht mehr. Die zuverlässige Klimaanlage in der Kirche hatte mein lilienweißes Vera-Wang-Kleid fast vollständig getrocknet.

Nach einigen offiziellen Fotos auf dem Kirchhof ging es zum Empfang in den Country Club. In null Komma nichts war die Party im Gange: genug Menschen, um eine kleine Insel zu bevölkern, und genug Essen, um sie tagelang durchzufüttern. Genug Sekt für einen Swimmingpool und jede Menge guter

Laune und Heiterkeit, die noch lange anhalten würde. Die Rancher hatten ihre Tiere verladen. Die Bauern ihre Ernte eingebracht. Zwei Familien hatten sich verbunden. Es gab viele Gründe zum Feiern.

Alle Verwandten meines frisch Angetrauten nahmen mich in den Arm: seine Oma Ruth, sein Cousin Matthew und Matthews wunderbare, lebenslustige Mutter Marie, die Brustkrebs im Endstadium hatte, aber die Gelegenheit nicht verpassen wollte, ihren Sohn als Trauzeugen bei unserer Hochzeit zu sehen. Sie wirkte glücklich.

Wir tanzten zu »I Swear« von John Michael Montgomery. Wir schnitten die siebenstöckige Torte an und entschieden uns dagegen, sie uns gegenseitig ins Gesicht zu schmieren. Wir sprachen mit den Gästen, lachten, stießen mit ihnen an. Wir hielten Händchen. Doch nach einer Weile fiel mir auf, dass ich schon länger keinen von den Trauzeugen in ihren Smokings gesehen hatte – insbesondere nicht Marlboro Mans Freunde vom College.

»Wo sind denn die ganzen Jungs hin?«, fragte ich.

»Ach«, antwortete er. »Die sind alle unten in der Männerumkleide.«

»Ach, ja?«, sagte ich. »Rauchen die da heimlich Zigarren, oder was?«

»Tja …«, er zögerte grinsend. »Die gucken sich ein Footballspiel an.«

Ich lachte. »Was denn für ein Spiel?« Das musste schon ein wichtiges sein.

»ASU spielt gegen Nebraska«, erwiderte er.

ASU? Die Mannschaft der Arizona State University? Seine Alma Mater spielte gegen Nebraska? Verteidigte die Meisterschaft? Wie konnte mir das nur entgangen sein? Marlboro Man hatte kein Wort davon gesagt. Er war so ein fanatischer

Footballfan, dass ich kaum glauben konnte, dass dieses epochale Spiel kein Grund gewesen war, den Hochzeitstermin zu verschieben. Abgesehen von der Ranch war Football immer das größte Thema in seinem Leben gewesen. Er hatte an der Highschool und noch teilweise am College gespielt. Treu sah er sich jedes Spiel der ASU an, das im Fernsehen gezeigt wurde – die nicht übertragenen Spiele ließ er sich live von Tony kommentieren, seinem besten Freund, der immer persönlich dabei war.

»Ich wusste gar nicht, dass die heute spielen«, sagte ich. Wie konnte mir das nur durch die Lappen gegangen sein? Schließlich hatten wir September. Es war mir einfach nicht in den Sinn gekommen. Ich war wohl ziemlich beschäftigt gewesen mit den Vorbereitungen, mein ganzes Leben zu ändern. »Und wieso bist du nicht da unten?«, fragte ich.

»Ich wollte dich nicht allein lassen«, sagte er. »Hinterher wirst du noch angemacht.« Er schmunzelte auf seine niedliche Art.

Ich musste lachen. Ich sah es bildlich vor mir – ein alter betrunkener Mann, der sich von der Theke löst, mein voluminöses weißes Kleid in Augenschein nimmt und es mit ein paar Sprüchen probiert:

Wohnen Sie hier in der Nähe?

Ihr Kleid sieht aber toll aus!

Und ... sind Sie verheiratet?

Doch es war keine Gefahr im Verzug. Da war ich mir absolut sicher. »Geh runter und guck dir das Spiel an«, forderte ich ihn auf und zeigte zur Treppe.

»Nee«, sagte er. »Muss nicht sein.« Aber ich sah seinen Augen an, wie gerne er bei seinen Freunden sein wollte.

»Nein, jetzt im Ernst!«, beharrte ich. »Ich muss sowieso mal rüber zu den Mädels. Jetzt geh schon!« Ich wandte ihm den Rücken zu und rauschte von dannen, ohne mich noch einmal umzudrehen. Ich wollte es ihm möglichst leichtmachen.

Über eine Stunde blieb er verschwunden. Der arme Kerl. Weil er nicht wusste, was das Protokoll für den Bräutigam vorsah, falls er auf dem Empfang ein Footballspiel sehen wollte, war er in der gesamten ersten Halbzeit immer wieder kurz in die Umkleidekabine gehuscht. Welche Qualen er gelitten haben musste! Ich war froh, dass er nun endlich zu seinen Kumpels gehen konnte.

Ich kehrte gerade noch rechtzeitig zu den Gästen zurück, um zu hören, wie Mike zum vierten Mal zu »Elvira« anhob. Seine Stimme war in der gesamten Stadt zu hören: *Giddyuppa oompapa oompapa mow mow ...* Dieses Lied schien eigens für ihn komponiert worden zu sein. Alle Anwesenden tanzten zu der Musik: mein neuer Schwager Tim mit meiner Cousine Julie, Marlboro Mans Cousin Thatcher wirbelte Betsy über die Tanzfläche, der Nachbar meiner Eltern, Dr. Burris, tanzte mit allen abwechselnd.

Mit verschränkten Armen lehnte ich mich an die Wand und genoss den Augenblick allein im Dunkeln. Mein Mann war glücklich, weil er mit seinen engsten Collegefreunden Football sehen konnte. Die Gäste waren glücklich – sie tanzten, lachten und stopften hemmungslos Brötchen mit Fleischsoße in sich hinein. Meine Mutter trank Wein im Tanzsaal, sie hatte sich mit alten Bekannten viel zu erzählen. Irgendwann erhaschte ich einen Blick auf meinen Vater, der mit Beth und Barbara tanzte, den Schwestern meiner Brautjungfer Becky, die schon ewig mit unserer Familie befreundet waren. Unsere Väter waren zusammen zur Highschool gegangen, wir kannten uns, seit wir auf der Welt waren. Sie hatten ihren Spaß, mein Vater, Beth und Barbara. Er wirbelte und drehte sie im

Kreis, sie kicherten und lachten. Auch er war glücklich. Zumindest für diesen kurzen Moment.

Ich atmete ein und schloss die Augen, damit ich diese Szene nie vergaß.

Da verklang die Musik. Die Band brauchte eine Pause von Mikes Liedwünschen. Als die Musiker die Bühne verließen, hörte man plötzlich ein Gebrüll – eine Explosion – aus dem Erdgeschoss des Country Clubs:

ASU hatte alle überrascht und Nebraska geschlagen. Der Endstand: 19:0.

Der 21. September sollte als unvergesslichster Tag in Marlboro Mans Leben in die Geschichte eingehen.

Bald war es Zeit für uns aufzubrechen; die Uhr hatte Mitternacht geschlagen, wir hatten noch eine lange Strecke vor uns, ehe wir zu Bett gehen konnten. Nachdem ich den Brautstrauß geworfen und mich verabschiedet hatte, lief ich mit meinem frisch Angetrauten durch die Türen des Clubs nach draußen und stieg in den Fond einer rauchschwarzen Limousine, die uns in die hundert Kilometer entfernte Stadt bringen würde, wo wir übernachteten, bevor wir am nächsten Tag nach Australien flogen. Als wir uns von der winkenden, Körner werfenden Menschenmenge im Eingang zum Club entfernten, nahmen wir uns in die Arme und versanken in einer Wolke aus weißer Seide und müder, zügelloser Romantik.

Alles war so neu. Das neue Kleid ... die neue Liebe ... ein neues Land, Australien, in dem bisher keiner von uns gewesen war. Ein neues gemeinsames Leben. Ein neues Leben für mich. Neues Kristall, Silber, Porzellan. Ein frisch renoviertes kleines Cowboyhaus, das unsere kleine Farm sein würde, wenn wir aus den Flitterwochen zurückkamen.

Ein neuer Ehemann. *Mein* Ehemann. Ich wollte es immer

und immer wieder sagen, wollte es laut herausschreien. Aber ich bekam kein Wort über die Lippen. Ich war zu beschäftigt. Die Leidenschaft hatte mich überwältigt – wie ein wildes Tier. Wegen des Schlafentzugs und der anstrengenden vergangenen Tage waren wir absolut machtlos, kaum dass wir uns im Schutz der Limousine befanden … und wir ließen uns gehen. Es war genau diese Leidenschaft, die uns durch die früheren Phasen zu Beginn unserer Beziehung geleitet und mich letztendlich zu dem Entschluss gebracht hatte, mich von dem Leben zu verabschieden, das ich mir einst ausgemalt hatte. Um stattdessen ein Teil von Marlboro Mans Leben zu werden. Es war genau diese Leidenschaft, die mir zeigte, dass alles genau so war, wie es sein sollte. Es war die Leidenschaft, die allem einen Sinn verlieh.

Im darauffolgenden Jahr sollte uns die Wirklichkeit einholen. Nur einige Tage nach unserer Heirat würden wir unerwartete, bestürzende Nachrichten erhalten, so dass wir unsere Flitterwochen vorzeitig abbrachen. Nach nur wenigen Wochen sollten wir die erschütternden Qualen von Tod, Scheidung und Enttäuschung zu ertragen haben. Im ersten Jahr unseres Zusammenlebens würden wir mit schwierigen Entscheidungen, schmerzvollen Auseinandersetzungen und drastischen Änderungen unserer Pläne konfrontiert werden.

Und immer wieder würde es diese Leidenschaft sein, die uns aufrecht hielt.

Dritter Teil

22. Die Scham und die Übelkeit

Unser Flugzeug landete in Sydney. Ich rieb mir die Augen. Sie waren so geschwollen und verklebt von vierzehn Stunden postmaritalem Flugzeugschlaf, dass ich keinen Meter weit sehen konnte. Abgesehen von dem australischen Film *Cosi* mit Toni Collette und von dem Kuscheln mit meinem frisch Angetrauten unter der Filzdecke hatte ich fast den gesamten Flug über geschlafen – vor Erschöpfung. Ich war nicht nur geschlaucht von der Hochzeitsfeier mit über sechshundert Gästen, sondern auch von der einjährigen Achterbahnfahrt mit meinen Eltern. So tief war ich seit Monaten nicht mehr weg gewesen.

Da wir die Datumsgrenze überquert hatten, war es Dienstagmorgen, als Marlboro Man und ich schließlich im Park Hyatt eincheckten, dem wunderbaren Hotel am Hafen von Sydney. Ausgehungert schlangen wir jeweils einen großen Teller Rührei vom Buffet in der Lobby hinunter, ehe wir hochfuhren auf unser Zimmer, von dem man einen großartigen Blick auf den Hafen hatte. Es hatte Vorhänge, die man mit einer Fernbedienung steuerte, und eine Marmorbadewanne, gerade groß genug für zwei Frischvermählte, die völlig versessen darauf waren, so schnell wie irgend möglich jede Einzelheit am Körper des anderen zu entdecken. Erst am Mittwochnachmittag legten wir eine Pause ein.

»Komm, wir bleiben die ganzen drei Wochen lang hier«, schlug Marlboro Man vor und fuhr mit den Fingern über mein Schulterblatt, als wir verträumt auf unserem Flitterwochenbett lagen.

»Von mir aus gern«, sagte ich und schaute ihn an. Sydney war meine neue Lieblingsstadt.

Mein Mann zog mich an sich, wir schmiegten den Kopf an den Hals des anderen, unsere Beine umschlangen sich so fest, wie anatomisch überhaupt möglich war. Wir waren ein Leib und eine Seele. Da gab es nichts zu trennen.

Es dauerte nicht lange, bis wir merkten, dass wir seit vierundzwanzig Stunden nichts gegessen hatten. Es war die einzige fleischliche Begierde, die nicht gestillt worden war.

Mir fiel ein, dass ich eine McDonald's-Filiale in der Nähe unseres Hotels gesehen hatte, und da ich ein bisschen Bewegung brauchte, schlug ich vor, nach draußen zu gehen und uns zuverlässiges amerikanisches Essen zu besorgen. Das sollte bis zum Abendessen vorhalten, für das wir nämlich einen Tisch reserviert hatten. Unser Blutzucker war zu niedrig, als dass wir die Stadt nach einem Restaurant für ein schnelles Mittagessen hätten durchkämmen können.

Wenn es um Hamburger geht, nimmt Marlboro Man nur Ketchup, und genau das bestellte ich für ihn, als ich an den Tresen trat: »Einen Hamburger bitte, nur mit Ketchup.«

»Okay … Sie wolln nur Kitchipunfleisch?«, erwiderte die Bedienung unschuldig.

»Wie bitte?«

»Kitchipunfleisch?«

»Ähm … Entschuldigung?«

»Sie wollen nur einen Hamburger mit Kitchipunfleisch?«

»Einen … was?« Ich hatte keine Ahnung, wovon das arme Mädchen sprach.

Ich brauchte ungefähr zehn Minuten, bis ich verstand, dass die Australierin hinter der Theke lediglich meine Bestellung wiederholt hatte: Kitchip (Ketchup) unfleisch (und Fleisch). Eine traumatische Bestell-Erfahrung …

Ich kehrte in unser Hotelzimmer zurück, und Marlboro Man und ich stürzten uns auf das Essen wie die Tiere.

»Schmeckt irgendwie komisch«, sagte mein Gatte.

Ich stimmte ihm zu. Das Fleisch war anders. Es schmeckte nicht wie in Amerika.

Am Abend machten wir uns schick – Marlboro Man in seiner lässigen Wrangler und einem unglaublich schönen schwarzen Button-down-Hemd, ich in einem fließenden taupefarbenen Kleid und schwarzen Pumps – und brachen auf zu dem Restaurant, das nach Aussage eines Reiseführers der kulinarische Höhepunkt jeder Sydneyreise war. Auf dem Weg zu dem Hochhaus, in dessen oberstem Stockwerk das Restaurant untergebracht war, kuschelten wir im Taxi.

»Du gehörst mir«, sagte Marlboro Man, und seine kräftige Hand streichelte mein Knie so aufreizend, dass ich überlegte, ob ich den Taxifahrer bitten sollte, zum Hotel zurückzufahren. Mein Hunger auf ein gehaltvolles Essen war der einzige Grund, der mich zum Restaurant trieb.

Die Fahrt im Aufzug in den sechsunddreißigsten Stock des Gebäudes dauerte nur wenige Sekunden, und als sich die Türen öffneten, wurden wir von Menschen mit niedlichem Aussie-Akzent in einem wunderschönen Fünf-Sterne-Restaurant begrüßt. Ich atmete tief ein, roch gegrilltes Fleisch, Knoblauch, Wein, frisch gebackenes Brot. Etwas ganz anderes als die eigenartige Erfahrung bei McDonald's am Nachmittag. Als wir Platz genommen hatten und anfingen, die Speisekarte zu studieren, war ich überzeugt, dass es eine gute Idee gewesen war herzukommen. Was für ein toller Laden!

Plötzlich begannen die Wörter auf der Speisekarte zu tanzen; ich blinzelte, um die seltsame Sehstörung zu vertreiben, doch dadurch wurde alles nur noch verschwommener. Ich warf Marlboro Man einen kurzen Blick zu, der sich gerade durch die Fleischgerichte las, und eine unangenehme Welle der Übelkeit überrollte mich. Ich griff nach dem Glas Wasser, das unser Kellner gerade auf den Tisch gestellt hatte – und schon beim ersten Schluck wurde es ernst. Die Gerüche in diesem Fünf-Sterne-Haus waren plötzlich eine Zumutung, eine Luftwaffendrohne, die mich verfolgte und nicht mehr in Ruhe ließ. Ich hatte das Gefühl, grün im Gesicht zu werden.

»Bin gleich wieder da«, sagte ich, legte die Speisekarte beiseite und stürzte zu den Toiletten, die sich am Ende einer Wendeltreppe auf der anderen Seite des Restaurants befanden. Als ich oben angekommen war, musste ich bereits die Hand vor den Mund halten, damit das in mir blieb, was herauswollte. Ich schaffte es gerade noch rechtzeitig in die Toilette, um alles von mir zu geben, was ich in den letzten sechs Monaten gegessen hatte.

Was um alles in der Welt …?, dachte ich. So einen Anfall von Übelkeit hatte ich noch nie erlebt. *Ob das am Fleisch von McDonald's liegt? Vielleicht war es Känguru …*

Sofort danach ging es mir besser. Ich stolperte zu den Waschbecken, wo zwei attraktive junge Australierinnen ihr sexy blondes Haar kämmten und ihre kurzen Röcke zurechtzupften, so dass sie perfekt auf ihren gebräunten Oberschenkeln lagen – zweifellos von der kräftigen australischen Sonne in einem so schönen goldenen Ton gebräunt. Ich hingegen schaute in den Spiegel und sah ein Gesicht mit verschmierter Wimperntusche und hervortretenden Augen. In meiner Eile, zur Toilette zu kommen, hatte ich meine Handtasche vergessen und daher keine Schminke dabei, um mich herzurichten. Ich versuchte mein Bestes, wusch mit der parfümierten Handseife die schwarze Farbe unter den Augen ab und bediente mich bei den Gratiskämmen, um mein Haar wieder auf Vordermann zu bringen. Ich hoffte, dass keine Bröckchen in meinen kastanienbraunen Locken klebten. Das würde Marlboro Man mit Sicherheit den Appetit verderben.

»Alles in Ordnung?«, fragte er, als ich an den Tisch zurückkehrte. Er hatte eine Cola bestellt. Sein Brotteller war mit Krümeln bedeckt. Ich war über zehn Minuten fort gewesen.

»Ja«, sagte ich. »Es tut mir leid; mir war nur … mir ist nur ganz plötzlich schlecht geworden.«

»Wovon?«, fragte er, inzwischen wohl beunruhigt angesichts der grünen Gesichtsfarbe seiner frisch Angetrauten.

»Keine Ahnung – das kam wie angeflogen«, erklärte ich. »Aber jetzt geht's wieder.«

»Vielleicht bist du schwanger«, sagte er mit verschlagenem Grinsen.

Doch ich wusste genug über Empfängnis und morgendliche Übelkeit, um sicher zu sein, dass es nicht daran liegen konnte. »Ich glaube nicht …«, begann ich. Da schlug es wieder zu. Ich raste zur Toilette und übergab mich erneut – diesmal in einer anderen Kabine.

Sydney, wir haben ein Problem.

Auch diesmal ging es mir sofort anschließend besser. Ich kümmerte mich um mein Spiegelbild und beschloss, das Essen einfach ausfallen zu lassen und stattdessen auf Überlebenstraining umzuschalten. Ich hatte nicht vor, mir das erste feine Menü in unseren Flitterwochen ruinieren zu lassen. Marlboro Man brauchte etwas zwischen die Zähne. *Bitte, bitte, lieber Gott, mach, dass es das letzte Mal war.*

Ich kämmte erneut meinen Pony, der langsam etwas strähnig wirkte.

Als ich abermals die Toilette verließ, stand Marlboro Man direkt vor der Tür – so wie damals im Haus seiner Großmutter, als ich den Schweißausbruch auf der Hochzeit seiner

Cousine gehabt hatte. Er legte den Arm um mich, während ich die Augenwinkel mit einem Taschentuch betupfte. Dieses Gewürge brachte meine Tränendrüsen auf Hochtouren.

»Was ist los, Schatz?«

Es war das erste Mal, dass er mich so nannte. Ich fühlte mich verheiratet.

»Ach, Mensch, ich weiß es auch nicht!«, sagte ich. »Ich hab mir irgendeinen Virus eingefangen oder so. Es tut mir so leid!«

»Schon gut – wir können einfach zurück ins Hotel fahren.«

»Nein! Ich möchte, dass du was isst …«

»Keine Sorge, ich habe gerade einen großen Brotkorb leer gegessen und zwei Cola getrunken. Wir können gerne gehen.«

Die Übelkeit kehrte zurück, ich stürzte wieder in die Toilette.

Nachdem ich mich ein drittes Mal übergeben hatte, beschloss ich, sein Angebot anzunehmen.

Als wir am Hotel aus dem Taxi stiegen, stellte ich fest, dass ich Schwierigkeiten beim Gehen hatte. Ich hatte keinen Tropfen Alkohol zu mir genommen, doch auf einmal konnte ich nicht mehr geradeaus laufen. Ich klammerte mich an Marlboro Mans Arm und hielt mich an ihm fest, bis wir in unserem Zimmer waren, wo ich mich sofort aufs Bett fallen ließ und mich in die Decke wickelte.

»Du tust mir so leid«, sagte mein Mann, setzte sich neben mich und spielte zärtlich mit meinem Haar. Selbst das war zu viel für mich.

»Kannst du das bitte lassen?«, fragte ich. »Davon wird mir irgendwie schlecht.«

Ich war absolut im Eimer.

Ein kotzender Loser.

Es war Marlboro Man, der Mitleid verdient hatte.

Um neun Uhr abends schlief ich ein und wachte erst um neun Uhr am nächsten Morgen wieder auf. Immer noch im Kleid und wie eine Larve in die Bettdecke des Park Hyatt gewickelt. Marlboro Man war nicht da; mir war schwindlig, ich hatte jede Orientierung verloren, stolperte ins Bad wie eine betrunkene Studentin nach einer langen Partynacht. Ich sah fürchterlich aus, blässlich, grünlich, ausgezehrt; Marlboro Man saß bestimmt im Flugzeug zurück in die Staaten, malte ich mir aus, nachdem er gesehen hatte, neben was für einer Gestalt er die ganze Nacht geschlafen hatte. Ich konnte mich überwinden, warm zu duschen, obwohl sich das wunderschöne Marmorbad wie ein Kreisel drehte. Das Wasser auf meinem Rücken fühlte sich jedoch gut an.

Als ich erfrischt im Hotelbademantel aus dem Bad kam, saß mein Mann auf dem Bett und las eine australische Zeitung, die er auf der Straße zusammen mit Orangensaft und Zimtschnecken für mich gekauft hatte in der Hoffnung, das würde mir guttun.

»Komm mal her!«, sagte er und klopfte auf den leeren Platz im Bett neben sich. Ich gehorchte.

Ich rollte mich neben ihm zusammen, und wie ein Uhrwerk griffen unsere Arme und Beine ineinander, wanden sich umeinander, bis wir wieder ein Knäuel aus vielen Gliedern waren. So blieben wir fast eine Stunde lang liegen – er massierte meinen Rücken und fragte mich immer wieder, wie es mir gehe … Ich schwebte auf einer Wolke von Glückseligkeit und wollte die Übelkeit verdrängen, doch sie dräute wie ein unheilvolles Gewitter über unserem Glück.

Ich zwang mich, aufzustehen und mich anzuziehen; ich

wollte eine junge, strahlende Braut sein, eine aufregende Ge-
fährtin für die Flitterwochen. Wir gingen mittagessen und
versuchten es anschließend mit einem Museum, doch das
Schwindelgefühl wurde stärker. Ich musste etwas unternehmen. »Ich gehe jetzt zurück ins Hotel und suche mir einen
Arzt«, erklärte ich. »Ich muss was tun, um diese Sache los-
zuwerden. Die macht uns noch den ganzen Urlaub kaputt.«

»Ich glaube, du bist schwanger«, versucht es Marlboro Man
erneut. Doch ich wusste, dass das nicht sein konnte.

Wir fanden eine Praxis in der Nähe des Hotels und saßen dann einer Dr. Salisbury gegenüber, einer großen, gut-
aussehenden Ärztin mit einer kräftigen, tröstlichen Stimme
und naturblondem Haar. Nach einer langen Reihe neurologi-
scher Untersuchungen und den üblichen diagnostischen Fragen wollte sie schließlich wissen: »Haben Sie kürzlich längere
Zeit im Flugzeug gesessen?«

Ich erklärte ihr, wir seien von Oklahoma nach Los Angeles
geflogen und von da weiter nach Sydney.

»Haben Sie dabei viel geschlafen?«, erkundigte sie sich.

»Fast die ganze Zeit.« Langsam machte ich mir Sorgen.
Konnte es etwas Gefährliches, etwas Ansteckendes sein?
Vielleicht TB? Grippe? Eine grausame Spielart von Malaria,
die durch die Luft übertragen wurde? »Was ist es denn, Frau
Doktor? Sagen Sie's mir einfach, ich kann damit umgehen.«

»Ich glaube«, sagte Sie, »dass Sie unter einer Innenohrstörung leiden – ausgelöst durch einen langen Flug, bei dem Sie
viel geschlafen haben.«

Eine Innenohrstörung? Wie langweilig. Wie peinlich!

»Was hat denn das Schlafen damit zu tun?«, wollte ich wissen. Als Tochter eines Arztes brauchte ich etwas mehr Informationen.

Sie erklärte, da ich nicht wach gewesen sei, hätte ich nicht gegähnt und auch sonst nichts gemacht, um das Knacken im Ohr auszulösen, das durch die Änderung des Kabinendrucks notwendig wird. Meine Ohren seien mit Flüssigkeit gefüllt, die die ständigen Schwindelanfälle verursache.

Na, super, dachte ich. *Ich bin der totale Loser.* Das war ja echt ein Knaller.

»Kann sie irgendwas tun, damit es besser wird?«, fragte Marlboro Man, pragmatisch wie immer.

Die Ärztin verschrieb ein schleimlösendes Mittel und Tabletten gegen die Übelkeit, und ich huschte beschämt aus ihrer Praxis.

Am nächsten Morgen – halleluja! – ging es mir um Längen besser – perfekt, da es Zeit für uns war, unseren Mietwagen abzuholen, mit dem wir die australische Küste entlangfahren wollten.

Marlboro Man hatte die gesamte Reise organisiert, inklusive des Mietwagens, der uns von Sydney die Ostküste hinaufbringen sollte. Er hatte schon immer nach Down Under reisen wollen, um herauszufinden, wie sich eine australische Ranch – hier *Cattle Station* genannt – von denen in Amerika unterschied.

Es war Mitte der neunziger Jahre, und es sollte noch ein wenig dauern, ehe sich Geländewagen auf der ganzen Welt durchsetzten. Doch da wir drei Wochen im Land bleiben wollten, jede Menge Gepäck dabeihatten und weil mein Mann in seinem Leben immer nur große Wagen gefahren war und sich in einem normalen Auto niemals wohl fühlen würde, hatte er beschlossen, für unsere australischen Flitterwochen einen Geländewagen zu mieten.

Britz Rentals Australia war als Autovermietung groß genug, um Geländewagen im Angebot zu haben. Und zwar nicht irgendwelche SUVs, sondern Toyota Land Cruisers, die damals, Mitte der Neunziger, noch als Luxuskarosse galten. Marlboro Man hatte den Land Cruiser ganz aufgeregt vorbestellt und im Voraus bezahlt, um einen guten Preis zu bekommen. Wir checkten aus unserem schönen Hotelzimmer aus, luden das gesamte Gepäck in ein Taxi und wiesen den Fahrer an, uns zur Autovermietung zu bringen, wo wir unseren wunderbaren Toyota abholen und unsere romantische Tour entlang der ostaustralischen Küste beginnen würden.

Als der Mitarbeiter von Britz Rentals Australia mit unserem vorbezahlten Flitterwochenauto um die Ecke bog, wusste ich, dass es Ärger geben würde. Ein Geländewagen war es schon. Es war auch ein Toyota Land Cruiser – genau wie Marlboro Man ihn bestellt hatte. Er war weiß und blitzte vor Sauberkeit. Aber in großen orangeroten und königsblauen Lettern klebten auf der Motorhaube, auf dem Dach, auf allen vier Türen und hinten auf der Heckklappe die riesigen Wörter: BRITZ RENTALS AUSTRALIA.

Ich merkte, wie die Gesichtsmuskeln meines Mannes zu arbeiten begannen, als er sah, welcher Albtraum sich vor seinen Augen abspielte. Er konnte es kaum ertragen, ein dermaßen um Aufmerksamkeit heischendes Monster zu betrachten, und sich schon gar nicht vorstellen, darin über den gesamten Kontinent zu fahren. Leider waren unsere Versuche vergeblich, den Toyota gegen ein anderes Auto zu tauschen: Selbst wenn die Autovermietung in der Woche nicht komplett ausgebucht gewesen wäre, hätte es keinen Unterschied gemacht, da jedes einzelne Fahrzeug der Flotte mit ebenjener orangeblauen Werbeaufschrift verziert war.

Da wir fahrzeugtechnisch keine Alternative hatten, machten wir uns auf den Weg. Wohin wir auch fuhren, folgte uns eine schwarze Wolke von Unübersehbarkeit und, im Falle meines Mannes, von Scham. Ich war ein mittleres Kind, das mit dem Gefühl aufgewachsen war, nicht genügend beachtet zu werden, daher machte es mir nicht so viel aus. Aber für Marlboro Man war es fast mehr, als er aufgrund seiner Erziehung ertragen konnte. Für ihn waren wir die Griswolds aus *Hilfe, die Amis kommen*, und der Toyota war unsere Familienkutsche.

Das Auto war der Schandfleck auf den ansonst perfekten Flitterwochen.

Bis auf meine Innenohrstörung. Und das Erbrechen. Und den beuteltierartigen Beigeschmack der Hamburger.

23. Für ein paar Dollar mehr

Wir fuhren in die nebligen Blue Mountains nördlich von Sydney und zogen in eine Anlage in den Bergen. Meine Übelkeit war immer noch nicht ganz weg, doch das ruhige, abgelegene Hotel eignete sich gut dafür, im Bett herumzuliegen und den Zimmerservice in Anspruch zu nehmen. So mussten wir nirgends hinfahren und brauchten nicht in unser Angeberauto zu steigen. Uns war es nur recht, auf der anderen Seite der Welt in einem Hotelzimmer zu liegen, uns gegenseitig zu verschlingen und zu fragen, warum wir überhaupt nach Hause zurückkehren mussten, wo das doch bedeutete, den anderen länger als zehn Sekunden loszulassen. Wir waren zusammengeschweißt, untrennbar verbunden in einem permanenten Zustand körperlichen Einsseins. Genau so sollten Flitterwochen sein. Langsam ging es mir besser. Die Bergluft hatte das Ihre dazu beigetragen.

Doch irgendwann würden wir wieder nach Hause fliegen *müssen*. Marlboro Man hatte eine Ranch zu bewirtschaften – bald war es wieder Zeit, Vieh zu verladen –, und abgesehen davon war an unserem gelben Backsteinhaus noch viel zu tun. Irgendwann mussten wir nach Hause fahren, unser Bett hier verlassen und das neue gemeinsame Leben auf dem Land beginnen.

Mitten in der Nacht klingelte das Telefon in unserem Hotelzimmer in den Blue Mountains. Wir schreckten auf, hatten keine Ahnung, wie viel Uhr es in Australien oder irgendwo sonst auf der Welt war. Ich bekam nicht mal die Augen auf. Der Nebel draußen entpuppte sich als berauschend.

»Hallo?«, meldete sich mein Cowboy. Ich hörte eine Männerstimme am anderen Ende der Leitung.

Es verging eine Weile, ich nickte wieder ein … bis Marlboro Man sich aufrichtete und die Beine aus dem Bett schwang.

»Scheiße, Tim«, sagte er. »Das hört sich nicht gut an.«

Ich schlug die Augen auf. Ich hatte keine Ahnung, wovon er sprach.

Er führte ein konzentriertes Gespräch mit seinem Bruder. Es ging ums Geschäft. Und es klang nicht nach guten Nachrichten.

»Gut, Slim«, sagte er. »Ruf mich an, wenn du mehr herausbekommst.«

Marlboro Man kroch wieder unter die Bettdecke. Er seufzte.

»Alles in Ordnung?«, fragte ich schläfrig und schlang mein Bein wieder um seins.

»Ach …«, sagte er, drehte sich um und rückte das Kopfkissen zurecht. »Die Getreidemärkte sind heute richtig in die Knie gegangen.«

Ich wusste nicht, ob er müde oder gestresst war … oder von beidem ein bisschen. Aber allein schon seiner Stimme hörte ich an, dass die Neuigkeit unerwartet kam.

Eine Weile warf ich mich im Bett herum, dann schlief ich endlich ein und träumte von unserer Hochzeit, von meinen Eltern, unserem gelben Haus und unserem Höllengefährt.

Unsere Tour an die Gold Coast am nächsten Tag verlief ruhig. Marlboro Man hatte noch einmal mit Tim gesprochen, bevor wir vom Hotel aufgebrochen waren, und die Lage war ziemlich ernst. Die Preise für Mais und Weizen fielen in den Keller, und mein Cowboy war auf einem anderen Kontinent, konnte von hier aus die Entwicklung nicht verfolgen und sein Depot mit Rohstoffaktien nicht verwalten, seine Absicherung gegen die heftigen Kurssprünge des Viehmarkts. Er wollte sich mit mir unterhalten und unsere Fahrt gen Norden genießen. Doch er machte sich zu viele Sorgen, als dass er entspannt mit mir hätte plaudern können. Er hatte eine neue Frau, ein neues Haus, ein neues Heim … und nur eine Woche nach seiner Hochzeit war das, was er für seine Sicherheit gehalten hatte, nach jedem Anruf von Tim nur umso stärker bedroht. Ich hatte keine Ahnung, was ich sagen oder tun sollte; ich wollte auch nicht einfach gute Miene zum bösen Spiel machen und ignorieren, dass etwas Schlimmes geschah; andererseits wollte ich aber auch nicht alle fünf Minuten danach fragen.

Von allen Dingen, die passiert waren, war dies die seltsamste Entwicklung unserer Flitterwochen.

Wir checkten im nächsten Hotel ein, direkt am Meer gelegen, und konnten den Stress zu Hause lange genug verdrängen, um am Strand entlangzulaufen und in einer Strandhütte Hummer zu essen. Marlboro Man und ich teilten uns einen Hummerschwanz, der größer war als die meisten Kühe auf seiner Ranch, und ich nahm mir die Freiheit, dazu einen warmen Hummerauflauf zu bestellen. Bald mussten wir zurück nach Oklahoma; bevor ich Australien verließ, wollte ich so viel Hummer wie möglich essen.

Auf dem Rückweg zur Anlage rülpste ich leise vor mich hin. Ich hatte eine Menge Hummer im Bauch.

Als wir im Hotel ankamen, hatten wir schon wieder Spaß. Marlboro Man zog mich damit auf, wie viele Kleidungsstücke ich mitgenommen hatte, und ich boxte ihm gegen den Arm; daraufhin drängte er mich in eine Ecke des Fahrstuhls und kitzelte mich. Ich drohte ihm, ich würde in die Hose machen, wenn er nicht aufhörte. Das war kein Witz; zum Essen hatte ich ein Glas Wein und zwei Cola light getrunken. Mich in einem Aufzug zu kitzeln, würde nicht sehr lange gutgehen.

Als wir das Schlafzimmer unserer Suite betraten, alarmierte uns das blinkende Licht am Telefon. Marlboro Man seufzte, er wünschte sich wahrscheinlich, die Welt – sein Bruder, die Getreidemärkte und die Unwägbarkeiten der Landwirtschaft – würde uns in Ruhe lassen. Wäre mir auch lieb gewesen.

Doch angesichts der jüngsten Entwicklungen griff mein Mann zum Telefon und rief Tim an, um sich auf den neusten Stand bringen zu lassen. Ich zog mich ins Bad zurück, um mich frisch zu machen und in ein champagnerfarbenes Satinnegligé zu schlüpfen. Damit würde ich die Pläne der fremden Mächte durchkreuzen, die mir die Aufmerksamkeit meines Mannes rauben wollten. Ich putzte mir die Zähne und parfümierte mich mit Jil Sander, dann öffnete ich die Tür zum Schlafzimmer, um meinen Gatten zu verführen und seine Sorgen zu vertreiben. Ich wusste, dass ich es schaffen würde, wenn ich mich nur anstrengte.

Als ich hereinkam, legte er gerade auf.

»Verflucht«, murmelte er und ließ sich auf das riesige Kingsize-Bett fallen.

O nein. Jil Sander musste sich jetzt wirklich sehr anstrengen.

Ich stieg zu ihm ins Bett, schmiegte mich an ihn und legte meinen Kopf auf seinen Arm. Er schlang den Arm um meine Taille. Ich hakte mein Bein um seins.

Er seufzte. »Die Märkte sind total im Arsch.«

Ohne Genaueres zu wissen, war mir klar, dass im Arsch nicht gut war.

Zuerst wollte ich die üblichen Plattitüden von mir geben: *Mach dir keine Sorgen, versuch einfach, nicht dran zu denken, das bekommen wir schon hin, das wird schon wieder.* Aber ich hatte keine Ahnung von dem Thema. Ich wusste, dass sein Bruder und er sehr viel Land besaßen. Dass sie hart arbeiteten, um es abzuzahlen. Sie waren keine Anwälte oder Ärzte mit einem zusätzlichen Einkommen zur Aufbesserung der Geschäfte. Als Vollzeitrancher war ihr Lebensunterhalt vollkommen abhängig von unzähligen Variablen, die sie nicht beeinflussen konnten – Wetter, Marktschwankungen, Angebot und Nachfrage, Glück. Ich wusste, dass sie finanziell nicht auf der sicheren Seite waren – Marlboro Man und ich hatten darüber gesprochen. Doch ich verstand nicht genug davon, um ihm versichern zu können, dass alles gut werden würde, geschäftlich gesehen. Und wahrscheinlich wollte er das auch nicht von mir hören.

Deshalb tat ich das Einzige, was mir einfiel. Ich versicherte meinem frisch Angetrauten, dass zwischen uns alles gut war, indem ich mich vorbeugte, die Lampe ausknipste und die Liebe zwischen uns – die nichts mit Märkten und Getreide zu tun hatte – das Regiment übernehmen ließ.

Zwei Stunden später wachten wir beide auf und mussten uns übergeben. Wahrscheinlich hatten wir eine Lebensmittelvergiftung. Der Hummer nahm seine grausame Rache. Das einzig Gute war, dass die Hotelsuite ein zusätzliches Duschbad hatte; dorthin zog ich mich zurück, während sich Marlboro Man im großen Bad breitmachte. Wir fragten uns, wie ein theoretisch wunderbarer Urlaub so unglaublich schieflaufen konnte.

Wenn ich nicht so damit beschäftigt gewesen wäre, an die Decke zu starren und meinen Tod herbeizuwünschen, hätte ich wohl hysterisch gelacht. Unsere Flitterwochen mussten zu den tragischsten der Geschichte gehören.

Nicht dass es auch nur im Geringsten komisch gewesen wäre.

Sechsunddreißig Stunden später saßen wir in einem Flugzeug, das uns zurück in die Staaten brachte. Nach einem kompletten Tag voller Erbrechen, Durchfall und Schweißausbrüche – ganz zu schweigen von der Innenohrstörung, dem Horrormietwagen und der sich auflösenden Notreserve daheim – hatte ich zu Marlboro Man gesagt, wir sollten die Reise abbrechen und uns auf den Weg nach Hause machen, wo wir uns entspannen, auspacken und ausruhen konnten – und klare Gedanken fassen. Ich wollte nicht, dass mein frisch Angetrauter sich auch noch den Stress machte, auf dem Weg zum Great Barrier Reef ein fröhliches Gesicht aufzusetzen; drei Wochen Urlaub in Australien waren keine unabdingbare Voraussetzung für den Beginn unseres gemeinsamen Lebens.

»Wir kommen irgendwann noch mal wieder«, sagte ich bei unserem Zwischenstopp in Auckland. Und meinte es ernst. Trotz all der Komplikationen in der letzten Woche hatte ich genug von Australien gesehen, um zu wissen, dass ich noch einmal dorthin reisen wollte, wenn auch unter weniger anstrengenden Umständen.

Wir landeten auf unserem Heimatflughafen, und Marlboro Man atmete tief durch, als wüsste er tief im Innern, was zwei Stunden entfernt auf ihn wartete, auf der Ranch, wo er aufgewachsen war, auf dem Land, das er und seine Familie so sehr liebten.

Auch ich atmete aus, und in dem Moment wurde mir klar, dass wir gerade offiziell die Grenze zur Wirklichkeit überschritten hatten.

24. Daheim auf der Ranch

Tim wartete an der Gepäckausgabe auf uns und begrüßte uns mit einem etwas gezwungenen Lächeln. Er gab seinem Bruder die Hand und klopfte ihm aufmunternd auf die Schulter. Mich nahm mein neuer Schwager herzlich in den Arm und hieß mich willkommen. Doch ich spürte die Sorgen; es war, als hinge eine dicke graue Aschewolke über uns. Die Fahrt zur Ranch verlief sehr schweigsam, nur zeitweilig unterbrochen von Anekdoten aus unseren erbrochenen und abgebrochenen Flitterwochen und von einem kurzen Rapport von Tim, wie schlimm die Situation auf den Märkten war. Wir hielten uns an die Gegenwart, vermieden bewusst Gespräche über Was-wäre-wenn und Was-sollen-wir-nur-tun, sondern konzentrierten uns darauf zu begreifen, wie alles in so kurzer Zeit dermaßen den Bach runtergehen konnte. Und – wenn man bedachte, dass eine große fröhliche Feier hinter uns lag – wie sonderbar das Timing war.

Die Sonne ging gerade am westlichen Horizont unter, als wir vor unserer kleinen Farm hielten, und obwohl ich wusste, welcher Aufruhr hinter den Kulissen herrschte, musste ich lächeln, als ich unser Häuschen erblickte. *Unser Heim*, dachte ich bei mir – eine seltsame Reaktion, wo ich doch noch keine Nacht dort verbracht hatte. Dennoch spürte ich den Herzschlag unserer Liebesgeschichte, die auf dieser Ranch ihren Anfang genommen hatte, den Geist unserer Spritztouren und gemeinsamen Essen, der Abende, an denen wir auf seiner alten Ledercouch U-Boot-Filme geschaut hatten. Marlboro

Man hatte das Möbelstück bereits in unser neues Häuschen gebracht, so dass wir es noch am selben Tag ausprobieren konnten.

Die arme Couch. Sie musste sich sehr einsam gefühlt haben ohne uns.

Nachdem Tim geholfen hatte, meinen einhundert Kilo schweren Koffer hineinzutragen, verabschiedete er sich, und wir sahen uns in unserem stillen Haus um. Es war blitzblank und roch nach frischer Farbe. Lederne Cowboystiefel standen neben der Haustür. Die durch das Fenster hereinfallende Abendsonne brachte den Eingangsbereich zum Leuchten. Ich bückte mich, um eine meiner Taschen ins Schlafzimmer zu bringen. Doch ehe ich den Griff in die Hand bekam, packte Marlboro Man mich um die Taille und trug mich zum Ledersofa, auf das wir uns, müde vom Jetlag, emotional erschöpft in einem – angesichts der gerade überstandenen Woche erstaunlichen – Anfall von Lust sinken ließen.

»Willkommen daheim«, sagte er und schmiegte sein Gesicht an meinen Hals. Hmm. Das war ein vertrautes Gefühl.

»Danke«, sagte ich, schloss die Augen und genoss jede Sekunde. Während er sich mit den Lippen an meinem Hals hinunterarbeitete, hörte ich das süße, beruhigende Geräusch der Kühe auf der Weide östlich unseres Hauses. Wir waren zurück.

»Du fühlst dich so gut an«, sagte er, und seine Hand tastete nach dem Reißverschluss meiner schwarzen Jacke.

»Du dich auch«, sagte ich und streichelte das kurzgeschnittene Haar an seinem Hinterkopf. Er presste mich noch enger an sich. »Aber … ähm …« Ich hielt inne.

Meine schwarze Jacke lag schon auf dem Boden.

»Ich … ähm …«, setzte ich neu an. »Ich glaube, ich muss erst mal duschen.« Das war mein Ernst. Ich konnte nicht genau nachrechnen, aber wir hatten die Datumsgrenze wieder überquert, und meinem Gefühl nach hatte ich seit einem Jahrzehnt nicht mehr geduscht. In so einem Zustand wollte ich unser Haus nicht einweihen. An unserem ersten Abend in unserem gemeinsamen Heim wollte ich nach Veilchen, Lavendel und Dove-Seife riechen. Nicht nach Kerosin. Oder Flughafen. Oder nach Kleidung, die ich seit zwei Tagen am Stück trug.

Marlboro Man schmunzelte – zum ersten Mal seit mehreren Tagen –, und wie so oft vor der Hochzeit, legte er seine Stirn an meine. »Ich auch«, sagte er mit Schalk in der Stimme.

Und so gingen wir zusammen unter die Dusche, wo wir mit Kräutern, Wasser vom Land und Entschlossenheit unsere Flitterwochen in den Abfluss schrubbten.

»Das mit unseren Flitterwochen tut mir leid«, sagte Marlboro Man, als wir am nächsten Morgen aufwachten. Es war halb fünf, draußen war es noch dunkel, und wir waren wie gerädert. Unsere innere Uhr war total durcheinander. Ich reckte und streckte mich, er streichelte mich. Unser Bett war so warm und gemütlich.

»Schon gut«, sagte ich lächelnd. »Ich bin so froh, zu Hause zu sein … es ist toll hier.« Unser Schlafzimmer war winzig, ungefähr drei mal drei Meter. Es barg uns wie ein schützender Kokon.

»*Du* bist toll«, erwiderte er.

Wir blieben den ganzen Morgen im Bett, verleugneten, dass es eine Welt außerhalb unseres Kokons gab.

Marlboro Man und ich gewöhnten uns gemeinsam ein, genossen die ersten Tage Eheleben auf der Ranch, die meine neue Heimat war. Tagsüber kümmerte er sich um die Rinder; abends versuchte er, die Auswirkungen der finanziellen Situation zu verstehen, in der er sich mit Tim befand. Ich verbrachte meine Zeit damit, mich häuslich einzurichten und seine dreckigen Klamotten zu waschen, wobei ich elendig dabei versagte, die grünlich braunen Mistflecken zu entfernen, und mir stattdessen vornahm, hundert Jeans zu bestellen, so dass ich ihm jeden Tag eine neue hinlegen konnte. Ich sah keine andere Möglichkeit.

Nach und nach packte ich meine Sachen aus und hängte sie in den kleinen Wandschrank, den ich mir jetzt mit meinem Mann teilte. Was nicht hineinpasste, faltete ich zusammen und verstaute es unter dem Bett in Kartons. Meine unzähligen Gesichtspeelings, Cremes und Lotionen, die sich in den letzten Jahren angesammelt hatten, standen jetzt in meiner Hälfte des großen Badezimmerschranks über dem einzigen Waschbecken; meine Kochbücher – alte wie neue – füllten die Regale in der Vorratskammer.

Wir hatten keinen Platz für die Massen von Hochzeitsgeschenken – Silbertabletts, Kristallgläser und Fleischplatten aus Zinn. Meine Schwiegermutter kam vorbei und half mir, alles einzuschlagen und für die Lagerung in der Garage neben unserem gelben Backsteinhaus zu verstauen, an dem die Arbeit täglich voranging.

Abends versuchte ich, mich an den neuen Aufbau der Küche zu gewöhnen: ein mobiler Gasherd mit vier Flammen, eine Edelstahlspüle mit nur einem Becken und ein funkelnagelneuer Riesenkühlschrank. Ich hatte hübsche Fliesen ausgesucht, auf denen Rinder mit den jeweiligen Fleischschnitten dargestellt waren. Sie waren in Französisch beschriftet – mein letzter verzweifelter Versuch, als Frau von Welt zu erscheinen. Das Wort BŒUF verzierte unsere Arbeitsfläche. Marlboro Man lachte immer darüber.

Nachdem wir uns in den ersten Tagen an kalte Sandwiches und hartgekochte Eier gehalten hatten, kochte ich an unserem sechsten Abend ein Huhn in dem neuen Schmortopf von Calphalon, den mir Jill, meine Mitbewohnerin am College, zur Hochzeit geschenkt hatte. Mit der Edelstahlzange, die ich von der Mutter einer Freundin aus Kindertagen bekommen hatte, holte ich es aus der Brühe. Als es ausreichend abgekühlt war, zupfte ich das Fleisch sorgfältig von den Knochen, ohne genau zu wissen, wie viel Fett und Knorpel ich dranlassen sollte. Ich hatte beschlossen, unsere Küche mit dem Hühnchen-Spaghetti-Rezept meiner Mutter einzuweihen, eine Kindheitserinnerung, die bestimmt gut ankommen würde, wie ich hoffte. Ich kochte die Spaghetti, mischte sie mit dem Hühnerfleisch und gab Zwiebeln, grüne Paprika und Pimientos aus dem Glas dazu. Und um endgültig zur Küchengöttin aufzusteigen, mischte ich Pilzcremesuppe unter. Eine geschlagene Minute hielt ich die zwei geöffneten Dosen über die Schüssel, ehe der feste Inhalt endlich in zylindrischer Form herausrutschte. Zusammen mit einem Schuss Brühe und einer Handvoll geriebenem kräftigem Cheddar verrührte ich alles und würzte es mit Salz und Cayennepfeffer. Zum Überbacken gab ich alles in eine Auflaufform aus Steingut, ein Geschenk von der Cousine meiner Schwiegermutter. Im Ofen roch der herrliche Auflauf genau wie in meiner Kindheit; damals musste ich ihn zum letzten Mal gegessen haben. Ich staunte darüber, dass der Duft einer bestimmten Speise über fünfundzwanzig Jahre im Hirn abgespeichert werden konnte. Abgesehen von der Haarfarbe und der zerrütteten Ehe war ich jetzt offiziell zu meiner Mutter geworden.

Marlboro Man war froh, etwas Warmes vorgesetzt zu bekommen, und verkündete, es sei das Beste, was er je gegessen hätte. Ich sah das Durcheinander in der Küche und wäre am liebsten umgezogen.

Anschließend sahen wir uns Filme an. Die Antenne fürs Satellitenfernsehen war noch nicht aufgestellt, deshalb hatte er seine Videosammlung und das Gerät bereits herübergebracht. Ich musste anschließend nicht aufstehen und nach Hause fahren, denn da war ich ja bereits.

25. Zwischen den Fronten

Fünf Wochen nach unserer Hochzeit fuhren wir in meine Heimatstadt, um mit meinen Eltern essen zu gehen, die uns mit einer netten Einladung im Country Club willkommen heißen wollten. Ich nahm beide in die Arme und schauderte; die schon vertraute Anspannung zwischen ihnen war spürbar. Seit ich mich nach der Hochzeit von ihnen verabschiedet hatte, war es bei ihnen offensichtlich nicht besser geworden.

Irgendwie hatte ich mir in den vergangenen Wochen, während der Flitterwochen, beim Einleben und in den aufregenden ersten Tagen des Zusammenlebens eingeredet, dass sich die Ehe meiner Eltern eigentlich gar nicht auflöste, da ich ja schließlich nicht mehr tagtäglich Zeugin war.

Eine halbe Minute in ihrer Gegenwart machte diese Vorstellung völlig zunichte.

Wir bestellten Steak und Ofenkartoffeln, Salat und Nachtisch, doch in der Sekunde, als ich den ersten Bissen Steak aß, wusste ich, dass ich nichts herunterbekommen würde. Das Fleisch auf meinem Teller ekelte mich plötzlich, und sofort musste ich an die Übelkeit denken, die mich im besten Restaurant von ganz Sydney heimgesucht hatte. *O nein*, dachte ich. *Da ist sie wieder.* Ich sagte jedoch nichts, sondern stocherte in meinem Essen herum, während mein Gatte und ich von den angenehmeren Seiten unseres Australienurlaubs erzählten.

Doch als wir uns zum Abschied umarmten und ich zusah, wie meine Eltern in den Wagen stiegen – meine Mutter schaute sofort aus dem Fenster, während mein Vater den Motor anließ und nach vorn blickte –, wusste ich, dass es schlimmer geworden war. Ich bekam noch eine andere Art von Magendrücken.

Marlboro Man und ich gingen zu unserem Auto, sein Arm um meine Schultern und mein Kopf an seiner Brust. Ich hielt ihn fest und schwor mir selbst, zwischen uns niemals so eine Kälte aufkommen zu lassen. Es war unerträglich, ja, es war fast unmöglich, mir das vorzustellen. Ich liebte meinen Mann so sehr. Hatten meine Eltern so etwas auch mal empfunden? Davon war ich überzeugt. Ich hatte es gesehen. Auf dem Weg zum Parkplatz klammerte ich mich noch enger an Marlboro Man.

Langsam fuhren wir nach Hause, schwiegen fast während der gesamten Fahrt. Ich wusste, dass er sich Sorgen machte; die Finanzen machten ihm schwer zu schaffen. Ich hingegen konnte an nichts anderes als an meine dämliche Innenohrstörung denken, die mir an diesem Abend offensichtlich noch mal einen Besuch abgestattet hatte. Mir war wieder übel, so wie fast während unserer gesamten australischen Flitterwochen.

Und dann schlug sie richtig zu.

»Halt an!«, rief ich plötzlich, kurz bevor wir über die Grenze des Countys fuhren. Noch bevor der Pick-up ganz zum Stehen gekommen war, riss ich die Tür auf, sprang heraus und erbrach mein Abendessen auf den Standstreifen des Highways.

Auf der stetig anwachsenden Liste der unwürdigsten Momente in meinem Leben stand dieser sehr weit oben.

Am nächsten Morgen war die Übelkeit genauso schlimm. Ich kam kaum aus dem Bett. Marlboro Man hatte das Haus bereits verlassen – ich hatte ihn nicht mal aufstehen hören. Ich hob den Kopf vom Kissen und ließ ihn sofort wieder sinken. Mir war, als sei ich grün im Gesicht, was ich bestimmt auch war, und ich hatte solche Angst, mich nach der Episode am Vorabend am Straßenrand wieder zu übergeben, dass ich eine weitere Stunde in Embryonalhaltung liegen blieb. Ich wünschte mir einen Notknopf, damit mir jemand Froot Loops ans Bett brachte. Sonderbarerweise waren die Cornflakes das einzige Lebensmittel auf der Welt, das mir auch nur entfernt schmackhaft erschien.

Am Vormittag gelang es mir irgendwann, in eine aufrechte Haltung zu kommen, zum Kühlschrank in unserer winzigen Küche zu schlurfen und kalten Orangensaft zu trinken. Der steigende Blutzuckerspiegel schien sofort zu helfen. Ich durchforstete die Schränke nach etwas Essbarem, irgendwas, das das gähnende Loch in meinem Bauch stopfte, doch alles sah grässlich aus und kam mir ekelerregend vor. Beim Gedanken an ein Schinkensandwich wurde mir schlecht. Die Vorstellung, Milch durch meine Speiseröhre rinnen zu lassen, war fast schon zu viel für mich. Selbst die Cracker hätten ebenso gut verschimmelt sein können. Es war schlimm. Wirklich schlimm. Irgendwie musste ich es unter die Dusche schaffen, um mich anschließend um einen Arzttermin zu kümmern. So konnte es nicht weitergehen.

Das Duschen war herrlich, nachdem ich das Wasser so kalt gestellt hatte, dass es nicht dampfte. Ich wusch mir die Haare und merkte, dass mein Lieblingsshampoo auf einmal ranzig roch – genau wie mein zuverlässiges Gesichtspeeling, das mich davor bewahrt hatte, am Tag meiner Trauung mit dem Gesicht einer Eidechse herumzulaufen. Als ich gerade den letzten Schaum ausspülte, sprang Marlboro Man ins Badezimmer und rief: »Buh!«

Vor Schreck schrie ich nach Leibeskräften, dann noch einmal, weil ich nackt war, weil mir übel war und ich mich unattraktiv fand. Mir wurde schlecht vor Aufregung. »Hi«, brachte ich hervor, riss ein Handtuch vom Ständer und wickelte es um mich, so schnell ich konnte.

»Erwischt«, sagte er und lächelte so sexy, wie ich es noch nie in so einem Zustand gesehen hatte. Dann hielt er inne. »Ist alles in Ordnung?« Ihm musste der grünliche Schimmer auf meiner Haut aufgefallen sein.

»Ehrlich gesagt«, erwiderte ich und ging zurück ins Schlafzimmer, »geht's mir ziemlich schlecht. Ich versuch mal, heute noch einen Termin beim Arzt zu bekommen, vielleicht kann der ja was dagegen tun.« Ich ließ mich wieder aufs Bett fallen. »Meine Ohren müssen dauerhaft geschädigt sein oder so.«

Er kam auf mich zu. Er sah aus wie eine Katze, die gerade den Kanarienvogel gefressen hat. »Hab dir einen Schreck eingejagt, was?«, fragte er und nahm meinen ins Handtuch gehüllten Körper in die Arme. Ich atmete seinen Geruch ein und schlang die Arme um ihn.

Dann musste ich schnell zurück ins Bad, um mich wieder zu übergeben.

Marlboro Man machte sich wieder an die Arbeit – er und Tim bekamen eine Ladung Stiere herein –, und ich fuhr in meine Heimatstadt, um einen Arzt zu finden, der mich kurzfristig dazwischennahm. Ich wollte zu einem Hals-Nasen-Ohren-Arzt, da ich ja schon wusste, dass es etwas mit dem Innenohr zu tun hatte, aber alle hatten erst Termine in zwei Wochen, und ich konnte die Vorstellung nicht ertragen, mich noch so lange zu übergeben. Nach einer langen Reihe von Fragen, dem Abtasten meiner Lymphknoten und einem Blick in meine Ohren lehnte sich der Allgemeinmediziner gegen seinen Schrank, verschränkte die Arme und sagte: »Besteht die Möglichkeit, dass Sie schwanger sind?«

Ich wusste, dass es daran nicht liegen konnte. »Also, unmöglich wäre das zwar nicht«, antwortete ich, »aber ich weiß, dass es das nicht ist. Das hier hatte ich schon in den Flitterwochen, sobald wir in Australien ankamen. Es hat auf jeden Fall was mit dem Innenohr und mit Schwindel zu tun.« Ich schluckte und wünschte mir, ein paar Froot Loops mitgenommen zu haben.

»Wann haben Sie geheiratet?«, fragte er und schaute auf den Kalender an der Wand des Untersuchungszimmers.

»Am 21. September«, erwiderte ich. »Aber noch mal … ich weiß, dass es an den Ohren liegt.«

»Egal, dann schließen wir es wenigstens aus«, sagte der Arzt. »Ich schicke gleich die Schwester zu Ihnen rein, dann gucken wir nach, ja?«

Reine Zeitverschwendung, dachte ich. »Na gut, aber … aber glauben Sie, dass man wegen meiner Ohren irgendwas machen kann?« Ich wollte mich wirklich nicht noch länger so fühlen.

»Marcy ist gleich bei Ihnen«, wiederholte er. Er wusste meine diagnostischen Fähigkeiten überhaupt nicht zu schätzen. *Was für ein Arzt ist das eigentlich?*

Bald kam Marcy mit einem Plastikbecher mit grellgrünem Deckel herein – er passte perfekt zu meiner Hautfarbe. »Können Sie vielleicht eine Urinprobe abgeben, Liebelein?«, fragte sie.

Ich kann dir ganz sicher eine Kotzprobe geben, dachte ich. »Klar«, sagte ich, nahm den Becher und folgte Marcy zur Toilette, ganz die brave Patientin. *Und nenn mich bloß nicht noch mal »Liebelein«!* Ich war gereizt. Ich brauchte etwas zu essen und hatte plötzlich das Gefühl, jeden Moment in Tränen auszubrechen.

Eine Minute später verließ ich die Toilette und reichte Marcy einen warmen Becher, den ich mit einem Papiertuch abgewischt hatte.

»Gut, Liebelein«, sagte sie. »Gehen Sie einfach zurück in den Untersuchungsraum, ich bin gleich wieder da.«

Hör auf, mich »Liebelein« zu nennen ...

Es ging mir dreckig. Ich fühlte mich krebsrot, kribblig, schmutzig. Wenn ich den Kopf zu schnell bewegte, musste ich würgen. Auf einmal taten mir all die Menschen unglaublich leid, die das ständig mitmachen mussten, egal ob aufgrund einer Chemotherapie, aufgrund von Verdauungsproblemen oder anderen medizinischen Gründen. Nie im Leben könnte ich längere Zeit so existieren. Ich hoffte nur, dass es eine wirksame Behandlungsmethode gab. Ich hatte keine Ahnung, was sie mit meinen Ohren anstellen mussten, aber ich war bereit, alles über mich ergehen zu lassen, wenn es nur half. Ich hatte zu tun. Ich wollte eine gute Ehefrau sein.

Ich saß auf dem Untersuchungstisch, baumelte mit den Beinen und wartete, dass Marcy oder der Arzt zurückkam. Auf einmal hatte ich Lust auf einen Milchshake von Wendy's. *Immerhin*, dachte ich. *Etwas anderes als Froot Loops. Beeil dich, Marcy! Ich muss schnell zum Drive-in.*

Kurz darauf kamen Marcy und der Arzt zusammen herein. Marcy lächelte.

»Sie sind schwanger, meine Liebe«, sagte der Arzt.

Mein Magen zog sich zusammen. »Was?«, rief ich. »Aber das kann doch nicht der Grund für die Übelkeit sein, oder?«

Nachdem mir der Arzt eine Reihe unangenehmer Fragen, die Daten betreffend, gestellt hatte, erklärte er mir, begleitet von Marcys Gekicher, anhand des Wandkalenders die zeitliche Abfolge, wann ich schwanger geworden sein konnte und warum ich mir jetzt, über fünf Wochen nach unserer Hochzeit, die Seele aus dem Leib kotzte und Heißhunger auf Froot Loops und Milchshakes hatte.

Schwanger.

Schwanger?

Was sollte ich als Erstes tun?

Sollte ich es Marlboro Man sagen?

Sollte ich mich hinlegen und die Füße auf ein Kissen betten?

Was bedeutete das für meine Figur?

Auf einmal musste ich ganz viele Dinge klären.

Auf dem Rückweg zur Ranch nuckelte ich am Rest des leckersten Milchshakes von Wendy's, den ich mir je in meinem Leben einverleibt hatte. Unwillkürlich griff ich mir immer wieder an den Bauch, der flach wie ein Brett war, weil ich in den vergangenen achtundvierzig Stunden keinen Bissen herunterbekommen hatte. Schwanger? Jetzt schon? Ich wusste, dass das passieren konnte. Aber ich hätte nicht gedacht, dass es so schnell ging.

Meine Gedanken überschlugen sich. Wie viel Alkohol hatte ich in den letzten Wochen konsumiert? Welche Medikamente hatte ich genommen? Was hatte ich gegessen? Was bedeutete das für Marlboro Man und mich? War er dazu bereit? Er hatte zwar gesagt, dass er Kinder wollte, aber meinte er das auch ernst? Was bedeutete das für meinen Körper? Für meine Seele? Mein Herz? Konnte ich es mit einem Baby teilen? Waren Wehen schmerzhaft?

Ich stellte mein Auto ab und sah Marlboro Mans Truck neben dem Haus stehen. Als ich unsere kleine Farm betrat, saß er auf der Bank und zog sich gerade die Stiefel aus.

»Hi«, sagte er und lehnte sich mit dem Rücken an die Wand. »Wie geht's?«

»Besser«, erwiderte ich. »Ich hab einen Milchshake getrunken.«

Er zog den linken Stiefel aus. »Was hast du herausgefunden?«

»Ähm …«, begann ich. Meine Unterlippe zitterte.

Marlboro Man erhob sich. »Was ist?«, fragte er.

»Ich bin …« Meine Lippe bebte noch stärker, so dass ich kaum ein Wort herausbekam. »Ich bin schwanger!«, rief ich. Und die Tränen begannen zu fließen.

»Was?« Er kam auf mich zu. »Wirklich?«

Ich konnte nur noch nicken. Der Kloß im Hals war zu groß, um etwas zu sagen.

»Oh, wow …« Er nahm mich in die Arme. Anscheinend hatte er auch nicht damit gerechnet.

Ich stand einfach nur da und weinte leise. Um unsere Vergangenheit … um unsere Zukunft. Wegen meiner Übelkeit und Müdigkeit. Weil ich eine Diagnose bekommen hatte.

Marlboro Man hielt mich fest, so wie er es immer getan hatte, wenn ich unerwartete Heulkrämpfe bekam. Dabei tat er sein Bestes, um nicht vor Aufregung zu platzen, weil sein Baby in meinem Bauch heranwuchs.

Nachdem wir einige Stunden mit der Neuigkeit gelebt hatten, hielt es mein Mann nicht mehr länger aus. Er wollte es unseren Familien erzählen. Das erste Schwangerschaftsdrittel abwarten? Ach was! Ein paar Nächte darüber schlafen? Egal! Etwas Wichtiges war passiert. Er sah keine Notwendigkeit, es geheim zu halten.

»Hey«, sagte er, als seine Mutter sich am Telefon meldete. Ich konnte ihre helle Stimme hören. »Ree ist schwanger«, sprudelte es aus ihm heraus, so freimütig, wie er in den ersten Wochen unserer Beziehung gewesen war.

»Ja«, sagte er als Antwort auf die Frage seiner Mutter. »Wir sind ganz schön aufgeregt.« Dann plauderte er weiter mit seiner Mutter. Ich konnte hören, dass sie auch ganz aus dem Häuschen war.

Als er auflegte, reichte er mir das tragbare Telefon. »Willst du deine Eltern auch anrufen?«, fragte er. Er hätte sogar bei der Zeitung Bescheid gesagt, wenn dort noch jemand gewesen wäre.

Obwohl ich eher an meine zunehmende Übelkeit dachte als an Anrufe, nahm ich den Apparat und wählte die Nummer meiner Eltern. Nachdem es mehrmals geklingelt hatte, meldete sich schließlich mein Vater. »Hallo?«, sagte er mit leiser Stimme.

»Hi, Dad«, grüßte ich ihn.

»Hallo, meine Süße«, sagte er. Seine Stimme klang seltsam. Irgendetwas stimmte nicht.

»Was ist, Dad?«

»Deine Mutter … deine Mutter ist heute Abend ausgezogen«, sagte er. »Sie sagt, sie hat sich eine Wohnung genommen und kommt nicht mehr zurück. Sie ist weg ….« Seine Stimme verlor sich in einem Flüstern.

Mir sank das Herz in die Hose. Ich saß auf dem Sofa und konnte mich nicht mehr rühren.

Umgehend erzählte ich es meinem Mann – es war die zweite unglaubliche Nachricht, die wir an diesem Tag erhielten – und fuhr allein in meine Heimatstadt. Ich musste zu meinem Vater, musste mich vergewissern, dass alles halbwegs in Ordnung war, und ich wollte alleine hin. Ich konnte Marlboro Man nicht schon so früh in solche Schwiegereltern-Streitigkeiten hineinziehen und dachte auch, mein Vater würde sich nicht wohl dabei fühlen, offen vor seinem neuen Schwiegersohn zu sprechen.

»Ich komme nicht allzu spät zurück«, sagte ich. »Ich will mich nur vergewissern, wie es ihm geht.«

»Es tut mir so leid, mein Schatz«, sagte Marlboro Man und nahm mich noch einmal in die Arme.

Gottogott. Was für ein Tag!

Kaum war ich im Wagen, rief ich meine Mutter an.

»Mom«, sagte ich. »Was ist da los?«

Einen Moment lang schwieg sie. »Ree«, sagte sie dann, »das läuft doch schon lange darauf hinaus.«

»Worauf läuft was hinaus?«, gab ich zurück. »Dreißig Jahre Ehe einfach so in den Wind schießen?« Meine Reizbarkeit war wieder da.

Sie schwieg lange. Ich überquerte den Viehtritt und fuhr in Richtung Highway. »So einfach ist das nicht, Ree …«, begann sie. Wieder herrschte Schweigen, während wir beide überlegten, was wir sagen konnten. Ich hielt mich zurück. Es wäre nichts damit gewonnen, wenn ich wütend aussprach, was ich dachte: dass sie unsere Familie kaputtmachte. Dass es eigentlich zu vermeiden gewesen wäre … und völlig unnötig. Dass sie uns allen den Boden unter den Füßen wegzog.

Dass in mir ein Baby wuchs … dass ich sie jetzt brauchte.

Ich legte auf, und meine Mutter, die wahrscheinlich merkte, dass jedes ernste Gespräch an diesem Abend sinnlos war, rief auch nicht zurück.

Als ich zu Hause ankam – bei meinem Elternhaus –, öffnete mein Vater die Tür. Weinend fielen wir uns in die Arme. Mein Vater wimmerte eher leise, als dass er schluchzte.

»Es tut mir so leid, Dad«, sagte ich und hielt ihn fest.

Er bekam kein Wort heraus.

Ich blieb zwei Stunden und unterhielt mich mit ihm, bis sein bester Freund Jack eintraf. Mein Bruder Doug, der in einer anderen Stadt wohnte, hatte Betsy angerufen und ihr erzählt, was passiert war. Ich konnte schon spüren, wie sich die Nachricht in der Stadt verbreitete.

Nachdem ich mich vergewissert hatte, dass mein Vater psychisch stabil war, fuhr ich zurück und rief von unterwegs Mike an.

»A-a-aber wo will Mom denn wohnen?«, fragte Mike, als ich ihm erklärt hatte, was los war.

»Tja, Mike … ich glaube, sie hat eine Wohnung. Aber wir wissen noch nicht, was los ist«, sagte ich. »Wir müssen einfach abwarten, ja?«

»W-w-was ist das für eine Wohnung?«, wollte er wissen.

»Mikey, ich weiß es wirklich nicht«, erwiderte ich. »Ich habe im Moment echt keine Ahnung. Aber mach dir keine Sorgen, ja? Wir schaffen das schon.«

»Wo feiern wir Weihnachten?«, fragte Mike.

Ich musste schlucken. »Bestimmt bei uns, Mikey …« Mir stiegen die Tränen in die Augen.

»Aber s-s-sie lassen sich doch nicht scheiden, oder?«, fragte Mike.

Es würde länger dauern, bis er das begriff.

Wir unterhielten uns noch etwas länger, dann wünschten wir uns eine gute Nacht. Ich legte auf und musste schluchzen. Das konnte ich jetzt überhaupt nicht gebrauchen – nicht jetzt. *Bitte, bitte, bitte … nicht jetzt.*

Kurz vor Mitternacht kehrte ich zu meinem Gemahl zurück, und er kam nach draußen an die Autotür. Als ich ausstieg und in seine starken, warmen, tröstlichen Arme sank, hörte ich nichts als Kühe und Grillen. Ich war ein Wrack – weder mein Magen noch mein Herz waren in Ordnung.

Marlboro Man half mir zum Haus, als hätte mich eine tödliche Krankheit zum Krüppel gemacht. Ich war völlig fertig, kam kaum wieder unter der Dusche hervor, ehe ich zu ihm ins Bett fiel. Er massierte mir den Rücken, und ich versuchte mit aller Willenskraft, mich nicht zu übergeben, zusammenzubrechen und den geblümten roten Kissenbezug mit meinen Tränen zu tränken.

26. Unsichtbare Gegner

Als ich am nächsten Morgen erwachte, war ich erschöpft, doch die Übelkeit war wunderbarerweise etwas besser. Vielleicht, mutmaßte ich, war es der kürzeste Zeitraum morgendlicher Übelkeit in der Geschichte der menschlichen Schwangerschaft gewesen. Ich stand auf und wartete, dass mir wieder schlecht wurde, doch es geschah nichts. Voller Hoffnung wusch ich mich und zog mich an; Marlboro Man war natürlich schon unterwegs. Er war zur Arbeit gegangen, als es noch dunkel war. Ich schminkte mich und fragte mich, ob ich es wohl je schaffen würde, zusammen mit ihm aus dem Bett zu kommen. Ob das wohl irgendwem gelang?

Nachdem ich meinen Vater angerufen hatte, um mich nach seinem Zustand zu erkundigen, suchte ich gegen elf Uhr in der Küche nach Anregungen für das Mittagessen und entschied mich für Chili con carne. Das konnte mehrere Stunden durchziehen, wäre also fertig, wann immer mein Mann nach Hause käme. Als Ehefrau machte man doch Chili zum Mittagessen, oder? Ich war noch immer nicht ganz dahintergekommen, wie so was lief. Ich schnitt Zwiebeln und Knoblauch klein, wobei ich durch den Mund atmete, damit mir nicht wieder schlecht wurde, und gab alles mit einem Kilo Gehacktem, das ich vorher im Kühlschrank aufgetaut hatte, in einen Topf. Ich hatte keine Chiligewürzmischung in der Speisekammer – das gehörte noch nicht zu den Dingen, die ich regelmäßig einkaufte –, deshalb musste ich mit Chilipulver, Paprika, Cayennepfeffer und Kreuzkümmel improvisieren – mit jedem Gewürz, das entfernt so roch, wie ich Chili con Carne halt in Erinnerung hatte. Als es so richtig brodelte, hatte der Geruch die Herrschaft über die Küche übernommen, und die Übelkeit war zurückgekehrt, schlimmer als je zuvor. Einen unangenehmeren Geruch hatte ich noch nie in der Nase gehabt: stechender Knoblauch, das überwältigende, scharfe Aroma von Kreuzkümmel … und der Gestank garenden Fleisches.

Als Marlboro Man nach Hause kam, rührte ich gerade die Kidneybohnen aus der Dose unter und war kurz davor, mich zu übergeben.

»Hmm, riecht das lecker!«, sagte er. Er kam zu mir an den Herd, umarmte mich und legte die Hände auf meinen Bauch. »Wie geht es der Mama?«, fragte er. Sofort hatte ich Schmetterlinge im Bauch. Diese Wirkung hatte er immer auf mich, selbst wenn mir vom Kreuzkümmel schlecht war.

»Heute etwas besser«, sagte ich und meinte damit meine körperliche Verfassung. »Und dir?«

»Mir geht's gut«, sagte er. »Mach mir nur Sorgen um dich.« Seine Hände streichelten über meine Rippen, meine Arme, meine Taille.

Er musste mich immer berühren; körperliche Distanz gab es nicht bei meinem Cowboy.

Auf einmal klingelte das Telefon. Ich rührte weiter das Chili um, würzte noch einmal mit Salz nach, und er ging an den Apparat im Wohnzimmer. Eine Weile sprach er, dann kam er zurück in die Küche.

»Marie hat nur noch wenige Stunden zu leben«, sagte er. »Sie informieren alle Verwandten, damit sie vorbeikommen.«

Ich drehte den Herd ab. »O nein«, sagte ich. »Nein.« Mehr bekam ich nicht heraus.

»Wenn du dich dem nicht gewachsen fühlst, musst du

nicht mitkommen«, sagte mein Mann. »Das werden alle verstehen.«

Doch ich wollte ihn begleiten. Jetzt ging Maries Kampf zu Ende. Auch wenn ich das neuste Mitglied der Familie war, konnte ich kaum zu Hause bleiben.

Als wir jedoch bei Marie und Onkel Tom eintrafen, wollte ich überall sonst sein, nur nicht dort. Die Familie drängte sich zusammen, hielt sich gegenseitig im Arm, weinte. Essen wurde herumgereicht, niemand nahm etwas. Ich wusste nicht, was ich zu den Leuten sagen sollte. Ob ich bei der Begrüßung lächeln sollte. Oder den anderen umarmen. Ich dachte an meine eigenen Eltern. Ich war bedrückt. Ich bekam keine Luft.

Matthew begrüßte uns an der Tür und versuchte ein Lächeln, als er uns in den Arm nahm, dann führte er uns in das Schlafzimmer, wo Marie bewusstlos und schwer atmend im Bett lag. Ihr Bruder saß an ihrer Seite und hielt ihre Hand, führte sie immer wieder an seine Wange und sprach zärtlich mit ihr. Ihre Eltern standen daneben und trösteten sich gegenseitig. Matthew ging zu seiner Schwester Jennifer ans Bett, sie streichelten die Beine, die Arme ihrer Mutter ... wollten unbedingt die körperliche Verbindung aufrechterhalten, die bald verlorengehen würde. Maries Ehemann Tom saß auf seinem Stuhl traurig der Zusammenkunft von Verwandten und Freunden vor.

Der Raum war so angefüllt mit Kummer und furchtbarer Traurigkeit, dass ich nicht dort bleiben konnte. Marlboro Mans Mutter half in der Küche beim Essen und beim Abwasch; ich schlüpfte aus dem Schlafzimmer und ging zu ihr. Marlboro Man folgte mir sofort. Als er den Tod seines Bruders Todd vor vielen Jahren miterlebte, hatte er genug für sein ganzes Leben getrauert.

Als wir in der Küche standen, hörten wir Schluchzen aus dem Schlafzimmer. Marie hatte ihren letzten Atemzug getan. Ich hörte, wie Jennifer laut um ihre Mutter weinte. Maries Eltern sagten immer wieder: »Nein, nein.« Ich hörte Maries engste Freundinnen klagen, die ebenfalls an ihrem Bett standen. Ich hatte das Gefühl zusammenzubrechen, entschuldigte mich und suchte das Gästebad auf der anderen Seite des Hauses auf. Dort fiel ich in mich zusammen.

Ich schloss mich in dem blau gefliesten Duschbad ein, sank zu Boden und lehnte den Rücken gegen die Wand. Ich kam mir vor wie ein Eindringling. Ich hatte kein Recht, hier zu sein. Oder vielleicht doch? Ich war die Frau von Marlboro Man. Dies war seine Familie, also auch meine. Aber mein Vater war allein, wahrscheinlich drehte er in dem plötzlich so leeren Haus fast durch. Ich musste nach ihm sehen, ihm beistehen. Doch ich konnte die Vorstellung nicht ertragen, unser Haus wieder zu betreten, ohne dass meine Mutter da war. Mir wurde schlecht, und meine Augen füllten sich mit Tränen – Tränen um Marie, um meinen Vater, um meine Schwester, meine Brüder und meine Großeltern. Tränen um Marlboro Man und seinen Stress bei der Arbeit in letzter Zeit, um Maries Tochter, die gerade mit dem College fertig war und ihr Leben als erwachsene Frau nun ohne Mutter beginnen müsste. Ich dachte an jedes glückliche Weihnachtsfest in meiner Kindheit und machte mir klar, dass es nie wieder so sein würde. Und ich dachte an Mike, für den Routine und Stabilität so wichtig waren. Wie würde er mit den Veränderungen klarkommen? Ich dachte an Marie und wie freundlich sie zu mir in der kurzen Zeit gewesen war, in der ich sie kannte. Meine Tränen wurden zu einem Sturzbach, aus meinem Schniefen wurde heftiges Schluchzen.

Hör auf!, befahl ich mir. *Du kannst hier nicht so durchdre-*

*hen. Du kannst hier nicht mit rotgeschwollenen Augen her-
umlaufen, im Haus von Marlboro Mans Familie.*

Schließlich war es ihre Trauer, nicht meine; ich wollte
nicht, dass sie dachten, ich würde Gefühle vortäuschen. Doch
wie sehr ich mich auch bemühte, ich konnte die Tränen nicht
zurückhalten. Ich nahm mir einen Waschlappen und betupfte
damit mein Gesicht, während ich das Klagen von Maries An-
gehörigen aus dem Schlafzimmer hörte. Es war vorbei; Marie
war gegangen. Die Ehe meiner Eltern war vorbei; sie trenn-
ten sich. Da ich wusste, dass die übrigen Zimmer im Haus
anderweitig belegt waren, blieb ich in dem blauen Gästebad,
barg das Gesicht in den Händen und weinte hemmungslos.
Ich muss so lange hierbleiben, redete ich mir ein, *bis ich mich
wieder im Griff habe.*

Ich muss hierbleiben, bis ich sechzig bin.

Ich ging nicht zu Maries Beerdigung. Als es Tage nach ihrem
Tod so weit war, hatte sich mein morgendlicher Brechreiz in
eine den ganzen Tag andauernde Übelkeit verwandelt, die
mich schwächte und jede Bewegung meines Körpers begleitete, solange ich wach war. Was ich ein paar Wochen zuvor
gehabt hatte, war im Vergleich zu der Kodderigkeit, unter der
ich nun litt, nur ein lächerliches Magendrücken gewesen.

Mir war elend. Ich wollte eine junge, dynamische Ehefrau
sein, voller Tatkraft und Energie. Stattdessen war ich olivgrün
im Gesicht, an mein Bett gefesselt und konnte den Kopf nur
für eine Handvoll Cornflakes vom Kissen heben. Jedes Mal,
wenn Marlboro Man hereinkam, um nach mir zu sehen, trat
er auf einen Kellogg's-Apple-Jack. Ich hörte, wie er ihn auf
dem Teppich zermalmte, beobachtete, wie er auf die Krü-
mel unter seiner Sohle schaute … und konnte nichts anderes
tun als zusehen. Wenn ich es mal schaffte, mich aufrecht hin-

zustellen, hielt ich mir eine halbe Zitrone unter die Nase, damit mir nicht sofort wieder schlecht wurde. Überall im Haus lagen aufgeschnittene Zitronen herum; ich hatte Angst, länger als zehn Sekunden keine im Blick zu haben.

Ich bot einen bezaubernden Anblick – in jeder Hinsicht reizend – und war keinerlei Hilfe auf der Ranch. Marlboro Man arbeitete hart: In den Monaten vor der Hochzeit hatte er viele Rinder bestellt, jetzt traf eine Ladung nach der anderen ein. Ich wollte ihm dabei helfen. Doch der Gestank von Dung war einfach zu viel für mich. Schon der bloße Geruch von Landluft brachte mich zum Würgen, selbst wenn ich mir eine Zitronenhälfte unter die Nase hielt. Ich war außerstande, etwas zu kochen. Bei allem musste ich heulen, und mir wurde übel: von Äpfeln und Brot, von Fleisch in jeder Form ganz zu schweigen. Ich fuhr fünfundzwanzig Minuten in die Stadt, um mir eine Pizza zu holen, und blieb mitten auf dem Heimweg stehen, um sie in den Kofferraum zu legen, weil der Geruch zu überwältigend war.

Die ganze Zeit tat Marlboro Man sein Bestes und bemitleidete mich, seine frisch angetraute, hormonverseuchte, depressive Ehefrau, doch er konnte es natürlich nicht nachvollziehen. »Spring doch einfach mal unter die Dusche«, sagte er und strich mir über den Rücken. »Dann geht's dir bestimmt besser.«

Er hatte ja keine Ahnung. »Man kann nicht springen, wenn einem so schlecht ist«, heulte ich. »Dann kann man nicht springen!« Ich wollte nach Hause zu meiner Mama und in mein altes Bett. Ich wollte, dass sie mir Suppe brachte. Aber diese Heimat gab es nicht mehr.

Ich war an einem neuen Ort, in einer neuen Welt ... und plötzlich erkannte ich mein Leben nicht mehr wieder. Ich wollte nicht schwanger sein. Wenn ich es durchgezogen hätte und nach Chicago gegangen wäre, dann bekäme ich jetzt kein Kind. Ich wäre weit weg von der Trennung meiner Eltern und noch weiter weg von Schwangerschaftshormonen. Wahrscheinlich würde ich einen schicken schwarzen Rolli tragen und mit meinen Freundinnen beim Italiener essen gehen.

Italienisches Essen …

Urgh, ist mir übel.

27. Das Greenhorn

Die Übelkeit hielt sich wochenlang. In der Zwischenzeit tat ich mein Bestes, um mich mit meinem neuen Leben in dieser sonderbaren fremden Welt mitten im Nichts anzufreunden. Ich musste mich daran gewöhnen, dass der nächste Laden über dreißig Kilometer entfernt war. Dass ich nicht einfach den Nachbarn fragen konnte, wenn mir die Eier ausgegangen waren. Dass es nicht so was wie Sushi gab. Auch wenn das egal war, da eh kein Cowboy auf der Ranch so ein Gericht angefasst hätte. *Das sind Fischköder*, würden sie sagen und jeden Stadtmenschen auslachen, der sie überzeugen wollte, dass es lecker schmeckte.

Dann die Müllabfuhr: Es gab keine. In diesem sonderbaren fremden Land gab es keine Infrastruktur für den Umgang mit Müll. Auf dem Hof liefen Kühe herum, die überallhin schissen – auf die Veranda, auf den Rasen, selbst auf meinen Wagen, falls sie zufällig gerade neben ihm standen, wenn es sie überkam. Es gab niemanden, der das saubermachte. Ich wollte Profis damit beauftragen, aber es gab keine. Meine Lage wurde mir mit jedem Tag ein bisschen klarer.

Nachdem ich eines Morgens eine Schale Cornflakes heruntergewürgt hatte, schaute ich aus dem Fenster und entdeckte einen Puma auf der Motorhaube meines Wagens, der sich die Pfoten leckte – nachdem er die Nachbarsfrau in Stücke gerissen und zum Frühstück verschlungen hatte, malte ich mir aus. Ich hastete zum Telefon und rief Marlboro Man an, sagte ihm, auf meinem Auto sitze ein Puma. Das Herz schlug mir bis zum Hals. Ich hatte keine Ahnung gehabt, dass diese Tiere hier überhaupt lebten.

»Das ist wahrscheinlich nur ein Rotluchs«, versicherte mir mein Mann.

Ich glaubte ihm nicht.

»Nie im Leben – der ist riesengroß!«, rief ich. »Das ist mit Sicherheit ein Puma oder so was Ähnliches.«

»Ich muss auflegen«, sagte mein Gatte. Im Hintergrund muhten Kühe.

Ich konnte die mangelnde Besorgnis von Marlboro Man nicht fassen und schlug mit der Handfläche gegen die Scheibe, um die Wildkatze zu vertreiben. Doch sie schaute nur auf und starrte mich durch das Fenster an. Sah mich wahrscheinlich schon mit Forellenmousse auf einem Teller.

Meine Verlobungszeit mit Marlboro Man, voller Verliebtheit und Romantik, hatte mich auf all das nicht vorbereitet: weder auf die Mäuse, die ich neben meinem Bett in der Wand kratzen hörte, noch auf platte Reifen, weil ich mit dem Auto über die holprigen Schotterpisten fuhr. Vor der Hochzeit hatte ich nicht gewusst, wie man einen Wagenheber oder ein Stemmeisen bediente … und jetzt wollte ich es auch nicht wissen. Ich wollte nicht wissen, dass der Gestank in der Wäschekammer von einem toten Nagetier stammte. In meinem ganzen Leben hatte ich noch keinen toten Nager gerochen, warum musste ich es jetzt, wo ich doch eigentlich eine euphorische, frisch verheiratete Frau sein sollte?

Tagsüber war ich gereizt. Nachts war ich eine Katastrophe. Seit wir aus den Flitterwochen zurück waren, hatte ich nicht einmal durchgeschlafen. Abgesehen von der Übelkeit, die beim Schlafengehen regelmäßig zum zweiten Mal zuschlug, hatte ich richtig Angst. Während ich neben Marlboro Man lag, der jede Nacht wie ein Murmeltier schlief, dachte ich an Monster und Serienmörder: Freddy Krueger, Michael Myers, Ted Bundy und Charles Manson. Durch die Totenstille draußen nahm ich jedes Geräusch verstärkt wahr; ich war überzeugt: Wenn ich nicht aufpasste und einschlief, würde ich von dem Mörder geholt, der unter unserem Fenster lauerte.

Wenn die Aussicht auf einen Serienmörder noch nicht reichte, drehten sich meine Gedanken zwangsläufig um meine Eltern und meine Familie. Um meine Mutter, die glücklich und zufrieden in ihrer neuen Einzimmerwohnung lebte. Würde ich ihr jemals verzeihen können? Ich dachte an meinen Vater mit seinen Depressionen in dem leeren Haus. Was, wenn er eines Tages einfach durchdrehte und allem ein Ende machte? An meine Schwester auf dem College, die keinen Halt mehr hatte. Würde sie je wieder nach Hause kommen wollen? An meinen Bruder Doug, dessen Verbitterung wegen der Scheidung deutlich spürbar war. Und an Mike, der genauso war wie immer. Ich fragte mich, warum wir anderen die menschlichen Verwicklungen um uns herum nicht ebenso vergessen konnten wie er.

Ich war erschöpft, überstand keinen Tag ohne Weinen, Würgen oder Sorgen. Ich hatte mich verliebt, einen Cowboy geheiratet und war aufs friedliche, idyllische Land gezogen. Doch was ich am wenigsten fand, war ausgerechnet der innere Frieden.

Die Flitterwochen waren vorbei, bevor sie richtig begonnen hatten.

Zu all den Themen, mit denen wir uns als frisch Vermählte auseinandersetzten, gehörte eines, über das wir uns meiner Meinung nach keine Gedanken mehr machen sollten: die Renovierung des großen Hauses nebenan. Marlboro Man war völlig versessen darauf gewesen, damit voranzukommen – ich vermutete, eher zu meinem Wohle als zu seinem. Doch ich konnte nicht zusehen, wie die Arbeiter jeden Tag kamen und Paletten, Kartons und Material abluden, wo ich doch wusste, in welchen finanziellen Schwierigkeiten sich die Ranch befand. Ich wusste, dass mein Mann es durchziehen und fertig haben wollte – er wollte, dass wir ein richtiges Haus hatten, wenn das Kind kam. Doch selbst wenn die Renovierung rechtzeitig abgeschlossen wäre, müssten wir es noch einrichten. Ich konnte mir nicht vorstellen, bei all unserem Stress Scharniere, Türknäufe oder Sofas auszusuchen. Ich wollte die Belastung nicht noch vergrößern, unter der wir ohnehin schon standen.

»Hej …«, sagte ich an einem verregneten Abend zu ihm, als wir ins Bett gingen. »Wie wäre es, wenn wir die Sache mit dem Haus noch ein bisschen aufschieben würden?« Ich griff hinüber zu meinem Nachttisch, nahm die Zitronenhälfte und atmete den Geruch tief ein. Das war mein neues Allheilmittel.

Marlboro Man schwieg. Er schob sein Bein unter meins und verschränkte es in der inzwischen vertrauten Position. Mir wurde warm.

»Ich denke, wir sollten vielleicht mal Pause machen«, sagte ich. »Es eine Zeitlang aufschieben.«

»Darüber hab ich auch schon nachgedacht«, erwiderte er ruhig. Langsam rieb er sein Bein an meinem.

Da ich mich besser fühlte, legte ich die Zitrone zurück auf den Nachttisch und streckte die Hand nach meinem Mann aus. Ich drehte mich zu ihm um und legte das andere Bein über seine Hüfte und meinen Kopf an seine Brust. »Also, ich dachte nur, es wäre für mich vielleicht einfacher, wenn ich mir neben meinen Eltern, dem Baby und den ganzen anderen Sachen nicht auch noch darüber Gedanken machen müsste.« Vielleicht zog es besser, wenn ich es auf mich schob.

»Tja, das leuchtet mir schon ein«, sagte er. »Aber lass uns morgen darüber reden.« Er legte auch den anderen Arm um mich, und innerhalb weniger Sekunden waren wir in einer völlig anderen Welt, wo Eltern und Trockenbauer und selbst Übelkeit keinen Platz hatten.

Nach einigen Tagen kam ich wieder auf das Thema zu sprechen. *Unser kleines Häuschen reicht erst einmal*, sagte ich zu ihm. *Wir warten einfach noch ein bisschen … Ich bin erst siebenundzwanzig … so ein großes, schönes, schickes Haus habe ich noch gar nicht verdient … Ich käme mir vor wie ein Aufschneider. Ich will das nicht alles putzen müssen. So viel Platz macht mir Angst. Ich habe keine Lust, Möbel kaufen zu gehen. Ich bin nicht in der richtigen Stimmung, um die Farben auszusuchen. Wir können später damit weitermachen, wenn wieder Normalität eingekehrt ist.* Obwohl ich tief in mir wusste, dass Normalität im Landleben wohl ein dehnbarer Begriff war.

Marlboro Man erklärte sich einverstanden, und nachdem einige Tage lang alles verriegelt und verrammelt worden war, verließ der letzte Arbeiter unser halbfertiges gelbes Indianerhaus. Was ein Moment der Enttäuschung oder der Traurigkeit hätte sein können, hatte tatsächlich den gegenteiligen Effekt: Es war mir völlig egal. Erleichtert wurde mir klar, dass das Heiraten doch etwas Gutes hatte: Es verlieh allen Dingen, allen Besitztümern und Plänen, eine neue Dimension. Wie gerne ich auch eine Spülmaschine und eine Wäschekammer im Haus gehabt hätte: Am meisten brauchte ich Marlboro Man. Und den hatte ich ja.

Nach zwei Monaten Ehe war das ein herrlicher Augenblick der Klarheit und Zuversicht.

Dann fiel mir ein, dass ich in ein paar Monaten ein Kind bekommen würde und immer noch keine Spülmaschine hätte.

Mein Herz begann vor Panik zu rasen.

28. Adonis im Sattel

Der November rückte näher und brachte neue Hoffnung: Eines kalten, windigen Morgens wachte ich auf, und so plötzlich, wie sie gekommen war, war die schreckliche Übelkeit verschwunden. Ich konnte wieder den Kopf heben, ohne vorher Cocoa Puffs zu kauen. Die Landluft haute mich nicht mehr um. Ich konnte mich bewegen, ohne zu schaudern; konnte duschen, ohne zu würgen. Marlboro Man arbeitete sich noch immer den Rücken krumm, doch jetzt war ich besser gerüstet, für ihn da zu sein, wie es bisher nicht möglich gewesen war. Voller Stolz sortierte ich unsere Wäsche, bemühte mich, die Erde, den Mist und das Blut aus seinen Jeans zu schrubben, faltete seine Socken und Unterwäsche und legte sie in die zweite Schublade unserer kleinen Kommode, für die kaum genug Platz im Schlafzimmer war.

Dieser kurze Zeitraum – gerade mal ein Monat – veränderte alles. Meine Eltern lebten immer noch in Trennung, aber irgendwie war ich durch meine neugewonnene körperliche Energie in der Lage, dieses Wissen an einem Ort zu verstauen, wo es mich nicht ständig ins Herz traf. Schließlich konnte ich einen ganzen Tag überstehen, ohne zu weinen.

Nicht mehr angeekelt vom Geruch nach Zwiebeln oder rohem Fleisch, konnte ich auch wieder kochen. Ich brachte mir bei, wie man Schmorbraten, Hacksteak und Eintopf zubereitete. Langsam lernte ich durch Versuch und Irrtum, dass manche Fleischstücke aufgrund des hohen Anteils an Bindegewebe zäh sind und daher stundenlang langsam gegart werden müssen, ehe sie zart werden. Diese neue Erkenntnis stieg mir fast zu Kopf, ich kochte Rinderbrust, hohe Rippe, Keule, Schulter und Lendenbraten, überzeugt, den Heiligen Gral des kulinarischen Wissens entdeckt zu haben. Fast jeden Tag garte ich Fleisch über Stunden, und da mir nicht mehr übel war, atmete ich auch den Geruch ein. Immerhin aß ich für zwei. Das war ich dem wachsenden Kind in mir schuldig.

Da mir nicht mehr schlecht wurde, bekamen die Abende mit Marlboro Man langsam wieder Ähnlichkeit mit denen von früher. Auf der Couch schauten wir uns gemeinsam Filme an – sein Kopf an einem Ende, meiner am anderen, die Beine kuschelig ineinander verschränkt. Er spielte mit meinen Zehen, bis ich quietschte. Ich massierte seine Waden, die vom täglichen Reiten steinhart waren. Nach dem Fegefeuer der vergangenen Wochen war alles wieder wunderbar.

Marlboro Man war wieder wunderbar. Nach unseren liebestollen Flitterwochen in Australien hatte uns zu Hause die harte Wirklichkeit eingeholt, die der romantischsten Zeit in unserem gemeinsamen Leben einen Riegel vorgeschoben hatte. Da meine Übelkeit so schlimm gewesen war, dass mich allein schon der Geruch von Haut zum Würgen brachte, hatte ich manchmal Schwierigkeiten gehabt, neben ihm im Bett zu liegen – von anderen Dingen ganz zu schweigen. Es war in mehr als einer Hinsicht ein kalter Herbst gewesen. Wenn Marlboro Man sich nicht so sehr auf das in mir heranwachsende Kind gefreut hätte, hätte er mich wohl gerne umgetauscht. Ich war so froh, dass diese Zeit nun endlich vorbei war.

Draußen wurde es kälter, und es kam Thanksgiving. Wir feierten es mit einem großen fröhlichen Mittagessen bei meinen

Schwiegereltern – und einem trübseligen Abend bei meinem Vater. Es war das erste Mal, dass wir Geschwister uns seit der Trennung meiner Eltern trafen, und meine abwesende Mutter hinterließ eine klaffende Lücke. Es war furchtbar und unangenehm, ein stechender Schmerz, den man niemandem wünschte. Mein Vater hatte stumpfe Augen, ein verhärmtes Gesicht und war niedergeschlagen. Betsy und ich taten unser Bestes, mit vereinten Kräften meine Mutter zu ersetzen, doch es war gekünstelt und sinnlos. Ich wünschte mir, ich könnte bis nach Weihnachten vorspulen; so wie an Thanksgiving wollte ich mich so schnell nicht wieder fühlen.

Mein Bruder Doug hatte sich völlig von unserer Mutter entfremdet. Er und meine Schwägerin erwarteten jeden Tag ihr erstes Kind, und Doug war verständlicherweise verbittert, dass wir alle mit dieser neuen Entwicklung konfrontiert waren, anstatt uns über die Gesellschaft der anderen zu freuen, über Kindernamen zu diskutieren und in ein putenfleischverursachtes Eiweißkoma zu fallen. Er hatte keine Lust, einen auf glückliche Familie zu machen und Thanksgiving nacheinander bei meiner Mutter und bei meinem Vater zu feiern … ich, ehrlich gesagt, auch nicht. Dieses Ende war vermeidbar gewesen – was war mit all den Familien, die ihre Mutter bei einem Autounfall oder durch Krebs verloren hatten? Wir dagegen verloren unsere durch … eheliche Diskrepanzen? Unser Zorn war eine bittere Beilage.

Da unserer Mutter bewusst war, dass wir alle emotional auf dem Zahnfleisch gingen, feierte sie Thanksgiving bei Ga-Ga. Als Marlboro Man und ich am Abend nach Hause kamen, rief sie an.

»Frohes Thanksgiving, Ree-Ree«, sagte sie mit zurückhaltender, aber dennoch melodischer Stimme.

»Danke«, erwiderte ich, höflich und kühl. Ich wollte mich

nicht darauf einlassen. Wo ich gerade wieder zu Kräften gekommen war.

»Hattet ihr einen schönen Tag?«, fragte sie.

»Ja«, sagte ich. »Wir haben hier auf der Ranch gegessen, dann sind wir rübergefahren zu … zu Dad.« Ich hatte das Gefühl, mit einer Fremden zu sprechen.

»Ach …« Ihre Stimme wurde leiser. »Ihr habt mir wirklich gefehlt.«

Ich wollte etwas sagen, bekam aber nichts heraus. Ich konnte nicht behaupten, alles über die Ehe meiner Eltern zu wissen, wer was wem wann angetan hatte. Aber meine Eltern waren glücklich gewesen. Wir waren eine Familie gewesen. Mein Vater hatte hart gearbeitet, meine Mutter hatte vier Kinder großgezogen, und gerade als sie ihr Leben hätten genießen und miteinander Spaß haben können, beschloss meine Mutter, dass sie damit durch war.

Tief in mir wusste ich, dass nichts im Leben nur schwarz oder weiß war. Ich wusste, wenn man über den gesamten Verlauf ihrer Ehe die beiden Seiten gegeneinander abwog, käme ein Unentschieden heraus. Aber an jenem ersten Thanksgiving, als ich so dünnhäutig war, war meine Mutter der Bösewicht, der die Bombe auf unsere Familie geworfen hatte. Wir anderen irrten durch die qualmenden Trümmer.

»Frohes Thanksgiving, Mom«, sagte ich noch, dann legte ich auf.

Ich war so sauer auf sie, dass ich nicht geradeaus gucken konnte.

Ich ging ins Bett und lutschte Pfefferminzbonbons.

Den Rest des Thanksgiving-Wochenendes musste Marlboro Man die Kälber, die im Frühjahr geboren worden waren, von den Mutterkühen trennen, und da es mir deutlich besserging, konnte ich die Karte »Du kommst aus dem Gefängnis frei« (beziehungsweise: Du darfst bis neun Uhr schlafen) nicht mehr länger ausspielen. Am Samstagmorgen weckte er mich, indem er mir den Zeigefinger in die Rippen bohrte.

Ein Stöhnen war alles, was ich herausbrachte. Ich zog mir die Decke über den Kopf.

»Zeit, dass du zu Potte kommst«, sagte er und schlug die Decke zurück.

Ich blinzelte. Es war noch dunkel im Zimmer. Die Welt war noch dunkel. Es war noch keine Zeit zum Aufstehen. »Zu Potte? Hä?«, stöhnte ich und lag ganz still. Vielleicht würde Marlboro Man mich vergessen. »Weiß nicht, wie das geht.«

»Das sagt man so«, erklärte er schmunzelnd und legte sich neben mich. Zu Potte kommen? Was? Wo war ich? Wer war ich? Ich war verwirrt. Hatte die Orientierung verloren.

»Komm«, sagte er. »Komm mit, die Kälber von den Müttern trennen.«

Ich öffnete die Augen und sah ihn an. Mein fescher Mann war voll bekleidet, trug seine Wrangler und ein leicht gestärktes blaues Karohemd. Er streichelte meinen dicker werdenden Bauch. In den letzten Wochen hatte er sich das angewöhnt. Marlboro Man streichelte gerne meinen Bauch.

»Ich kann nicht«, jammerte ich. »Ich … ich bin schwanger.« Ich zog alle Register.

»Doch, kannst du«, sagte er, und die sanfte Massage wurde wieder zu einem Anstupsen.

Ich krümmte und wand mich und quietschte. Schließlich gab ich mich geschlagen, zog mich an und ging mit meinem schmucken Cowboy nach draußen.

Wir fuhren einige Kilometer zu einer Weide unweit des Hauses seiner Eltern und trafen uns dort mit weiteren Frühaufstehern. Ich setzte mich zu einem der älteren Cowboys in einen Futterwagen, während die übrigen der Herde auf dem Pferderücken folgten. Auf dem Beifahrersitz genoss ich die tolle Aussicht auf meinen Mann. Er trieb sein treues Pferd Blue vor oder zwischen die Rinder, indem er sein Gewicht verlagerte oder seine Haltung veränderte und dem Tier dadurch wortlos mitteilte, was er wollte, wie weit es nach links oder rechts gehen sollte. Langsam sog ich die Luft ein und verspürte plötzlich einen unerklärlichen Stolz. Es war etwas Besonderes, meinen Mann – den Mann, den ich wie von Sinnen liebte – dabei zu beobachten, wie er mit seinem Pferd durch das hohe Gras ritt. Es war nicht nur die körperliche Anziehung, es war mehr als seine attraktiven Muskeln in den Cowboy-Überhosen. Ich sah ihm dabei zu, wie er das tat, was er liebte und worin er unglaublich gut war.

In Gedanken machte ich hundert Fotos. Zeit meines Lebens wollte ich das nicht vergessen.

Als die Herde in die Ställe gebracht war, trieben die Männer die Kälber behutsam in einen abgetrennten Bereich. Die Kühe muhten, und die Kleinen brüllten, sobald sie merkten, wie weit sie von ihren Müttern entfernt waren. Meine Unterlippe begann vor Mitleid zu zittern. Bis dahin hatte ich noch keine praktischen Erfahrungen mit den Fesseln des Mutterseins und der spürbaren Verbindung zwischen Mutter und Kind gemacht, egal ob bei Rindern, Pferden oder Menschen. Und obwohl ich wusste, dass das, was hier geschah, ein Übergangsritual war, ein normales Vorgehen in der Landwirtschaft, spürte ich zum ersten Mal, wie ernst diese Angelegenheit war, die in nur wenigen Monaten mir passieren würde.

Um das zu begreifen, brauchte ich einen Vormittag inmitten von Kühen.

Ich hatte wieder mehr Energie und war stabiler, und als es Weihnachten wurde, war ich Wonder Woman. Nachdem ich jede irgendwie geartete morgendliche Übelkeit hinter mir gelassen hatte, fühlte ich mich, als könnte ich Bäume ausreißen. Ich kaufte einen Tannenbaum für unser Haus und schmückte ihn ironischerweise mit den gehäkelten Schneeflocken, die mir vor Jahren Js Mutter geschenkt hatte. Meine Jeans, die schon am Thanksgiving-Wochenende ziemlich eng gewesen war, bekam ich nicht mehr zu. Verzweifelt nach einer Lösung suchend, hatte ich ein Haargummi durch das Knopfloch gezogen und es über den Knopf gespannt. Klappte wunderbar. Ich dachte, ich würde einfach immer mit weiteren Haargummis verlängern, je dicker mein Bauch würde. Eventuell würde ich mit meinen bisherigen Klamotten auskommen, wenn ich mich anständig benahm und nicht zu viel futterte.

Nachdem wir so einen verrückten Herbst erlebt hatten, beschlossen Marlboro Man und ich, Heiligabend zu zweit zu verbringen. Ich wollte mich nicht in die Grabenkämpfe meiner Eltern hineinziehen lassen, und mein Mann wollte einfach nur zu Hause bleiben, entspannen, Filme gucken und das Leben an einem der wenigen Tage im Jahr genießen, an denen die Märkte und das Vieh mal nicht an erster Stelle kamen. Ich legte eine CD von Johnny Mathis ein und kochte für uns: Steaks, Folienkartoffeln und Salat mit Ranch Dressing. Ich goss Limonade in Weingläser und zündete zwei lange schmale Kerzen auf dem kleinen Bauerntisch in der winzigen Küche an.

»Komisch, dass Weihnachten ist«, sagte ich und stieß mit ihm an. Es war das erste Mal, dass ich das Fest ohne meine Eltern feierte.

»Ich weiß«, sagte er. »Hab ich auch gerade gedacht.« Beide stürzten wir uns auf unser Steak. Ich hätte mir zwei machen sollen. Das Fleisch war zart und aromatisch und perfekt gegart. Ich fühlte mich wie Mia Farrow in *Rosemarys Baby*, als sie mitten am Nachmittag ein Steak nur leicht erhitzt und wie ein Wolf verschlingt. Nur dass ich keine Kurzhaarfrisur hatte. Und nicht Satans Samen in mir trug.

»Hey«, sagte ich und sah ihm in die Augen. »Es tut mir leid, dass ich so … so mies drauf war seit, na ja, eigentlich seit unserer Hochzeit.«

Er lächelte und trank einen Schluck. »Du warst nicht mies drauf«, sagte er. Er konnte nicht sehr gut lügen.

»Nein?«, fragte ich ungläubig und genoss das leckere rote Fleisch.

»Nein«, erwiderte er, aß noch einen Bissen und hielt meinem Blick stand. »Warst du nicht.«

Ich war streitsüchtig. »Hast du das mit meiner Innenohrstörung vergessen, wegen der ich quer durch Australien gekotzt habe?«

Er überlegte, dann konterte er: »Hast du den Wagen vergessen, den ich für uns gemietet habe?«

Ich lachte und schlug zurück. »Hast du den giftigen Hummer vergessen, den ich uns bestellt habe?«

Nun gab es kein Halten mehr. »Hast du vergessen, wie viel Geld wir verloren haben?«

Ich wollte mich nicht geschlagen geben.

»Hast du vergessen, dass ich von der Schwangerschaft erfuhr, als wir aus den Flitterwochen zurückkamen, und ich es meinen Eltern erzählen wollte, aber leider nicht konnte, weil sich herausstellte, dass meine Mutter gerade meinen Vater verlassen hatte, und dass ich fast einen Nervenzusammenbruch bekam, danach sechs Wochen unter morgendlicher Übelkeit litt und jetzt meine Jeans nicht mehr zuknöpfen kann?« Ich war ganz klar der Sieger.

»Hast du vergessen, dass ich dich geschwängert habe?«, gab er grinsend zurück.

Ich lächelte und aß das letzte Stück Steak.

»Willst du noch was von mir?«, fragte mein Cowboy. Von seinem Fleisch war noch die Hälfte übrig.

»Klar«, sagte ich und stach gierig und schamlos mit der Gabel in sein Rib-Eye-Steak. Ich war für so vieles dankbar: für Marlboro Man, für seine Liebesbekundungen, für unser neues gemeinsames Leben, für das Kind in meinem Bauch. Doch in dem Moment, beim Essen, war ich einfach nur dankbar, wieder unter den Fleischfressern zu sein.

Nach dem Essen duschte ich, schlüpfte in einen gemütlichen Weihnachtsschlafanzug und freute mich auf ein paar gemütliche Filme auf der Couch. Ich musste an die anderen Weihnachtstage in meinem Leben denken – an das Essen, die Geschenke und die Mitternachtsmette in unserer Kirche. Das alles wirkte nun sehr fern.

Als ich ins Wohnzimmer ging, sah ich einen Stapel hübsch verpackter Geschenke neben dem kleinen Plastiktannenbaum mit seinen funkelnden Lichtern stehen. Diese Päckchen waren eben noch nicht da gewesen.

»Was …?«, brachte ich hervor. Wir hatten abgemacht, dass wir uns nichts zu Weihnachten schenken wollten. »Was ist das?«, wollte ich wissen.

Marlboro Man lächelte und freute sich über die gelungene Überraschung.

»Das gibt Ärger«, sagte ich und funkelte ihn böse an. Dann setzte ich mich neben den Tannenbaum auf den beigen Berberteppich. »Ich habe nichts für dich besorgt. Du hast gesagt, das sollte ich nicht.«

»Ich weiß«, sagte er und hockte sich neben mich. »Ich will auch nichts … außer einem Heckbagger.«

Ich musste lachen. Ich wusste nicht mal, was ein Heckbagger war.

Ich betastete das oberste Päckchen. Es war in einfaches braunes Papier und Zwirn gewickelt. So schmucklos und schlicht, dass mein Mann es selbst eingepackt haben konnte. Ich löste das Band und öffnete das Geschenk. Darin war eine Boot-Cut-Jeans. Der weite dunkelblaue Gummibund verriet es: Sie war für Schwangere.

»Ach, wie schön«, sagte ich, zog die Hose heraus und legte sie vor mich auf den Boden. »Wunderschön.«

»Ich wollte nicht, dass du in den nächsten Monaten an deiner Jeans herumdoktern musst«, sagte Marlboro Man.

Ich öffnete das zweite Geschenk, dann das dritte. Als das siebte ausgepackt war, war ich stolze Besitzerin einer neuen Schwangerschaftsgarderobe, die mein Mann in den vergangenen Wochen heimlich zusammen mit seiner Mutter ausgesucht hatte: Schwangerschaftsjeans und -leggings, Schwangerschafts-T-Shirts und süße Jacken. Ein Schwangerschaftspyjama. Schwangerschaftspullis. Ich streichelte jedes Kleidungsstück und stellte mir vor, wie viel Zeit es die beiden gekostet haben musste, diese Sachen zusammenzutragen.

»Danke …«, stammelte ich. Meine Nase begann zu kribbeln, Tränen stiegen mir in die Augen. Etwas Tolleres hätte ich mir nicht vorstellen können.

Marlboro Man griff nach meiner Hand und zog mich an sich. Wir schlangen die Arme umeinander, wie damals auf seiner Veranda, als er mir zum ersten Mal seine Liebe gestand. Im Großen und Ganzen war seit jenem ersten Abend unter den Sternen nur wenig Zeit vergangen, aber es hatte sich so viel verändert: meine Eltern, mein Bauch, meine Garderobe. Mein Leben an diesem Heiligabend hatte keinerlei Ähnlichkeit mehr mit dem von früher, als ich noch nichts von dem aufziehenden Gewitter in meinem Elternhaus ahnte und für Chicago packte ... nur dieser Mann war geblieben, die einzige Person inmitten von all dem Streit und Aufruhr, die meinem Leben Sinn gab.

»Weinst du?«, fragte er.

»Nein«, sagte ich mit bebenden Lippen.

»Doch, du weinst«, sagte er lachend. An den Anblick hatte er sich inzwischen gewöhnt.

»Ich weine nicht«, sagte ich, schniefte und putzte mir die Nase. »Tu ich nicht.«

An dem Abend schauten wir keine Filme. Stattdessen hob er mich hoch und trug mich in unser gemütliches Schlafzimmer, wo meine Tränen – eine Mischung aus Freude, Melancholie und Urlaubserinnerungen – völlig versiegten.

29. Alarm am Goldenen M

Jener erste Winter auf der Ranch war lang und bitterkalt. Schnell merkte ich, dass Schnee und Eis auf dem Land nicht bedeuteten, dass man sich vor den warmen Kamin kuschelte, sich in flauschige Decken wickelte und heißen Kakao trank. Ganz im Gegenteil: Je eisiger es wurde und je mehr Schnee fiel, desto anstrengender wurde die tägliche Arbeit von Marlboro Man. Unsere Tiere, begriff ich schnell, waren völlig von uns abhängig; wenn sie nicht ihr tägliches Futter und ihr Heu bekamen, hatten sie nichts zu fressen und würden keine drei Tage überstehen, ehe sie vor Kälte eingingen. Wasser war ein weiteres Thema; mehrere Tage mit Temperaturen unter null bedeuteten, dass die Teiche auf unserem Land von einer zwanzig Zentimeter dicken Eisschicht überzogen waren – zu dick für die Rinder, um sie selbst zu durchbrechen und etwas trinken zu können. Deshalb fuhr mein Cowboy die Teiche auf dem Gelände ab und schlug mit einer schweren Axt entlang dem Ufer Löcher ins Eis, damit die Tiere genug zu saufen bekamen.

Ich begleitete ihn sehr oft beim Füttern. Es sprach nichts dagegen. Unser Häuschen war so einfach sauber zu halten, dass ich ab acht Uhr nichts mehr zu tun hatte. Unsere Satellitenantenne war eh vereist und nicht zu gebrauchen, und sobald ich es mir auf der Couch gemütlich machte, um ein Buch zu lesen, schlief mein schwangerer Körper einfach wieder ein. Wenn mein Mann daher kurz nach Sonnenaufgang erwachte und begann, seine Winterklamotten anzuziehen, reckte ich mich, gähnte, rollte mich aus dem Bett und tat es ihm nach.

Meine Ausstattung für kaltes Wetter ließ zu wünschen übrig: eine schwarze Schwangerschaftsleggings unter meiner Schwangerschaftsjeans von Weihnachten, zwei weiße T-Shirts meines Mannes unter einem Sweatshirt der Arizona State University in XL. Ich war so froh, etwas Warmes zum Anziehen zu haben, dass es mich nicht mal störte, mit den Buchstaben meines Rivalen aus der Universitätsliga herumzulaufen. Dazu Marlboro Mans alte Holzfällerkappe und vier Nummern zu große Gummistiefel, und ich war die Schönheitskönigin vom Lande. Keine Ahnung, wie mein Mann es schaffte, die Finger von mir zu lassen. Wenn ich mein Spiegelbild im Futterwagen sah, schauderte ich.

Doch ganz tief im Innern war es mir einerlei. Ganz egal wie ich aussah, es fühlte sich einfach nicht richtig an, Marlboro Man Tag für Tag ganz allein in diese kalte, einsame Welt hinauszuschicken. Auch wenn unsere Ehe noch jung war, spürte ich doch irgendwie – ob aufgrund biologischer oder gesellschaftlicher Konditionierung, aufgrund eines religiösen Gebots oder der Mondphasen –, dass ich es war, Marlboro Mans Frau, die als Puffer zwischen ihm und der grausamen Welt da draußen dienen sollte. Dass ich diejenige war, die ihm jeden Tag den Rücken frei halten sollte. Und auch wenn er es nicht aussprach, merkte ich doch, dass er sich nicht so allein fühlte, wenn ich mit seinem Kind in mir neben ihm in seinem Futterwagen saß.

Manchmal sprang ich heraus und öffnete Pforten. Dann wieder machte er sie auf. Manchmal hockte ich am Steuer, und er warf das Heu hinten von der Ladefläche. Gelegentlich blieb der Wagen stecken, wenn ich fuhr, und er fluchte. Manchmal saßen wir einfach nur schweigend da und zitterten, wenn die Türen des Fahrzeugs auf- und zugingen. Dann wieder führten wir ernste Gespräche oder blieben stehen und knutschten im Schnee herum.

Derweil ruhte unser heranwachsendes Baby in der Wärme meines Körpers und ahnte nichts von der Arbeit, die es auf dieser Ranch erwartete, wo schon sein Vater aufgewachsen war. Ich fragte mich, ob unser Kind jemals erfahren würde, wie viel Spaß es machte, mit dem Schlitten einen Abhang auf dem Golfplatz oder überhaupt einen Hügel hinunterzusausen. Seit fünf Monaten lebte ich jetzt auf der Ranch und konnte mich nicht erinnern, mal gehört zu haben, dass hier jemand Schlitten fuhr … oder Golf spielte … oder überhaupt irgendeiner Freizeitbeschäftigung nachging. Ich fing gerade erst an, mich an den Alltag hier zu gewöhnen: früh aufstehen, die Arbeit erledigen, essen, entspannen, ins Bett gehen. Und das jeden Tag aufs Neue. Es gab keinen Kalender mit Verabredungen oder Essenseinladungen bei Freunden in der Stadt, es war nicht viel Platz für Freizeit – denn das hieß nur doppelte Arbeit, wenn man zurückkam. Es fiel mir schwer, mich nicht zu fragen, wann diese Menschen überhaupt mal ausgingen oder Spaß hatten oder einen Schneemann bauten.

Oder länger als bis fünf Uhr schliefen.

Später im Frühling begann das Eis zu schmelzen, die heftige Kälte ließ nach, und mein Bauch wuchs immer weiter. Die Kälbchen wurden geboren, und der Geruch brennenden Grases erfüllte die Luft.

Je mehr mein Leibesumfang zunahm, desto eitler wurde ich. Wahrscheinlich meinte ich, das Gegenbild zu dem gefürchteten Typ der barfuß herumwatschelnden, schlampigen Schwangeren abgeben zu müssen, das sich irgendwie in meinem Kopf festgesetzt hatte. Ich verbrachte viel Zeit damit, mich zu schminken, zurechtzumachen und aufzuhübschen, um zu Hause attraktiv und sexy auszusehen. Außerdem versuchte ich nach allen Kräften, meine Gewichtszunahme zu begrenzen, indem ich Chips und Süßigkeiten mied und jeden Abend zwei, drei Kilometer spazieren ging. Ich hätte es leichter nehmen und das Wunder des in mir wachsenden neuen Lebens genießen sollen. Dennoch – ich wollte trotz allem heiß aussehen. Deshalb tat ich, was notwendig war, um zu überleben.

In den Tagen vor der monatlichen Untersuchung beim Frauenarzt war ich besonders wachsam. Ich führte Buch über mein Gewicht, und für mein emotionales Wohlbefinden war ich fast abhängig davon geworden, dass die Arzthelferin mit *Ooooh!* und *Aaaah!* bestaunte, dass ich bei jedem Termin im empfohlenen Rahmen geblieben war. Ich brauchte es, dass der penible Arzt, der immer sehr aufs Gewicht achtete, beim Prüfen der Angaben anerkennend nickte. Das war, als würde mir Lebenssaft in die Adern gepumpt. Sein Urteil nährte meinen lächerlichen Ehrgeiz, die attraktivste Schwangere des Jahrhunderts zu werden. Ehrlich gesagt, gab mir das bis zum nächsten Termin in einem Monat ein Ziel.

Außerdem bedeutete es, dass ich direkt nach der monatlichen Untersuchung zu McDonald's gehen konnte. Ich legte meinen Termin immer auf neun Uhr morgens und gönnte mir vorher kein Frühstück, damit es das Ergebnis beim Wiegen nicht verfälschte. Wenn ich also die einstündige Fahrt zum Arzt in meiner Heimatstadt hinter mich gebracht und die dreißigminütige Untersuchung über mich hatte ergehen lassen, war ich wie ausgehungert. Raubgierig. Und McDonald's war das Einzige, was mich noch retten konnte.

Kaum hatte ich das Gebäude verlassen, stürzte ich zu meinem Wagen und brach auf dem Weg zum Goldenen M Geschwindigkeitsrekorde, weil ich wusste, dass das Paradies auf mich wartete. Dort genoss ich meinen monatlichen Festschmaus: zwei Frühstücks-Burritos, einen Schinken-Käse-Krapfen, Reibekuchen und – perfekt für das wachsende Kind in mir – ein großes Erfrischungsgetränk. Ich konnte es kaum erwarten, den Parkplatz zu verlassen. Kurz nachdem ich aus dem Drive-in gerollt war, riss ich den ersten Burrito auf und hatte ihn schon verspeist, ehe ich auf den Highway fuhr. Ich kannte nur ein einziges Ziel: *Ich muss mir diesen Frühstücks-Burrito auf der Stelle einverleiben, sonst werde ich verhungern.* Ich stopfte mir den Burrito so weit in den Mund wie möglich und biss ungefähr die Hälfte ab, dann kaute ich und schluckte alles schnell hinunter, damit ich den Rausch der Befriedigung spürte, der sich unmittelbar einstellte, wenn mein schwangerer Körper endlich die Kalorien zugeführt bekam, die er verdient hatte.

Es war ein Hunger, wie ich ihn noch nie erlebt hatte.

So ging es bis Ostern, als eine gute Freundin der Familie meine Schwester Betsy und mich zu einer Brautparty für ihre Tochter, die im Sommer heiraten würde, einlud. Seit meiner eigenen Hochzeit war es das erste Mal, dass ich in meiner Heimatstadt wieder einen offiziellen Termin wahrnahm. Ich gab mir größte Mühe, mich herauszuputzen und schick anzuziehen. Wahrscheinlich würde ich viele Bekannte aus meinem früheren Leben treffen, die ich lange nicht gesehen hatte, und alle sollten merken, dass ich in meiner neuen Rolle als schwangere Rancher-Frau glücklich und zufrieden war und nur so aufblühte.

Kurz nach meiner Ankunft erblickte ich die Mutter eines Exfreundes, eines Typs, der so gestrickt war, dass man einen möglichst perfekten Eindruck hinterlassen wollte, wenn man schwanger war und auf einer Feier zufällig seine Mutter wiedersah. Sie entdeckte mich, lächelte höflich und kam durch den Raum auf mich zu, um mich zu begrüßen. Wir nahmen uns in den Arm, tauschten Höflichkeiten aus und brachten uns gegenseitig auf den neuesten Stand. Während unseres Gesprächs malte ich mir aus, dass sie ihrem Sohn, meinem Ex, am nächsten Tag berichten würde: *Oh, du hättest Ree mal sehen sollen! Sie strahlte nur so! Du hättest sehen sollen, wie toll sie wirkte! Bereust du nicht, dass du sie nicht geheiratet hast?*

Während unserer Plauderei erwähnte ich, wie lange es her sei, dass wir uns zum letzten Mal getroffen hätten. Sie erwiderte: »Also … ich habe dich vor kurzem gesehen, aber ich glaube, du hast mich nicht bemerkt.«

Das konnte ich mir nicht vorstellen. »Ja? Wo denn?«, fragte ich. Ich war ja so gut wie nie in meiner alten Heimat.

»Na ja«, sagte sie. »Vor ein paar Wochen habe ich dich morgens gesehen, als du vom McDonald's auf den Highway 75 gefahren bist. Ich habe gewinkt, aber du hast mich nicht bemerkt.«

In mir zog sich alles zusammen. Ich stellte mir vor, wie ich im Wagen saß und mir Frühstücks-Burritos hinter die Kiemen schob. »Bei McDonald's? Wirklich?«, sagte ich und tat ahnungslos.

»Ja«, antwortete die Mutter meines Ex. »Du wirktest ziemlich … hungrig.«

»Hmm«, machte ich. »Ich glaube, das war ich nicht.«

Ich verdrückte mich ins Bad und schwor mir, für den Rest der Schwangerschaft nur noch Müsliriegel zu essen.

30. Tochter der Prärie

Der Frühling ging vorüber, schnell kam der Sommer, und mein Bauch wuchs zusammen mit den Taglilien, Zinnien und Tomaten, die ich mit Hilfe meiner Schwiegermutter in dem kleinen Garten vor unserem Haus gepflanzt hatte. Für Marlboro Man war das Warten auf das Kind eine wirksame Ablenkung von den Auswirkungen der fallenden Preise im vergangenen Herbst. Es sah immer mehr danach aus, als müsste er einen Teil seines Landes verkaufen, um den Rest der Ranch über Wasser halten zu können. Da ich nicht auf einem Hof groß geworden war, erfasste ich den Ernst der Lage nicht. Man hatte ein Problem, machte Vermögenswerte zu Geld und löste damit das Problem. Doch für Marlboro Man war es natürlich nicht so schlicht und einfach. Eine Ranch aufzubauen dauert Zeit – manchmal Jahre, ja Generationen, in denen man geduldig darauf wartet, dass dieses oder jenes Weideland zu verkaufen ist. Für einen Rancher waren die Worte von Gerald O'Hara in *Vom Winde verweht* so schön wie schmerzlich wahr: »Das Land ist das Einzige, wofür es sich zu arbeiten lohnt, zu kämpfen und zu sterben. Denn nur das Land ist ewig, sonst nichts.« Die Vorstellung, sich auch nur von einem kleinen Teil des Besitzes zu trennen, war schmerzhaft. Marlboro Man hatte täglich Gewissensbisse. Mir erschien es einfach zu bewerkstelligen; für ihn bedeutete es persönliches Versagen. Und es gab keine Möglichkeit für mich, dieses Gefühl zu lindern, ich konnte nur für ihn da sein und ihn jeden Abend in die Arme nehmen, was ich nur zu gerne tat. Ich war ein schweres, weiches Kissen. Mit Sodbrennen und geschwollenen Füßen.

»Dein Bauch wird riesig«, sagte er eines Abends.

»Ich weiß«, erwiderte ich mit Blick nach unten. Es war schwer zu leugnen.

»Finde ich toll«, sagte Marlboro Man und streichelte ihn. Ich zuckte leicht zurück, weil ich an den Bikini denken musste, den ich in unseren Flitterwochen getragen hatte. Wie flach hatte mein Bauch im Vergleich dazu damals ausgesehen! Ich hoffte, mein Mann hatte den Anblick inzwischen verdrängt.

»Wie soll es eigentlich heißen?«, fragte er, während »es« in meinem Bauch strampelte und sich drehte.

»O Mann ...«, seufzte ich. »Keine Ahnung. Zachary?«, zauberte ich aus dem Hut.

»Äh«, machte er, wenig begeistert. »Shane?« O nein, jetzt kommen die alten Filme.

»Ich bin mit einem Shane zum Abschlussball gegangen«, antwortete ich und dachte an den dunklen, geheimnisvollen Shane Ballard.

»Dann lieber nicht«, sagte Marlboro Man. »Wie wär's mit ... wie wär's mit Ashley?« Wie weit würde er das noch treiben?

Ich erinnerte mich an einen Film, den wir bei unserer fünfzehnten Verabredung oder so gesehen hatten: »Oder was hältst du von Rooster Cogburn?«

Mein Cowboy schmunzelte. Das liebte ich. Es bedeutete, dass alles in Ordnung war, er war nicht besorgt, gestresst oder geistesabwesend. Es bedeutete, dass wir gerade ein Date hatten und auf seiner alten Veranda saßen und dass sich meine Eltern nicht scheiden ließen. Es bedeutete, dass mein Bauchnabel nicht deformiert und birnenförmig war. Sein Schmunzeln war für mich wie eine Droge. Ich versuchte, es täglich aus ihm herauszukitzeln.

»Und wenn es ein Mädchen wird?«, fragte ich.

»Nein, das ist ein Junge«, sagte er zuversichtlich. »Bin mir sicher.«

Ich erwiderte nichts. Was sollte ich dazu schon sagen?

Ich begann auf dem Grundstück immer mehr zu helfen. Ich lernte, meinen Sitzrasenmäher zu bedienen. So konnte ich dafür sorgen, dass der Rasen um unser Haus – und um das halbrenovierte, zugenagelte gelbe Backsteinhaus – herum ordentlich und gepflegt aussah. Marlboro Man schuftete wie ein Tier im heißen Oklahoma-Sommer, und ich wollte aus unserem Heim einen sicheren Hafen für ihn machen. Doch die Hitze war so drückend, dass ich nichts anderes am Körper erdulden konnte als ein weites Schwangerschaftsshirt und eine weiße Boxershorts meines Mannes, die ich elegant unter meiner Kugel trug. Als ich in meinem hochschwangeren Zustand auf dem grünen Rasenmäher herumfuhr, wanderten meine Gedanken zurück an die lange Tour über Land, die wir in unserer Verlobungszeit unternommen und auf der wir das alte Haus gesehen hatten, vor dem eine halbnackte Frau Rasen mähte. Und jetzt das hier. *Jetzt war ich diese Frau.* Das war nicht mal ein Jahr her. Ich erhaschte mein Spiegelbild in der Fensterscheibe unseres Schlafzimmers und konnte kaum fassen, was ich sah. Es fehlte nur noch der Stütz-BH.

Die Zeit des Nestbaus hatte begonnen. Ich war nicht in der Lage, das Bedürfnis zu unterdrücken, dem gesamten Haus, dem Hof und der Garage täglich zu Leibe zu rücken. Unerklärlicherweise empfand ich es zum ersten Mal in meinem Leben als notwendig, die Fußleisten zu schrubben. Ich putzte die Schränke von innen und machte mir eine Liste, an welchem Tag der Woche vor dem errechneten Geburtstermin ich was zu säubern hatte. Montags war der Kühlschrank dran. Dienstags der Schrank im Badezimmer. Täglich wusch und trocknete ich Einteiler, Lätzchen und Söckchen in einem berauschenden Nebel von Weichspüler; unser ganzes Haus roch wie eine weiche weiße Wolke.

Marlboro Man konnte es kaum erwarten, dass sein Sohn geboren wurde. Wir hatten uns entschieden, keinen Ultraschall zur Geschlechtserkennung zu machen, denn er war so überzeugt wie ich, dass es ein Junge würde. Mein Schatz war schließlich in einem Haus mit zwei Brüdern und auf einer Ranch voller Cowboys aufgewachsen. Als Erstes käme ein Junge, das war vorherbestimmt.

Wir hatten uns ein gemeinsames Leben aufgebaut. Wie anders ich mich auch fühlte und wie aufgeschwemmt ich auch aussah – es erstaunte mich, dass es sich auf der anderen Seite fast genauso anfühlte wie vor unserer Hochzeit, als wir uns ineinander verliebt hatten. Damals verbrachten wir beinahe die ganze Zeit in unserer eigenen kleinen Welt – zu fünfundneunzig Prozent waren wir zu zweit; und auf unserer kleinen Farm waren wir auch nur zu zweit. Um der Trauer über den Bruch zwischen meinen Eltern etwas Gutes abzugewinnen, redete ich mir ein, dass ihre Trennung Marlboro Man und mich paradoxerweise nur noch enger zusammengeschweißt hatte. Hätte ich ein richtiges Elternhaus gehabt – wo noch eine Mutter und ein Vater walteten, wo es noch die Wärme gab, die mich als Kind umgeben hatte –, wäre ich vielleicht versucht gewesen, dort öfter aufzutauchen. Mit meiner Mutter Wäsche zusammenzulegen. Mit ihnen herumzusitzen, zu kochen und zu backen. Dann hätte ich vielleicht etwas weniger Zeit mit meinem frisch Angetrauten verbracht, der mich, wie sich herausstellte, in den vergangenen Monaten sehr gebraucht hatte. Deshalb war es in Ordnung so, redete ich mir ein. Auf lange Sicht würde sich erweisen, dass die quälende Scheidung etwas Gutes hatte.

Doch in Wirklichkeit war sie ganz und gar nicht gut. Mein Vater hatte es schwer. Weil ich mir zunehmend Sorgen machte, hatte ich mir angewöhnt, ihn einmal die Woche zu besuchen, um nachzusehen, wie es ihm ging. Wenn ich ihn so niedergeschlagen vorfand, konnte ich nicht anders, als meinen Ärger gegen meine Mutter zu richten. Warum musste ich die Last tragen und mich um die mentale Gesundheit meines Vaters sorgen, während ich normalerweise aufgeregt und voller Vorfreude die Geburt meines Kindes herbeisehnen sollte?

Und das brachte meine Gedanken in Schwung. Wie würde es weitergehen, wenn ich das Kind hatte? So ein großes Ereignis würde sicherlich nach sich ziehen, dass beide Elternteile im Krankenhaus auftauchten, ein für mich dermaßen schreckliches Szenario, dass ich kaum noch schlafen konnte. Meine Eltern hatten sich nicht mehr gesehen, seit meine Mutter ausgezogen war; wie sollte ich unbeschadet ein Wiedersehen überstehen, während ich in den Wehen lag oder mich davon erholte? Nachdem ich mehrere Nächte nacheinander darüber gegrübelt hatte, beschloss ich, einfach meine Mutter anzurufen und ihr meine Ängste zu gestehen.

»Hallo, Mom«, sagte ich, meine Stimme so kühl wie möglich. »Könnte ich mal etwas mit dir besprechen?«

»Aber sicher, Ree-Ree«, sagte sie herzlich.

Ich fing an, erklärte ihr, dass ich es zwar wunderbar fände, wenn sie ins Krankenhaus käme, dass ich aber einfach nicht wüsste, ob es der beste Zeitpunkt für eine Begegnung mit meinem Vater wäre. Es sei nicht so, dass ich sie nicht dabeihaben wollte, erklärte ich, es gehe eher um mich. Der Tag würde schon stressig genug werden, ohne dass ich mich um die Gefühle anderer sorgte.

Sie verstand. Und selbst wenn nicht, war sie klug genug, sich nicht mit einer im neunten Monat Schwangeren anzulegen.

Ich hakte den Punkt auf meiner To-do-Liste ab, zusammen mit dem keimfreien Kühlschrank, den funkelnden Fußleisten, den glänzenden Türknäufen und dem gewienerten Boden.

Alles war an seinem Ort.

Ich war bereit.

31. Ein Mann sieht rosa

Eine Woche vor meinem errechneten Geburtstermin musste Marlboro Man bei hundert Kühen einen Schwangerschaftstest machen. An jenem warmen Junimorgen erfuhr ich entsetzt, dass die Kuh dazu nicht auf einen Teststreifen pieselte und man drei Minuten auf das Ergebnis warten musste. Nein, ein wuchtiger Tierarzt schob seinen gesamten Arm in einen langen Einweghandschuh und führte ihn in das Rektum der Kuh ein, bis nichts mehr vom Arm zu sehen war. So konnte er Größe und Lage der Gebärmuter fühlen und bestimmen:

a) ob die Kuh trächtig war oder nicht
b) wie weit sie war.

Mit diesen Informationen entschied Marlboro Man dann, ob die nicht trächtigen Kühe erneut besamt werden sollten und auf welche Weide die trächtigen Tiere kamen; gleichzeitig besamte Kühe grasten auf einer Weide, damit sie ungefähr zur selben Zeit kalbten.

Natürlich verstand ich nichts von alldem, als ich zusah, wie der Arzt seinen gesamten Arm in das Hinterteil von hundert verschiedenen Kühen steckte. Ich bekam nur mit, dass er den Arm hineinschob, die Kuh muhte, er den Arm herauszog und die Kuh kackte. Wenn eine neue Kuh in den Untersuchungsstand kam, krümmte ich mich unwillkürlich zusammen. Ich war ebenso trächtig wie viele dieser Tiere. Mein Unterleib war so schon lästig genug. Aber die Vorstellung, dass jemand dort seinen Arm hineinsteckte …

Wahrscheinlich war das mehr, als ich mir an dem Morgen hätte zumuten sollen.

»Du lieber Himmel!«, japste ich, als Marlboro Man und ich davonfuhren, nachdem die letzte Kuh versorgt worden war. »Was um alles in der Welt habe ich denn da gerade erlebt?«

»Wie hat's dir gefallen?«, fragte er und grinste zufrieden. Er hatte seinen Spaß daran, mich in neue Aufgabenfelder auf der Ranch einzuführen. Je mehr mich das entsetzte, umso besser.

»Mal ehrlich«, murmelte ich und umklammerte meinen gewaltigen Bauch, als wollte ich mein Kind vor der verstörenden, schrägen Wirklichkeit schützen. »Das war doch wirklich … so was habe ich noch nie gesehen!« Im Vergleich dazu war die Episode mit dem Rektalthermometer, die ich einige Monate zuvor erlebt hatte, ein Sonntagsspaziergang.

Marlboro Man lachte und legte die Hand auf mein Knie. Dort blieb sie für den Rest der Fahrt.

Es war elf Uhr abends, als ich mit einem seltsamen Gefühl erwachte. Kurz zuvor waren wir eingeschlafen, jetzt war mein Bauch angespannt und fühlte sich seltsam an. Ich blickte an die Decke und atmete tief durch, um das Gefühl zu vertreiben. Doch dann zählte ich zwei und zwei zusammen: Die traumatische Erfahrung dieses Tages musste mich eingeholt haben. Aus Mitleid mit den Kühen musste ich mich ein paarmal zu oft gekrümmt haben.

Ich richtete mich auf. Die Wehen hatten definitiv eingesetzt.

Sofort schaltete ich um und tat, was man mir gesagt hatte: Ich stieg aus dem Bett und duschte, wusch mich so gründlich, bis meine Haut quietschte. Ich rasierte mir die Beine bis in die Leiste, föhnte das Haar, brachte es mit dem Lockenstab in Form und legte mehrere Lagen schimmernden Make-ups auf. Als ich Marlboro Man vorsichtig auf die Schulter klopfte, um ihm die Neuigkeit mitzuteilen, sah ich aus, als wäre ich bereit, einen draufzumachen ... Die Wehen waren bereits heftig genug, dass ich dabei kurz innehalten und abwarten musste, bis sie verebbten.

»Was ist?« Marlboro Man hob den Kopf vom Kissen und sah mich fragend an.

»Ich habe Wehen«, flüsterte ich. Warum sprach ich nicht laut?

»Im Ernst?«, fragte er, setzte sich auf und betrachtete meinen Bauch, als könnte man es ihm ansehen.

Er warf sich seine Sachen über, putzte sich die Zähne, und kurz darauf saßen wir im Wagen, unterwegs zum hundert Kilometer entfernten Krankenhaus. Die Wehen wurden stärker. Es fühlte sich an, als wäre etwas in meinem Körper, das unbedingt hinauswollte.

Unter den gegebenen Umständen ein ganz normales Gefühl, denke ich.

Eine Stunde später fuhren wir auf den Parkplatz des Krankenhauses. Mit meinem frisch geföhnten Haar und dem schimmernden Make-up musste ich vom Auto bis zum Kreißsaal sechsmal stehen bleiben und mich zusammenkrümmen. Ich konnte buchstäblich keinen Schritt gehen, bevor die Wehe vorbei war. Eine Stunde nach unserer Ankunft wand ich mich vor Schmerzen in einem Krankenhausbett und wünschte mir wieder, dass ich doch nach Chicago gezogen wäre. Die typische, irrationale Reaktion, wenn mal etwas nicht richtig klappte in meinem Leben. Morgendliche Übelkeit? Wäre ich doch nach Chicago gegangen! Kuhfladen im Garten? Chicago wäre die bessere Wahl gewesen! Wehen im Abstand von weniger als einer Minute? Windy City, ich komme!

Schließlich stand ich kurz vor einem Zusammenbruch. Die Schmerzen der Geburt sind ein unbeschreibliches Gefühl – ein den ganzen Körper ergreifender Krampf, der einem den Verstand raubt und dessen Ursprung man in dem Moment nicht mal ansatzweise begreift. Nachdem ich vergeblich versucht hatte, vor meinem Cowboy stark und tough zu wirken, ließ ich mich schließlich gehen, krallte mich in das Bettlaken und biss die Zähne aufeinander. Ich stöhnte und ächzte, drückte auf die Klingel und wimmerte: »Ich schaff das nicht.« Als die Schwester kurz darauf ins Zimmer kam, flehte ich sie an, mich von meinem Elend zu erlösen. Meine Rettung nahte fünf Minuten später in Form einer zwanzig Zentimeter langen Nadel. Als die Narkose zu wirken begann, musste ich fast weinen. Die Erleichterung war unbeschreiblich.

Ich war so selig und schmerzfrei, dass ich einschlief. Als ich eine Stunde später verwirrt und orientierungslos aufwachte, sagte mir eine Schwester namens Heidi, es sei Zeit zu pressen. Kurz darauf kam Dr. Oliver im kompletten OP-Outfit herein.

»Bist du so weit, Mama?«, fragte Marlboro Man, der an meinen Schultern stand, während die Schwester meine Beine verhüllte und den Wehenschreiber an meinem Bauch zurechtrückte. Ich hatte das Gefühl, auf einer Party gelandet zu sein. Aber es war die sonderbarste Party aller Zeiten – die Gastgeberin steckte meine Füße in Steigbügel.

Ich befahl Marlboro Man, sich nicht weiter südlich als bis zu meinem Bauchnabel zu bewegen, während die Schwestern an ihren Platz huschten. Eines hatte ich schon vorher klar und deutlich zum Ausdruck gebracht: *Ich wollte ihn da unten nicht haben.* Er sollte mich auch weiterhin auf die altmodische Art kennenlernen, außerdem bekam der Arzt schließlich Geld für das, was er tat.

»Los, pressen Sie noch mal für mich«, sagte Dr. Oliver.

Ich gehorchte, doch ich drückte nur so stark, dass nicht aus Versehen etwas Peinliches mit herauskam. Eine größere Demütigung hätte ich mir nicht vorstellen können.

»So wird das nichts«, schimpfte Dr. Oliver.

Ich presste erneut.

»Ree«, sagte Dr. Oliver und sah zwischen meinen Beinen zu mir auf. »Das können Sie doch besser.«

Er hatte mich früher im Ballettensemble unserer Stadt gesehen. Er hatte gesehen, wie ich mich verbogen, verrenkt und verdreht hatte im *Nussknacker*, im *Schwanensee*, im *Mittsommernachtstraum*. Er wusste, dass ich die innere Kraft hatte, ein Kind herauszupressen.

Da nahm Marlboro Man meine Hand, als wollte er mir, seiner verschwitzten, müden Frau, einen Teil seiner Stärke und seines Durchhaltevermögens geben.

»Los, komm, Schatz!«, sagte er. »Das schaffst du.«

Einige Minuten später wurde unser Kind geboren.

Nur war es kein kleiner Junge. Es war ein sieben Pfund schweres, dreiundfünfzig Zentimeter großes Mädchen.

Es war der wichtigste Augenblick in meinem Leben.

Und in mehr als einer Hinsicht war es ein bedeutsamer Augenblick für Marlboro Man.

32. Einsam sind die Tapferen

Ich lag da, erschöpft und erleichtert, weil das, was bis eben in mir gewachsen war, jetzt draußen war. Marlboro Man war baff. Liebevoll tätschelte er mich und starrte auf unser neugeborenes Mädchen mit einem schockierten Gesichtsausdruck, den er nicht hätte verbergen können, selbst wenn er es versucht hätte. »Herzlichen Glückwunsch«, hatte Dr. Oliver gerade gesagt. »Es ist ein Mädchen.«

Es ist ein Mädchen. In den vergangenen Monaten der Schwangerschaft war ich so erfüllt von der Vorstellung gewesen, einen Jungen zu bekommen, dass mir etwas anderes nicht im Traum eingefallen wäre. Die Überraschung meines Mannes konnte ich nicht mal ansatzweise erahnen.

»Gut gemacht, Mama«, sagte er, beugte sich vor und küsste mich auf die Stirn. Die Schwestern wickelten unsere Kleine in eine weiße Decke und legten sie mir auf die Brust. Schwupp. Da war sie. Lag auf mir. Ein sich krümmendes rosa Etwas, so verletzlich und kostbar wie nichts, was ich bis dahin gesehen hatte. Marlboro Man nahm meine Hand und drückte sie zärtlich. »Wow«, sagte er flüsternd. Er konnte den Blick nicht von dem Baby abwenden. Wir bekamen kein Wort heraus. Wir konnten uns kaum rühren.

Mein Hals wurde eng, als mir klarwurde, was gerade geschehen war. Dieses Wesen, das in meinem Bauch herangewachsen war, das mich in den letzten Wochen getreten und gepiesackt und mir Rippen und Blase gequetscht hatte, das Sodbrennen und Erschöpfung und Übelkeit verursacht hatte, dieses Wesen lag jetzt auf meiner Brust und sah sich diese seltsame neue Welt an, in die es hineingeboren worden war. Es war der unwirklichste Augenblick meines Lebens – unwirklicher noch als jeder unerwartete Moment in der Zeit, als Marlboro Man um mich geworben hatte, der Vater dieses kleinen Menschenkindes, das gerade eingetroffen war und absolut alles verändern würde. Die Kleine hatte Arme und Beine, eine Nase und eine Zunge, die sie langsam aus dem kleinen Mündchen schob, um sich an das Gefühl von Luft um sie herum zu gewöhnen. Es war ein neuer Mensch, der sich in der Wirklichkeit zurechtfinden wollte. Da merkte ich, dass mir Tränen übers Gesicht rannen. Mir war gar nicht aufgefallen, dass ich angefangen hatte zu weinen.

Als wir heirateten, hatte Marlboro Man eher früher als später mit der Gründung einer Familie beginnen wollen. Ich war nicht ganz so ungeduldig gewesen; ich wusste, dass irgendwo in meiner Zukunft wahrscheinlich ein Kind auftauchen würde, aber ich hatte nicht gerade alles drauf angelegt, mich möglichst schnell fortzupflanzen. Als ich »auf einmal« fünf Wochen nach der Hochzeit schwanger war, freute sich niemand mehr als Marlboro Man.

Einer der Gründe war seine Überzeugung, dass wir auf jeden Fall einen Sohn bekommen würden. Abgesehen von gelegentlichen Besuchen bei seinen Cousinen hatten er und seine Brüder nicht viel mit Mädchen zu tun gehabt. Seine Mutter war ein positives Beispiel für eine Frau gewesen, aber bei der alltäglichen Arbeit auf der Ranch wurden nun mal Männer gebraucht.

Ich spürte die Enttäuschung. Obwohl Marlboro Man sich bemühte, erfreut zu wirken und meine Freude zu teilen, merkte ich doch, dass er bis ins Mark erschüttert war, so wie jeder, dessen Leben gerade in einem einzigen fruchtwasser-feuchten Augenblick in etwas völlig anderes verwandelt worden war als das, womit er immer gerechnet hatte.

Nachdem das Baby untersucht und für gesund befunden worden war und die wenig beneidenswerten Schwestern ihrer Aufgabe nachgingen, mich unten herum zu säubern, griff Marlboro Man zum Telefon, um seine Eltern anzurufen, die zufällig für zwei Tage unterwegs waren, da sie nicht so früh mit der Geburt gerechnet hatten.

»Es ist ein Mädchen«, hörte ich ihn zu seiner Mutter sagen. Die Schwestern betupften mich mit Gaze. »Ree war super. Dem Baby geht's gut.« Der Arzt packte seine Utensilien aus, um mich zu nähen.

Ich atmete mehrmals tief durch und musterte das gestreifte Strickmützchen der Kleinen, das ihr eine der Schwestern auf den Kopf gesetzt hatte. Marlboro Man unterhielt sich leise mit seinen Eltern, beantwortete ihre Fragen und erzählte ihnen, wann wir ins Krankenhaus gefahren waren und wie alles gelaufen war. Mal hörte ich zu, mal wieder nicht; ich war zu sehr damit beschäftigt zu verarbeiten, was mit mir geschehen war. Doch zum Ende des Gesprächs hörte ich, dass er seiner Mutter eine Frage stellte.

»Und … was macht man so mit Mädchen?«

Seine Mutter wusste natürlich die Antwort. Auch wenn sie selbst kein Mädchen bekommen hatte, war sie doch die älteste Tochter eines Ranchers und in ihrer Kindheit die rechte Hand ihres Vaters gewesen. Sie wusste besser als jeder andere, was man auf einer Ranch »so mit Mädchen macht«.

»Dasselbe wie mit Jungen«, sagte sie.

Ich musste schmunzeln, als er mir von der Antwort seiner Mutter berichtete. Zum ersten Mal in unserer Beziehung war Marlboro Man derjenige, der fremdes Terrain betrat.

Später erwachte ich in einem normalen Krankenhauszimmer. Ich war müde und litt unter Übelkeit. Desorientiert schaute ich mich um und entdeckte schließlich meinen Mann, der still in einem bequemen Sessel in der Ecke saß und unser in Flanell gewickeltes Bündel hielt. Er trug eine ausgewaschene Jeans und ein weißes T-Shirt – etwas Besseres hatte er in der Nacht nicht gefunden, als meine unerwarteten Wehen uns beide aus dem Schlaf gerissen hatten. Der Anblick seiner muskulösen Arme, die den Säugling hielten, war fast mehr, als ich ertragen konnte. Ich wollte mich gerade aufsetzen und genauer hinsehen, da streckte die Kleine ihre Arme vor und gab gurgelnde Geräusche von sich. Mit der Ruhe war es vorbei.

»Hi, Mama«, sagte Marlboro Man lächelnd.

Ich lächelte zurück und konnte die Augen nicht von dem Bild vor mir abwenden. Diese Fotos in der Werbung waren kein Kitsch. Ein Mann mit einem Neugeborenen im Arm war wirklich wunderschön anzusehen. Mein Bauch grummelte und knurrte.

»Wow«, sagte ich. »Ich hab einen Riesenhunger.« Und auf einmal kam es angeflogen, wie aus dem Nichts. Hektisch sah ich mich um, weil ich merkte, dass ich kurz davor war, mich zu übergeben. Zum Glück fand ich einen leeren Mülleimer direkt neben dem Bett und konnte ihn gerade noch rechtzeitig an mich reißen, um ihn mit der herausschießenden Masse zu füllen. Sie war giftgrün und verzierte den lilienweißen Müllsack wie eine Leinwand von Jackson Pollock. Ich schniefte und hustete. Ich kam mir vor wie ein Ungeheuer.

Marlboro Man stand auf. »Alles klar?«, fragte er. Es war offensichtlich, dass er nicht die geringste Ahnung hatte, was er tun sollte. Ich nahm mir einen Haufen Kleenex und wischte mir über die Mundwinkel. So peinlich mir das auch war, ging es mir jetzt doch hundertmal besser.

Eine Schwester kam herein, kurz nachdem ich den Mülleimer abgestellt hatte. »Wie geht es Ihnen?«, fragte sie mit einem lieben Lächeln. Sie ahnte ja nicht, welchen Spaß sie just verpasst hatte.

»Ach …«, setzte ich an.

»Sie hat sich gerade übergeben«, berichtete Marlboro Man, der das Baby noch im Arm hielt. Der Geruch des Erbrochenen zog zu mir hoch. Ich hoffte, er roch es nicht auch.

»Ach, wirklich?«, fragte die Kinderschwester und sah sich nach dem unverkennbaren Beweis um.

»Ja«, bestätigte ich. »Ich glaube, das kam von der Narkose. Jetzt geht es mir besser.« Ich hickste laut und legte meinen Kopf aufs Kissen.

Die Schwester machte ein wenig sauber und nahm den Mülleimer mit, während ich dort lag und an die Decke starrte. Körperlich ging es mir besser, aber ich war bestürzt, wie weit es mit mir gekommen war. Vor einigen Monaten konnte ich nicht mal die Vorstellung ertragen, vor Marlboro Man zu schwitzen. Jetzt hatte ich eine grellgrüne Flüssigkeit von mir gegeben, während er unsere friedlich schlafende Tochter im Arm hielt. Meine Menschenwürde gurgelte vor meinen Augen den Abfluss hinunter.

Bevor ich das Thema wechseln und mich mit meinem Mann über das Wetter unterhalten konnte, kehrte die propere Schwester zurück und setzte sich mit einem Klemmbrett ans Fußende des Bettes.

»Ich muss Ihnen jetzt ein paar medizinische Fragen stellen, meine Liebe«, erklärte sie. Die Geburt lag mehrere Stunden zurück. Ich nahm an, das war Routine.

Sie fühlte meinen Puls, betastete meine Beine, fragte mich, ob ich Schmerzen habe, und drückte vorsichtig auf meinen Bauch. Dabei achtete sie darauf, ob sie Anzeichen einer Verstopfung, einer Blutung, eines Blutgerinnsels oder von Fieber entdeckte. Verträumt sah ich zu Marlboro Man hinüber, der mir ein- oder zweimal zublinzelte. Ich hoffte, dass er irgendwann in der Lage wäre, zu vergessen, dass ich mich übergeben hatte.

Die Krankenschwester begann mit ihrem Fragenkatalog:

»Also keine Schmerzen?«

»Nee. Mir geht's jetzt gut.«

»Sie frieren nicht?«

»Nein, gar nicht.«

»Konnten Sie in den letzten Stunden Winde lassen?«

Zehn Sekunden betretenes Schweigen.

Ich traute meinen Ohren nicht. »Was?«, fragte ich und sah sie an.

»Konnten Sie in letzter Zeit Winde lassen?«

Wieder betretenes Schweigen.

Was war das denn für eine Frage? »Moment mal …«, sagte ich. »Wie bitte?«

»Meine Liebe, konnten Sie heute schon Wind lassen?«

Fassungslos starrte ich sie an. »Ich weiß nicht …«

»Haben Sie Winde gelassen? Heute?« Sie war unnachgiebig. Ich blickte sie weiter fassungslos, verzweifelt an, absolut nicht in der Lage, ihre Frage zu verarbeiten.

Während der gesamten fortschreitenden Schwangerschaft hatte ich mir größte Mühe gegeben, ein gewisses Maß an Eitelkeit und Glamour aufrechtzuerhalten. Selbst unter den Wehen hatte ich versucht, das frische, dynamische Weib zu bleiben, hatte sogar wiederholt farbigen Lippenbalsam aufgetragen, damit ich nicht so blass wirkte. Selbst beim Pressen hatte ich mich zusammengerissen, aus Angst, die Kontrolle über meine Gedärme zu verlieren, denn das hätte meinem Stolz und meiner Ehe den Todesstoß versetzt. Ich hätte mich schlichtweg von meinem Mann scheiden lassen und mit einem neuen von vorne anfangen müssen.

Ich hatte mir nie in Gegenwart von Marlboro Man Luft gemacht. Was ihn anging, fehlte meinem Körper diese Funktion vollständig.

Warum also wurde ich jetzt gezwungen, Fragen nach Blähungen zu beantworten? Womit hatte ich das verdient?

»Ich … ich verstehe die Frage nicht …«, stammelte ich.

Die Schwester setzte erneut an, offenbar ungerührt von meiner Begriffsstutzigkeit. »Haben Sie …«

Marlboro Man, der liebevoll unser Kind hielt und geduldig die ganze Zeit von der anderen Seite des Raumes aus zugehört hatte, hielt es nicht länger aus. »Schatz! Sie will wissen, ob du heute schon *gefurzt* hast!«

Die Schwester kicherte. »Gut, vielleicht ist das ein bisschen deutlicher.«

Ich zog mir die Decke über den Kopf.

Darüber wollte ich nicht reden.

Später am Abend flehte ich meinen Mann an, zurück zur Ranch zu fahren, um etwas Schlaf zu bekommen. Wir hatten Besuch gehabt von meinem Vater, unseren Omas, von meiner Freundin Becky und von Mike. Meine Mutter hatte einmal kurz hereingeschaut, nachdem sie sich vergewissert hatte, dass die Luft rein war. Ich war den ganzen Tag gepiesackt, herumgeschoben und untersucht worden. Ich war müde und fühlte mich ekelig, da ich noch nicht die Erlaubnis erhalten hatte zu duschen. Außerdem wollte ich nicht, dass Marlboro Man in diesem Zimmer auf einem harten Beistellbett schlafen musste. Ich konnte auch nicht riskieren, dass ich in seiner Gegenwart noch einmal nach meinen Körperfunktionen gefragt wurde.

»Fahr nach Hause und leg dich hin«, sagte ich. »Ich bin morgen früh immer noch hier.«

Er wehrte sich nicht nachhaltig. Er war erschöpft, das merkte ich. Ich war auch kaputt – aber von mir erwartete man das. Marlboro Man musste für mich stark sein.

»Gute Nacht, Mama«, sagte er und küsste mich aufs Haar. Diese neue Mama-Anrede fand ich wunderbar. Er gab dem Baby ein Küsschen auf die Wange. Die Kleine brummte und wand sich. Ich näherte mich ihr und sog die Luft ein. Warum hatte mir noch nie jemand gesagt, dass Babys so toll riechen?

Als Marlboro Man ging, war es herrlich still im Zimmer. Ich kuschelte mich in das überraschend bequeme Krankenhausbett und umschloss meine Tochter mit meinen Armen wie einen Football. Dann knöpfte ich mein aprikotfarbenes Oberteil auf und legte sie ungefähr zum zehnten Mal in den letzten Stunden an. Bei den ersten Versuchen hatte sie Probleme gehabt, doch jetzt – fast so, als wollte sie mich trösten, weil Marlboro Man fort war – öffnete sie ihr kleines Mündchen und dockte an. Ich schloss die Augen, legte den Kopf aufs Kissen und genoss den ersten Moment allein mit meinem Kind.

Sekunden später ging die Tür auf, und mein Schwager Tim kam herein. Gerade hatte er eine riesige Ladung Rinder abgefertigt. Marlboro Man hätte eigentlich dabei sein sollen, wenn nicht am Vorabend die Wehen eingesetzt hätten.

»Hey!«, rief Tim begeistert. »Wie läuft's?«

Ich riss die Bettdecke so weit nach oben, dass meine freigelegte Brust und der Kopf des Babys nicht mehr zu sehen waren. Ich hatte meinen Schwager wirklich gern, doch so ungezwungen war ich in seiner Gegenwart nun doch nicht. Er merkte es sofort.

»Ups, habe ich mir einen schlechten Zeitpunkt ausgesucht?« Er stand da wie ein Reh im Scheinwerferlicht.

»Du hast deinen Bruder knapp verpasst«, sagte ich. Die Lippen des Babys lösten sich von meiner Brustwarze. Die Kleine suchte herum, und ich tat so, als ginge unter der Decke nichts Besonderes vor sich.

»Kein Witz?«, sagte Tim und sah sich nervös im Zimmer um. »Ach, ich hätte besser vorher anrufen sollen.«

»Komm rein«, sagte ich und richtete mich, so gut ich konnte, im Bett auf. Die Epiduralanästhesie ließ jetzt definitiv nach. Mein Unterleib begann zu pochen.

»Wie macht sich die Kleine?«, fragte er.

»Sie ist super«, antwortete ich. Ich zog sie unter der Decke hervor und hoffte dabei, meine Brust ohne Zwischenfall verstauen zu können.

Lächelnd betrachtete Tim seine neue Nichte. »Ist die niedlich«, sagte er zärtlich. »Darf ich sie mal halten?« Er streckte die Arme aus wie ein Kind nach einem Welpen.

»Klar«, sagte ich und reichte sie ihm. Es stach in meinem Unterleib. Ich hatte keinen anderen Gedanken mehr im Kopf, als schnell unter die Dusche zu kommen und mein Haar unter der Brause zu waschen, auf die ich einen Blick geworfen hatte, als die Schwester mich zuvor schon einmal ins Bad begleitet hatte. Nichts anderes wünschte ich mir jetzt. Ich sah nur noch die Dusche vor mir.

Tim war ebenso überrascht vom Geschlecht des Kindes wie sein Bruder. »Ich war total schockiert, als ich das gehört hab!«, sagte er und sah mich lächelnd an. Ich lachte und stellte mir vor, wie ihr Vater wohl reagiert hatte. Dass das erste Enkelkind in so einer männlich dominierten Familie ein Mädchen war, fand ich jede Minute witziger. Das würde ein großes Abenteuer werden.

Während Tim die Kleine hielt, legte ich den Kopf wieder aufs Kissen, ich war zu müde, um mich längere Zeit zusammenzureißen.

»Wie trinkt sie so?«, fragte Tim. Eine seltsame Frage. Er schien aufrichtig interessiert.

»Ganz gut«, sagte ich, leicht unangenehm berührt vom Thema. »Ich denke, nach einer Weile wird sie es schon begreifen.«

»Du fütterst sie mit deiner eigenen Milch, oder?«, fragte Tim verlegen.

Ich füttere sie mit meiner eigenen Milch?

Ach du liebe Güte.

»Ähm, ja …«, sagte ich. »Ich … ich stille sie.« *Tim, könntest du jetzt bitte verschwinden?*

Doch er musste noch etwas loswerden. »Dann musst du aufpassen, dass sie dir nicht sauer wird.«

Ich saß da und starrte vor mich hin. Es sollte nicht das letzte Mal sein, dass Tim eine Parallele zwischen mir und dem Vieh zog.

33. Draußen wartet die Hölle

Zwei Tage später packte Marlboro Man an einem brütend heißen Sommertag meine Krankenhaustasche in seinen Pick-up,
schnallte unseren Siebenpfünder in den vergleichsweise großen Kindersitz und half mir auf den Rücksitz, um uns alle
nach Hause zu bringen. Ich hätte so glücklich sein müssen –
ich hatte diesen Mann und ein gesundes Kind, und die Sonne
schien –, aber es kam mir irgendwie nicht richtig vor, das
Krankenhaus zu verlassen. Ich war ganz und gar nicht bereit
dazu. Gerade hatte ich mich an das Piepsen der Monitore und
an das gemütliche, warme, sichere Krankenhauszimmer gewöhnt. Ich hatte mich daran gewöhnt, dass die Schwestern
alle paar Stunden nach mir sahen und warme Mahlzeiten
auftischten: Eintopf, Kartoffelpüree, grüne Bohnen. Im Krankenhaus wusste ich, was ich zu erwarten hatte. Nach nur zwei
Tagen hatte ich es rausgehabt. Ich hatte keine Ahnung, was
mich zu Hause erwartete.

Als Marlboro Man losfuhr und das Krankenhaus hinter
uns zurückblieb, traf es mich wie ein Schlag: Ich war allein
und verzweifelt. Ich drückte das Gesicht an die Scheibe und
tat, als würde ich schlafen. In Wahrheit jedoch weinte ich auf
der gesamten Heimfahrt. Ich wollte zu meiner Mama, aber
ich hatte sie so weit von mir gewiesen, dass sie aus Respekt
vor meinen Gefühlen großen Abstand hielt. Wenn sie doch
bloß am Ende dieser einstündigen Fahrt auf mich gewartet
hätte, wäre alles in Ordnung gewesen.

Wir kamen zu Hause an und fanden zwanzig Kühe im Garten vor. »Verflucht«, murmelte Marlboro Man vor sich hin, als wäre es das Letzte, was er im Moment gebrauchen konnte. Da musste ich noch mehr weinen und konnte das Schluchzen nicht mehr vor meinem Mann verbergen. Er stieg aus, sah mich an und fragte: »Was ist denn los?« Er kam auf mich zu, mehr als besorgt über den Anblick meines roten, geschwollenen, aufgedunsenen Gesichts. »Was ist passiert?«

»Ich will zurück ins Krankenhaus!«, heulte ich. Eine Kuh ließ eine grüne Ladung auf meine Taglilien fallen.

»Was ist denn los?«, fragte Marlboro Man erneut. »Jetzt mal im Ernst ... tut dir was weh?«

Ich hatte das Gefühl, mich lächerlich zu machen, so als müsste mir schon das Blut aus den Ohren schießen, damit ich einen guten Grund zum Weinen hatte. Ich heulte noch lauter, und das Kind begann sich zu winden. »Ich komme mir einfach nur komisch vor«, jammerte ich. »Ich komme mir vor ... ich weiß nicht, wie ich das alles schaffen soll!«

Marlboro Man nahm mich in die Arme, er hatte keine Ahnung, was er sonst tun sollte. »Komm, wir gehen rein«, sagte er und strich mir über den Rücken. »Hier draußen ist es so heiß.« Er löste den Gurt der Kleinen und zog den Kindersitz aus dem Wagen, und zu dritt gingen wir an den Kühen vorbei zum Haus. An meinem Sonnentau fehlten die Blüten. *Scheißkaninchen*, dachte ich. *Ich erwürge sie mit bloßen Händen, wenn ich sie noch einmal in der Nähe von meinen Blumen erwische.* Ich musste wieder weinen, darüber, dass ich so etwas überhaupt denken konnte.

Wir traten in ein blitzsauberes Haus. Es roch nach Zitrone und Desinfektionsmittel. Eine Vase mit frischen Blumen stand auf dem Esstisch in der Frühstücksecke. Alles war an seinem Platz. Ich atmete tief durch ... und bekam ein besseres Gefühl. Die Kleine begann sich zu regen – sie lag im

Kindersitz, seit wir das Krankenhaus vor über einer Stunde verlassen hatten. Ich holte sie heraus, legte mich mit ihr aufs Bett und begann sie zu stillen. Fast sofort sanken wir beide in einen tiefen Schlaf. Als ich erwachte, war es draußen dunkel. Ich hoffte, es sei der nächste Morgen und wir hätten die ganze Nacht durchgeschlafen, doch tatsächlich war nur eine Stunde vergangen.

Nachdem ich aufgestanden war, mir kaltes Wasser ins Gesicht gespritzt und fast einen Liter Orangensaft getrunken hatte, verlief unser erster Abend zu Hause sehr verträumt: Marlboro Man und ich aßen von dem Auflauf, den seine Mutter am Vormittag in unseren Kühlschrank gestellt hatte. Zum Nachtisch ließen wir uns den selbstgemachten Biskuitkuchen schmecken, den seine Großmutter Edna Mae vorbeigebracht hatte. Der Kuchen war locker, leicht, einfach perfekt. Sie hatte sich die Mühe gemacht, ihn mit einem cremigen weißen Zuckerguss zu überziehen, und ihn dann kaltgestellt. Ich verschlang drei Stücke davon, bevor mir überhaupt klarwurde, dass ich etwas gegessen hatte. Der Kuchen war Lebenssaft für meinen geburtsgestressten Körper.

Nach dem Essen setzten wir uns auf das Sofa in unserem schwach beleuchteten Haus und bestaunten das neue Leben vor uns. Ihr süßes Seufzen, die unglaublich kleinen Ohren, wie friedlich sie da vor uns schlief, schrumplig und warm. Wir wickelten sie aus dem engen Bündel, dann wickelten wir sie wieder ein. Anschließend legten wir sie zum Schlafen hin, streichelten ihren niedlichen Bauch und gingen selbst zu Bett, wo wir in den Armen des anderen sofort einnickten, selig, das Schlimmste überstanden zu haben. Einmal richtig ausschlafen – das war alles, was ich brauchte, damit ich wieder ganz die Alte wäre, dachte ich. Am nächsten Tag würde die Sonne wieder scheinen, davon war ich überzeugt.

Wir schliefen tief und fest, als ich das Baby zwanzig Minuten später schreien hörte. Ich sprang aus dem Bett und ging in ihr Zimmer. *Sie hat bestimmt Hunger*, dachte ich. Ich stillte sie im Schaukelstuhl, legte sie wieder hin und begab mich selbst zurück ins Bett. Fünfundvierzig Minuten später wurde ich erneut von Geschrei geweckt. Ich sah auf die Uhr und dachte, ich hätte einen schlechten Traum. Mit verschwommenem Blick stolperte ich ins Kinderzimmer und wiederholte das Ritual. *Hm*, dachte ich, während ich mich bemühte, nicht im Schaukelstuhl einzuschlafen. *Das ist aber komisch.* Die Kleine muss irgendein Problem haben, überlegte ich – vielleicht diese Kohlick oder Kolik, von der ich mal in einem Film gehört hatte? Der Gedanke an seltene Krankheiten quälte mein Hirn, das unter Schlafentzug litt. Bis zum Sonnenaufgang stand ich noch sechsmal auf und glaubte immer, es sei das letzte Mal, weil ich sonst wahrscheinlich sterben würde.

Am nächsten Morgen erwachte ich von der blendenden Sonne, die mir in die Augen schien. Marlboro Man ging im Zimmer hin und her, auf dem Arm die Kleine, die wie von Sinnen brüllte.

»Ich wollte dich schlafen lassen«, sagte er. »Aber sie sieht das anders.« Er wirkte hilflos, wie ein Mann, der nicht mehr wusste, was er noch tun sollte.

Ich bekam kaum die Augen auf. »Gib her!«, sagte ich und streckte die Arme aus, damit mein Mann den Säugling an den warmen Platz neben mir ins Bett legte. Mit geschlossenen Augen schaltete ich auf Autopilot, knöpfte mein Oberteil auf und schob der Kleinen meine Brust ins Gesicht. Mir war völlig egal, dass Marlboro Man danebenstand und zusah. Die Kleine fand, was sie wollte, und machte es sich gemütlich.

Er setzte sich aufs Bett und spielte mit meinem Haar. »Du hast nicht viel Schlaf bekommen«, sagte er.

»Stimmt«, bestätigte ich. Ich hatte ja keine Ahnung, dass die vergangene Nacht völlig normal gewesen war. Und dass es mindestens noch einen Monat lang so weitergehen würde. »Ihr ging es wohl nicht so gut.«

»Ich muss raus zum Laster«, sagte Marlboro Man. »Aber so gegen elf bin ich zurück.«

Ich winkte, ohne überhaupt aufzusehen. Ich konnte den Blick nicht von meinem Kind abwenden. Als sie da lag und trank, überkam mich ein sonderbares Gefühl. Mein Oberkörper fühlte sich angespannt und warm an, und meine Brüste waren größer, als ich sie in Erinnerung hatte – selbst in den letzten Tagen der Schwangerschaft. Nachdem die Kleine wieder eingeschlafen war, schleppte ich mich unter die Dusche. Es war das Einzige, das meinem vom Schlafentzug gefolterten Körper irgendwie Leben einhauchen konnte. Ich ließ das warme Wasser auf mein Gesicht und meine Augen prasseln und hoffte, irgendwie diese abgrundtiefe Erschöpfung abwaschen zu können, die mich übermannte. Nach und nach fühlte ich mich langsam, aber sicher besser. Doch dann fiel mir auf, dass dieses angespannte, unangenehme Gefühl in den Brüsten wieder da war, schlimmer als zuvor. Als ich sie betrachtete, stellte ich fest, dass sie zu Leitungen geworden waren: Aus beiden schoss Milch heraus.

Und es sah nicht aus, als würde es in naher Zukunft aufhören. Sie sprudelten förmlich.

Wenn ich als Tochter eines Arztes auch auf die medizinische Seite von Schwangerschaft und Geburt vorbereitet gewesen war, so war ich doch völlig perplex von dieser neuen Entwicklung. Nichts hatte mich auf diesen Schreck vorbereitet.

Am Abend lud Marlboro Man seinen Bruder Tim zu uns ein. Ich versteckte mich die ganze Zeit im Schlafzimmer, drückte mir Handtücher auf die Brust und versuchte verzweifelt, das sich inzwischen wehrende, windende Kind dazu zu bringen, den wachsenden Druck in meinen Brüsten zu verringern. Ich vermied jeden Kontakt zu Marlboro Man und Tim. Ich war viel zu sehr damit beschäftigt zu begreifen, was in meinem Körper und meinem Kopf vor sich ging – von meinem Leben ganz zu schweigen –, um irgendeine zusammenhängende Unterhaltung bestreiten zu können.

Sie waren eh Eindringlinge – diese Männer in meinem Wohnzimmer. Eindringlinge, die nicht in das Nest mit meinem neuen kleinen Vöglein gehörten. Es waren Dodos, vielleicht sogar Stärlinge. Wenn sie zu nah kämen, würde ich nach ihnen hacken. *Was hatten sie hier überhaupt zu suchen?*

Als ich später am Abend fast wegdöste, hörte ich Rufe von nebenan. Marlboro Man und Tim sahen gerade live im Fernsehen, wie Mike Tyson Evander Holyfield ein Stück vom Ohr abbiss. Das Kind, das nach langem Kampf kurz vorher endlich eingeschlummert war, begann von neuem zu schreien.

Damit war es amtlich: Ich war in der Hölle.

34. Eine gibt nicht auf

Meine Milch spielte jetzt die Hauptrolle, und Trinken wurde die Berufung des Kindes. Die folgenden zwei Wochen in seinem Leben stellten das Ende von meinem dar, so wie ich es gekannt hatte: Die ganze Nacht über war ich auf den Beinen und tagsüber eine hässliche Hexe. Marlboro Man war völlig auf sich allein gestellt. Ich wollte mit niemandem etwas zu tun haben, auch nicht mit meinem Mann.

»Wie geht's dir heute?«, fragte er. Ich war schon sauer, dass ich die Energie aufbringen musste, ihm zu antworten.

»Soll ich die Kleine halten, während du aufstehst und dich anziehst?«, bot er sich an. Ich reagierte beleidigt, weil er meinen Morgenmantel offenbar nicht mochte.

»Hey, Mama, sollen wir mit dem Baby herumfahren?« Nicht einfach nein, sondern verdammt noch mal, nein. Wir werden sterben, wenn wir unser Nest verlassen. Die Sonnenstrahlen werden uns zu Asche verbrennen. Und ich müsste normale Sachen anziehen. Vergiss es!

Ich hatte im wahrsten Sinne des Wortes auf Überlebenskampf geschaltet – nicht nur die Wäsche stand außer Frage, ebenso Kochen, beiläufige Gespräche und jeder weitere soziale Austausch. Ich war zu einer leeren Hülle geworden, genauso wenig menschlich wie die Melkmaschinen aus Edelstahl auf den Höfen in Wisconsin und nur halb so interessant. Jegliche Identität, die ich vorher als Ehefrau, Tochter, Freundin oder produktives Mitglied der Gesellschaft gehabt hatte, löste sich in dem Moment auf, wenn sich meine Leitungen mit Milch füllten. Meine Mutter schaute ein-, zweimal zum Helfen vorbei, doch ich kam mit ihrer Anwesenheit emotional nicht zurecht. Ich versteckte mich bei geschlossener Tür im Schlafzimmer und ließ sie allein die Wäsche und den Abwasch erledigen, ohne zu helfen oder darauf zu reagieren. Auch meine Schwiegermutter besuchte uns, doch in ihrer Nähe konnte ich nicht ich selbst sein, also verbarg ich mich in meinem Zimmer. Es war mir alles so egal, dass ich nicht mal um Hilfe bat. Nicht, dass irgendwas geholfen hätte – schließlich haben Melkmaschinen aus Edelstahl keine Seele.

Zwei Wochen nach meiner Heimkehr aus dem Krankenhaus kam Betsy zu Besuch, obwohl es mir eigentlich egal war. Sie kümmerte sich um das Haus, erledigte die Wäsche und hielt in den zweiminütigen Zeitfenstern zwischen dem ständigen Stillen sogar mal das Baby. Ohne jegliche Hilfe oder Unterweisung von mir kochte meine kleine Schwester Hühnersuppe mit Nudeln, Tacos und die leckere Lasagne unserer Mutter. Sie lernte sogar, wie man verirrte Kühe aus unserem Garten vertrieb. Eines Morgens watschelte ich in die Küche, um mir Wasser zu holen, und sah, wie sie mit einem Besen im Hof herumfuchtelte. *Sie könnte doch einfach hier einziehen und meine Stelle einnehmen*, überlegte ich. *Ihr würde es hier draußen gefallen. Sie ist niedlich, lustig und dünn … Marlboro Man und sie würden sich ganz wunderbar verstehen …*

In den Fängen meiner Wochenbettdepression wollte ich nichts mehr mit alldem zu tun haben. Keine Kühe, kein Garten, keine Wäsche. Nicht einmal der Cowboy, der dazugehörte und der sich tagein, tagaus die Finger wund arbeitete, der verzweifelt versuchte, auf den wechselhaften Märkten zurechtzukommen und die beste Taktik zu finden, um seine Ranch, das Baby und seine junge Frau unter einen Hut zu bringen, die von einer jungen, lebensfrohen Person zu einem Wesen geworden war, das kaum noch existierte.

Nach zweiundsiebzig Stunden bei uns hatte Betsy das alles begriffen. Sie wartete, bis Marlboro Man am Morgen zu den Tieren gegangen war, dann redete sie Klartext mit mir.

»Du siehst so richtig scheiße aus«, sagte sie mit einem liebevoll-ironischen Unterton.

»Halt den Mund!«, fuhr ich sie an. »Du kannst so was ja mal selbst ausprobieren!«

»Ich meine, ich weiß, dass es schwer ist und so …«, begann sie.

Ich hob die Hand. »Sag besser nichts«, blaffte ich sie an. »Du hast wirklich keine Vorstellung.« Meine Augen füllten sich mit Tränen.

»Na gut«, sagte sie und legte eine Jeans zusammen. »Aber du musst wenigstens mal duschen und dir was Nettes anziehen. Dann wird es dir schon etwas bessergehen.«

»Mit anderen Klamotten fühle ich mich auch nicht besser!«, kreischte ich und drückte die Kleine an mich.

»Doch, das verspreche ich dir«, beharrte sie. »Ich weiß genau, dass du einfach nicht glücklich sein kannst, wenn du diesen Bademantel noch eine Minute länger anhast.«

Ich widersetzte mich ihren Vorschlägen und blieb im Bett. Betsy ging in die Küche und machte ein paar Sandwiches. Ich aß sie, aber nur um meine Milchproduktion in Gang zu halten.

Aus demselben Grund vertilgte ich vier Kekse mit Schokoflocken, dann drehte ich mich wieder um, immer noch schmuddelig und ungepflegt.

Marlboro Man kam spät am Nachmittag nach Hause und schaute ins Schlafzimmer. Auf dem Weg nahm auch er sich einen Schokoladenkeks. Die Kleine und ich waren gerade von einem zweistündigen Nickerchen erwacht, und er ließ sich neben uns aufs Bett fallen. Ohne etwas zu sagen, streichelte er ihren kleinen Kopf mit dem Zeigefinger. Ich beobachtete ihn dabei; er wandte den Blick nicht von ihr ab. Es war still im Zimmer, im ganzen Haus. Betsy musste hinausgegangen sein in den Waschraum, um die Wäsche aufzuhängen. Unwillkürlich tastete sich mein Arm zu meinem Mann vor und legte sich auf seinen Rücken. Es war das erste Mal, dass ich ihn überhaupt berührte, seit ich aus dem Krankenhaus zurück war. Er warf mir einen Blick zu, lächelte zaghaft und schlang seinen Arm um meine Taille … und wunderbarerweise, gnädigerweise schliefen wir drei wieder ein: Marlboro Man in seinen verdreckten Klamotten, ich in meinem Schlafanzug mit den Milchflecken und unsere perfekte kleine Tochter, die friedlich zwischen uns nuckelte.

Als ich eine Stunde später erwachte, spürte ich, dass etwas anders war. Vielleicht lag es am Schlaf … vielleicht an dem zärtlichen Moment mit Marlboro Man … vielleicht an den aufrüttelnden Worten meiner Schwester oder an allen drei Dingen zugleich. Ich stand leise auf und begab mich in die Dusche, wo ich mich schrubbte und wusch und meinen Körper mit jedem Pflegeprodukt reinigte, das ich in meinem Schrank finden konnte. Als ich das Wasser abstellte, roch das Badezimmer nach Zitronengras und Lavendel, Glyzinie und Wassermelone. Die Aromatherapie tat ihre Wirkung; auch wenn ich mich anschließend nicht unbedingt schöner fühlte, so doch zumindest etwas weniger wie Jabba aus *Star Wars*. Ich spähte aus dem Bad ins Schlafzimmer; Marlboro Man und die Kleine schliefen noch tief und fest. Also machte ich weiter, legte Puder und ein bisschen Rouge auf, einen grauen Lidschatten und zwei gute Lagen Wimperntusche. Mit jedem

Strich des Bürstchens, mit jedem Schwingen des Zauberstabs, fühlte ich mich wieder mehr wie ich selbst. Ein kleiner Tupfer violetter Lipgloss bildete den Abschluss.

Ich war in Fahrt. Auf Zehenspitzen schlich ich ins Schlafzimmer und holte meine weichen schwarzen Leggings aus dem Schrank, die ich vor vierzehn Tagen gegen einen hässlichen karierten Schlafanzug eingetauscht hatte. Ich fuhr mit der Hand über die Oberteile an der Stange und hielt instinktiv bei einem luftigen hellblauen Top inne, das ich in den frühen Monaten der Schwangerschaft getragen hatte. Es war leicht, hübsch und weiblich – ein krasser Gegensatz zu dem dunkelgrünen Nickimantel, in den ich meinen Körper in letzter Zeit gehüllt hatte. Ich schlüpfte wieder ins Bad und zog meine neue Uniform an. Zur Krönung wählte ich zwei baumelnde Perlmuttohrringe, die ich in einer Boutique in Sydney gekauft hatte, wahrscheinlich noch vor der Empfängnis. Da ich den lauten Föhn nicht anmachen wollte, kämmte ich das Haar kurz durch und betrachtete mich im Spiegel.

Ich erkannte wieder die alte Ree. Der blasse, leblose Geist war von einer leicht übermüdeten, etwas aufgedunseneren Version meiner selbst verdrängt worden. Ich war keine Schönheitskönigin, alles andere als das, aber ich war wieder ich selbst. Die Dusche war vielleicht kein Exorzismus, aber doch eine Taufe gewesen. Ich war neugeboren. Ich schauderte, als ich mir vor Augen führte, was Marlboro Man wohl gedacht haben mochte, wenn er mich in meinen schäbigen weißen Nickischlappen herumschlurfen sah, das Haar mit einem neongrünen Band oben auf dem Kopf zusammengebunden. Ich putzte mir die Zähne, schüttelte mein Haar und verließ das Badezimmer. Da wachte Marlboro Man auf.

»Wow«, sagte er und hielt mitten im Strecken inne. »Du siehst gut aus, Mama.«

Ich lächelte.

Am Abend kam Tim vorbei. Betsy machte Chicken Wings und Brownies, und wir fünf – Marlboro Man, Tim, Betsy, das Baby und ich – saßen zusammen, unterhielten uns, lachten und schauten einen alten Western mit John Wayne.

Ich war erschöpft und ausgebrannt. Und doch war es einer der besten Abende meines Lebens.

Um neun Uhr am nächsten Morgen wachte ich auf, verquollen, jedoch lebendig. Meine Kleine – schrumpelig, hilflos, mager – hatte friedlich fast die ganze Nacht durchgeschlafen, so als hätte sie eine Art Aktennotiz bezüglich des neuen Optimismus im Haus bekommen. Sie war nur zweimal zum Trinken aufgewacht und ansonsten ruhig gewesen. Ich strich mit dem Finger über ihren kleinen Arm, der immer noch von einem weichen, durchsichtigen Flaum bedeckt war. Die Liebe zu ihr schlug über mir zusammen wie eine heftige Woge. Seit meiner Rückkehr aus dem Krankenhaus hatte die Verzweiflung regiert und es mir unmöglich gemacht, auch nur einen einzigen Augenblick mit der Kleinen zu genießen. Bis heute. Ich betrachtete ihre Öhrchen, atmete ihren unbeschreiblichen Duft ein und legte die Hand auf ihren perfekten Kopf. Dann schloss ich die Augen und dankte Gott für dieses unverdiente Geschenk. Sie war einmalig.

Als wir schließlich aus dem Schlafzimmer kamen, rührte Betsy in einem Topf auf dem Herd. Marlboro Man war fort, er war mit Tim unterwegs, um nach den Weizenfeldern im südlichen Teil des Staates zu schauen. Es war Betsys letzter Tag bei uns; in der nächsten Woche begann ihr Sommerferienkurs, dann musste sie zurück in die wirkliche Welt. Es wurde auch Zeit. Sie hatte ihre Arbeit getan.

»Was ist das?«, fragte ich mit Blick auf den Ofen.

»Zimtschnecken«, sagte sie und holte eine Packung Hefe aus der Vorratskammer.

Mir lief das Wasser im Mund zusammen. Die Zimtschnecken meiner Mutter. Sie waren unbeschreiblich lecker, was nicht nur unsere Familie bestätigen konnte, sondern auch die Nachbarn, Gemeindemitglieder und Bekannten, die sie in meiner Kindheit Jahr um Jahr als Weihnachtsgeschenk erhalten hatten. Es war ein jährliches Adventsritual, das fast volle vierundzwanzig Stunden in Anspruch nahm. Meine Mutter stand dazu immer früh auf, erhitzte Milch, Zucker und Öl in drei großen Töpfen und bereitete aus dieser Mischung den Teig. Zu dritt rollten wir ihn zu langen Rechtecken aus, gaben geschmolzene Butter, Zimt und Zucker in perversen Mengen darauf und drehten ihn zu langen Rollen auf, von denen wir Scheiben abschnitten. Nach dem Backen sprenkelten wir einen Guss aus Kaffee und Ahornsirup darüber. Meine Mutter verteilte sie an unsere Freunde, wenn sie noch warm waren.

Es waren die besten Zimtschnecken der Welt. Warum hatte ich sie noch nicht gemacht?

Als der Teig später fertig war und Betsy und ich ihn ausrollten, schlummerte der Säugling selig im Babyhopser auf dem Boden. Ich dachte an meine Mutter und wie oft wir zusammen Zimtschnecken gebacken hatten. Wie viele wunderschöne Erinnerungen sich in meinem Gedächtnis festgesetzt hatten, in denen dieses leckere, klebrige Gebäck eine herausragende Rolle spielte. Und als ich meine Gabel in eine fertige Schnecke spießte und sie probierte, hätte ich schwören können, dass ich die tröstliche Stimme meiner Mutter hörte, die meiner Kindheit mehr Liebe, Zuneigung und Freude geschenkt hatte, als je ein Kind bekommen hatte.

Ich sah ihr Lächeln vor mir … und lächelte ebenfalls.

35. Heiß weht der Wind

Marlboro Man und Tim hatten sich hineingekniet und es geschafft, die finanzielle Bedrohung des vergangenen Herbstes abzuwenden. Die Märkte hatten sich erholt, und endlich war ein Licht am Ende des Tunnels zu sehen. Trotz allem blieb es mühselig. Die Schulden auf der Ranch erinnerten uns stetig daran, dass wir uns niemals würden zurücklehnen und das Leben einfach genießen können. Marlboro Man hatte kein Jurastudium in der Tasche oder einen anderen Beruf, mit dem er den Betrieb auf der Ranch bezuschussen konnte; er musste es auf die altmodische Weise tun: mit Blut, Schweiß und Tränen. Und Gebeten.

Wir hatten langfristig das große Indianerhaus neben unserem weißen Häuschen verrammelt. Ich konnte mir nicht vorstellen, wie wir in naher Zukunft die finanziellen Mittel aufbringen sollten, um es zu renovieren und neu einzurichten. Wir mussten es ordentlich versiegeln, damit sich dort keine Tiere einnisteten. Auf gewisse Weise war es eine schöne tägliche Erinnerung daran, was wir eines Tages haben würden, ohne dass es ganz so wichtig war. Die Entwürfe lagen zusammengerollt und sauber verpackt in einem Schrank – direkt neben meinem Hochzeitsschleier, den Brautschuhen und den Anne-Klein-Jeans, die ich vor der Schwangerschaft getragen hatte, aber die jetzt nicht mehr zu meinem Leben gehörten.

An einem warmen Septemberabend, als der Himmel einen bedrohlich rosagrünen Farbton annahm, war unser Kind zwei Monate alt. Diese Farbe kannte ich gut. Sie verkündete, dass dem Himmel von einer fernen, unheimlichen Macht jeglicher Sauerstoff entzogen wurde. Ich wusste, dass ein Gewitter aufzog, man konnte es riechen. Marlboro Man war auf einem abgelegenen Teil der Ranch und half Tim dabei, Stiere abzufertigen. Da die Kleine jetzt die Nacht durchschlief, war ich deutlich ausgeruhter und hatte den ganzen Tag lang Wäsche und Hausarbeit erledigt. Als am späten Nachmittag langsam die dunklen Wolken aufzogen, hatte ich einen Schmorbraten im Ofen.

»In einer Stunde bin ich zu Hause«, sagte Marlboro Man, der mich von seinem Handy anrief.

»Regnet es bei dir?«, fragte ich. »Hier im Haus ist es irgendwie gruselig.«

»Hier draußen blitzt es schon«, sagte er. »Ist richtig aufregend.« Ich musste lachen. Marlboro Man liebte Gewitter.

Ich beendete das Gespräch und legte weiter Wäsche zusammen, dann merkte ich, dass sich der Wind draußen, der im Laufe des Nachmittags immer mehr aufgefrischt hatte, jetzt völlig gelegt hatte. Kein Blatt regte sich. Der Himmel war angsteinflößend. Ich schauderte, obwohl es kein bisschen kalt war.

Ich stellte den Fernseher an und sah eine Wetterkarte mit einem adrett gekleideten Meteorologen davor. Aus dem Umriss unseres Countys und meinem vagen Wissen, wo wir uns befanden, folgerte ich, dass unsere Umgebung diejenige war, auf die am meisten gezeigt und über die am meisten gesprochen wurde – eine dunkelrote Wolke in Form eines Wirbels, der sich um unser County wand. *Uh*, sagte ich zu mir selbst, *das sieht aber nicht gut aus.*

Tief in ihrer Schaukel schlafend, bekam meine Tochter nichts mit, als das Telefon zum zweiten Mal klingelte. Es war erneut Marlboro Man.

»Du musst die Kleine nehmen und in den Keller des großen Hauses gehen«, sagte er mit einer gewissen Dringlichkeit in der Stimme.

»Was?!«, rief ich, und das Herz klopfte mir bis zum Halse. »Was soll das heißen?«

»In der Nähe von Fairfax hat sich ein Tornado gebildet, der bewegt sich nach Ostsüdost«, erklärte er schnell. »Du musst da rüber, nur für den Fall.«

»Nur für den Fall?« Ich stolperte durchs Zimmer, suchte meine Schuhe. »Warte mal – wo kommst du denn bitte ins Spiel?«

»Hör zu, geh jetzt einfach rüber, das ist kein Spaß!«, sagte er. »Ich bin in zwanzig Minuten da.« Es war kein Spaß. Marlboro Man liebte Gewitter. Es war bitterer Ernst. Ich zog ein Paar von seinen Gummistiefeln an. Etwas Besseres konnte ich gerade nicht finden.

Ich legte auf und nahm einen großen Überwurf von der Couch. Keine Ahnung, warum ich das tat; ich wusste einfach, dass ich ihn gebrauchen konnte. Dann suchte ich ein Kissen, drei Flaschen Wasser, eine Taschenlampe, mehrere Müsliriegel und mein Kind zusammen, öffnete die Tür und lief nach draußen in die seltsame rosafarbene Welt, überquerte den Hof vor unserem Haus und stieg die Treppe zum gelben Backsteinhaus hinauf, das irgendwann einmal unser Heim werden sollte. Mit den Wasserflaschen und der Decke unter einem Arm warf ich die Seitentür auf – der einzige Zugang zum holzverschalten Gebäude –, ging hinein und schlug die Tür wieder hinter mir zu. Es war dunkel, hier gab es keinen Strom. Mit Hilfe der Taschenlampe fand ich den Weg zu der Tür, die zur Kellertreppe führte, und ohne nachzudenken, stieg ich nach unten ins Verlies. Nicht weil ich so große Angst vor dem Tornado hatte oder weil Marlboro Man es mir gesagt hatte, sondern weil ich jetzt eine Mutter war. Es war das erste Mal, dass ich den Schutzinstinkt in dieser Intensität empfand – ich hatte keine Wahl. Nur deshalb konnte ich vergessen, dass in dem tiefen dunklen Loch dort unten mal Klapperschlangen ihr Nest gebaut hatten.

Ich setzte mich auf eine Bank an die Kellerwand und hatte nicht die geringste Ahnung, was passieren würde. Die Kleine war jetzt auch wach, daher stillte ich sie dort in dem dunklen Keller und lauschte dabei auf Geräusche der Zerstörung von oben. Ich dachte an meinen Mann. An die Cowboys. Und die Nachbarn. An unsere Pferde und Rinder. An meine Schwiegereltern. *Wo sind sie alle, sind sie in Sicherheit? Wird das Gewitter erst sie holen und anschließend mich? Werden Häuser und Scheunen gerade dem Erdboden gleichgemacht, während ich hier sicher in diesem gruseligen Keller hocke? Was ist, wenn dieses Haus von seinen Grundmauern gerissen und in die Luft gehoben wird?* Ich wickelte meine Tochter fest in die weiche Decke ein, die ich mitgenommen hatte … drückte mein Gesicht auf ihren kahlen Kopf und atmete ihren herrlichen Geruch ein. Draußen heulte der Wind. Ich konnte ihn hören.

Ich saß dort im Dunkeln – nur ein Schimmer des frühen Abendhimmels war durch ein rechteckiges Kellerfenster zu sehen. Mein Kind langsam wiegend, begann ich über die Monate nachzudenken, die mich hierhergeführt hatten, über die unglaublichen Erfahrungen, die ich gemacht hatte. Meinen Umzug von Los Angeles zurück in die Mitte des Landes. Meine Veränderung von einem unabhängigen Menschen, der aus einer Beziehung floh, zu einer Frau, die verrückt vor Liebe zu einem Cowboy war. Von einer selbstbestimmten Person zur Ehefrau, von der Ehefrau zur Mutter. Von einem lebhaften, sexuell aktiven Wesen zu einer Stillmaschine. Von einer depressiven, verzweifelten jungen Mutter zu einer nur leicht lebendigeren Version meiner selbst. Von einer bangen, besorgten Tochter inzwischen geschiedener Eltern zu einer Erwachsenen mit eigener Familie.

Es ging nicht mehr nur noch um mich. Ich hatte ein Kind. Einen Mann, für den ich in einer Phase da sein musste, in der es sich als schwierig erwies, von der Landwirtschaft zu leben. Ich hatte keine Zeit mehr, mich in Sorgen um mich selbst zu verlieren. Ich hatte keine Zeit mehr für die Vergangenheit. Meine Familie – meine noch so junge Familie – war alles, was mir wichtig war. Mein Kind. Und immer und für alle Zeiten mein Mann.

Und dann tauchte er auf – kam in seiner Wrangler und regengetränkten Stiefeln die Kellertreppe herunter. Er betrat den Raum mit einem warmen, lieben Lächeln im Gesicht. Es war Marlboro Man. Er war da.

»He, Mama«, rief er. »Alles klar da oben.«

Der Sturm war vorbeigezogen, der Tornado hatte sich aufgelöst, bevor er Schaden anrichten konnte.

»Hey, Papa«, erwiderte ich. Es war das erste Mal, dass ich ihn so nannte.

Er sah sich um, erblickte die Wasserflaschen und Müsliriegel auf dem Boden und fragte: »Wofür ist das denn alles?«

Ich zuckte mit den Schultern. »Ich wusste doch nicht, wie lange ich hier unten sein würde.«

Er lachte. »Du bist witzig«, sagte er, hob das schlafende Baby aus meinem Arm und warf sich die Decke über die Schulter. »Komm, lass uns essen. Ich hab Hunger.« Wir gingen über den Hof zu unserem gemütlichen weißen Häuschen, wo wir Schmorbraten mit Kartoffelpüree aßen und uns *Weites*

Land mit Gregory Peck ansahen. In der Nacht lauschten wir einem gesegneten Septembergewitter, das Regen vom Himmel schickte.

Als das Unwetter am nächsten Morgen vorüber und Marlboro Man auf dem Pferd zur Arbeit aufgebrochen war, setzte ich mich im Schaukelstuhl nach draußen vor die Tür und stillte unser Kind. Ich sah zu, wie der prächtige Himmel im Osten von Schwarz über Dunkelblau und Violett zu einem unglaublichen orangeroten Farbton wechselte, atmete die Landluft tief ein und genoss die neue Kraft, die ich in mir wachsen spürte. Ich wusste, dass unsere Probleme nicht vorbei waren. Nach nur einem Ehejahr hatten wir so viel durchgemacht, dass ich ahnte, der Sturm des Vorabends war nur einer von vielen gewesen, die wir in den kommenden Jahren gemeinsam würden bestehen müssen. Ich wusste, dass noch weitere Kämpfe vor uns lagen.

Dennoch konnte ich dieses Gefühl nicht abschütteln.

Ich konnte es sehen. Ich wusste es.

Die Sonne würde jeden Moment aufgehen.

Rezepte

Hier sind einige meiner Lieblingsrezepte abgedruckt:
aus meiner Vergangenheit, meiner Gegenwart …
und aus ganzem Herzen.

Pasta Primavera
für 8 Personen

Mit herzlichen Grüßen aus meiner
vegetarischen Vergangenheit!

500 g Penne

4 EL Butter

2 EL Olivenöl

½ Zwiebel, kleingeschnitten

4 Knoblauchzehen, gehackt

I kleiner Broccoli, in mundgerechte Stückchen geschnitten

2 Möhren, in dünne Scheiben geschnitten

I rote Paprika, in Streifen geschnitten

I gelber Kürbis, dünn geschnitten

2 Zucchini, dünn geschnitten

225 g braune oder weiße Champignons, dünn geschnitten

Salz

60–125 ml trockener Weißwein

125 ml Gemüse- oder Hühnerbrühe (mehr, falls nötig)

250 ml Sahne

250 ml Half and Half* (mehr, falls nötig)

50 g frisch geriebener Parmesan (mehr zum Garnieren)

frisch gemahlener Pfeffer

100 g TK-Erbsen

8 Blatt Basilikum, in feine Streifen geschnitten (mehr zum Garnieren)

* Es handelt sich um eine in Amerika handelsübliche industrielle Mischung aus Milch und Sahne mit rund 18 Prozent Fett. Da man sie bei uns nicht kaufen kann, empfiehlt es sich, selbst eine Mischung aus halb Sahne und halb Milch herzustellen.

Die Nudeln nach Packungsanleitung kochen.

2 EL Butter und das Olivenöl in einer großen Pfanne auf mittlerer Flamme erhitzen. Die Zwiebeln und den Knoblauch darin ein bis zwei Minuten glasig dünsten. Den Broccoli hinzufügen, umrühren. Die Möhren hinzugeben. Eine Minute garen lassen, dann alles auf einen großen Teller geben.

Die rote Paprika in der Pfanne ungefähr eine Minute unter Rühren anbraten und ebenfalls auf den Teller geben.

1 EL Butter in der Pfanne zerlassen. Kürbis und Zucchini hineingeben, weniger als eine Minute garen, auf den Teller legen. Die Pilze ein bis zwei Minuten anbraten, salzen und auf den Teller geben.

Für die Soße 60–125 ml Wein in die Pfanne gießen. Die Brühe und den letzten EL Butter hinzufügen und den Bratensatz unter Rühren lösen. Zwei bis drei Minuten kochen, bis die Flüssigkeit dicker wird.

Sahne unterrühren. Den Parmesan zugeben und mit Salz und Pfeffer abschmecken.

Das gesamte Gemüse mit den Erbsen und den Basilikumblättern in die Sauce geben. Die Nudeln hinzufügen und umrühren. Wenn die Soße ein wenig zu dick sein sollte oder zu wenig Soße vorhanden ist, noch einen Schuss Brühe und Half and Half zugeben.

Abermals abschmecken und nach Belieben mit zusätzlichem Parmesan und Basilikum anrichten.

Tiramisu

für 12 Personen

Meine große Liebe … bis ich Marlboro Man kennenlernte.

5 Eigelb

50 g + 4 EL Zucker, getrennt abgewogen

200 ml Marsalawein

450 g Mascarpone (Zimmertemperatur)

240 ml Sahne

375 ml Espresso oder starker Kaffee

1 EL Vanillemark

200 g Löffelbiskuit

Kakaopulver zum Bestäuben

Wasser in einem mittelgroßen Topf zum Kochen bringen. Eigelb in eine mittelgroße Glasschüssel geben. 50 g Zucker hinzufügen und schaumig schlagen, bis die Masse hellgelb ist. Die Schüssel in das kochende Wasser stellen. Nach und nach unter Rühren 120 ml Marsala hinzugeben und kräftig weiterschlagen.

Die Masse fünf Minuten kochen, dabei regelmäßig den Teig von den Seiten und vom Boden lösen. Herausnehmen, mit Plastikfolie abdecken und mindestens 45 Minuten kühlen. Die Masse muss kalt sein (sie nennt sich Zabaglione).

Mascarpone in eine kleine Schüssel geben und glattrühren. In einer große Schüssel Sahne und die übrigen 4 EL Zucker vermischen und steifschlagen. Den Mascarpone und die Zabaglione vorsichtig unterheben. Mit Plastikfolie abdecken und ein bis zwei Stunden kühl stellen.

In einer kleinen Schale den Espresso oder Kaffee, den übrigen Marsalawein und das Vanillemark mischen.

Eine ca. 20 x 30 cm große flache Schale mit Löffelbiskuit auslegen. Auf jeden Biskuit einen halben bis einen Esslöffel der Kaffeemischung träufeln. Ein Drittel der Zabaglionecreme auf die getränkten Biskuits geben und vorsichtig glattstreichen. Mit einer dünnen Schicht Kakaopulver bestäuben. Den Vorgang noch zweimal wiederholen.

Das Tiramisu abdecken und einige Stunden kühl stellen. Zum Servieren mit einem Löffel Portionen auf Teller geben.

Achtung: Tiramisu hält sich nicht länger als 24 bis 36 Stunden, dann fällt es in sich zusammen und wird matschig.

Linguine mit Muscheln
für 6 Personen

Cowboys nur unter Vorsicht zu servieren …

500 g Linguine

1 EL Olivenöl

2 EL Butter

3 Knoblauchzehen, gehackt

500 g kleingeschnittene Venusmuscheln aus der Dose,

abgegossen, Saft auffangen

200 ml Weißwein

Saft von einer halben Zitrone, 6 Zitronenscheiben

zum Garnieren

2 EL glatte Petersilie

200 ml Sahne

Salz und frisch gemahlener schwarzer Pfeffer

frisch geriebener Parmesan zum Garnieren

Die Linguine nach Packungsanweisung al dente kochen.

Das Olivenöl und 1 EL Butter in einem großen Topf bei mittlerer Flamme erhitzen.

Knoblauch und Muscheln hinzugeben und drei Minuten unter Rühren anbraten.

Mit Weißwein ablöschen, den Bratensatz vom Boden lösen. Drei bis vier Minuten kochen, bis sich die Soße reduziert. Den zweiten Esslöffel Butter einrühren.

Hitze verringern und den Zitronensaft hinzugeben.

Petersilie darüberstreuen und die Sahne einrühren. Mit Salz, Pfeffer und, wenn nötig, Muschelsaft abschmecken. Bei schwacher Hitze drei Minuten kochen.

Die Nudeln in eine vorgewärmte Servierschüssel geben. Die Sauce darauf verteilen. Unterheben und mit Parmesan garnieren. Jeden Teller mit einer Zitronenscheibe verzieren.

Mariniertes Flank Steak
für 4 Personen

Das fertige Produkt sollte keine Ähnlichkeit
mit Leder aufweisen.

125 ml Sojasauce

125 ml Sherry

3 EL Honig

2 EL Sesamöl

2 gehäufte EL kleingehackter Ingwer

5 Knoblauchzehen, kleingeschnitten

½ TL zerstoßene Chiliflocken

1 Flank Steak (Rinderlappen)

Alle Zutaten außer dem Fleisch in einer Glas- oder Keramikschüssel
verrühren. Das Steak hineinlegen und wenden, um es von beiden Seiten zu marinieren. Mit Plastikfolie abdecken und mindestens drei bis
sechs Stunden kalt stellen.

Einen Grill anheizen oder eine Grillpfanne auf höchste Stufe stellen.
Das Steak zwei Minuten von jeder Seite grillen, dabei jeweils einmal
um 90 Grad drehen, um das typische Gittermuster zu erhalten.

Das Fleisch auf ein Schneidbrett legen und einige Minuten ruhen
lassen.

Das Steak gegen die Maserung in Streifen schneiden und mit Kartoffeln oder Nudeln servieren.

Tagliarini Quattro Formaggi
für 6 Personen

Die Pasta etwas kürzer kochen, damit das Gericht
anschließend nicht wie Grütze aussieht.

250 ml Sahne

500 g Tagliarini oder Capellini

2 EL Butter

50 g geriebener Fontina

50 g geriebener Parmesan

50 g geriebener Pecorino

100 g Ziegenkäse

Salz und frisch gemahlener Pfeffer

¼ TL Muskatnuss

1 halbierte Knoblauchzehe (zum Einreiben der Teller)

Die Sahne in einem kleinen Topf bei niedriger Hitze erwärmen.
Die Nudeln nach Packungsanweisung kochen, aber höchstens al dente.
Sie dürfen nicht zu weich sein!
Pasta abgießen und zurück in den Topf geben. Butter, erhitzte Sahne
und die vier Käsesorten hinzugeben. Vorsichtig umrühren, damit der
Käse schmilzt und die Pasta überzieht. Mit Salz, Pfeffer und Muskat-
nuss abschmecken. Vorsichtig umrühren.
Teller mit Knoblauch einreiben. Die Nudeln darin servieren.

Lendenbraten

für 8 Personen

Vegetariern vorsetzen, die vielleicht konvertiert
werden möchten.

Ein 2,5–3 kg schweres Lendenstück (oder 2 Stücke von 1,5 kg)

2 EL koscheres Salz

3 TL schwarzer Pfeffer

1 EL Zucker

80 ml + 1 EL Olivenöl

2 EL Speckfett

1 EL Butter

Den Ofen auf 220 Grad vorheizen.

Das Fleisch von Fett und Sehnen befreien (oder das vom Metzger erledigen lassen!).

Salz, Pfeffer, Zucker, 80 ml Olivenöl und das Speckfett in einer kleinen Schüssel verrühren. Beiseitestellen.

Eine schwere Pfanne sehr stark erhitzen. Die Butter mit dem restlichen EL Olivenöl hineingeben. Wenn die Pfanne sehr heiß ist, den Lendenbraten hineinlegen. Von allen Seiten ein bis anderthalb Minuten anbraten, bis das Fleisch eine braune Farbe annimmt.

Den Braten in einer Backform auf einen Bratenrost legen. Die Mischung aus Gewürzen und Fett daraufgeben, mit den Fingern ins Fleisch einmassieren und gleichmäßig auf der Oberfläche verteilen. An der dicksten Stelle ein Thermometer ins Fleisch schieben und 15 bis 20 Minuten garen lassen (das Thermometer muss 50 Grad anzeigen).

Das Fleisch aus dem Ofen nehmen und zehn Minuten auf einem Schneidbrett ruhen lassen.

Aufschneiden und servieren.

Tomaten-Basilikum-Pizza
für 8 Personen

Wo ist das Fleisch?

Für den Teig

I TL oder eine ½ Packung Trockenhefe

500 g Mehl

I TL koscheres Salz

125 ml natives Olivenöl, noch etwas mehr zum Beträufeln

Für den Belag

5 EL Pesto

koscheres Salz

450 g Mozzarella, in dünne Scheiben geschnitten

5 Romatomaten, in Scheiben geschnitten

50 g geriebener Parmesan

Für den Teig 360 ml warmes Wasser in eine Schüssel gießen. Die Hefe
hineinkrümeln und beiseitestellen.

Mehl und Salz in einer Schüssel mischen.

Das Olivenöl auf die Mehl-Salz-Mischung träufeln und vermengen, bis
es aufgenommen ist.

Die Hefemischung vorsichtig verrühren. Nach und nach zu der Mehl-
Öl-Mischung geben und kneten, bis der Teig zur Kugel geformt werden kann.

Ein wenig Olivenöl in eine große saubere Schüssel geben. Die Teig-
kugel hineinlegen und wälzen, bis sie mit Öl bedeckt ist. Die Schüssel
mit einem feuchten Küchentuch abdecken und an einen warmen Ort

stellen, wo der Teig ein bis zwei Stunden gehen kann. Man kann die Schüssel auch mit Plastikfolie abdecken und bis zu zwei Tage im Kühlschrank aufbewahren.

Wenn die Pizza gebacken werden soll, wird der Ofen auf 250 Grad vorgeheizt.

Den Teig in zwei Hälften teilen. Eine Hälfte für die nächste Pizza beiseitelegen (man kann den Teig einfrieren). Ein wenig Olivenöl in eine Pizzapfanne oder auf ein Backblech geben.

Den Teig mit den Händen auf die gewünschte Größe bringen und ihn in die Pfanne oder aufs Blech legen. Je dünner, desto besser!

Das Pesto auf dem Teig verteilen und mit ein wenig Salz bestreuen.

Die Hälfte der Mozzarellascheiben auf dem Pesto verteilen.

Die Tomatenscheiben auf den Mozzarella legen.

Den restlichen Käse obenauf legen, dann alles großzügig mit Parmesan bestreuen.

Acht bis elf Minuten backen, bis der Käse geschmolzen und der Teig goldbraun ist.

Lasagne
für 8 Personen

Fleischiger und leckerer geht's nicht.

I EL Olivenöl

Salz

500 g Lasagneblätter

700–750 g Hackfleisch

450 g scharfes Wurstbrät

4 Knoblauchzehen, fein gehackt

2 Dosen mit ganzen Tomaten à 400 g

2 Dosen Tomatenmark à 160 g

frisch gemahlener schwarzer Pfeffer

10–12 Blätter Basilikum, kleingeschnitten

2 EL glatte Petersilie, gehackt

300 g fettarmer Hüttenkäse

2 aufgeschlagene Eier

100 g Parmesan, gerieben

450 g Mozzarella, in dünne Scheiben geschnitten

Einen großen Topf Wasser zum Kochen bringen. Olivenöl und eine Prise Salz hineingeben. Die Lasagneblätter nach Packungsanweisung al dente kochen. Die Nudeln abgießen und flach auf einem Stück Alufolie auslegen.

Hackfleisch, Wurstbrät und Knoblauch in einem großen Topf bei mittlerer Hitze anbraten. Überschüssiges Fett abgießen.

Die Tomaten im Saft und das Tomatenmark dazugeben und mit ½ TL Salz und frisch gemahlenem schwarzen Pfeffer abschmecken. Gut umrühren. Bei niedriger Hitze ohne Deckel ungefähr 45 Minuten leicht kochen lassen, gelegentlich umrühren.

Die Hälfte des Basilikums und der Petersilie unter die Fleischmischung rühren.

In einer mittelgroßen Schüssel den Hüttenkäse, die Eier, die Hälfte des Parmesans und die übrigen Kräuter gut vermengen.

Den Ofen auf 175 Grad vorheizen.

Den Boden einer hohen rechteckigen Auflaufform mit vier Lasagne-blättern auslegen. Die Nudeln sollten leicht überlappen.

Die Hälfte der Käsemischung gleichmäßig auf den Nudeln verteilen.

Die Hälfte des Mozzarellas auf die Käsecreme legen.

Etwas weniger als die Hälfte des Fleischs auf den Käse geben. Vorsichtig verstreichen, damit die unteren Schichten intakt bleiben.

In derselben Reihenfolge weitermachen und mit einer dicken Fleisch-schicht abschließen. Mit dem restlichen Parmesan bestreuen und 35 bis 45 Minuten im Ofen backen.

Zehn Minuten abkühlen lassen, dann in Vierecke schneiden und ser-vieren.

Spaghetti mit Hühnchen
für 8 Personen

Besänftigt die Seele ... und wärmt den Cowboy.

1 zerlegtes Brathühnchen

500 g Spaghetti, in 5 cm lange Stücke gebrochen

2 Dosen Champignoncremesuppe

250 g Cheddar, gerieben

1 kleine Zwiebel, gewürfelt

50 g kleingehackte grüne Paprika

1 Glas (110 g) gewürfelte Pimientos, abgegossen

1 TL Kräutersalz

frisch gemahlener schwarzer Pfeffer

bis ¼ TL Cayennepfeffer

Das zerlegte Brathühnchen in einen Suppentopf legen. Mit Wasser bedecken und zum Kochen bringen. Auf mittlere Hitze stellen und ungefähr 25 Minuten leicht kochen lassen, bis das Hühnchen gar ist.
Die Hühnchenteile mit einer Zange oder einem Schaumlöffel aus dem Wasser nehmen und zum Auskühlen auf einen Teller legen.
250 ml Brühe abmessen und beiseitestellen.
Die übrige Brühe wieder zum Kochen bringen und die Spaghetti hineingeben. Al dente kochen und abgießen. Die Nudeln in eine größere Schüssel geben.
Mit zwei Gabeln (oder den Fingern) die Knochen aus den Hühnchenteilen entfernen. Das Fleisch in mundgerechte Stückchen schneiden und in die Schüssel geben.
Den Ofen auf 175 Grad vorheizen.

Die Pilzcremesuppe, 200 g des Cheddars, die Zwiebel, grüne Paprika, Pimientos, Kräutersalz, schwarzen Pfeffer, Cayennepfeffer, Hühnchenfleisch und beiseitegestellte Brühe in die Schüssel geben. Alles gut umrühren und abschmecken.

Die Mischung in eine große Auflaufform geben und mit den restlichen 50 g Cheddar bestreuen. 35 bis 45 Minuten garen (oder bis die Masse brodelt).

Chili con carne
für 8 Personen

Füllt den Magen. Hervorragend einzufrieren.

1 kg Hackfleisch

2 Knoblauchzehen, gehackt

1 Dose (220 g) Tomatensoße

1 TL gemahlener Oregano

1 EL gemahlener Kreuzkümmel

¼ TL Cayennepfeffer (nach Bedarf)

2 EL Chilipulver

1 TL Salz

30 g Maismehl oder Maisgrieß

Nach Belieben:

1 Dose Feldbohnen, abgegossen

1 Dose Kidneybohnen, abgegossen

1 Jalapeño-Chili, fein gewürfelt

1 Dose gewürfelte Tomaten und Chilis

Zum Servieren:

geriebener Cheddar

Zwiebelwürfel

Tortillachips

Hackfleisch und Knoblauch in einem großen Topf oder Schmortopf bei mittlerer Hitze anbraten, dabei oft umrühren. Überschüssiges Fett abgießen.

Die Tomatensauce, Gewürze und Salz dazugeben. Umrühren, abdecken und kleinstellen. 1 Stunde köcheln lassen, gelegentlich umrühren. (Wenn das Chili zu trocken wird, nach Bedarf Wasser zufügen.)

Nach einer Stunde das Maismehl in einer kleinen Schüssel mit 120 ml Wasser anrühren. Die Mischung in das Chili geben. Gut umrühren, mit Kräutern abschmecken und noch einmal zehn Minuten kochen.

Die restlichen Zutaten nach Belieben zugeben und weitere zehn Minuten garen.

Nach Belieben mit geriebenem Cheddar, gehackten Zwiebeln und Tortillachips servieren.

—

Schmorbraten
für 6 Personen

Genau das Richtige.

Salz und schwarzer Pfeffer

1,5–2 kg Rinderkamm

2–3 EL Olivenöl

2 Zwiebeln, geschält und halbiert

6 Möhren, in 5 cm große Stücke geschnitten

250 ml Rotwein (nach Belieben)

750 ml bis 1 l Rinderfond

3 Zweige frischer Thymian

3 Zweige frischer Rosmarin

Den Ofen auf 135 Grad vorheizen.

Den Rinderkamm von beiden Seiten großzügig salzen und pfeffern.

Einen großen Topf oder Schmortopf auf mittlere Flamme stellen. 2 EL des Olivenöls hineingeben und erhitzen. Wenn es sehr heiß ist, die Zwiebeln dazugeben und ca. eine Minute lang bräunen. Auf einen Teller geben.

Die Möhrenstückchen in den heißen Topf geben und eine Minute umrühren, bis sie leicht gebräunt sind. Auf den Teller geben.

Falls notwendig, noch etwas Olivenöl in den sehr heißen Topf geben. Den Braten hineinlegen und gut zwei Minuten von allen Seiten anbraten und bräunen. Herausnehmen.

Rotwein oder eine Tasse Fond in den heißen Topf gießen und mit einem Schneebesen über den Boden fahren, um den leckeren Bratensatz zu lösen.

Den Braten wieder in den Topf legen und so viel Fond zugießen, dass das Fleisch bis zur Hälfte bedeckt ist (240–360 ml). Zwiebeln, Möhren, Thymian und Rosmarin hinzugeben.

Den Topf abdecken und das Fleisch rund drei Stunden (bei einem 1,3 kg schweren Braten) oder vier Stunden (wenn schwerer) garen lassen. Der Braten ist fertig, wenn das Fleisch zart ist und sich leicht mit zwei Gabeln zerteilen lässt.

Aufschneiden und mit dem cremigen Kartoffelpüree servieren.

Cremiges Kartoffelpüree
für 12 Personen

Eine Sünde. Aber verzeihlich.

2,2 kg festkochende Kartoffeln

180 g weiche Butter, zusätzlich 60 g zum Überbacken

220 g Frischkäse

125 ml Half and Half*

½ TL Kräutersalz

Salz und schwarzer Pfeffer

Milch nach Bedarf

gehackter Schnittlauch zum Garnieren

Kartoffeln schälen und in kaltem Wasser waschen. In Viertel schneiden, in einen großen Topf geben und mit Wasser bedecken. Bei mittlerer Hitze 20 bis 25 Minuten kochen (oder bis sie gar sind).
Den Ofen auf 175 Grad vorheizen.
Die Kartoffeln abgießen und in den Topf zurückgeben. Auf niedriger Flamme ungefähr zwei Minuten mit einem Stampfer zerkleinern, bis sie nicht mehr dampfen. Von der Kochstelle nehmen.
Butter, Frischkäse, Sahne, Kräutersalz, Salz und Pfeffer hineingeben. Alles verrühren. Ist die Mischung zu schwer, etwas Milch zufügen. Abschmecken.
Das Kartoffelpüree in einer großen Auflaufform verteilen und die

* Es handelt sich um eine in Amerika handelsübliche industrielle Mischung aus Milch und Sahne mit rund 18 Prozent Fett. Da man sie bei uns nicht kaufen kann, empfiehlt es sich, selbst eine Mischung aus halb Sahne und halb Milch herzustellen.

übrige Butter in Flocken auf die Oberfläche geben. Mit Alufolie abdecken (jetzt kann man es auch bis zu zwei Tage im Kühlschrank aufbewahren) und 15 Minuten backen. Die Folie entfernen und zehn Minuten weiterbacken.

Mit gehacktem Schnittlauch garnieren und sofort servieren.

Rindereintopf mit Pilzen
für 6 Personen

Für lange, kalte Winter auf der Ranch.
Mehr Wein ist ebenfalls hilfreich.

4 EL Mehl

1 kg Rinderschmorfleisch, in Würfel geschnitten

4 EL Butter

2 EL Olivenöl

2 Schalotten, kleingehackt

3 Knoblauchzehen, kleingehackt

220 g Champignons

125 ml Rotwein

150 ml Rinderconsommé

Salz und Pfeffer

2 frische Zweige Thymian

gekochte Eiernudeln als Beilage

Das Fleisch in 2 EL Mehl wälzen.

Butter und Olivenöl in einem Schmortopf auf hoher Flamme erhitzen. Die Fleischwürfel portionsweise dazugeben und von allen Seiten bräunen. Nie zu viel auf einmal nehmen. Wenn sie angebräunt sind, beiseitestellen.

Bei mittlerer Hitze Schalotten und Knoblauch in den Topf geben. Zwei Minuten andünsten. Die Pilze zugeben und zwei Minuten kochen. Mit Wein, Consommé und 120 ml Wasser ablöschen. Mit Salz und Pfeffer würzen. Zum Kochen bringen, die Fleischwürfel mit ihrem Saft zufügen. Auf niedrige Flamme stellen und den Thymian hinzugeben.

Zugedeckt 90 Minuten köcheln lassen oder bis das Fleisch sehr zart ist. In einer kleinen Schale die restlichen 2 El Mehl mit 60 ml Wasser mischen und in den Topf einrühren. Weitere zehn Minuten kochen, bis die Flüssigkeit andickt. Von der Kochstelle nehmen und 15 bis 20 Minuten ruhen lassen, dann servieren.

Dazu passen Eiernudeln.

Gebratenes Rumpsteak
für 6 Personen

Lebenselixier für hungrige Cowboys.

120 ml Rapsöl
120 g Mehl
1 TL Kräutersalz
frisch gemahlener schwarzer Pfeffer
6 Cube Steaks à 200 g (Rumpsteak, das mechanisch zart gemacht wurde)
Salz
2 EL Butter

Das Öl in einer großen Pfanne bei mittlerer Flamme erhitzen.
Auf einem Teller Mehl, Gewürzsalz und 3 TL schwarzer Pfeffer vermischen.
Beide Seiten der Cube Steaks mit Salz und Pfeffer würzen. Jedes Stück in die Mehlmischung legen und dick panieren.
Kurz vorm Braten die Butter in die Pfanne geben. Wenn sie geschmolzen ist, das Steak hineinlegen. In Etappen arbeiten, damit die Pfanne nicht zu voll ist. Wenn das Fleisch von einer Seite eine tiefgoldene Farbe angenommen hat, wenden und von der anderen Seite ungefähr eine Minute weiterbraten.
Auf einen Teller mit Küchenrolle legen. Sofort servieren.

Plätzchen mit Schokoflocken
ergibt ca. 36 Stück

Als kleine Stärkung zwischendurch … oder
für den großen Schokoladenhunger.

125 g weiche Butter

125 g Margarine

225 g brauner Zucker

110 g weißer Zucker

2 Eier

2 TL Vanilleextrakt

270 g + 2 EL Mehl

1 gehäufter TL Instantkaffee

1 TL Backnatron

1 ½ TL Salz

2 EL Leinsamen, leicht mit einem Nudelholz angedrückt
(nach Belieben)

¾ Kaffeetasse Schokoflocken Zartbitter

1 gehäufte Kaffeetasse Schokoflocken weiß

Den Ofen auf 190 Grad vorheizen.

In einer großen Schüssel Butter, Margarine, braunen Zucker und wei
ßen Zucker verrühren, bis eine einheitliche Masse entsteht. Eier und
Vanilleextrakt zugeben, glattrühren.

In einer anderen Schüssel Mehl, Instantkaffee, Backnatron und Salz
vermischen. Die Mehlmischung nach und nach vorsichtig unter die
andere Masse ziehen.

Die Schokoflocken (und nach Belieben den Leinsamen) unterrühren.

Aus dem Teig kleine Kugeln formen, auf ein mit Backpapier ausgelegtes Blech legen und elf bis dreizehn Minuten backen. Wenn sie goldbraun werden, herausnehmen, auf ein Abkühlgitter legen und noch warm essen.

Zimtschnecken
ergibt 48 Schnecken (ich verwende ungefähr sieben
Backformen – oft welche aus Aluminium, sie sind besser,
wenn man sie verschenken will)

Heilung von Herzschmerz garantiert.

für den Teig:

1 l Vollmilch

250 ml Pflanzenöl

225 g Zucker

2 Packungen Trockenhefe (4 ½ TL)

1 kg Mehl

1 gehäufter TL Backpulver

1 gestrichener TL Backnatron

1 gehäufter EL Salz

für die Füllung:

480 g geschmolzene Butter (bei Bedarf
eventuell etwas mehr)

450 g Zucker (bei Bedarf eventuell etwas mehr)

30 g Zimtpulver

für den Zuckerguss:

450 g Puderzucker

2 TL Ahornsirup

120 ml Vollmilch

60 ml geschmolzene Butter

60 ml starker Kaffee

⅛ TL Salz

Für den Teig die Milch mit dem Pflanzenöl und dem Zucker in einem großen Topf bei mittlerer Flamme erhitzen, die Flüssigkeit darf jedoch nicht kochen. Beiseitestellen und abkühlen lassen, bis sie lauwarm ist.

Die Hefe einstreuen und eine Minute auf der Milch treiben lassen.

900 g Mehl einrieseln lassen. Rühren, bis eine einheitliche Masse entsteht. Mit einem sauberen Küchentuch abdecken und eine Stunde an einem warmen Ort gehen lassen.

Backpulver, Backnatron und die restlichen 100 g Mehl zufügen. Gründlich unterarbeiten. Den Teig mindestens eine Stunde kühlen und ihn zusammendrücken, wenn er zu stark geht.

Für die Schnecken die Hälfte des Teigs aus der Schüssel nehmen. Auf einer bemehlten Fläche zu einem großen Rechteck von ca. 75 x 25 cm ausrollen.

Die Hälfte der geschmolzenen Butter auf den Teig gießen. Mit den Fingern gleichmäßig verteilen.

Die Hälfte des Zuckers darübergeben. Großzügig mit der Hälfte des Zimts bestreuen.

Den Teig vom hinteren Ende mit beiden Händen straff nach vorne hin aufrollen. Langsam arbeiten und darauf achten, dass keine Luftblasen entstehen. Es macht nichts, wenn die Füllung an den Seiten herausläuft!

Die Naht am Ende zusammendrücken. Mit einem scharfen Messer ca. 4 cm breite Scheiben abschneiden. Die Scheiben in gebutterte Backformen legen, dabei genügend Abstand lassen.

Mit der anderen Hälfte des Teigs ebenso verfahren.

Die Backformen mit Handtüchern abdecken und 20 Minuten gehen lassen. Den Ofen auf 190 Grad vorheizen.

Die Zimtschnecken 13 bis 17 Minuten backen, bis sie goldbraun sind. In der Zwischenzeit die Zutaten für den Zuckerguss in einer großen Schüssel verrühren. Zucker und Milch bis zur erstrebten Konsistenz zugeben.

Wenn die warmen Zimtschnecken aus dem Ofen kommen, den Zuckerguss darauf verteilen. Er soll in alle Ritzen und Spalten laufen. Warm servieren. Man kann die Zimtschnecken auch abdecken und kühlen und anschließend verschenken.

Danksagung

Ich danke den Freunden und Lesern meiner Website, ThePioneerWoman.com, für ihre Zuneigung, Ermutigung und Unterstützung in den letzten Jahren. Ich spüre ihren Zuspruch jeden Tag. Herzlichen Dank.

Dank auch meiner Lektorin Cassie Jones Morgan, weil sie an mich glaubte, als es noch gar keinen richtigen Grund dafür gab. Sie ist die erste, beste, einzige und letzte Lektorin, die ich je haben werde.

Dank an Sharyn Rosenblum, die mich in der Spur hielt und mich gleichzeitig zum Lächeln brachte.

Ebenso an Susanna Einstein für ihre Hilfe und Unterstützung.

Ich danke meinen ältesten Freunden Jenn, Sarah, Jules, Mitch, Kash, Christy, Shaney, Ang, Kristi, Shelley, Susan und Carrie.

Großen Dank an Mom, Dad, Nan, Chuck, Betsy, Doug, Mike, Missy, Tim, Hyacinth, Connell, Lela, Betty, Becky, Patsy, Edna Mae, Ga-Ga und jeden, der mich schon mein Leben lang liebt.

Danke an Bartlesville, wo ich groß wurde.

Danke an Pawhuska, wo meine Heimat ist.

Ich danke meinen Kindern, weil sie so wunderbar sind.

Und Marlboro Man, weil er mein ist.

Chris Geletneky
Mark Werner
Unser schönes Deutschland
präsentiert von Anke Engelke und Bastian Pastewka
Das Land, die Menschen, die Lieder

336 Seiten. Klappenbroschur

Die famosen Funzfichlers auf einer Reise durch die Fallhöhen
und Untiefen der Heimat: Von der Romantik-Route übers
Ruhrgebiet bis in den Spreewald entdecken Wolfgang und
Anneliese eine Sehenswürdigkeit nach der anderen, singen
ihre größten Hits und treffen viele zauberhafte Menschen –
aber auch ihre eigenen Fans. Eine komplett unvergessliche
Deutschland-Reise!

»Deutschland – das Land, in dem wir leben, lieben,
singen, tanzen und Freude haben. Und in dem wir
irgendwann auch sterben werden. Zumindest hoffe ich,
dass ich in meiner Heimat sterben werde.
Und dass ich nach Wolfgang sterbe, um wenigstens
noch ein paar schöne Jahre zu haben.«
Anneliese Funzfichler

»Liebe Schlagerfreunde, ich hab's befürchtet:
Das ganze Land ist vollgestopft mit Kultur.
Alte Städte, Museen, Bücher, Theater und
Opernhäuser – der ganze Weiberkram eben!«
Wolfgang Funzfichler

Scherz

fi 4-00016 / 2

Ralf Schmitz
Schmitz' Mama
Andere haben Probleme, ich hab' Familie
Band 19110

Warum sagt Mama immer »Dingens«? Was hat Mama mit Hannibal gemeinsam? Wie zum Teufel beendet man ein Telefonat mit Mama? Ralf Schmitz geht für solche und ähnlich knifflige Rätsel ungehemmt auf Lösungssuche. Und spätestens, wenn er von Mamas schlimmsten Geschenken, unpassendsten Umräumaktionen und gruseligsten Kochversuchen erzählt, werden Sie sich fragen: Woher kennt Ralf Schmitz eigentlich meine Mutter?!

Der beliebte Comedian bindet in seinem zweiten Bestseller einen knallbunten Strauß aus Familienkatastrophen, die wir alle nur zu gut kennen. Eine humorvolle Hommage an Mama und die »bucklige« Verwandtschaft.

Fischer Taschenbuch Verlag

Florian Meimberg
Auf die Länge kommt es an
Tiny Tales. Sehr kurze Geschichten

Band 19237

»Ned hatte noch nie etwas Schöneres gesehen.
Das Korallenriff schimmerte wie eine außerirdische Stadt.
An seinen Füßen zerrte der Betonklotz.«

Vom Psychothriller bis zum Endzeitepos, von der Liebesgeschichte bis zum historischen Roman: Grimme-Preisträger
Florian Meimberg braucht nur 140 Zeichen für die ganz großen Geschichten. Tiny Tales ist Literatur im Twitter-Format.
Verdichtet auf ihre Essenz. Der Spannungsbogen ist reduziert
auf maximal drei Sätze. Der Twist explodiert im allerletzten
Wort. Eine neue Form der Literatur.

»Hintersinnig. Böse. Lustig.«
Frankfurter Rundschau

Fischer Taschenbuch Verlag